LA CORRIVEAU
DE L'HISTOIRE À LA LÉGENDE

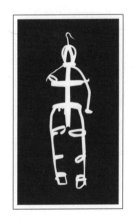

AUTRES OUVRAGES DE CATHERINE FERLAND

Femmes, culture et pouvoir. Relectures de l'histoire au féminin XVe-XXe siècles, avec Benoît Grenier (dir.), Québec, Presses de l'Université Laval, 2011.

Bacchus en Canada. Boissons, buveurs et ivresses en Nouvelle-France, Québec, Septentrion, 2010 (4e place au World Cookbook Awards 2010, catégorie « Best Drink History Book in the World »).

De passion à poison. Les drogues et la construction du monde moderne, Québec, Presses de l'Université Laval, 2008. (Traduction et préface de l'ouvrage de David T. Courtwright, *Forces of Habit: Drugs and the Making of the Modern World*, paru aux Harvard University Press en 2002.)

Tabac & fumées. Regards multidisciplinaires et indisciplinés sur le tabagisme, XVe-XXe siècles, Québec, Presses de l'Université Laval, 2007.

CATHERINE FERLAND
ET DAVE CORRIVEAU

LA CORRIVEAU

DE L'HISTOIRE
À LA LÉGENDE

ÉDITION RÉVISÉE

SEPTENTRION

Pour effectuer une recherche libre par mot-clé à l'intérieur de cet ouvrage, rendez-vous sur notre site Internet au www.septentrion.qc.ca

Les éditions du Septentrion remercient le Conseil des Arts du Canada et la Société de développement des entreprises culturelles du Québec (SODEC) pour le soutien accordé à leur programme d'édition, ainsi que le gouvernement du Québec pour son Programme de crédit d'impôt pour l'édition de livres. Nous reconnaissons également l'aide financière du gouvernement du Canada par l'entremise du Fonds du livre du Canada (FLC) pour nos activités d'édition.

Illustration de la couverture : L'exosquelette retrouvé au Peabody Essex Museum est-il celui de la Corriveau ?

Chargée de projet : Sophie Imbeault

Révision : Solange Deschênes

Mise en pages et maquette de couverture : Pierre-Louis Cauchon

Si vous désirez être tenu au courant des publications des ÉDITIONS DU SEPTENTRION vous pouvez nous écrire par courrier, par courriel à sept@septentrion.qc.ca, par télécopieur au 418 527-4978 ou consulter notre catalogue sur Internet : www.septentrion.qc.ca

© Les éditions du Septentrion
835, av. Turnbull
Québec (Québec)
G1R 2X4

Dépôt légal :
Bibliothèque et Archives
nationales du Québec, 2014
ISBN papier : 978-2-89448-768-6
ISBN PDF : 978-2-89664-833-7
ISBN EPUB : 978-2-89664-834-4

Diffusion au Canada :
Diffusion Dimedia
539, boul. Lebeau
Saint-Laurent (Québec)
H4N 1S2

Ventes en Europe :
Distribution du Nouveau Monde
30, rue Gay-Lussac
75005 Paris

L'histoire si poétique de notre pays est pleine de délicieuses légendes, d'anecdotes curieuses qui lui donnent tout l'intérêt du drame. Il en est encore une foule d'autres qui sommeillent au sein de nos bonnes familles canadiennes et dont le récit fait souvent le charme des longues soirées d'hiver [...]. Ne serait-ce pas une œuvre patriotique que de réunir toutes ces diverses anecdotes, et de conserver ainsi cette noble part de notre héritage historique?

Henri-Raymond Casgrain,
préface des *Légendes canadiennes*, 1861.

Oyez oyez gens de ce pays
Gens de la ville et d'ailleurs aussi
Je viens vous dire un conte effrayant
Pour le chanter c'est en se signant
Oyez oyez gens de ce pays
Gens du présent du passé aussi
Gens du futur qui en parlerez
La Corriveau vous l'appellerez.

Gilles Vigneault,
« La Corriveau », c. 1970.

PRÉFACE

APRÈS JOSEPH-EUGÈNE CORRIVEAU, Luc Lacourcière et Louis-Philippe Bonneau, Catherine Ferland et Dave Corriveau représentent la quatrième génération de chercheurs à se pencher sur le cas de la Corriveau, Marie-Josephte de son prénom, pendue et «encagée» sous le régime militaire en 1763. Leur ouvrage tire profit de ceux qui les ont précédés et nous fera tous avancer d'un grand pas dans la connaissance d'un personnage troublant de notre histoire.

Il était bien établi dans la communauté historienne que la Corriveau ne pouvait être soupçonnée d'avoir tué plus d'un mari et qu'elle avait été condamnée au terme d'un procès douteux, mais les ouvrages précédents n'ont atteint qu'un public restreint et n'ont pas empêché la légende de courir.

Catherine Ferland et Dave Corriveau reprennent néanmoins la question au point de départ et l'examinent sous de nouveaux angles en s'inspirant notamment des études récentes sur l'histoire des femmes et sur l'administration de la justice à la fin du XVIIIe siècle.

Le lecteur familier avec les études précédentes apprendra, dans cet ouvrage, comment la légende de la Corriveau a nourri les auteurs-compositeurs, les dramaturges, les cinéastes, les peintres et les sculpteurs depuis plusieurs décennies. C'est à juste titre que les auteurs considèrent ce personnage légendaire comme «une éclatante manifestation de patrimoine immatériel». Y a-t-il un autre personnage historique québécois ou canadien aussi inspirant pour les artistes en tous genres? Peut-être Évangéline, en Acadie?

Le préfacier laissera le lecteur découvrir les questions qui demeurent sans réponse. Car il en reste, évidemment, malgré la recherche passionnée que Catherine Ferland et Dave Corriveau ont menée avec une documentation et des outils de travail que leurs prédécesseurs ignoraient, dont les sources numérisées et les moteurs de recherche modernes qui se combinent avec Internet pour transformer notre métier. Entre les lignes, on perçoit le soutien qu'ils ont eu d'un sympathique réseau de collègues et, qui sait, de la Corriveau elle-même qui, comme pour alimenter sa réputation de sorcière, pourrait bien avoir fait réapparaître sa cage, pour souligner le 250e anniversaire de sa pendaison... !

GASTON DESCHÊNES

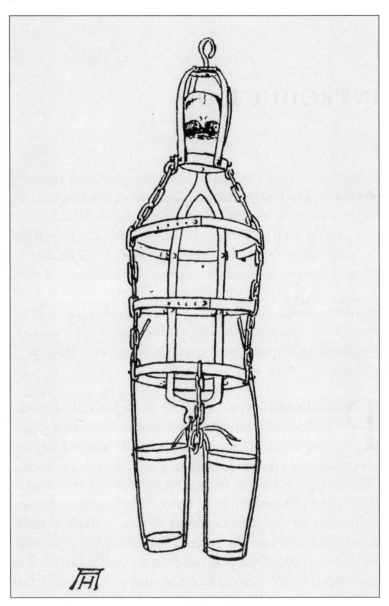

Modèle de gibet de fer
utilisé dans les colonies anglaises au début du XVIIIe siècle.
Illustration parue dans Anthony Vaver, « Early American Criminals : Jeremiah
Meacham's Tortured Soul », *Early American Crime : An exploration of crime,
criminals, and punishments from America's past*, www.earlyamericancrime.com.
Page consultée le 23 septembre 2012.

INTRODUCTION

Québec, le 15 avril 1763. Un pesant silence, suivi de plusieurs murmures. Dans la grande salle du couvent des Ursulines, la sentence vient de tomber. Originaire de Saint-Vallier, sur la rive sud du Saint-Laurent, Marie-Josephte Corriveau est reconnue coupable du meurtre de son mari Louis Dodier. Le tribunal composé d'officiers britanniques la condamne à mort par pendaison, et son corps sera ensuite encagé et exposé à une populaire croisée des chemins à la Pointe-Lévy. En ce printemps 1763, celle qu'on appellera désormais la Corriveau va, bien involontairement, entrer dans l'histoire... et la légende.

P ARMI LES RÉCITS composant le corpus légendaire du Québec, celui qui est teinté de sorcellerie et d'allégations de damnation éternelle de Marie-Josephte Corriveau, dite «la Corriveau», est bien connu de nombreux Québécois. Si la pauvre femme est morte voilà maintenant 250 ans, son présumé crime et, surtout, son terrible châtiment continuent de fasciner. Le décès de son deuxième mari, survenu dans la nuit du 26 au 27 janvier 1763, a en effet entraîné un procès qui s'est soldé par sa condamnation à la peine capitale. Son corps, placé dans une armature de métal conformément aux dispositions prévues par le Murder Act, est resté suspendu aux abords d'un carrefour pendant cinq semaines, jusqu'à la fin de mai, épouvantant le voisinage. Et marquant durablement l'imaginaire populaire.

Ce fait divers, qui n'aurait vraisemblablement pas survécu au passage du temps en d'autres circonstances, présentait plusieurs caractéristiques qui lui ont permis de se frayer un chemin jusqu'à la mémoire collective. Trouvée coupable du meurtre de son second mari ? Soit. Mais n'était-elle pas mêlée, peut-être, au décès du premier, qui a trouvé la mort dans des circonstances suspectes ? Que dire de ces rumeurs à propos de plomb fondu supposément versé dans les oreilles du pauvre homme ? Et n'y avait-il pas un troisième, voire un quatrième mari, croient se rappeler, au siècle suivant, certains vieillards de Saint-Vallier ? Curieux hybride de réel et d'imaginaire, le récit entourant la Corriveau s'enfle au fil du temps, prenant une ampleur démesurée. La cage elle-même devient pratiquement un personnage à part entière de la légende. Dans les anciens systèmes judiciaires européens, l'exposition au gibet avait une valeur d'exemple et permettait de marquer fortement la répression du crime dans l'imaginaire collectif. Or, James Murray était loin de deviner qu'en signant l'arrêt condamnant Marie-Josephte Corriveau à être « suspendue dans les chaines » il serait à l'origine d'une série d'événements conduisant à l'élaboration de l'une des plus célèbres légendes du Québec !

La Corriveau. Peu de personnalités féminines de notre histoire peuvent se targuer d'avoir un patronyme si notoire que, précédé d'un simple « la », il suffit à désigner sans plus de précision la femme dont il est question. Le prénom s'efface des mémoires. Le souvenir des noms des maris aussi. Affranchie de toute généalogie, elle est simplement la Corriveau. Péjoratif ? Sans doute. Efficace ? Incontestablement.

Si la Corriveau est progressivement entrée dans le folklore, ce n'est pas en tant que victime du changement de régime ou de symbole de l'oppression anglaise, mais bien comme une femme mauvaise et une sorcière. Bien sûr, au fil du temps, son histoire a fini par symboliser l'imposition soudaine et brutale de la justice criminelle britannique, voire la violence d'un patriarcat s'acharnant sur une simple paysanne, mais c'est essentiellement sa « carrière » surnaturelle qui s'avère la plus féconde. La Corriveau prend part, dit-on, à des sabbats de sorciers sur l'île d'Orléans et tire un grand plaisir à terroriser les passants, particulièrement ceux qui commettent l'erreur de lui manquer de respect. Elle se livre à ses prétendus errements nocturnes toujours affublée de ses chaînes, le gibet de fer devenant une sorte d'étendard horrifiant, un atour pratiquement indissociable de celle qu'il emprisonne encore par-delà la mort. Les cliquetis métalliques contribuent à accroître l'aura d'épouvante suscitée par ses présumées apparitions.

En perpétuant et en réarrangeant à loisir «l'histoire» de la Corriveau, la tradition orale lui a conféré une vitalité et une pérennité inespérées pendant plusieurs générations. Or, ce profond ancrage dans la mémoire collective des Québécois n'aurait pu s'accomplir si le personnage de Marie-Josephte Corriveau n'avait été récupéré dans la littérature. Remise au goût du jour par plusieurs romanciers dans la seconde moitié du XIXe siècle, la légende, jusque-là orale, est passée dans le monde de l'écrit. Sous la plume des littéraires, la modeste fermière de Saint-Vallier devient dès lors une empoisonneuse du calibre de la célèbre Voisin, qui sévissait à la cour de Louis XIV! Dans certaines versions, on prétend qu'elle a été exhibée dans une cage avant d'être pendue. Ou que les Anglais l'ont encagée alors qu'elle était bien vivante, pour la laisser mourir de soif et de faim... Il est absolument fascinant de remonter le cours de ces constructions progressives et de replacer les événements, y compris ceux qui relèvent de la pure fiction, dans le processus socioculturel qui les a vus s'élaborer. Chaque période a conféré sa «couleur» à la légende de la Corriveau, y ajoutant une couche supplémentaire reflétant ses propres préoccupations, y projetant ses désirs et ses peurs les plus intimes.

Ce foisonnement que l'on observe dans la culture orale et dans le domaine littéraire se répercute aussi dans d'autres champs de la culture. L'histoire et la légende de la Corriveau ont eu de véritables répercussions dans le patrimoine québécois: elles sont au centre de nombreuses interprétations picturales, sculpturales et théâtrales, particulièrement au XXe siècle. Quelques éléments de la culture matérielle et du patrimoine bâti perpétuent aussi la tragique mémoire de Marie-Josephte Corriveau.

Thomas Rowlandson, *A Gibbet*, aquarelle, non datée.
Yale Center for British Art, Paul Mellon Collection, accession number
B1975.3.137. http://collections.britishart.yale.edu/vufind/
Record/1669922. Domaine public.

Un nécessaire rétablissement des faits

Si la figure de la Corriveau est familière à bien des Québécois,
l'histoire et la légende continuent de s'entremêler allègrement
encore de nos jours. Quelques études ont certes été réalisées
entre les années 1950 et 1990, mais peu de ces publications

étaient accessibles au grand public ou suffisamment nourries pour apporter des explications satisfaisantes au cas de la Valliéroise. Il semblait donc nécessaire de remédier à la situation en rassemblant et en complétant les informations disponibles. Naturellement, le fait que l'un des auteurs porte lui-même le célèbre patronyme constituait une incitation supplémentaire à lever le voile sur une histoire qui hante la famille Corriveau depuis des lustres[1]. C'est ainsi qu'est né le projet commun d'écrire un livre qui permettrait de départager le réel de la fiction. Qui plus est, ce que l'on pense bien être la « cage de fer » de Marie-Josephte a été retrouvé dans un musée américain par des membres de la Société d'histoire régionale de Lévis. Cette découverte, qui a défrayé la manchette de plusieurs médias québécois, est survenue fort opportunément puisque c'est en 2013 qu'ont eu lieu diverses activités marquant le 250e anniversaire du décès de la Corriveau. La fascination exercée par cet amas de chaînes rouillées a permis de rappeler que, si la Marie-Josephte « historique » est décédée, sa contre-partie légendaire vit toujours, par-delà les siècles, dans notre culture populaire.

Cet ouvrage est-il une biographie ? Oui, dans une certaine mesure. Une biographie permet de retracer le parcours d'une personne, mais aussi de l'espace qu'elle occupe dans les mémoires. Actuellement, on assiste au regain d'intérêt pour le genre biographique qui, en prenant l'individu comme pivot principal, a présidé à la construction de la science historique : les biographies de « grands hommes » ont même constitué le principal fondement de l'Histoire (avec un grand H) pendant

---

1. Dans les faits, tous les Corriveau d'Amérique sont bel et bien apparentés car ils descendent d'un même ancêtre, Étienne Corriveau. Or, les Corriveau actuels ne sont pas forcément les descendants de Marie-Josephte Corriveau : ses trois enfants portaient le patronyme de Bouchard et ont assuré sa postérité de manière plus « discrète », si l'on peut dire. C'est ainsi que l'on peut retracer plusieurs milliers de descendants de la Corriveau, sous quelque 250 noms de famille... dont celui de Corriveau. Voir Serge Corriveau, site de généalogie de la famille Corriveau, www.famillecorriveau.com.

des siècles. Or, les historiens – et leurs méthodes – évoluent au gré des courants sociaux et politiques. C'est la raison pour laquelle le genre biographique est progressivement tombé en désuétude au fil du xxe siècle. La niche laissée vacante a été investie par les romanciers, donnant lieu à une profusion de romans historiques; si la rigueur n'était pas toujours irréprochable, au moins cette production a-t-elle permis de maintenir l'intérêt du grand public pour l'histoire[2]. Bien sûr, l'approche biographique, comme toute recherche, ne peut prétendre offrir un portrait complet et exhaustif d'une période. Elle n'en permet pas moins d'aborder de manière tangible et sensible de riches pans d'histoire.

Cet ouvrage est donc une biographie, mais surtout bien davantage que cela. Il vise à offrir une étude actualisée de tout ce qui concerne Marie-Josephte Corriveau: le contexte de son existence en Nouvelle-France, son histoire telle qu'elle s'est réellement déroulée, son procès et sa condamnation à mort, la légende qui s'est ensuite édifiée autour d'elle... mais aussi de sa célèbre «cage». En effet, retracer la trajectoire de cet objet revient à marcher dans les pas surnaturels de la Corriveau. Nous nous sommes aussi attachés à remettre en contexte le formidable retentissement de toute l'affaire sur le folklore, la tradition orale, la littérature et les arts. Plus d'une centaine d'éléments culturels ont ainsi été dénichés, soit une quinzaine d'études, tout autant d'œuvres d'art, une vingtaine de manifestations théâtrales, environ 35 récits en français et en anglais,

---

2. Depuis une dizaine d'années, cependant, les historiens tendent à se réapproprier la biographie. En 2012, Denyse Baillargeon faisait observer que de plus en plus de chercheurs universitaires en fin de carrière «succombaient» au genre biographique, ce qui lui faisait demander s'il ne s'agissait pas de «l'ultime tentation de l'historien». Il faut reconnaître que la biographie historique, tout en reposant sur une démarche rigoureuse, produit un résultat à échelle humaine, un livre d'histoire accessible au lectorat plus averti aussi bien qu'au grand public. De manière triviale, on pourrait dire qu'à travers la biographie l'historien se fait plaisir et fait plaisir à son lecteur! Denyse Baillargeon, intervention lors d'une table ronde du congrès de l'Institut d'histoire de l'Amérique française, Sherbrooke, octobre 2012.

une autre vingtaine de productions ou patrimonialisations diverses, sans compter les diverses versions de la légende consignées par les ethnologues ! Bref, le lecteur trouvera en ces pages la biographie d'une femme mais aussi sa légende et tout le processus de patrimonialisation qui a démarré il y a déjà plus de cent ans. S'il n'a pas la prétention d'être exhaustif – car, malgré tous nos efforts, des éléments ont sans doute échappé à notre attention –, ce panorama se veut le plus complet possible.

Un « personnage » patrimonial du Québec ?

Qu'est-ce qui fait qu'un bien, un lieu, une pratique ou, dans ce cas-ci, une personne réelle et surtout sa légende, deviennent des éléments de notre patrimoine ? En fait, au-delà de tout critère qui aurait pu être établi par diverses instances, c'est tout simplement *la reconnaissance par la communauté* qui fait en sorte qu'un élément peut être considéré comme patrimonial. Pendant longtemps, le patrimoine a été vu comme une trace physique et palpable léguée par le passé, un héritage matériel témoignant de ce qui nous avait précédé. Ne pouvaient être considérés comme patrimoniaux que les biens culturels mobiliers et immobiliers, par exemple les artefacts et les collections d'objets anciens, les bâtiments et les édifices, les places publiques, en d'autres termes ce qui relève du construit ou du bâti et qui avait laissé une empreinte matérielle indéniable.

Au niveau international, on observe depuis quelques années la tendance à élargir cette définition. On parle maintenant de patrimoine culturel : cette notion, beaucoup plus souple, permet de tenir compte de tout élément qui a imprégné la mémoire collective, qu'il s'agisse de personnages, de lieux et d'événements historiques, de documents, d'immeubles, d'objets et de sites patrimoniaux, de paysages culturels ou de patrimoine immatériel. Ce dernier type désigne les connaissances, les expressions, les pratiques, les représentations et les savoir-faire transmis de génération en génération. Le patrimoine

La Corriveau.
Assiette d'émail sur cuivre
de Thérèse Brassard, 1957.
Collection privée. Photo :
Léon Bernard. Fonds Luc
Lacourcière,
Archives de l'Université
Laval, P178.

immatériel – peut-être le plus fragile, puisqu'il nécessite l'intervention de l'être humain pour rester vivant – n'a pas encore été beaucoup étudié et demeure précaire, car il repose sur ce que les ethnologues appellent des « porteurs de tradition », des individus qui détiennent la mémoire relative à ces éléments culturels[3].

---

3. Par exemple, la transmission d'un conte ou d'une légende requiert un savoir-faire : pour que la tradition orale, ou toute autre pratique culturelle traditionnelle, puisse perdurer, elle doit être pratiquée, enseignée et valorisée par des individus qui la maîtrisent. C'est pour cette raison que l'Unesco définit le patrimoine vivant comme étant « le creuset de la diversité culturelle », ajoutant que sa préservation est « garante de la créativité permanente de l'homme ». Cité dans Valérie Gaudreau, « Immatériel, comme la vie », *Continuité*, n° 127 (hiver 2010-2011), p. 20. Les gouvernements interviennent de plus en plus afin de reconnaître, protéger et promouvoir les divers types de patrimoine. Cette nécessité de mieux encadrer le patrimoine vivant a incité l'Unesco à adopter la Convention pour la sauvegarde du patrimoine culturel immatériel en 2003. Le Québec s'est récemment mis au diapason de cette tendance mondiale. À la suite d'un processus amorcé en 2008, la Loi sur le patrimoine culturel a été adoptée en 2011, puis est entrée officiellement en vigueur le 19 octobre 2012. L'État québécois reconnaît maintenant les biens patrimoniaux mobiliers et immobiliers, mais aussi le patrimoine immatériel, les paysages culturels, les événements, les lieux historiques... et les personnages.

Il va de soi que le patrimoine culturel, loin d'être immuable ou permanent, est plutôt un phénomène dynamique qui se transforme sans cesse. Il y a perpétuation et diffusion, mais pas à l'identique : l'élément s'adapte dans le temps et aussi en fonction de l'environnement social. À vrai dire, la patrimonialisation est un processus complexe qui amalgame des éléments anciens et des éléments nouveaux. Si l'on prend la peine de reconstituer l'itinéraire culturel ou la « biographie » d'un élément patrimonial, on se rend bien compte qu'il subit souvent de nombreuses transformations au fil des générations. C'est ce qui explique que l'histoire et la légende de la Corriveau ont pu revêtir une grande importance à certaines époques, puis sombrer dans l'oubli pendant quelque temps, avant d'être « redécouvertes » et remises au goût du jour, sous une nouvelle forme, quelques décennies plus tard. Il est donc important de prêter attention aux mutations que connaît un élément patrimonial, car elles révèlent le contexte dans lequel celui-ci s'est transmis et transformé.

C'est donc avec cet objectif ambitieux que nous nous sommes mis au travail.

Sur la piste de la Corriveau

Pour aborder un aussi vaste sujet, il s'est révélé nécessaire de recourir à une large variété de sources de même qu'à une pluralité de cadres d'analyse débordant les classiques frontières disciplinaires. C'est n'est qu'au prix d'une appréhension très large et globale du « phénomène Corriveau », faisant le pont entre les études historiennes, ethnologiques et patrimoniales, et même sociologiques et anthropologiques, qu'il a été possible de comprendre le cas de Marie-Josephte Corriveau et la place unique que celle-ci occupe dans le patrimoine culturel québécois.

On peut certes déplorer, dans ce cas comme pour bien d'autres sujets touchant la Nouvelle-France, que la presse écrite ne soit implantée qu'en 1764, avec la *Gazette de Québec*. Le procès de Marie-Josephte Corriveau aurait sans l'ombre d'un doute défrayé la chronique s'il était survenu quelques années plus tard... Les imprimeurs se sont toujours délectés de ce type de nouvelles : dès le début du XVIIe siècle, les crimes et les exécutions publiques surclassent les autres sujets dans les diverses gazettes européennes[4]. Plus encore, outre les événements locaux, bien des propriétaires de journaux n'hésitent pas à reprendre certains faits divers provenant de l'étranger, ce qui confère à plusieurs nouvelles à sensation une renommée internationale[5].

À défaut de sources écrites, c'est la tradition orale qui a longtemps été le seul matériau des écrivains qui, les premiers, se sont intéressés à l'affaire Corriveau. Dans la seconde moitié du XIXe siècle, les littéraires ont récupéré à leur propre compte ce qui n'était jusqu'alors que folklore local de la Côte-du-Sud : romancée par leurs soins, la tragique histoire de Marie-Josephte s'est enflée et transformée. Si la littérature canadienne s'est d'abord nourrie des contes ruraux, les écrits ont, à leur tour, alimenté la tradition orale. Les enquêtes menées par plusieurs ethnologues du XXe siècle, dont le plus important est sans conteste Luc Lacourcière, ont permis de mieux comprendre le processus de formation du mythe de la Corriveau. En recensant les diverses versions et variations de la légende, il est ainsi possible de reconstituer sa « trajectoire » socioculturelle à travers le temps et l'espace.

Il fallait cependant dénicher des documents permettant d'étayer de manière plus solide les faits historiques. La pièce centrale, encore aujourd'hui, demeure le procès, ou plutôt les procès qui ont conduit à la condamnation de Marie-Josephte Corriveau. On doit la découverte de ces documents

---

4. Roger Chartier, « Les pratiques de l'écrit », dans Georges Duby (dir.), *Histoire de la vie privée*, t. III : *De la Renaissance aux Lumières*, Paris, Seuil, 1986, p. 113.

5. R. Favre, J. Sgard et F. Weil, « Le fait divers », dans P. Rétat et J. Sgard, *Presse et histoire au XVIIIe siècle, l'année 1734*, Paris, CNRS, 1978, p. 201.

authentiques au zèle du commandeur Joseph-Eugène Corriveau qui, motivé par le désir de dissiper les contrevérités entourant son homonyme, avait entrepris une recherche minutieuse afin de retrouver puis de rapatrier ces précieuses archives. Des photostats ont été tirés des pièces originales, conservés au Public Record Office de Londres, et des copies numérisées sont maintenant accessibles sur le site de Bibliothèque et Archives nationales du Québec. Ces archives judiciaires sont des documents exceptionnels permettant de se livrer à une véritable enquête anthropologique. Bien qu'on ne puisse évidemment s'y fier pour obtenir le récit fidèle des événements qui se déroulèrent en 1763, les minutes de ces deux procès donnent accès à leur trame générale ainsi qu'au sens qui leur fut accordé à ce moment-là. En effet, le cas de la Corriveau met brutalement en lumière les effets du changement de régime sur la culture juridique et les stratégiques judiciaires[6]. Bref, même si elles ont leur limite, les pièces de ce procès ont une valeur documentaire incontournable pour mener une recherche solide sur la Corriveau et son temps.

Décédé en 1947, quelques mois à peine après avoir finalement retrouvé ces documents, le commandeur Corriveau n'a cependant pu mener lui-même à bien cette mission de « réhabilitation ». C'est Luc Lacourcière qui s'en chargera, guidé par la volumineuse correspondance laissée par J.-Eugène Corriveau et au prix d'une recherche ethnologique considérable qui l'occupera pendant près de deux décennies[7].

Alors que la presse écrite ne pouvait être d'aucun recours pour documenter les circonstances mêmes du procès de Marie-Josephte Corriveau en 1763, elle s'est avérée en revanche fort utile pour étudier le destin de la célèbre cage. En effet, certains articles publiés au milieu du XIXᵉ siècle permettent

---

6. À ce sujet, voir Donald Fyson, « The *Canadiens* and the Bloody Code : criminal defence strategies in Quebec after the British Conquest, 1760-1841 », *Quaderni Storici*, p. 771-795.

7. Luc Lacourcière, « Le triple destin de Marie-Josephte Corriveau (1733-1763) », *Cahiers des Dix*, nᵒ 33 (1968), p. 214.

d'apprendre que l'assemblage de fer ayant enserré le corps sans vie de la veuve Dodier s'est retrouvé successivement en plusieurs lieux où, exposé à la curiosité populaire, il servait déjà de support à la légende. De Lévis à Montréal, puis de New York à Boston et finalement à Salem, la macabre relique contribue à répandre l'histoire de cette femme ayant – assure-t-on déjà en 1851 – donné la mort à ses trois maris en leur versant du plomb fondu dans les oreilles... Ainsi se propagent les mythes.

L'abondante production littéraire des xixe et xxe siècles ainsi que plusieurs dizaines d'ouvrages et articles érudits ont aussi été utilisés pour documenter ce livre. Il serait bien entendu fastidieux de les énumérer ici: le lecteur pourra se référer aux notes et à la bibliographie. Mentionnons simplement le fait que, outre les écrits de Luc Lacourcière publiés dans les *Cahiers des Dix* entre 1968-1974, l'étude réalisée par Louis-Philippe Bonneau et parue en 1988 sous le titre de *Josephte Corriveau-Dodier, la Corriveau, 1733-1763: une énigme non résolue*, constitue sans doute l'apport le plus substantiel au présent livre. Comme point d'appui aux multiples formes de patrimonialisation, l'anthologie *Il était cent fois la Corriveau* de Nicole Guilbault, publiée en 1995, a été d'une aide précieuse[8].

Afin d'offrir un portrait juste des multiples répercussions patrimoniales de la Corriveau, et surtout d'actualiser les informations disponibles à ce sujet, il s'est rapidement révélé nécessaire de procéder à des enquêtes ethnologiques auprès d'auteurs, d'artistes et même de gens d'affaires qui ont, d'une manière ou d'une autre, «utilisé» l'histoire ou la légende de la célèbre encagée de Saint-Vallier. En effet, nous voulions non seulement présenter un état des lieux des principales manifestations patrimoniales (tant anciennes que récentes) qui se sont édifiées autour de la Corriveau, mais aussi proposer des pistes

---

8. Nicole Guilbault, *Il était cent fois La Corriveau*, Québec, Nuit blanche éditeur, 1995, 193 p.

de réflexion sur la façon dont s'est constitué ce riche patrimoine. Pour ce faire, nous sommes entrés en contact avec ces «producteurs de patrimoine» afin de s'enquérir du processus qui les a conduits à s'intéresser à la Corriveau. Ces démarches ont porté fruit. Précieux compléments à cette recherche, elles permettent de mieux comprendre comment perdure encore, dans le Québec du XXIᵉ siècle, la mémoire de Marie-Josephte Corriveau qui mourut, comme la Nouvelle-France, en 1763.

Structure de cet ouvrage

Ce livre se divise en deux parties. Dans la première, ce sont les faits historiques entourant la vie puis la mort de Marie-Josephte Corriveau qui seront abordés. Qui était cette femme, née en 1733 à Saint-Vallier, sur la rive sud du Saint-Laurent, qui convola en justes noces à deux reprises et dont le second mari périt de manière violente? Que représente la peine qui lui est infligée, à l'aune du système judiciaire de l'époque? N'oublions pas que toute l'affaire survient à un moment extrêmement sensible de notre histoire, alors que la Nouvelle-France cesse d'exister et que la petite colonie passe sous l'autorité britannique. Le procès se déroule même sous les auspices du régime militaire! Sans refaire ce procès d'un point de vue juridique, les données disponibles ont été utilisées afin de décrire les circonstances pour le moins nébuleuses menant à l'accusation, puis à la condamnation et à la mise à mort de Marie-Josephte Corriveau. Une approche historienne plus classique a prévalu dans les six premiers chapitres.

La seconde partie de ce livre est dévolue à la construction de la légende de la Corriveau ainsi qu'à son singulier retentissement dans la mémoire collective et au niveau patrimonial. De quelle manière la réputation de cette femme et la mémoire des habitants de la Côte-du-Sud dans le dernier tiers du XVIIIᵉ siècle ont-elles, en quelque sorte, pavé la voie à la légende qui s'élabore au siècle suivant? Comment cette légende a-t-elle évolué et, surtout, pourquoi a-t-elle connu une telle notoriété? Quels en sont les éléments constants? En prenant appui sur les diverses versions, il est possible d'analyser son évolution dans le temps et les diverses mutations au fil des décennies. Nous nous sommes aussi penchés sur les manifestations patrimoniales découlant de l'histoire mais surtout de la légende de l'encagée de Saint-Vallier. Que ce soit au niveau de la tradition orale, de la musique, de la littérature ou des arts de la scène, l'histoire et la légende de Marie-Josephte Corriveau ont représenté – et représentent toujours – une source d'inspiration très riche de la vie culturelle du Québec. Étant donné la nature des sources, une approche résolument pluridisciplinaire a été de mise pour bien faire ressortir la richesse du corpus utilisé dans les cinq chapitres composant cette seconde partie.

Tout au long du texte, le lecteur trouvera des encadrés à propos de certaines personnalités ou éléments historiques: nous avons choisi ce procédé qui permet de livrer des compléments d'information faciles à repérer et à consulter. Enfin, de nombreuses illustrations, portraits, gravures, cartes et documents d'archives sont disséminés au fil de l'ouvrage afin de soutenir les écrits et d'égayer la lecture.

Notons enfin que la cage, tel un personnage secondaire, va et vient au fil des parties de cet ouvrage. On l'oublie quelque temps... et, tout d'un coup, elle reparaît inopinément. Nous aurions certes pu regrouper les informations la concernant dans un chapitre isolé, mais cela aurait retiré beaucoup de cohérence et surtout d'intérêt au propos, dans la mesure où ses disparitions et réapparitions successives ponctuent le complexe processus de construction de la légende ainsi que la patrimonialisation entourant la Corriveau.

Remerciements

Plusieurs personnes ont contribué à la réalisation de ce livre. Saluons d'emblée notre éditeur, Gilles Herman, directeur au Septentrion, pour l'intérêt et la confiance qu'il a manifestés dès que nous lui avons présenté cet ambitieux projet à la fin de l'été 2012, ainsi que Sophie Imbeault, éditrice mais aussi historienne, qui nous a accompagnés avec professionnalisme. Nous voulons également remercier l'historien Gaston Deschênes, spécialiste de l'histoire du Québec et tout particulièrement de ses contes et légendes, pour avoir gentiment accepté de lire et de commenter la première version du manuscrit et de rédiger la préface.

Les sections traitant du procès et des procédures judiciaires en vigueur en 1763 doivent beaucoup aux recherches de Donald Fyson, professeur d'histoire à l'Université Laval, qui nous a aimablement transmis le texte d'articles encore sous presse au moment de la rédaction de ce livre. Son expertise a été précieuse pour comprendre comment le déroulement du procès des Corriveau père et fille a pu être influencé par le changement de régime. Naturellement, nous assumons toute responsabilité des erreurs qui pourraient découler d'une interprétation erronée de son travail.

De nombreuses personnes nous ont aussi manifesté leur appui pendant le processus de recherche et d'écriture. En premier lieu, mentionnons notre ami l'historien Joseph Gagné, qui s'intéresse depuis longtemps à Marie-Josephte Corriveau et qui a généreusement partagé avec nous les trouvailles faites au fil du temps. Pour l'intérêt qu'ils ont porté au projet en acceptant de répondre à nos questions, remercions Monique Pariseau, auteure, Guy Cloutier, auteur et poète, Anne Dorval, actrice et comédienne, Stéphane Archambault, chanteur et parolier du groupe Mes Aïeux, Cristina Moscini, directrice artistique et conceptrice de Burlestacular, Xavier Alvarez, batteur et parolier du groupe La Corriveau, Cyrille-Gauvin

Francœur, directeur artistique, François Grisé, propriétaire de Bilboquet Microbrasserie, Marc Gagné, auteur et professeur à l'Université Laval, Sébastien Chartrand, écrivain, André Jean, dramaturge et directeur du Conservatoire d'arts dramatiques de Québec, Serge Corriveau, ex-président de l'Association des Corriveau d'Amérique, et Michel Corriveau, qui a accumulé au fil des ans une somme d'informations sur la Corriveau dont il nous a gentiment fait profiter. Que soient aussi remerciés Martine Roberge, professeure d'ethnologie à l'Université Laval, Marcel Bénéteau, professeur de folklore et ethnologie à l'Université de Sudbury, Luc Nicole-Labrie, historien responsable des animations à la Commission des champs de bataille nationaux à Québec, Frédéric Smith, historien et chargé de projets à la Commission de la capitale nationale du Québec, Valérie Asselin, technicienne en documentation aux Archives de l'Université Laval, ainsi que Francine Chevalier, responsable des bases de données au Théâtre Périscope. Enfin, clin d'œil à quelques passionnés d'histoire et membres très actifs du groupe Facebook «Cartes de la Nouvelle-France», Pierre Dubeau, Sandrina Henneghien et Sylvain Gravel, de même qu'à Vicky Lapointe, historienne et blogueuse, qui nous ont donné un précieux coup de main pour dénicher des documents d'archives, notamment des cartes anciennes, en plus d'attirer notre attention sur certains actes notariés.

Enfin, nous désirons dédier ce livre aux très nombreuses personnes qui ont suivi le projet pendant de longs mois à travers le site Internet, la page Facebook et la chaîne YouTube de Marie-Josephte Corriveau et, plus largement, à tous les Québécois amoureux de leur culture, intéressés par la tradition orale ainsi que par la littérature et les arts d'ici. Après vous être laissés émerveiller et effrayer par la légende de la Corriveau, nous espérons sincèrement que ce livre vous permettra de (re)découvrir des pans de notre histoire et de notre riche patrimoine collectif.

PARTIE I

HISTORIQUE

CHAPITRE 1

VIVRE EN NOUVELLE-FRANCE

Tout la touchait : l'odeur saumâtre des battures, le mouvement des
vagues sur la grève. Même les silhouettes des arbres de novembre lui
plaisaient : celles, décharnées, des saules et des hêtres, celles, torturées,
des pruniers et des pommiers sauvages, celles, beaucoup plus exubé-
rantes, des érables. Elle aimait tout autant les courbes des montagnes
qui s'arrondissaient de l'autre côté du fleuve que les falaises d'ardoise,
véritable traits d'union entre la grève et le ciel[1].

Enfance et jeunesse de Marie-Josephte

NOUS SOMMES EN JANVIER OU FÉVRIER 1733, dans un petit
village aux abords du fleuve Saint-Laurent. Une petite fille,
Marie-Josephte Corriveau, vient de naître à Saint-Vallier de
Bellechasse. Ses parents sont Joseph Corriveau, cultivateur de
cette même paroisse, et Françoise Bolduc, originaire de Saint-
Joachim, sur la côte de Beaupré. Le couple s'est marié quelques

---

1. Monique Pariseau, *La Fiancée du vent*, Montréal, Libre Expression,
coll. « Zénith », 2003, p. 21-22.

années plus tôt, le 2 novembre 1728. Si la date de naissance de Marie-Josephte n'est pas connue de manière certaine, on sait en revanche qu'elle est baptisée le 14 mai 1733, à l'âge d'environ trois mois. L'acte de baptême de Marie-Josephte stipule que ses parrain et marraine sont Pierre Thibaud et Marie Susanne Huppé.

Du couple formé par Joseph Corriveau et Françoise Bolduc naissent neuf enfants, mais huit d'entre eux sont prématurément portés en terre : seule Marie-Josephte parviendra à l'âge adulte[2]. Triste bilan, mais il faut dire qu'en ces années-là les maladies fauchent la vie de nombreux bambins. Près d'un enfant sur quatre n'atteint pas son premier anniversaire. Les épidémies de variole de 1729-1730 et de 1733, puis de typhus en 1742-1744, jointes aux fièvres diverses, expliquent possiblement le contexte familial qui prévaut chez les Corriveau[3]. Même la vie de la petite Marie-Josephte semble avoir été menacée ; c'est du moins ce que permet de croire le délai de trois mois qui s'écoule entre sa naissance et sa présentation sur les fonts baptismaux. Dans l'acte de baptême, le curé de la paroisse précise qu'il a « suppléé aux cérémonies de baptême » :

2. Marie-Josephte n'est pas la première enfant du couple Bolduc-Corriveau. Selon les données recueillies par le généalogiste Serge Corriveau, les enfants nés de Joseph Corriveau et Françoise Bolduc sont : Joseph Marie Corriveau (29 octobre 1729), Marie-Josephte Corriveau (vers janvier 1733), Jacques Joseph Corriveau (1er mai 1736), Marie-Louise Corriveau (1er octobre 1739), Julien Pierre Corriveau (11 juillet 1742), Jean-Baptiste Corriveau (10 juillet 1744), Françoise Corriveau (2 juillet 1745), Pierre René Corriveau (7 février 1747), Jean-Baptiste Corriveau (21 juin 1748). Site de généalogie de la famille Corriveau, www.famillecorriveau.com.

3. Selon l'étude longitudinale réalisée en 2010 par Marilyn Amorevieta-Gentil, du Département de démographie de l'Université de Montréal, 24,1 % des nourrissons nés dans la vallée du Saint-Laurent entre 1621 et 1779 meurent avant l'âge d'un an. Les épidémies de variole (1729-1730 ; 1733) et de typhus (1742-1744) prélèvent de nombreuses vies. Marilyn A.-Gentil, « Les niveaux et les facteurs déterminants de la mortalité infantile en Nouvelle-France et au début du Régime anglais (1621-1779) », présentation lors du Congrès de la Fédération canadienne des sciences humaines, Montréal, Université Concordia, 2010, www.ciqss.umontreal.ca/fcd2010/Presentations/Gentil_Marilyn.pdf.

cela laisse supposer que la petite avait d'abord été ondoyée, c'est-à-dire qu'elle avait reçu une ablution baptismale sans les rites habituels, comme on le faisait couramment avec les enfants en danger de mort[4]. Quoi qu'il en soit, Marie-Josephte finit par gagner suffisamment de vigueur pour survivre, contrairement aux petits frères et sœurs qui naissent et meurent au foyer des Corriveau.

Le contexte général est pourtant favorable à l'épanouissement de la population de la Nouvelle-France. En effet, Marie-Josephte voit le jour au beau milieu de ce que l'on peut considérer comme l'âge d'or de la colonie. Depuis la fin de la guerre de la Succession d'Espagne, qui se solde par la signature du traité d'Utrecht en 1713, la population de la vallée du Saint-Laurent vit enfin des jours paisibles. Hormis quelques années plus difficiles où les conditions météorologiques inclémentes entraînent des disettes et des restrictions alimentaires, les Canadiens présentent un niveau de vie généralement meilleur que celui des Français de l'époque. Les témoignages abondent. «Nous n'avons point dans le royaume de province où le sang soit si communément beau, la taille plus avantageuse et le corps mieux proportionné», écrit le père François-Xavier de Charlevoix, tandis que François de Ruette d'Auteuil note que «les Français qui habitent le Canada sont de corps bien faits, agiles, vigoureux, jouissant d'une parfaite santé, capable de soutenir toutes sortes de fatigues[5]». Au moment où naît Marie-Josephte Corriveau, la population de colonie s'établit à 37 716 âmes, et la petite paroisse rurale de Saint-Vallier, sur la côte sud du fleuve Saint-Laurent, compte un peu plus de 700 habitants.

Des colons sont installés sur ce territoire depuis les années 1680. Si une mission y existe déjà au début du XVIIIe siècle, il

---

4. Louis-Philippe Bonneau, *Josephte Corriveau-Dodier, la Corriveau, 1733-1763*, Saint-François, Société de conservation du patrimoine de Saint-François-de-la-Rivière-du-Sud, 1988, p. 44.

5. Tous deux cités dans Guy Frégault, *La civilisation de la Nouvelle-France, 1713-1744*, Montréal, Bibliothèque québécoise, 1990, p. 260.

faut attendre en 1713 pour assister à la création officielle de la paroisse de Saint-Vallier puis, trois ans plus tard, à la construction d'une église et d'un presbytère en pierre. La paroisse fait alors encore partie de la vaste seigneurie de la Durantaye. Le territoire seigneurial original est par la suite divisé en deux ; la portion située à l'est, acquise par monseigneur de Saint-Vallier, devient officiellement la seigneurie de Saint-Vallier en 1720. Ce sont cependant les augustines de l'Hôpital général de Québec qui en sont les seigneuresses[6]. Un document de l'époque précise que cette seigneurie fait une lieue et vingt-sept arpents de front sur trois lieues de profondeur. Elle jouxte le fief de Bellechasse du côté nord-est et le fief de la Durantaye du côté sud-ouest[7].

La famille Corriveau a été parmi les pionnières de Saint-Vallier. L'aïeul, Étienne Corriveau, a quitté son Poitou natal pour le nouveau continent à l'âge de 14 ans. Le 28 octobre 1669, il épousait Catherine Bureau à Sainte-Famille, île d'Orléans, et c'est là que sont nés les cinq premiers enfants du couple. De cette union descendront tous les Corriveau d'Amérique. C'est en 1679 qu'Étienne Corriveau quitte l'île afin de s'installer, avec toute sa famille, dans ce qui deviendra quelques années plus tard la paroisse de Saint-Vallier.

---

6. Municipalité de Saint-Vallier, « Portrait de Saint-Vallier – Retour dans le temps », http://www.stvallierbellechasse.qc.ca.

7. Archives publiques du Canada, Actes de foy et hommage, vol. II, p. 336. Il est à noter qu'après la Conquête les augustines n'auront pas les moyens de demeurer seigneuresses de Saint-Vallier, les dépenses occasionnées par les soins accordés aux blessés de la guerre de Sept Ans ayant mis à sec les coffres de la communauté. Les religieuses vendront donc la seigneurie à Charles-François Tarieu de Lanaudière, fils de Madeleine de Verchères, en 1767. Le nouveau seigneur n'habitera jamais cette seigneurie (trop occupé par la terre familiale à Sainte-Anne-de-la-Pérade, tout en résidant lui-même à Québec), mais ses enfants feront construire une résidence à la pointe de Saint-Vallier. Paul St-Arnaud, *Histoire de Saint-Michel et de Saint-Vallier, seigneurie, paroisse et village, du 17e au 20e siècle*, Société historique de Bellechasse, 2008, www.shbellechasse.com, page consultée le 23 octobre 2012 ; Sophie Imbeault, communication par courriel le 12 novembre 2013.

Quelques générations plus tard, la famille compte plusieurs branches prospères, notamment celle à la tête de laquelle se trouve le puissant et respecté Jacques Corriveau, responsable du maintien de la paix dans le village. Son cousin Joseph Corriveau, le père de Marie-Josephte, est aussi un cultivateur prospère. Possédant une imposante demeure et employant plusieurs serviteurs, il est apparenté – par le sang ou le mariage – à la plupart des familles de Saint-Vallier.

Sous l'intendance de Gilles Hocquart, la colonie connaît une prospérité et un essor inespérés. À l'arrivée d'Hocquart, en 1729, l'administration de la Nouvelle-France présente, il faut l'admettre, une allure quelque peu désordonnée : mal gérée en raison des dissensions constantes entre le gouverneur et l'intendant, manquant de ressources et d'infrastructures nécessaires au développement de la colonie... il faut y remettre bon ordre, et l'intendant Hocquart s'y emploie avec efficacité. Cet homme très intelligent est respecté par ses pairs, autant pour son esprit calme, simple et conciliateur que pour son caractère réputé aimable et honnête. Ayant entrepris sa carrière dans la Marine française comme simple écrivain, il gravit lentement les échelons : c'est ainsi qu'en 1729 il est nommé commissaire ordonnateur de la Nouvelle-France et, deux ans plus tard, intendant en titre.

Dans la colonie, l'intendant s'occupe des lois et du maintien de l'ordre public, de même que des questions économiques et commerciales. Hocquart s'attachera, dans un premier temps, à améliorer la compétence des employés de l'État. Selon lui, si la Nouvelle-France présente un potentiel de développement économique considérable, son manque de ressources humaines et d'infrastructures nuit au développement de son plein potentiel. Il s'emploie donc à dénicher des fonctionnaires compétents et des travailleurs qui l'appuieront dans son entreprise ambitieuse : redresser l'économie de la Nouvelle-France. Il s'y emploie notamment en faisant la promotion d'autres types de production et d'exploitation que la traite de la fourrure, en protégeant les petites entreprises, l'industrie et la construction navale. Favorisant les marchands canadiens au détriment des marchands français, il espère favoriser l'essor d'une bourgeoisie commerciale locale. Il travaille sans relâche à l'amélioration de la colonie, se rendant personnellement en France à plusieurs reprises afin de solliciter des fonds. De plus, il met en place diverses lois et des règlements dans le but avoué d'assurer la pérennité de la croissance économique de la colonie.

C'est sous l'intendance d'Hocquart, avec l'appui du gouverneur Charles de Beauharnois de la Boische, que s'amorce une importante expansion du système seigneurial. De 1733 à 1743, une trentaine de nouveaux fiefs sont concédés et de nouvelles terres sont mises en exploitation : au total, près de 400 censives sont accordées pour appuyer le développement de l'agriculture. Comme la plupart des habitants établis ailleurs dans la vallée du Saint-Laurent, les fermiers de Saint-Vallier cultivent notamment du blé, de l'orge, de l'avoine, du maïs, du chanvre et du tabac, en plus de nombreux potagers dont ils tirent des légumes frais. Ils élèvent des chevaux, du bétail, des moutons et des cochons[8]. Si trois mauvaises récoltes consécutives de 1741 à 1743 causent une hausse des prix du pain et des autres denrées principales, les gens des campagnes n'ont pas trop à souffrir de la faim puisque leur terre produit suffisamment de nourriture pour s'alimenter.

Pendant longtemps, Saint-Vallier ne comptera aucune école : l'établissement d'enseignement le plus proche est situé à Québec. Il faut attendre les années 1740 pour que soit construite une première école. Bien qu'il ne soit pas possible de certifier que Marie-Josephte sait lire, écrire et compter, à tout le moins a-t-elle appris à signer son nom, comme bien des habitants de la Nouvelle-France. « Marie-Joseph Corrivaux »,

---

8. Ainsi que le révèlent les recensements de la Nouvelle-France, les greffes de notaire de même que la correspondance coloniale. Voir notamment Statistique Canada. *NF Tableau II – Agriculture, 1734 – Nouvelle-France – Total* (tableau), 1734 – Recensement de la Nouvelle-France, E-STAT, http://estat2. statcan.gc.ca/ (site consulté le 10 septembre 2012).

Gilles Hocquart, intendant de la Nouvelle-France.
Illustration parue dans Benjamin Sulte, *Histoire des Canadiens-français, 1608-1880*, Montréal, Wilson & cie, éditeurs, 1882-1884, vol. 5. BANQ, collection d'images numériques, MIC/B524/24446 GEN. Domaine public.

peut-on lire au bas de quelques-uns des actes notariés qui impliqueront plus tard la jeune femme[9].

C'est donc dans un contexte plutôt favorable que naît et grandit Marie-Josephte Corriveau : si la famille de celle-ci provient d'un modeste milieu rural, les conditions de vie de la

---

9. Louis-Philippe Bonneau, *Josephte Corriveau-Dodier, La Corriveau, 1733-1763 : une énigme non résolue*, Québec, Société de conservation du patrimoine de St-François-de-la-Rivière-du-Sud, 1988, p. 45.

Nouvelle-France sont pourtant nettement supérieures à celles qui prévalent dans de nombreux villages de France à la même période, ce qui permet aux habitants, tant citadins que paysans, de prospérer.

Mariage avec Charles Bouchard

Au milieu du XVIIIe siècle, la population de la Nouvelle-France s'élève à un peu plus de 55 000 personnes. La plupart vivent dans des paroisses rurales comme Saint-Vallier[10]. C'est le 17 novembre 1749, à l'âge tendre de seize ans, que Marie-Josephte Corriveau épouse Charles Bouchard, cultivateur de vingt-trois ans. La jeune mariée est-elle jolie? Les documents n'évoquent jamais son apparence physique, si ce n'est qu'elle est de petite stature[11]. Quant au jeune homme, il possède déjà une terre depuis plus de deux ans, ce qui en fait un bon parti. En effet, le 13 juin 1747, Anne Veau dite Sylvain, sa mère devenue veuve, lui a donné une terre située dans la seigneurie de Saint-Vallier. Le jeune couple s'installe donc sur cette petite terre d'un arpent et demi de largeur sur quarante arpents de profondeur. Leur maison, construite pièce sur pièce et toute lambrissée, mesure vingt pieds sur vingt-quatre et comporte une cheminée de pierre. La demeure est à proximité de celle des parents de Marie-Josephte[12].

Durant les onze années que durera l'union de Charles Bouchard et Marie-Josephte Corriveau, la Nouvelle-France

---

10. Statistique Canada. *NF – État de la Population, 1754 – Nouvelle-Fance* (tableau), 1754 – Recensement de la Nouvelle-France, E-STAT, http://estat2. statcan.gc.ca/ (site consulté le 10 septembre 2012).

11. Selon Georges-Barthélemy Faribault qui, dans les années 1820, avait eu l'occasion de s'entretenir avec une contemporaine de Marie-Josephte, Marianne Pilette, alors très âgée. Rapporté dans Lacourcière, « Le triple destin », p. 233-234.

12. Donation passée devant Pierre Rousselot, notaire royal de la côte du Sud. BANQ, Fonds Cour supérieure. District judiciaire de Québec. Insinuations. CR301, P2791 (document insinué le 17 octobre 1747).

commence lentement mais sûrement son chant du cygne. Après avoir joui d'un essor économique enviable lors de la longue période de paix, la colonie française d'Amérique amorce en effet un déclin qui coïncide avec l'intendance du successeur de Gilles Hocquart, François Bigot. Pendant son administration, de 1748 à 1760, les dépenses faites par la Couronne de France pour sa colonie d'Amérique augmentent de manière spectaculaire. Ayant dépassé le million de livres en 1744 sous l'intendance de Hocquart, ces dépenses grimpent en flèche pour atteindre une moyenne approximative de trois millions de livres par année durant la décennie de 1750-1760, soit plus de trente millions en tout[13]. La principale raison de ces débours est d'origine militaire. Bien que la colonie soit officiellement en paix depuis la fin de la guerre de la Succession d'Espagne (1701-1713), la politique menée par la métropole sur le vieux continent oblige la colonie à se préparer à une nouvelle guerre. D'où les sommes substantielles consenties pour élever des fortifications et acquérir de l'artillerie lourde, des armes et des munitions, sans compter la solde des militaires et les vivres nécessaires à leur entretien. On n'a guère le choix de se livrer à ces préparatifs, mais toutes ces dépenses, si justifiées soient-elles, finissent par peser lourdement sur les finances de la colonie et sur le trésor de France.

Il faut cependant tirer son épingle du jeu et assurer le quotidien, marqué par le cycle des saisons. Comme la plupart des jeunes femmes de sa condition, Marie-Josephte consacre une partie de ses journées à s'occuper de la préparation des repas et de l'entretien de la maison, en plus d'être responsable des animaux et, bien entendu, de l'éducation des enfants. En été, elle a aussi la charge du potager, tandis qu'en hiver elle s'occupe notamment de filer la laine et de confectionner les vêtements qui seront portés par les membres de la famille tout au long de l'année. De son côté, Charles vaque à l'entretien

---

13. Craig Brown, *Histoire générale du Canada*, Montréal, Boréal, 1988, p. 209.

extérieur de la maison. Il voit principalement aux travaux de ferme : défricher la terre et besogner dans les champs sont des activités exigeantes. Le printemps est consacré à labourer puis à semer les grains (le blé, en premier lieu, puis d'autres types de céréales). Il faut aussi s'occuper des travaux courants d'entretien, comme réparer les clôtures et enlever les vieilles souches. Pour les hommes comme Charles, la saison hivernale est consacrée à la fabrication et à la réparation des outils, meubles et objets divers qui sont utiles sur la ferme.

La terre est le bien le plus précieux qui soit, pour un habitant de la Nouvelle-France. Le 3 novembre 1752, Charles Bouchard se porte acquéreur d'une vaste parcelle pour la somme de 300 livres. Située sur le troisième rang de Saint-Vallier, cette terre fait trois arpents de front sur cinquante-trois arpents de profondeur. Trois ans plus tard, Bouchard échange cette terre contre celle d'un autre habitant de Saint-Vallier, Joseph Dodier. Cette pratique est assez fréquente dans la colonie : elle permet, dans bien des cas, d'acquérir plusieurs terres adjacentes et ainsi de se retrouver propriétaire d'un vaste territoire continu. C'est exactement le but recherché par Bouchard dans cette transaction qui a lieu devant le notaire Rousselot le 3 février 1755. En échange de son bien du troisième rang, Bouchard reçoit une terre de six perches et quatre pieds et demi de largeur sur quarante arpents de profondeur, dont la frontière ouest jouxte la terre reçue de sa mère en 1747. Cette terre est déjà développée et comporte plusieurs bâtiments, dont une grange de charpente et une étable. Puisque la terre échangée par Bouchard n'est presque pas défrichée, il doit donner 300 livres en compensation à Joseph Dodier. Bouchard possède en outre d'autres terres dans les environs, notamment dans le quatrième rang de Saint-Michel. Ces possessions font de lui un habitant prospère, compte tenu de l'environnement économique de l'époque[14].

---

14. Bonneau, *Josephte Corriveau-Dodier*, p. 59-61 et 75-76.

Maison de ferme qu'aurait habitée Marie-Josephte Corriveau à Saint-Vallier.
Photo : Paul St-Arnaud, dans *Histoire de Saint-Michel et de Saint-Vallier, seigneurie, paroisse et village, du 17ᵉ au 20ᵉ siècle*, Société historique de Bellechasse, 2008, www.shbellechasse.com, page consultée le 23 octobre 2012.

Si, en Nouvelle-France, un couple sur deux atteint son premier anniversaire de mariage en ayant déjà un enfant, il faudra attendre deux ans et demi avant que le couple Corriveau-Bouchard ne porte un premier enfant sur les fonts baptismaux. Marie-Josephte donne naissance à trois enfants : deux filles, Marie-Françoise (10 mars 1752) et Marie-Angélique (6 février 1754), suivies d'un garçon, Charles (16 août 1757). Alors que les femmes du xvııᵉ siècle canadien avaient en moyenne six enfants, celles du siècle suivant en ont un peu moins : ainsi, entre 1700 et 1739, plus de la moitié des familles de la vallée du Saint-Laurent comptent quatre enfants ou moins, voire pas du tout[15]. Les trois enfants de Marie-Josephte Corriveau et de Charles Bouchard ont-ils été précédés ou

15. Danielle Gauvreau, *Québec, une ville et sa population au temps de la Nouvelle-France*, Québec, Presses de l'Université du Québec, 1991, p. 141 et 150.

suivis de petits frères ou petites sœurs emportés en bas âge dans la tombe? Bien qu'aucun acte n'ait pu être retrouvé pour l'attester de manière formelle, cela est plausible : certaines naissances ne sont tout simplement pas enregistrées, par exemple si l'enfant meurt avant le baptême ou après avoir été ondoyé. On ne peut donc statuer avec certitude sur le nombre de grossesses de Marie-Josephte ni en tirer de conclusions quant à la qualité de sa relation conjugale[16]. Bref, le couple formé de Charles et Marie-Josephte n'est pas dans une situation exceptionnelle pour cette époque.

La naissance du petit Charles – qui, même s'il porte le patronyme de Bouchard, n'en est pas moins le premier héritier mâle de la lignée des Corriveau – incite le père de Marie-Josephte à se « donner » à sa fille et à son gendre. Cette pratique s'appelle la donation entre vifs. Relativement courante sous le Régime français, elle consiste à céder un bien (en tout ou en partie) en échange d'une rente viagère. Ce type d'arrangement survient plus généralement lorsque les donateurs sont malades ou très âgés. Or, les parents de Marie-Josephte ont à peine 47 à 48 ans : il est permis de supposer que ce geste est motivé par le désir de se rapprocher de leur seule fille et, par le fait même, couler des jours heureux auprès de leurs petits-enfants. Le 15 novembre 1757, les parties traversent le chenal et se présentent devant le notaire Joseph Fortier, à l'île d'Orléans, afin de préciser les termes et de signer le contrat. Le couple Corriveau-Bouchard devient propriétaire de « un arpent et demy de terre de large par quarante de profondeur, à prendre et détacher d'une terre de trois arpents située audit lieu de Saint-Vallier, à la seconde ligne, au village de Saint-Jean-Baptiste, borné au nord-est à Jacques Dodier et au sud-ouest à Joseph Corriveau, fils de Jacques ». Ils reçoivent aussi

---

16. De plus, le fait qu'elle se retrouve veuve alors qu'elle n'a pas encore atteint la trentaine est possiblement un facteur explicatif de sa fécondité apparemment modeste, puisque les femmes de la Nouvelle-France donnent en moyenne naissance à leur dernier enfant à l'aube de la quarantaine. Gauvreau, *Québec, une ville et sa population*, p. 145.

**Extrait du contrat notarié de donation d'une terre à
Charles Bouchard et Marie-Josephte Corriveau par Joseph Corriveau
et Marie-Françoise Bolduc, 15 novembre 1757.**
BANQ, Fonds Cour supérieure. District judiciaire de Québec –
Insinuations, CR301, P4328. Domaine public.

une charrue garnie qui leur permettra de travailler efficacement la terre[17].

En échange, les nouveaux propriétaires s'engagent à prendre soin des parents de Marie-Josephte en leur versant une pension annuelle constituée de «trente minots de blé froment, comble, bon et marchand», auxquels s'ajoutent cinq minots de pois ou quinze minots d'orge, à la convenance de Charles Bouchard, plus six minots d'orge et six minots d'avoine. Les donateurs recevront en outre un cochon mâle gras, une mère vache, deux brebis, douze pots d'eau-de-vie, douze cordes de bois franc «rendues à la porte» et du bois de four pour leurs besoins courants. Viennent ensuite des dispositions

---

17. Donation d'une terre, 15 novembre 1757. BANQ, Fonds Cour supérieure. District judiciaire de Québec. Insinuations. CR301,P4328; Lecture d'un contrat passé devant maître Fortier, notaire, le 15 novembre 1757 et ordre d'enregistrer ledit contrat au registre des insinuations, 21 février 1758, BANQ, Fonds Prévôté de Québec, TL1,S11,SS1,D108,P308. Voir aussi Bonneau, *Josephte Corriveau-Dodier*, p. 47-52.

concernant les animaux de la ferme. Ainsi, il est prévu que «les bœufs servant à la ferme seront communs, tant pour faire les travaux de l'un et de l'autre», et que les parents de Marie-Josephte se gardent l'usage d'un cheval ou d'une jument dont ils auront le soin. Ils pourront aussi utiliser un espace du jardin pour entretenir un potager. Les obligations des nouveaux propriétaires s'étendent aussi à l'au-delà: si Joseph Corriveau ou Marie-Françoise Bolduc venait à décéder, les donataires devraient se charger des soins au cadavre puis faire dire cinquante messes basses pour le repos de son âme!

L'ère des bouleversements

Au moment où les parents de Marie-Josephte donnent leur bien à leur fille et à leur gendre, la Nouvelle-France est déjà plongée jusqu'au cou dans un conflit qui passera à l'histoire sous le nom de guerre de Sept Ans (1756-1763). Mettant en jeu la plupart des pays européens, cette guerre implique aussi leurs colonies d'Amérique et d'Asie, à tel point qu'on peut la considérer comme la première véritable «guerre mondiale». Les grandes puissances, dont la France et la Grande-Bretagne, s'affrontent notamment pour imposer leur suprématie aux quatre coins de la planète. Le contrôle géopolitique de la Nouvelle-France et de la vallée de l'Ohio est la pierre angulaire de ce conflit, qui démarre de ce côté-ci de l'Atlantique dès 1754; il y prendra une tournure particulièrement dramatique puisque des milliers de Canadiens deviendront sujets britanniques au terme de cette «guerre de la Conquête[18]».

---

18. On peut considérer la guerre de Sept Ans comme la suite de la guerre de la Succession d'Autriche (1740-1748). Si le traité d'Aix-la-Chapelle y avait mis fin, la paix demeurait toutefois très fragile car aucune des puissances impliquées n'était réellement satisfaite de ses gains ou n'était véritablement intéressée à mettre un frein à ses ambitions impérialistes, tout particulièrement la France et l'Angleterre. Mais, en fait, la rivalité entre les Français et les Britanniques sur le territoire nord-américain remonte à encore plus loin. En 1713, lors de

En 1759, la vie dans la colonie tout entière est devenue beaucoup plus difficile. Cinq années de conflit ont épuisé les ressources mais aussi la patience des Canadiens. Dès le début de la guerre, la colonie française essuie de sérieuses disettes. Cela s'explique entre autres par une série de mauvaises récoltes, elles-mêmes en partie occasionnées par le fait que les miliciens canadiens, majoritairement des fermiers, œuvrent à la défense de la colonie au lieu d'être dans leurs champs. En l'absence des hommes pour cultiver la terre et récolter le nécessaire pour passer les hivers, bien des familles ne parviennent tout simplement plus à produire de la nourriture pour leurs propres besoins et pour vendre sur les marchés coloniaux.

La rareté des vivres crée une inflation qui complique l'accès aux denrées: certains produits deviennent hors de prix, par exemple l'eau-de-vie. Les Canadiens, plus particulièrement ceux des villes, voient leurs rations diminuer au fil des semaines; les habitants des campagnes, notamment à Saint-Vallier, sont un peu moins durement touchés, mais subissent tout de même d'importants contrecoups. Pour couronner le tout, la colonie est minée par les malversations de certains administrateurs et munitionnaires chargés de l'approvisionnement, dont l'intendant Bigot[19].

S'il a peu de pouvoir sur les ficelles qui sont tirées en haut lieu, François Bigot, responsable des finances coloniales, fait assurément triste figure. Cherchant à s'enrichir en utilisant sa position sociale et en ourdissant des machinations financières dont il est l'un des principaux bénéficiaires, l'intendant nuit

---

la signature du traité d'Utrecht (qui mettait fin à la guerre de la Succession d'Espagne), la France a dû renoncer à plusieurs de ses possessions en Amérique du Nord, au profit de l'Angleterre; les relations entre les deux pays n'ont cessé de se détériorer par la suite. Commission des champs de bataille nationaux, «Batailles de 1759 et 1760 – Le conflit en Amérique: aperçu général», http://bataille.ccbn-nbc.gc.ca/fr/guerre-de-sept-ans/amerique-apercu-general/contexte.php.

19. Commission des champs de bataille nationaux, «Batailles de 1759 et 1760 – La vie quotidienne au temps du siège de Québec», http://bataille.ccbn-nbc.gc.ca/fr/siege-de-quebec/la-vie-quotidienne.php.

considérablement à la colonie pendant cette période difficile. À son entrée en poste, il crée, avec quelques associés, une compagnie marchande qui approvisionnera la Nouvelle-France. Assez rapidement, ses associés et lui monopolisent différents secteurs de l'économie, faisant augmenter les prix des denrées et s'emplissant les poches au passage. Ajoutons à cela que Bigot permet l'émission de monnaie dépassant largement les besoins de la colonie[20]. Ces manœuvres lui permettent de mener une vie luxueuse qui étonne même le marquis de Montcalm. Invité à dîner chez Bigot lors de son arrivée en Nouvelle-France, il note qu'« la magnificence et la bonne chère annoncent que la place est bonne, qu'il s'en fait honneur et un habitant de Paris aurait été surpris de la profusion de bonnes choses en tout genre[21] ». Ce faste indécent, financé au moyen d'intrigues pécuniaires alors que les habitants de la colonie doivent se serrer la ceinture, ainsi que la corruption qui entache l'ensemble de son administration marqueront les mémoires pour les générations à venir.

François Bigot (1703-1778)

Né à Bordeaux au sein d'une famille anoblie, François Bigot est d'abord un commissaire ordonnateur avant de devenir le dernier à occuper le poste d'intendant de Nouvelle-France avant la cession de cette dernière à l'Angleterre, après la signature du traité de Paris en 1763.

Ayant selon toute vraisemblance fait son droit à Bordeaux, il choisit d'entrer au ministère de la Marine française. Il commence sa carrière comme écrivain, est

---

20. À la fin de la guerre, la France acceptera de rembourser une fraction de la valeur des billets émis, ce qui entraînera des pertes énormes chez les détenteurs de cette monnaie. Yves Tessier, « La Corriveau : une affaire de militaire », dans Guilbault, *Il était cent fois la Corriveau*, p. 175-180.

21. Jacques Lacoursière, *Histoire populaire du Québec, tome 1. Des origines à 1791*, Québec, Septentrion, 2013 (réédition), p. 281.

nommé commissaire ordinaire puis commissaire ordonnateur à Louisbourg en 1739 : il s'occupera entre autres de l'approvisionnement en vivres de cette colonie jusqu'à la prise de la forteresse par les forces britanniques en 1745. Trois ans plus tard, Bigot est nommé intendant de la Nouvelle-France, succédant ainsi à Gilles Hocquart dans un poste qu'il ne souhaite pas vraiment, lui qui aurait préféré obtenir de l'avancement en France.

François Bigot acquiert une triste renommée en raison de ses malversations et fraudes diverses, qui nuisent considérablement à l'équilibre économique colonial et contribueront même à la perte de Nouvelle-France. Durant la guerre de Sept Ans, le prix des denrées grimpe en flèche et les dépenses gouvernementales de la France pour la colonie augmentent de façon considérable. Bigot est bientôt accusé, avec ses associés, d'avoir détourné ces fonds à son propre profit. Il s'ensuit un procès qui durera deux ans, connu sous le nom de l'Affaire du Canada, durant lequel Bigot est reconnu coupable et est condamné à verser 1 500 000 livres à la Couronne de France. Il quitte ensuite la France pour la Suisse, où il meurt en 1778.

Pour tenir bon face à l'offensive anglaise, toutes les ressources défensives de la colonie sont mises à profit. La résistance s'organise un peu partout dans la colonie, à Saint-Vallier comme ailleurs. Marie-Josephte Corriveau participe aux efforts civils en allumant des feux sur la grève pour avertir l'armée française des déplacements de la flotte anglaise. Ni le sémaphore, ni le télégraphe, ni bien sûr le téléphone n'existent encore : il faut donc trouver des moyens inventifs pour communiquer rapidement d'une rive à l'autre[22]. De plus, même si les

---

22. St-Arnaud, *Histoire de Saint-Michel et de Saint-Vallier*, non paginé.

talents militaires des Canadiens font l'objet de dérision de la part des officiers français, l'armée se voit bien obligée de recourir à cette force civile : des milliers de miliciens seront donc mobilisés pour combattre aux côtés des cinq régiments de l'armée régulière[23]. Charles Bouchard, comme son père avant lui, fait partie de la milice et sera au nombre des miliciens canadiens qui combattront pour tenter de défendre la colonie nichée dans la vallée du Saint-Laurent.

Les milices canadiennes

Bien que la milice coloniale soit une institution à peu près oubliée de nos jours, il n'en demeure pas moins qu'elle occupe une place significative dans la vie des habitants de la Nouvelle-France. Officiellement mise en place en 1669 à la demande du roi Louis XIV, la milice coloniale est composée de tous les Canadiens mâles en âge de porter les armes, soit de 16 ans à environ 60 ans, ce qui représente près du quart de la population. Son organisation est calquée sur celle de la milice garde-côte française, qui rassemble en compagnies paroissiales les hommes qui habitent les côtes de la métropole afin de se défendre contre des incursions par des navires ennemis. En Nouvelle-France, les diverses paroisses rurales et urbaines sont le pivot de cette organisation paramilitaire : chacune fournit une compagnie de milice qui relève de l'un des districts, soit Québec, Trois-Rivières ou Montréal[24].

Chaque compagnie est dirigée par un capitaine de milice. Il y en a généralement un par paroisse, bien qu'il arrive qu'on en trouve deux dans les paroisses particulièrement populeuses. Le capitaine de milice est nommé par le gouverneur : puisqu'il est un chef de guerre et, pourrait-on dire, un « agent » de liaison

---

23. André Charbonneau, « Québec, ville assiégée », dans Serge Bernier et autres, *Québec, ville militaire (1608-2008)*, Montréal, Art Global, 2008, p. 143.

24. René Chartrand, « La gouvernance militaire en Nouvelle-France », *Bulletin d'histoire politique*, vol. 18, n° 1, www.bulletinhistoirepolitique.org.

entre les autorités (l'intendant et le gouverneur) et la population du Canada, il joue un rôle de première importance dans la vie communautaire de la colonie. Les Canadiens sont des gens fiers qui n'obéissent qu'à ceux qu'ils respectent. Le capitaine de milice est donc généralement un homme qui sait lire et écrire, dont le courage est notoire et, surtout, qui jouit d'une excellente réputation auprès de la population locale. Il doit en outre être relativement à l'aise financièrement puisque la commission de capitaine de milice, bien qu'elle soit signée par le gouverneur, n'est assortie d'aucun salaire ou rente. Honneurs, privilèges et influence lui sont cependant rattachés, ce qui en fait une charge très convoitée. Le capitaine est exempté des taxes royales et des travaux manuels reliés aux corvées ordonnées par les autorités de la colonie. Il a le droit de porter l'épée (habituellement réservée aux gentilshommes et aux militaires) et le hausse-col doré, symbole de son statut. De plus, il a son banc à l'église juste derrière celui du seigneur et reçoit la communion juste après celui-ci, avant tous les autres paroissiens. À une époque où le prestige, l'honneur et les préséances revêtent une grande importance, la commission de capitaine de milice a de quoi faire des envieux[25].

En période de paix, les miliciens servent de force policière, notamment pour appréhender des criminels en fuite ou encore des déserteurs. Ils coordonnent diverses corvées telles que la réfection de routes ou les travaux de fortification. Le capitaine doit organiser et superviser ces corvées, faire le recensement et préparer les certificats de non-résidence sur les terres laissées inoccupées, que le seigneur pourra éventuellement récupérer. Ceux qui sont établis en zone urbaine ont des responsabilités accrues. En effet, les miliciens des villes contribuent à la distribution équitable du blé en cas de pénurie, fournissent des gardes pour les guets de nuit, aident à prévenir et combattre

---

25. Luc Lépine, «Organisation militaire de la Nouvelle-France», http:// www3.sympatico.ca/dis.general/nfrance.htm; Passerelle pour l'histoire militaire canadienne, Annexe B: La vie quotidienne en Nouvelle-France – La Milice, http://www.cmhg.gc.ca/cmh/page-211-fra.asp.

Milicien canadien.
Les miliciens canadiens sont généralement armés de mousquets et
portent le type de manteau appelé capote. En hiver, les raquettes s'avèrent
fort utiles pour se déplacer sur la neige : les miliciens les adoptent,
à l'instar des voyageurs et des commerçants de fourrures.
Gravure de A. Dupuy. Passerelle pour l'histoire militaire canadienne,
www.cmhg-phmc.gc.ca. Domaine public.

les incendies et, finalement, voient au maintien de la salubrité pour minimiser les risques d'épidémies. Pour s'acquitter de ces nombreuses responsabilités, le capitaine de milice est assisté par des lieutenants, des enseignes et des sergents[26].

Les miliciens se réunissent une fois par mois, armés et équipés pour le combat, dans le but de recevoir un peu d'entraînement en prévision d'affrontements futurs, ce qui inclut des exercices de tir à l'aide des quelques fusils qu'ils possèdent. Hormis ces exercices, ils ne reçoivent pas de formation militaire à proprement parler. Les Canadiens sont pourtant de

---

26. Passerelle pour l'histoire militaire canadienne, p. 212.

remarquables tireurs car ils ont la permission de chasser sur les terres seigneuriales, contrairement à leurs homologues venus de France. Bien qu'ils n'aient pas de véritable uniforme ou panoplie, on leur octroie une chemise, un capot, un brayet, des mitasses, des mocassins et une couverture[27]. L'intendant fournit de simples fusils, sans baïonnettes, aux miliciens qui n'en possèdent pas, mais ces derniers doivent remettre les armes à la fin de chaque campagne.

Si les responsabilités liées à la milice peuvent sembler contraignantes, voire oppressantes, il n'en demeure pas moins que cette structure paramilitaire n'est pas honnie dans la colonie française, bien au contraire. D'une part, la population perçoit sa collaboration dans la milice coloniale comme une façon de participer aux affaires militaires et sociales de la Nouvelle-France. D'autre part, les autorités coloniales, qui savent que les Canadiens ne s'en laissent pas imposer facilement, considèrent la milice comme une courroie de transmission fort utile pour faire appliquer les ordonnances, orchestrer les grands travaux de voirie et, bien sûr, défendre la colonie[28]. La milice représente donc une dimension essentielle de la vie quotidienne dans la vallée du Saint-Laurent.

La guerre de Sept Ans et les miliciens canadiens

Dès la fin du XVIIe siècle, il est devenu évident pour les autorités coloniales et pour les miliciens eux-mêmes que les techniques et les tactiques de combat « à l'européenne », où l'on s'affronte en rangées sur un terrain plat et à aire ouverte,

---

27. Brayet : Culotte qui descend aux cuisses. Mitasses : Jambières de tissu qui montent jusqu'à mi-cuisse. Steve Delisle, *The equipment of New France Militia 1740-1760*, Bel Air, Kebeca Liber Ata Co., 1999, p. 6-7. Voir aussi Commission des champs de bataille nationaux, « Siège de Québec – Les Miliciens », http://bataille.ccbn-nbc.gc.ca/fr/siege-de-quebec/forces-en-presence/armee-francaise-canadiens-amerindiens/la-milice.php.

28. Passerelle pour l'histoire militaire canadienne, p. 211.

étaient inefficaces dans ce territoire neuf. Avec ses grandes forêts, son relief parfois escarpé, son manque de routes définies et ses cours d'eau vastes et tumultueux, la Nouvelle-France ne se prête guère aux batailles traditionnelles : où trouver des champs suffisamment vastes pour livrer bataille et manœuvrer en rangs ? Très tôt, les miliciens canadiens se sont tournés vers une autre façon de guerroyer, apprise auprès de leurs alliés amérindiens : la guerre en embuscades, aussi appelée « petite guerre » ou guérilla.

La « petite guerre » repose sur le principe d'une action rapide causant des dommages moyens pour l'ennemi tout en minimisant les risques ou les pertes. Elle se pratique notamment au moyen de furtives expéditions en forêt ou en descendant les rivières en canot puis en tendant des embuscades. La milice canadienne a mis cette technique en application lors de l'attaque de villages dans le nord des colonies anglaises d'Amérique, revenant ensuite à Montréal, Trois-Rivières ou Québec. Rapidement, les miliciens canadiens deviennent fort habiles à la « petite guerre » : leur efficacité dans ce type de combat est reconnue, tant par les autorités de la Nouvelle-France que par leurs ennemis. Les miliciens peuvent être mandés deux fois par année par les autorités de la colonie pour la pratiquer contre les ennemis de la Couronne de France, ce qui a fait dire à certains historiens que les colons de la Nouvelle-France sont vraiment, à l'aube de la guerre de Sept Ans, des habitants-soldats[29].

Les milices de la Côte-du-Sud, dirigées par Gaspard-Joseph Chaussegros de Léry[30] et auxquelles appartient Charles

---

29. Luc Lépine, « Organisation militaire de la Nouvelle-France », http://www3.sympatico.ca/dis.general/nfrance.htm.

30. Gaspard-Joseph Chaussegros de Léry (1721-1797) fut un ingénieur militaire et seigneur de Léry sous le Régime français. Il participa à la guerre de Sept Ans sous les ordres de Montcalm et de Vaudreuil, où il s'acquitta fort bien de ses tâches (renforcement des défenses de Québec, missions diplomatiques et expéditions guerrières). Après la Conquête et avec l'arrivée de Guy Carleton à la tête de la nouvelle Province de Québec, il devient grand voyer du district de Québec puis membre du Conseil législatif du Bas-Canada, une fonction qu'il occupera jusqu'à sa mort.

Bouchard, se font pourtant tirer l'oreille pour joindre les rangs afin de défendre Québec contre les troupes britanniques. En effet, ceux-ci ne semblent pas pressés de se rapporter à Chaussegros de Léry, qui a pourtant la charge de les rassembler, les nourrir et de les équiper en conséquence. Les miliciens demandent des chaussures, des munitions, de la meilleure nourriture (ils lèvent le nez sur la viande que leur proposent Bigot et Vaudreuil) et certains iront jusqu'à déserter les rangs. Hésitant au départ à faire un exemple de ces désertions, Vaudreuil finit par perdre patience et enjoint Chaussegros de Léry à faire le nécessaire pour être prêt à recevoir les Anglais[31].

Rappelons que, si en Europe la guerre commence officiellement en 1756, les hostilités en Amérique débutent deux ans plus tôt dans la vallée de l'Ohio, avec des affrontements impliquant un détachement français et des miliciens de Virginie (parmi lesquels se trouvait George Washington, futur président des États-Unis). Durant toute la durée de ce conflit, Pierre de Rigaud de Vaudreuil, premier gouverneur d'origine canadienne, est à la tête de la Nouvelle-France. Ayant vécu dans la colonie française toute sa vie, Vaudreuil connaît aussi bien les qualités des troupes de la Marine que celles de la milice, et notamment l'habileté de cette dernière à pratiquer la guerre «à l'amérindienne». Ce n'est cependant pas Vaudreuil qui commande les troupes destinées à protéger la Nouvelle-France, cette charge incombant plutôt au général Louis-Joseph de Montcalm. Envoyé par la Couronne de France pour défendre le vaste territoire de la colonie, le marquis de Montcalm ne partage pas du tout la vision de Vaudreuil quant à l'expertise militaire des Canadiens en sol nord-américain. Habitué de se battre comme un gentilhomme européen et d'engager ses troupes selon les méthodes militaires classiques, Montcalm n'apprécie pas du tout les méthodes chaotiques et peu orthodoxes des Canadiens. S'il leur reconnaît un certain mérite, il

31. Gaston Deschênes, *L'Année des Anglais: la Côte-du-Sud à l'heure de la Conquête*, Québec, Septentrion, 2009, p. 39-40.

estime que leur façon de se battre n'est guère convenable : il affirme dédaigneusement qu'un milicien canadien vaut peut-être trois soldats de France dans la guerre de brousse, mais qu'en bataille rangée un soldat de France vaut bien plus de trois miliciens sortis de leur ferme[32].

Comme le savent tous les grands stratèges militaires, lorsque les adversaires sont divisés, la victoire est acquise. Dès l'arrivée de Montcalm dans la colonie, les visions respectives du gouverneur et du général s'opposent vivement, créant de graves dissensions qui se transposent au sein même des troupes de la colonie, composées à la fois de miliciens cana-diens et de soldats français. Lors d'expéditions conjointes, deux univers et deux visions de la guerre s'affrontent. Alors que les troupes françaises marchent sur la route en rangées serrées, les Canadiens et les Amérindiens se déplacent furtivement de part et d'autre de la colonne de soldats, tapis dans les bois. Quand vient le temps d'affronter leurs adversaires, les troupes fran-çaises commandées par Montcalm se livrent à un affrontement en terrain dégagé face à l'ennemi, tandis que les Canadiens et les Amérindiens favorisent la méthode d'embuscade qui les a si bien servis jusqu'alors. Il va sans dire que ces querelles nuiront grandement à l'effort défensif de la Nouvelle-France.

Le siège de Québec, chant du cygne de la Nouvelle-France

À la fin de juin 1759, la flotte britannique sous les ordres du vice-amiral Charles Saunders[33] arrive à la pointe de l'île d'Orléans, juste devant Québec. Parti de Montréal en mai, Montcalm a préparé les défenses de la ville. Un long siège s'annonce durant lequel la capitale sera bombardée quotidiennement. Tout de

---

32. Lépine, « Organisation militaire de la Nouvelle-France », non paginé.
33. William H. Whiteley, « Sir Charles Saunders », *Dictionnaire biogra-phique du Canada*, http://www.biographi.ca.

suite après son arrivée, le général de l'armée anglaise, James Wolfe, fait paraître, le 28 juin, un manifeste destiné à apeurer ou à neutraliser les miliciens canadiens et leur famille. Le général anglais leur donne un ultimatum clair : si les Canadiens ne se mêlent pas de cette guerre qui engage les Couronnes de France et d'Angleterre et qu'ils se contentent de rentrer chez eux, ils pourront vivre en paix sans craindre les représailles des troupes britanniques. Mais, s'ils passent outre cette offre généreuse, ils subiront toutes les atrocités que la guerre peut offrir. Ce texte est placardé sur la porte de l'église de Beaumont. Les Canadiens étant un peuple fier avec une tendance à l'insubordination – même envers les autorités françaises –, ces menaces n'ont pas l'effet escompté par Wolfe. Aussi, après avoir réitéré ses menaces vers la fin de juillet, le général anglais décide de passer à l'action et de sévir contre la population canadienne.

Le manifeste de James Wolfe adressé aux Canadiens

De par Son Excellence James Wolfe, major-général, colonel d'infanterie, commandant en chef des troupes de Sa Majesté britannique sur la rivière de Saint-Laurent.

Le Roi mon maître, justement irrité contre la France, et résolu d'en rabattre la fierté, et de venger les insultes faites aux colonies anglaises, s'est aussi déterminé à envoyer un armement formidable de terre et de mer, que les habitants voient avancer jusque dans le centre de leur pays. Il a pour but de priver la couronne de France des établissements les plus considérables dont elle jouit dans le nord de l'Amérique.

C'est à cet effet qu'il lui a plu de m'envoyer dans ce pays, à la tête de l'armée redoutable actuellement sous mes ordres. Les laboureurs, colons et paysans, les enfants ni les ministres sacrés de la religion, ne sont point l'objet du ressentiment du Roi de la Grande Bretagne; ce n'est point contre eux qu'il élève les bras. Il prévoit leurs calamités, plaint leur sort, et leur tend une main secourable.

Il est permis aux habitants de revenir dans leur famille et dans leurs habitations, je leur promets ma protection, et je les assure qu'ils pourront sans craindre les moindres molestations, y jouir de leurs biens, suivre le culte de leur religion, en un mot jouir au milieu de la guerre de toutes les douceurs de la paix, pourvu qu'ils s'engagent à ne prendre directement ou indirectement aucune part à une dispute qui ne regarde que les deux Couronnes. Si au contraire un entêtement déplacé et une valeur imprudente et inutile leur font prendre les armes qu'ils s'attendent à souffrir tout ce que la guerre a de plus cruel. Il leur est aisé de se représenter à quels excès se porte la fureur d'un soldat effréné. Mes ordres seuls peuvent en arrêter le cours, et c'est aux Canadiens par leur conduite à se procurer cet avantage. Ils ne peuvent ignorer la situation présente. Une flotte considérable bouche le passage aux secours qu'ils pourraient se flatter de recevoir du côté de l'Europe, et une armée nombreuse les presse du côté du continent.

Le parti qu'ils ont à prendre ne paraît pas douteux. Que peuvent-ils attendre d'une vaine et aveugle opposition? Qu'ils en soient eux-mêmes les juges. Les cruautés inouïes que les Français ont exercées contre les sujets de la Grande-Bretagne établis dans l'Amérique pouvaient servir d'excuses aux représailles les plus sévères; mais l'Anglais repousse ces barbares méthodes. Sa religion ne prêche que l'humanité, et son cœur en suit avec plaisir le précepte.

Si la folle espérance de nous repousser avec succès porte les Canadiens à nous refuser la neutralité que je leur propose, et leur donne la présomption de paraître les armes à la main, ils n'auront sujet de s'en prendre qu'à eux-mêmes lorsqu'ils gémiront sous le poids de la misère à laquelle ils se seront exposés par leur propre choix. Il sera trop tard de regretter les efforts inutiles de leur valeur martiale, lorsque, pendant l'hiver, ils verront périr de famine tout ce qu'ils ont de plus cher.

Quant à moi, je n'aurai rien à me reprocher. Les droits de la guerre sont connus, et l'entêtement d'un ennemi fourni les moyens dont on se sert pour le mettre à la raison.

Il est permis aux habitants du Canada de choisir. Ils voient d'un côté l'Angleterre, qui leur tend une main puissante et secourable – son exactitude à remplir son engagement –, et comme elle s'offre à maintenir les habitants dans leurs droits et leurs possessions.

De l'autre côté, la France, incapable de supporter ce peuple, abandonne leur cause dans le moment le plus critique, et si, pendant la guerre, elle leur a envoyé des troupes, à quoi leur ont-elles servi? à leur faire sentir avec plus d'amertume le poids d'une main qui les opprime au lieu de les secourir.

Que les Canadiens consultent leur prudence. Leur sort dépend de leur choix.

Donné à notre quartier général, à la paroisse Saint-Laurent, île d'Orléans, le 27 juin 1759[34].

Au mois d'août 1759, Wolfe confie au capitaine Joseph Gorham des rangers la charge de mener des expéditions punitives contre la population locale. Maisons et églises détruites, fermes incendiées, bétail tué ou réquisitionné, constitution de

---

34. « Manifeste adressé aux Canadiens », http://www.tlfq.ulaval.ca/axl/francophonie/Wolfe-Manifeste-1759.htm.

prisonniers civils... les affres de la guerre frappent durement la population des deux rives du Saint-Laurent. Baie-Saint-Paul, La Malbaie et Sainte-Anne-de-la-Pocatière sont au nombre des villages qui sont « visités » par les troupes menées par Gorham durant tout le mois d'août et au début de septembre. La Côte-du-Sud écope durement dans les semaines qui suivent. Selon certaines estimations, environ 1 400 bâtiments sont incendiés par les envoyés de Wolfe. L'objectif du général anglais est simple : instaurer un climat d'effroi au sein de la population afin de forcer les Français, les Canadiens et leurs alliés amérindiens à sortir des murs de Québec et à les affronter en terrain découvert, où les troupes de Wolfe pourraient avoir un avantage. Voyant peut-être clair dans le jeu de son adversaire, le marquis de Montcalm ne bouge d'abord pas d'un iota[35].

Constatant que son rival reste sur ses positions, par considération pour la population qui habite hors des murs de la ville, Wolfe est forcé d'adopter une stratégie différente pour prendre Québec. Après réflexion, il tente, le 31 juillet 1759, un plan audacieux : faire débarquer ses troupes à Beauport, non loin de Montmorency, pour y prendre une redoute, renforcer cette dernière et obliger Montcalm à sortir des murs. C'est l'amorce initiale de ce qu'on appellera la bataille de Montmorency. Cette tentative d'assaut est un échec total pour les troupes britanniques en raison notamment de mauvaises évaluations tactiques, sans compter l'indiscipline qui règne dans certains rangs, les hommes étant impatients de livrer bataille. Voyant les manœuvres désordonnées des troupes anglaises, Montcalm envoie ses hommes dans les retranchements entre les rivières Saint-Charles et Montmorency, arrêtant ainsi l'avancement des soldats de Wolfe[36]. Cette défaite

35. Commission des champs de bataille nationaux, « Armée britannique », http://bataille.ccbn-nbc.gc.ca/fr/siege-de-quebec/strategie/armee-britanique/saccages.php.

36. Commission des champs de bataille nationaux, « Bataille de Montmorency », http://bataille.ccbn-nbc.gc.ca/fr/siege-de-quebec/bataille-de-montmorency/contexte.php.

Vue de la prise de Québec, 13 septembre 1759.
Bibliothèque et Archives Canada, Collection de canadiana Peter Winkworth,
R9266-2102. Domaine public.

portera un coup dur au moral des militaires britanniques ainsi qu'au leadership et à la crédibilité du général auprès de son état-major. Une autre attaque doit impérativement avoir lieu.

Le 13 septembre 1759, alors que le jour se lève sur la ville de Québec, l'armée française commandée par Montcalm et l'armée britannique dirigée par Wolfe s'affrontent sur le terrain connu aujourd'hui sous le nom de plaines d'Abraham. Les forces en présence lors de la bataille s'élèvent à 4 426 hommes du côté anglais et environ 4 440 hommes du côté français – soit 2 000 soldats des troupes régulières, 600 Canadiens enrôlés et 1 800 miliciens et guerriers amérindiens[37]. Charles Bouchard, époux de Marie-Josephte Corriveau, est très possiblement au nombre de ces miliciens canadiens puisque la Compagnie de Saint-Vallier y est engagée. Après un affrontement de courte durée, où le général Wolfe joue le tout pour le tout (il est malade et brouillé avec son état-major à la suite de la bataille de Montmorency), les forces britanniques remportent la

---

37. Charbonneau, « Québec, ville assiégée », p. 143.

victoire et les troupes françaises sont en déroute. Wolfe trouve la mort sur le champ de bataille et Montcalm, grièvement blessé, décède peu après.

La capitale de la Nouvelle-France capitule cinq jours plus tard, le 18 septembre 1759. Le commandant en charge de la ville de Québec, Jean-Baptiste-Nicolas-Roch de Ramezay, signe officiellement la reddition de Québec et cède la ville à George Townshend, le successeur de Wolfe. Ce dernier prend possession du territoire au nom du roi d'Angleterre avec l'aide de ses troupes. Le 8 septembre 1760, malgré la tentative du chevalier de Lévis de reprendre la ville, la colonie française rend officiellement les armes lorsque le gouverneur Vaudreuil signe la reddition de la Nouvelle-France.

Décès de Charles Bouchard

Au beau milieu de tous ces événements qui touchent directement la vie quotidienne de milliers d'habitants de la Nouvelle-France, tant ceux des villes que ceux de petits villages comme Saint-Vallier, Marie-Josephte Corriveau se retrouve soudainement veuve à vingt-sept ans. En effet, son mari Charles Bouchard meurt le 25 avril 1760. Il est porté en terre le surlendemain dans le cimetière de Saint-Vallier. Le vicaire Pierre-Clément Parent consigne ce qui suit dans le registre paroissial: «L'an mil sept cent soixante, le 27 avril, a été inhumé par nous prêtre soussigné, Charles Bouchard, âgé de trente-cinq ans, muni des sacrements, fils de Nicolas Bouchard et de Marie-Anne Sylvain. Étaient présents Louis Chartier, bedeau, Pierre Lamon et plusieurs autres. Signé: PARENT, prêtre[38].» Notons que l'inhumation de Charles Bouchard survient tout juste la veille de la célèbre bataille de Sainte-Foy.

Charles Bouchard est mort des suites des «fièvres putrides», selon l'affirmation de l'abbé Parent qui se présente à son chevet

---

38. Rapporté dans Bonneau, *Josephte Corriveau-Dodier*, p. 64.

afin de lui administrer l'extrême-onction. De quoi s'agit-il exactement? Au xviiᵉ siècle, le médecin Thomas Sydenham disait qu'on les appelait ainsi en raison «des changements importants qu'elles produisent dans le sang», précisant que ces fièvres, aussi appelées malignes, «ne sont pas liées à une saison[39]». Au début des années 1740, le médecin du roi, Jean-François Gaultier, mentionne les «fièvres putrides», «malignes» ou «venimeuses» dans son tableau des maladies qui dominent dans la colonie laurentienne. Ces fièvres, ajoute-t-il, sont généralement apportées par les vaisseaux et s'avèrent souvent les plus meurtrières[40].

Dans l'article de l'*Encyclopédie* de Diderot et d'Alembert consacré à la «synoque putride» (une autre appellation de ces fièvres), D. Jaucourt note que cette affection se caractérise par «une chaleur vive & mordicante, qu'on remarque distinctement quand on touche longtems la peau du malade, un pouls inégal & un peu concentré, surtout dans le commencement de la maladie; les urines sont, à la fin des exacerbations, un peu plus chargées, & d'un rouge plus foncé que dans l'état naturel : cette espece de fievre commence ordinairement par un frisson [...]. La synoque putride finit rarement avant le quatorzieme jour; elle s'étend souvent plus loin, & paroît devenir plus forte en s'approchant de sa fin[41]».

Il n'est pas impossible qu'à défaut d'un meilleur terme, et surtout n'ayant pas les connaissances requises pour effectuer

---

39. *The works of Thomas Sydenham*, vol. 1, London, 1848, p. 36. Rapporté dans Bonneau, *Josephte Corriveau-Dodier*, p. 53.

40. Stéphanie Tésio, «Santé et médecine», dans *Musée virtuel de la Nouvelle-France*, produit par le Musée canadien des civilisations, http://www.civilisations. ca/musee-virtuel-de-la-nouvelle-france/vie-quotidienne/sante-et-medecine.

41. D. Jaucourt, «Synoque putride», dans Diderot et d'Alembert, *Encyclopédie*, ARTFL Encyclopédie Project, http://artflx.uchicago.edu. Ailleurs dans l'*Encyclopédie* était réfutée cette typologie particulière des fièvres (putrides, pourpreuses, miliaires, contagieuses, colliquatives, malignes, diarrhitiques, dyssentériques, pétéchiales, etc.). On estime que c'est par erreur que la tradition «a imputé à la fièvre même, la pourriture, les taches pourprées, les éruptions miliaires, l'infection contagieuse, les colliquations, la malignité, les cours de ventre, le flux de sang, les pustules, &c. «Fièvre», dans Diderot et d'Alembert, *Encyclopédie*.

FIEVRE PUTRIDE , eſt ſuivant les modernes cette *fievre* dont la colliquation putréfactive des humeurs, forme le caractere diſtinctif. *Voyez* FIEVRE COLLI-QUATIVE & SYNOQUE PUTRIDE.

Je n'ajoûte ici qu'une ſeule remarque qui pourroit m'échapper dans le tems , & qui regarde une erreur très-commune & très-funeſte dans la pratique de la Medecine. Lorſqu'une cauſe quelconque portant la corruption dans nos humeurs , vient à exciter la *fievre* , l'on ne manque guere d'imputer la putréfaction à la *fievre* qu'elle a ſuſcitée , & l'on penſe que cette *fievre* eſt réellement une *fievre putride*. Pareillement quand une cauſe maligne quelconque , produit outre la *fievre* d'autres accidens conſidérables qui l'accompagnent , on croit que c'eſt la *fievre* elle - même qui eſt *maligne* , & on la regarde comme le principe de toutes les fâcheuſes affections morbifiques qui ſe trouvent avec elle. Dans cette idée , la *fievre* devient ſeule l'objet de l'attention du medecin , & pour lors il l'attaque avec tant de hâte & de violence , conſécutivement par les vomitifs , les cathartiques , les ſaignées abondantes répétées coup - ſur - coup , qu'en peu de jours il n'eſt plus queſtion de la *fievre* ni du malade. *Ædepol amice jugulaſti febrem !*

Définition de « fièvre putride » dans l'*Encyclopédie* de Diderot et d'Alembert, 1756. *Encyclopédie, ou Dictionnaire Raisonné des Sciences, des Arts et des Métiers*, de Denis Diderot et Jean le Rond d'Alembert, vol. 6, 1756, p. 737. En ligne au http://artflx.uchicago.edu. Domaine public.

un diagnostic, le vicaire Parent ait qualifié de fièvres putrides ce qui était en réalité la manifestation d'une autre affection. Par exemple, parmi les symptômes de la variole figurent une forte fièvre accompagnée de délires, un état confus et désorienté, voire des hallucinations. La période d'incubation varie de 7 à 17 jours et le décès survient normalement au cours de la deuxième semaine après l'apparition des symptômes. La colonie est d'ailleurs touchée par une épidémie de variole en 1755 et en 1757. Pendant les mêmes années, le typhus se répand dans toute la colonie. Cette maladie infectieuse, caractérisée entre autres par de fortes fièvres et des éruptions cutanées de couleur rouge, se transmet par les poux: il n'est pas rare de voir des épidémies de typhus éclater dans les contextes où il y a promiscuité ou déplacements massifs de population, par exemple sur les navires et les hôpitaux ou lors de guerres. C'est pourquoi on appelle aussi le typhus la fièvre des prisons, des hôpitaux ou des bateaux. Présent lors des combats sur les plaines d'Abraham, Charles Bouchard aurait-il pu ramener ces fatales fièvres putrides des champs de bataille? Il est malheureusement impossible de le déterminer avec certitude. Nous verrons que la cause exacte de son décès sera éventuellement remise en question dans les années qui suivent…

CHAPITRE 2

AGONIE DE LA NOUVELLE-FRANCE ET DÉBUT DU RÉGIME MILITAIRE

À L'AUTOMNE 1760, LA guerre tire à sa fin. La plupart des affrontements importants sont terminés sur le territoire nord-américain, mais il faut encore attendre que les dernières batailles prennent fin en Europe pour connaître le sort définf de la Nouvelle-France. Dans l'intervalle, les Britanniques instaurent un régime militaire. Même si plus de 25 kilomètres à vol d'oiseau séparent Québec de Saint-Vallier, les événements qui se sont déroulés sur les plaines d'Abraham en 1759 exercent inexorablement leur influence sur la vie des habitants de la petite communauté rurale. Le village compte alors une population de 676 personnes, réparties entre 131 familles ou ménages[1]. Bien sûr, les activités quotidiennes ne changent pas du tout au tout : le travail de la terre était, et demeure, la principale occupation des Valliérois. Les ruines des bâtiments incendiés et les fréquentes patrouilles des « habits rouges » représentent toutefois un constant rappel de la Conquête.

---

1. Statistique Canada. Cda Tableau I – Ménages, Population, Sexes, État de mariage, 1765 – Canada (tableau), 1765 – Recensement du Canada, E-STAT, http://estat2.statcan.gc.ca/ (site consulté le 10 septembre 2012).

**James Murray, gouverneur de l'Amérique
du Nord britannique, vers 1765.**
Artiste inconnu. Source : Royal Canadian Navy, C-002834,
www.navy.gc.ca. Domaine public.

Le régime militaire est en quelque sorte un gouvernement de transition au cours duquel l'armée britannique a autorité sur l'ensemble des affaires de la colonie, y compris la justice. Il débute officiellement le 22 septembre 1760 sous les ordres du général Jeffery Amherst, gouverneur général des colonies britanniques. Les trois gouvernements de la colonie sont confiés à l'administration plus immédiate d'officier : James

Murray a la charge de la région de Québec, Ralph Burton celle de Trois-Rivières et Thomas Gage, celle de Montréal. Ce n'est que le 10 août 1764 que prendra fin ce régime militaire, selon les termes du traité de Paris rédigé dix-huit mois auparavant.

James Murray (1721-1794)

Originaire d'Écosse, fils d'Alexander Murray le 4e baron d'Éliban et cinquième d'une famille de quatorze enfants, James Murray est un officier, un administrateur colonial et gouverneur de Québec, le premier sous le Régime britannique, entre 1759 et 1766. Nommé capitaine du 15e régiment d'infanterie en 1741, il y restera attaché jusqu'à sa nomination en tant que gouverneur de la garnison de Québec en 1759.

Murray participe à la guerre de Sept Ans sous les ordres du général James Wolfe. Wolfe tenait Murray en haute estime, louangeant son « ardeur illimitée ». Il prend aussi part au siège de Louisbourg et à celui de Québec, ainsi qu'à ce que les historiens appelleront la bataille des plaines d'Abraham, au cours de laquelle il commande l'aile gauche de l'armée. Après la mort de Wolfe et le départ des officiers Monckton et Townshend, Murray prend en charge la garnison de Québec et soutient la défense de la ville durant l'hiver 1759-1760, où la maladie emporte le tiers de ses hommes. Après la capitulation de Montréal, Murray est nommé gouverneur du territoire de Québec pour la durée du régime militaire britannique (1759-1764). C'est durant cette période que sera jugée Marie-Josephte Corriveau.

Devenu gouverneur de la province de Québec après la Proclamation royale de 1763, Murray tentera d'administrer la colonie en mettant en place une politique de conciliation envers les Canadiens dans le but d'éviter des révoltes et de s'assurer des bonnes grâces du peuple envers leur nouveau monarque. Cela s'avère difficile car les lois britanniques sont discriminatoires envers les catholiques et les quelques marchands anglais venus s'installer au Canada se comportent en conquérants envers la population canadienne. Murray, après quelques réticences, décide de recourir au clergé catholique canadien afin de l'aider à préserver l'ordre chez les Canadiens français, moyennant de l'aide financière et politique. Cette politique de conciliation se poursuivra sous son successeur, Guy Carleton.

À la fin de son mandat comme gouverneur, James Murray poursuivra sa carrière militaire. Il terminera sa vie dans sa propriété située dans le Sussex.

En ces années de transition, le village de Saint-Vallier tombe sous l'autorité du major James Abercrombie. En 1761, outre les troupes occupant la ville de Québec, des compagnies britanniques sont cantonnées sur la rive sud, depuis Lotbinière jusqu'à Montmagny. C'est à Berthier qu'est stationné le 78e régiment d'infanterie (Fraser's Highlanders) commandé par Abercrombie. Cet officier d'origine écossaise, arrivé en Amérique du Nord en 1756 et reconnu pour sa bonne connaissance du français, semble d'ailleurs être le commandant responsable de l'ensemble de la rive sud de Québec[2].

2. Marcel Trudel, *Histoire de la Nouvelle-France, tome X : le régime militaire et la disparition de la Nouvelle-France, 1759-1764*, Montréal, Fides, 1999, p. 86. Il est possible que James Abercrombie ait été apparenté au général sir Ralph Abercrombie, ou bien au major général James Abercrombie qui, en 1758, commandait un corps militaire qui tenta (sans succès) d'envahir le Canada par le lac George (lac Saint-Sacrement) et le fort Carillon. Nommé aide de camp de Jeffery Amherst en mai 1759, il reçut sa commission de major l'année suivante et se joignit au 78e régiment après la capitulation de Montréal. De 1763 à 1775, il servit en Europe. Il revint ensuite en Amérique à titre d'adjudant général puis fut nommé au commandement d'un bataillon de grenadiers. Blessé en conduisant

78ᵉ Régiment de la garde à pied : Fraser's Highlanders, 1759.
Frederick M. Milner, « British Army in Canada ». Bibliothèque et Archives
Canada, collection Bathurst and Milner, 1937-431. Domaine public.

L'administration britannique doit absolument affirmer son
autorité sur la population. Ne disposant pas d'effectifs suffi-
sants pour s'imposer uniquement par la force, les dirigeants
misent plutôt sur la conciliation dans le but de réaliser une
« assimilation passive » des Canadiens. Les conquérants évitent
de heurter inutilement la population locale, notamment en
leur laissant la liberté de demeurer catholiques et en

ses hommes contre les positions américaines près de Bunker Hill, il mourut le
23 juin 1775 et fut enseveli à King's Chapel, à Boston. Peter E. Russel, « James
Abercrombie », *Dictionnaire biographique du Canada*, vol. IV et Bonneau,
Josephte Corriveau-Dodier, p. 109.

s'immisçant le moins possible dans les affaires religieuses. Dans cette optique conciliatrice, la capitulation générale de 1760 assure une absolution complète à tous les miliciens. On considère en effet que c'est sous la contrainte qu'ils se sont battus contre les Anglais. Les autorités leur demandent simplement de rendre les armes, de rentrer chez eux et de prêter serment de fidélité à la Couronne britannique.

La nouvelle administration décide cependant de maintenir en place les officiers de la milice. Dans l'espoir de faciliter les rapports avec la population civile et de soutenir la transition de régime, les conquérants doivent pouvoir compter sur ceux qui exercent une certaine autorité morale. Entre 1760 et 1764, le village de Saint-Vallier compte deux compagnies de milice. La 1re compagnie est commandée par le capitaine Jacques Corriveau, assisté par le lieutenant Joseph Corriveau (le père de Marie-Josephte) et l'enseigne Pierre Bolduc, tandis que la 2e compagnie est commandée par le capitaine Joseph Gaboury[3]. Ces officiers de milice servent donc d'intermédiaires entre le pouvoir et la population, veillant sur les habitants de la paroisse de Saint-Vallier.

Remariage de Marie-Josephte

Au cœur de ces tragiques événements, qui changent à jamais le destin des dizaines de milliers de colons d'origine française, Marie-Josephte Corriveau décide de se remarier. Désireuse d'assurer l'avenir de ses enfants qui ont alors trois, six et huit ans, elle doit en outre exploiter la terre de ses parents qui, rappelons-le, s'étaient «donnés» à leur fille et à leur gendre moyennant une rente viagère. Le remariage est par conséquent une avenue qui représente la sécurité pour la jeune veuve.

---

3. Trudel, *Histoire de la Nouvelle-France,* p. 90 et 100 ; Deschênes, *L'Année des Anglais,* p. 133.

À cette époque, le veuvage est un phénomène qui touche davantage les femmes : par exemple, la ville de Québec au XVIIIe siècle compte trois fois plus de veuves que de veufs[4]. La durée moyenne du veuvage des femmes qui se remarient s'établit à environ 2 ans 10 mois, alors qu'elle est de moins de 2 ans pour les veufs. Par ailleurs, 43 % des hommes et 16 % des femmes se remarient après une seule année de veuvage[5]. En contexte de guerre, ce que l'on appelle le « délai de viduité » tend à raccourcir, sans doute parce qu'il faut reconstruire au plus vite le tissu social pour assurer la survie des familles et des communautés. Dans une récente étude, les historiens Sophie Imbeault et Jacques Mathieu ont documenté 72 remariages de veuves provenant d'un peu partout dans la vallée du Saint-Laurent après les événements de 1759 : dans ce corpus, 25 veuves ayant des enfants de moins de 10 ans se sont remariées dans l'année suivant la mort de leur époux[6]. Marie-Josephte Corriveau ne se trouve donc pas dans une situation exceptionnelle lorsque, quinze mois après la mort de Charles Bouchard, elle convole en secondes noces avec Louis-Étienne Dodier, cultivateur de Saint-Vallier. Nous sommes alors le 20 juillet 1761.

Louis Dodier est bien connu de la famille Corriveau. La communauté valliéroise compte à peine quelques centaines d'habitants, alors cette familiarité est bien naturelle. En outre, le nouveau mari de Marie-Josephte se trouve à être son voisin immédiat, étant propriétaire de la terre jouxtant celle qui avait été acquise par Charles Bouchard six ans auparavant[7].

L'acte de mariage, rédigé par le desservant Louis Sarault, se lit ainsi :

4. Josette Brun, *Vie et mort du couple en Nouvelle-France*, Montréal, McGill-Queen's University Press, 2007, p. 8.

5. Gauvreau, *Québec, une ville et sa population*, p. 135-136.

6. Jacques Mathieu et Sophie Imbeault, *La Guerre des Canadiens (1756-1763)*, Québec, Septentrion, 2013, p. 30.

7. Rappelons que cet échange impliquait Joseph Dodier, le frère de Louis. Bonneau, *Josephte Corriveau-Dodier*, p. 60.

L'an mil sept cent soixante et un, le vingt juillet, après la publication de trois bans de mariage faites aux prônes, messes paroissiales Saint-Vallier, entre Louis Dodier, fils de feu Pierre Dodier et de Marie Lebrun, ses père et mère de cette paroisse, d'une part, et de Marie-Josephte Corrivault, veuve Charles Bouchard, fille de Joseph Corrivault et de Marie-Françoise Bolduc, ses père et mère aussi de cette paroisse, d'autre part. Semblable publication ayant esté à Saint-Michel par le révérend père Louis Demers, curé de ladite paroisse, comme il apparaît par son certificat du présent mois, et ne s'étant trouvé aucun empêchement audit mariage, nous soussigné prêtre missionnaire à Saint-Vallier, avons reçu leur mutuel consentement et leur avons donné la bénédiction nuptiale selon la forme prescrite par notre sainte église romaine, en présence de Michel Larochelle, oncle de l'époux, Michel Gautron fils, cousin, Baptiste Leclair ; du côté de l'épouse, le sieur Jacques Corrivaux, capitaine, Pierre Bouchard, beau-frère, Joseph Corrivaux. Sarrault, prêtre.

L'acte porte les signatures de Joseph Corrivaux, Jacques Corrivaux, Michel Gautron et Batis Leclair[8].

Si elle souhaite assurer son avenir et celui de ses enfants, Marie-Josephte est cependant loin d'être dans l'indigence au moment de cette seconde union. L'inventaire des biens de la communauté qu'elle formait avec son défunt mari, réalisé du 18 au 20 janvier 1762, révèle une aisance certaine. Après la vente à l'enchère et le règlement des frais liés à la succession de Charles Bouchard, il reste 981 livres et six sols. Marie-Josephte hérite de la moitié de cette somme, l'autre moitié étant répartie entre les trois enfants. Comme cela se produit fréquemment, elle rachète la propriété et une bonne part des meubles, outils et ustensiles qui la garnissent afin de continuer à y vivre avec sa progéniture. Louis Dodier s'est donc installé auprès de sa

---

8. Trudel, *Histoire de la Nouvelle-France*, p. 398 ; Bonneau, *Josephte Corriveau-Dodier*, p. 65-66.

Acte de mariage de Marie-Josephte et de Louis Dodier, 20 juillet 1761.
Extrait des registres de Saint-Vallier. Source : Family Search, par l'entremise du blogue *Patrimoine, Histoire et multimédia* de Vicky Lapointe, http://tolkien2008.wordpress.com. Domaine public.

femme dans cette confortable maison en pièce sur pièce, qui mesure environ vingt-quatre pieds de large sur vingt pieds de long et comporte une cheminée de pierre ainsi que trois ouvertures garnies de vitres[9].

---

9. Inventaire des biens de Louis Dodier et Marie-Josephte Corriveau, 31 janvier 1763, greffe du notaire Nicolas-Charles-Louis Lévesque, Archives judiciaires de Montmagny, rapporté dans Lacourcière, « Le triple destin », p. 22. Voir aussi Bonneau, *Josephte Corriveau-Dodier*, p. 73, 76 et 88.

Ce mariage fait-il l'objet d'un charivari? Rappelons que cette vieille coutume populaire, au cours de laquelle les villageois se munissent de casseroles, chaudières et autres objets puis se réunissent devant la maison du nouveau couple afin de faire du tapage, vise à souligner bruyamment les unions jugées mal assorties ou les remariages qui se produisent avant la fin de la période de deuil. Le fait que Marie-Josephte, une veuve, épouse un célibataire de quelques années son cadet suscite peut-être la jalousie au sein de la paroisse: en effet, ces remariages ne sont pas bien vus car ils lèsent les jeunes célibataires tout en risquant de désavantager les enfants du premier lit. De surcroît, dans ce type d'union où la femme est plus âgée que son époux, l'autorité maritale ne risque-t-elle pas d'être compromise? S'il n'est pas possible de déterminer avec certitude que le mariage de Marie-Josephte Corriveau et Louis Dodier est effectivement marqué par un charivari ou une autre forme de désapprobation populaire, cela demeure probable puisque cette pratique est bien attestée pendant cette période[10].

---

10. Brun, *Vie et mort du couple en Nouvelle-France*, p. 47-48, 54. Comme le rappelle l'historienne, les charivaris sont condamnés par les autorités religieuses et civiles de la colonie: cela peut expliquer que les habitants s'y livrent avec juste ce qu'il faut de discrétion pour ne pas s'attirer de réprimandes de l'État ou de l'Église. La romancière Monique Pariseau, dans *La Fiancée du vent*, s'est plu à décrire à quoi aurait pu ressembler ce charivari: «Plusieurs étaient déguisés ou masqués. Certains avaient même barbouillé leur visage de noir. Quelques-uns tenaient des lanternes au bout de longs bâtons; d'autres, des marmites et des chaudières en fer-blanc sur lesquelles ils frappaient avec des ustensiles. Il y avait même deux ou trois tambours! [...] Louis tournait en rond dans la cuisine. Il était nerveux. Lui non plus n'acceptait pas d'être victime d'un charivari. Cela l'insultait. En observant Marie-Josephte à la fenêtre, il pensa soudain que ce charivari n'était pas dirigé contre lui. [...] Lorsqu'ils virent Marie-Josephte à la fenêtre, ils l'injurièrent avec encore plus de force. Ils la qualifièrent de sorcière et de femme de mauvaise vie. [...] Elle ressortit avec une fourche qu'elle fit tournoyer autour d'elle. Les gens rirent d'abord, puis l'insultèrent de nouveau, mais le fracas des casseroles, des tambours et des chaudrons en fer-blanc diminua un peu. «Je vous dénoncerai au curé Leclair», leur cria-t-elle. «Allez au diable! Vous n'avez pas le droit d'être ici. On ne vous a rien fait.» «Tu ne respectes rien», cria quelqu'un. «C'est une femme de mauvaise vie», hurla un autre.» Pariseau, *La Fiancée du vent*, p. 243-244, 246.

De difficiles relations

La situation économique du nouveau couple a beau être plutôt bonne, la relation est loin d'être idyllique. Alors que la première union de Marie-Josephte s'était réalisée sous des auspices plutôt calmes, il n'en va pas de même pour sa seconde union puisque, presque aussitôt, beau-père et gendre s'engagent dans une série d'affrontements qui alimentent les rumeurs et les ragots des Valliérois. Tout le village, depuis le capitaine de milice jusqu'au plus modeste habitant, est témoin de ces altercations régulières et connaît le caractère ombrageux et même violent de Joseph Corriveau. Tout se passe comme si Louis Dodier ne parvenait pas à entrer dans les bonnes grâces de son beau-père. De nombreux conflits surgissent, notamment au sujet de l'entretien de la terre familiale. Il faut dire que les clauses du contrat de donation établi en 1757 entre Joseph, sa fille Marie-Josephte et son premier gendre, Charles Bouchard, ne semblent apparemment pas lier le nouveau gendre. De fréquentes querelles viennent donc instaurer un climat malsain au sein du ménage formé par Louis Dodier et Marie-Josephte et, plus largement, au sein de la famille Corriveau.

Au fil des mois, le conflit s'envenime jusqu'au printemps 1762, alors qu'un différend particulièrement acrimonieux entre le beau-père et son gendre finit par impliquer plusieurs autres paroissiens de Saint-Vallier. Le major James Abercrombie se trouve placé dans la délicate position d'arbitre. Le problème concerne le four à pain de Joseph Corriveau, que sa fille Marie-Josephte continue d'utiliser pour les besoins de sa propre famille. Il semble que l'arrangement soit l'objet de discorde entre le père Corriveau et Dodier, pour ce qui touche aussi bien l'usage du four proprement dit que le bois utilisé pour l'alimenter. Un jour, les deux hommes s'emportent tant et si bien qu'ils en viennent à se menacer ouvertement. Une hache à la main, Corriveau se précipite sur Louis Dodier. Ce dernier se retire mais revient aussitôt, armé d'un bâton, et déclare « Frappe, mais manque pas ton coup parce que, si tu me manques, moi, je ne te manquerai pas!» Le beau-père s'empare alors d'une houe et tente de blesser son gendre, mais celui-ci esquive l'attaque et s'empare de l'instrument. L'intervention d'un certain Labrecque met fin à la dispute. Le jeune Joseph Corriveau, un voisin, fils du capitaine de milice Jacques Corriveau, est témoin de l'altercation. Quelque temps plus tard, le même voisin entend le vieil homme qualifier Dodier de «fourbe» et de «canaille». Abercrombie finit par convoquer les deux hommes et les enjoint de mettre fin à leurs luttes incessantes, sans quoi une amende de 20 livres sera imposée à celui des deux qui sera trouvé coupable de «chercher querelle[11]».

La relation entre Louis Dodier et Marie-Josephte Corriveau n'est guère meilleure, sans qu'il soit possible de définir si la chicane avec le père Corriveau est la cause ou la conséquence de la discorde entre les époux. Le mari n'est pas tendre envers sa femme. En décembre 1762, cette dernière s'enfuit du domicile conjugal et trouve refuge chez son oncle Étienne Veau Sylvain, le mari de sa tante Anne-Louise Corriveau. Abercrombie doit intervenir pour lui faire regagner le foyer conjugal[12].

À la fin de janvier 1763, le père Corriveau se rend une fois de plus auprès d'Abercrombie pour se plaindre de son gendre et, insatisfait de l'attitude du major, se retire en marmottant que les choses finiront mal[13]. Prophétie ou menace? Le lende-

---

11. Tous ces détails et ceux des pages qui suivent proviennent des témoignages entendus dans le procès pour meurtre de Joseph Corriveau. *Copy of the Proceedings of a General Court Martial Held at Quebec the 29th March 1763, By Virtue of a Warrant from His Excellency Governor Murray, Dated the 28 of said Month*, War Office Judge Advocate General Dept. Courts Martial Proceedings (W.O. 71), vol. 137, p. 60 et suivantes. Voir aussi Bonneau, *Josephte Corriveau-Dodier*, p. 77.

12. Bonneau, *Josephte Corriveau-Dodier*, p. 78.

13. Les mots exacts, selon le témoignage d'Abercrombie lors du procès, étaient que «That the very day before Dodier's Death which happened on the 27th January last, Corriveaux the Prionner Complaided to him, his son in law had beat him, that he enquired if there was any person present, he said there was a young man in the Stable who was witness of it, upon which he gave him a Summons for him, that the Prisoner standing very sad and pensive, he asked

main matin, le jeudi 27 janvier 1763, Louis Dodier est retrouvé sans vie dans sa grange, baignant dans son sang, avec plusieurs blessures à la tête. Il avait environ 28 ans.

Une mort suspecte

Louis-Étienne Dodier est mort. Jacques Corriveau, capitaine de milice, et Thomas Blondeau, anciennement curé de Berthier et nouvellement nommé à la cure de Saint-Vallier[14], arrivent rapidement sur les lieux et ne peuvent que constater le décès. Ils font venir sur place une dizaine de personnes n'ayant aucun lien de famille ni avec Dodier ni avec Joseph Corriveau, le père de Marie-Josephte, afin qu'ils examinent le cadavre. Considérant les relations violentes qu'entretenait le défunt avec son beau-père, les soupçons se portent naturellement vers ce dernier. C'est d'ailleurs au cri de « Joseph Corriveau a tué son gendre Dodier » que le jeune Corriveau a fait irruption chez son père le capitaine de milice pour lui annoncer la chose. Que faire ?

---

this deponent, whether he would not oblige Dodier to pay the fine, to which he answered he could not, till he heard the Young man's evidence, upon which he repleid then some Misfortune will happen ». *Copy of the Proceedings…*, p. 2. Voir aussi Beverley Greenwood et F. Murray Boissery, *Uncertain Justice: Canadian Women and Capital Punishment, 1754-1953*, « Chapter Two – The Many Trials of Marie-Josephte Corriveau », Toronto, Dundurn, 2000, p. 39-59.

14. Arrivé au début de 1762, l'abbé Thomas Blondeau, 53 ans, remplace l'ancien curé Pierre Leclair, décédé le 20 novembre 1761 à l'âge de 74 ans. C'est le vicaire Pierre-Clément Parent qui a assuré l'intérim. Or, la conduite douteuse de ce dernier (consommation d'eau-de-vie et surtout fréquentation d'une jeune fille de Saint-Vallier qui aurait même été enceinte de ses œuvres) décide le vicaire général de Québec à écarter Parent de la cure de cette paroisse, préférant l'envoyer à Beaumont. Devant les rebuffades de Parent, monseigneur Briand demande l'appui de James Murray en ces termes : « Je vous prie de favoriser les ordres que je donne à Mr Parent de sortir, non seulement du presbytère de St-Vallier mais même de la paroisse. » Bonneau, *Josephte Corriveau-Dodier*, p. 66-68.

« Un bon matin, on vit arriver la jeune femme, échevelée, hors d'elle-même... » Illustration d'Edmond-J. Massicotte, *Almanach du peuple*, 44e année, Montréal, Librairie Beauchemin, 1913, p. 302.

Au moment où surviennent ces sinistres événements, personne ne peut dire avec certitude si les Britanniques resteront ou non dans la vallée du Saint-Laurent. Le traité de Paris ne sera signé que quelques semaines plus tard et, du reste, l'information ne parviendra dans la colonie qu'en mai 1763. Aussi les Canadiens – à plus forte raison ceux qui sont de condition modeste – ignorent-ils totalement ce qui se trame dans les sphères politiques. Le curé et le capitaine de milice doivent donc prendre les meilleures décisions possibles, considérant le peu d'informations dont ils disposent. Leur principale préoccupation sera de préserver la bonne réputation de la famille Corriveau et, par le fait même, de la paroisse. Rappelons que la famille Corriveau a été parmi les pionnières de Saint-Vallier, et que la famille compte plusieurs branches apparentées à la plupart des familles de Saint-Vallier. Si Joseph Corriveau est trouvé coupable d'un acte aussi grave qu'un homicide, c'est tout le village qui s'en trouvera embarrassé.

Pour ces raisons, il est prudemment décidé de dissimuler aux autorités britanniques le meurtre de Louis Dodier et de le présenter comme un décès accidentel. Avec l'aide du curé, le capitaine de milice rédige le rapport de coroner, puis demande aux hommes présents de signer le document[15]. Ce rapport peut se lire comme suit :

> En l'année 1763, le 27 janvier à 7 heures du matin, je fus appelé à examiner le corps de Louis Dodier, qui a été tué dans son étable par son cheval, et j'étais alors accompagné de Charles Denis, Joseph La Plante, Paul Gourges, Jean D'Allaire, Michel Clavet, Jean-Baptiste La Ramée, Zacharie Montigny, Ignace La Case, Claude Dion, qui tous ont déclaré qu'ils avaient vu et examiné le corps dudit Louis Dodier, encore sous les pieds de ses chevaux, et qu'il avait reçu plusieurs coups à la tête. Voilà ce que les personnes ci-dessus mentionnées ont déclaré au jour et à l'heure indiquée plus haut, quelques-unes ayant signé, les autres ayant déclaré ne pas savoir écrire[16].

Le document est signé par Jacques Corriveau, agissant comme coroner, et par le témoin Paul Gourges. Dans le dessein de s'assurer que cette interprétation des événements sera rapidement entérinée par les officiels, le capitaine de milice et son fils se rendent ensuite à Berthier pour informer James Abercrombie de cette mort « accidentelle ». Constatant que la dizaine de témoins semble apparemment d'accord sur la cause du décès de Louis Dodier, le major ne pousse pas plus loin l'investigation et se contente d'annoter ce rapport de coroner le jour même. Il précise qu'il abonde dans le même sens, à savoir que le défunt a été tué par un de ses chevaux et qu'il n'y a donc plus rien à faire sinon l'inhumer[17].

---

15. Bonneau, *Josephte Corriveau-Dodier*, p. 111.

16. Texte traduit de l'anglais et rapporté par Lacourcière, « Le triple destin », p. 217.

17. Le texte exact était ceci : « I am sorry for the accident, but seeing the Testimony of so many Persons, I conclude he was killed by his own horses, so that there is nothing to be done but to Bury him. Given at Berthier, the 27th January 1763 (signed) James Abercrombie, Major of the 78th Regiment. »

La fonction de coroner

Parmi les institutions judiciaires britanniques implantées au Canada en 1763 figure le coroner. Existant en Angleterre depuis le XIIe siècle, cette fonction de représentant de la Couronne – d'où provient le nom de *Crowner* devenu «coroner» – consiste à inventorier les propriétés et possessions des défunts ainsi qu'à disposer des corps. Progressivement, le coroner joue un rôle de plus en plus actif dans la détection du crime. Ainsi, au XVIIIe siècle, le coroner est chargé d'enquêter sur les circonstances entourant les morts violentes, soudaines ou suspectes. Dans son rapport, il doit spécifier les causes probables du décès et identifier les individus potentiellement impliqués dans l'affaire. Un jury généralement composé de douze hommes provenant de la localité du défunt doit alors délibérer et rendre son verdict, particulièrement dans les cas d'infanticides, de suicides, de meurtres, d'homicides involontaires par négligence ou en cas de légitime défense.

Il n'existe pas d'équivalent à cette fonction au Canada pendant le Régime français. Ce n'est que le 4 octobre 1764 que William Conyngham sera nommé coroner du gouvernement de Québec par le gouverneur Murray. La plus ancienne enquête de coroner conservée à Bibliothèque et Archives nationales du Québec est datée du 14 août 1765[18].

---

18. BANQ, *Instruments de recherche en ligne*, «Enquête des coroners: présentation de la source», préparé en collaboration avec Stéphanie Tésio et Vincent Hardy, non daté, http://www.banq.qc.ca/collections/genealogie/inst_recherche_ligne/instr_coroners/coroner/index.html.

Si ce décès n'émeut pas outre mesure les têtes dirigeantes de la colonie, il n'en va pas de même de la population de Saint-Vallier, en proie à un grand trouble. Les villageois, à mots couverts d'abord, puis de plus en plus ouvertement, commencent à émettre des doutes sur la cause réelle de ce décès. S'agit-il bien d'un accident ? Le père Corriveau n'avait-il pas, à plusieurs reprises, menacé son gendre devant des tiers ? C'est donc dire à quel point la mort de Dodier représente un choc, certes, mais pas une surprise. La réputation querelleuse de cette branche de la famille conduit même certaines personnes à faire des allusions au décès du premier mari de Marie-Josephte… aussi se met-on à supposer que, là aussi, la mort n'était peut-être pas naturelle. Rapidement, les conjectures affluent : la mauvaise épouse n'aurait-elle pas, voilà près de deux ans, hâté d'une quelconque manière le trépas de Charles Bouchard ?

La précipitation qui entoure la préparation du cadavre de Louis Dodier contribue aussi à nourrir la méfiance des Valliérois. Jacques Leclerc est engagé pour fabriquer rapidement un cercueil puisque, semble-t-il, les Corriveau souhaitent ensevelir le mort dès le soir, forts de l'autorisation accordée par Abercrombie. Cet empressement contrevient cependant aux usages établis depuis plusieurs générations. Pendant le Régime français, quand un proche décédait, le curé, les parents et les voisins en étaient aussitôt avertis. On faisait la toilette du défunt, puis on le revêtait de ses meilleurs vêtements. Déposé sur un lit dans la pièce la plus convenable de la maison, devenue chambre mortuaire, il était visité par le voisinage puis veillé pendant toute la nuit par ses parents et amis. Les funérailles et l'inhumation (ou la mise au charnier, si le décès survenait en hiver) avaient généralement lieu le lendemain. La famille demandait à un voisin de confectionner un cercueil de planches, dans lequel le défunt était déposé juste avant le départ de la maison. On considérait préférable de sortir le cercueil de la maison avant d'en clouer le couvercle, de crainte d'attirer le malheur. Après la Conquête, les Canadiens adopteront l'habitude de procéder à l'enterrement deux jours après le décès[19]. Bref, alors que l'on a coutume d'exposer les défunts au moins une journée, même dans les cas de morts violentes, la hâte qui entoure l'ensevelissement de Louis Dodier ne semble guère naturelle. Un villageois, Urbain Cadrin-Vallier, apparemment choqué de la négligence avec laquelle la belle-famille de Dodier s'apprête à le porter en terre, fait même observer qu'il n'est pas chrétien de l'inhumer sans même avoir pris la peine de lui laver le visage ou de le changer de chemise...

Comme prévu, le cadavre de Louis Dodier est inhumé le soir même dans l'enceinte consacrée du cimetière de Saint-Vallier. Puisque le sol est gelé et possiblement recouvert d'une épaisse couche de neige, on ne peut évidemment l'enterrer pour de bon. Le cercueil a-t-il été déposé dans une fosse commune creusée l'automne prédécent par le bedeau, puis recouvert de paille, comme cela se faisait souvent? Ou a-t-il été placé dans un charnier ou «chapelle des neiges» en attendant le mois de mai, moment où l'on enterre les morts de l'hiver[20]? L'acte de sépulture, rédigé par le curé Thomas Blondeau, ne précise pas cette modalité. On peut y lire:

> L'an mil sept cent soixante trois, le vingt sept janvier, a été inhumé dans le cimetière de cette paroisse, par nous Prêtre Curé de St Vallier, Louis Dodier âgé d'environ vingt huit ans, n'ayant pu se confesser ni recevoir les sacrements par la triste mort subite qui l'a conduit à l'autre monde. Plusieurs personnes ont assisté à son inhumation dont les uns ont signé, les autres ont déclaré ne savoir signer. Michel Gautron, Batis Leclair, Jean Vallier Boutin, Joseph Corriveau, Blondeau, Ptre[21].

19. Pierre-Georges Roy, *Toutes petites choses du régime français*, volume 2, Québec, Éditions Garneau, 1944, p. 211, 254-255.

20. Jean-Claude Dupont, *Coutumes et superstitions*, Québec, Éditions Dupont, 1993, p. 57; Jean Provencher, «L'enterrement des morts de l'hiver», blogue *Les Quatre Saisons*, 18 mai 2011, jeanprovencher.com.

21. Copie au greffe de la Cour supérieure de Montmagny. Cité dans Lacourcière, «Le triple destin», p. 218 et dans Bonneau, *Josephte Corriveau-Dodier*, p. 86.

Acte de sépulture de Louis Dodier, 27 janvier 1763.
Extrait des registres de Saint-Vallier. Source : Family Search,
par l'entremise du blogue *Patrimoine, Histoire et multimédia* de Vicky
Lapointe, tolkien2008.wordpress.com.

Trois jours après l'inhumation de Louis Dodier, soit le 30 janvier 1763, le major Abercrombie ordonne que l'on procède à l'inventaire des biens ayant appartenu au couple Dodier-Corriveau sous le regard du notaire royal Nicolas-Charles-Louis Lévesque[22]. Tout y est en détail, de la maison aux fourchettes de cuisine en passant par les pots, les assiettes et l'ameublement du logis, sans oublier la terre elle-même, les bâtiments de la ferme et les outils. Ces biens sont vendus à l'encan les 2 et 3 février. La liste des biens à vendre est longue et la valeur qui leur est attribuée n'est pas négligeable, ce qui démontre que le couple était à l'aise d'un point de vue matériel. L'inventaire mentionne en outre quelques billets d'ordonnance ayant une valeur de cinq cent cinquante-quatre livres, une rondelette somme pour l'époque. Le couple possédait également un certain nombre d'animaux de ferme qu'il était visiblement capable de nourrir et d'entretenir[23].

Ouvrons une parenthèse pour noter que, lors de son mariage avec Marie-Josephte, Louis Dodier est devenu le propriétaire légal des biens appartenant à sa nouvelle épouse. Étant donné qu'il est mort sans testament, la succession du défunt se règle, selon les lois et coutumes en vigueur à l'époque,

---

22. Lacourcière, « Le triple destin », p. 219.
23. Bonneau, *Josephte Corriveau-Dodier*, p. 212.

par le partage de la valeur de tous ses biens entre son frère et ses trois sœurs. Marie-Josephte se trouve donc à devoir racheter ses propres biens lors de l'encan[24].

Suspicions et arrestations

> *Passant 1 – C't'une mort b'en étrange!*
> *Passante 1 – J'gagerais pas ma ch'mis' su' l'innocence du beau-pére!*
> *Passante 2 – Y paraît qu'y avait une fourche près du corps, comme cell' du diable*[25].

Les soupçons et même les insinuations de meurtre ne tardent pas à se répandre dans le voisinage, en attribuant la responsabilité à Joseph Corriveau, voire à sa fille Marie-Josephte. Joseph Dodier, le frère de Louis, prend connaissance de ces rumeurs : dans les jours qui suivent la vente à l'encan, il se décide à déposer une plainte aux autorités britanniques afin que justice soit faite. Il n'est pas le seul à nourrir des soupçons envers cette affaire. Le même jour, le sergent Alexander Fraser se rend auprès du major James Abercrombie et lui déclare que, connaissant bien la famille Corriveau, il s'est précipité à la grange de Dodier au matin du meurtre afin de voir par lui-même le corps de l'infortuné fermier. À la grande consternation d'Abercrombie, Fraser affirme que les blessures à la tête de Dodier étaient bien trop nettes et régulières pour résulter d'une ruade de cheval... Le sergent est plutôt d'avis qu'elles ont été occasionnées par un coup de fourche. Les rumeurs du village vont dans le même sens, ajoutant que les chevaux de Dodier n'étaient pas ferrés et que des sabots ne pouvaient avoir laissé des plaies aussi franches.

---

24. Lacourcière, « Le triple destin », p. 221-222.
25. Marc Gagné, « Madame de La Corriveau », pièce en deux actes dans *Rideau sur Québec, ville de légendes. Quatre opéras sans musique, ou courtes pièces de théâtre*, Québec, GID, 2011, p. 49.

En conséquence, Abercrombie se voit obligé d'informer le gouverneur James Murray des terribles soupçons qui pèsent sur cette mort. Murray émet l'ordre de procéder à l'exhumation du corps de Louis Dodier. Le chirurgien du régiment, George Fraser, reçoit la mission d'examiner le cadavre gelé. Il découvre quatre blessures à la tête. La première, à proximité de la lèvre supérieure, s'enfonce dans la chair et l'os de la mâchoire. La seconde est une plaie profonde juste sous l'œil, profonde de quatre pouces. Les deux dernières ont fracassé le côté gauche du crâne. La mâchoire inférieure est fracturée, bien que les coups ne soient pas apparents. Fait troublant, les quatre plaies sont à égale distance (trois pouces) l'une de l'autre. Fraser signe et remet son rapport le 14 février 1763[26].

Lorsque la rumeur publique se voit finalement confirmée par l'autopsie faite par le chirurgien, tous les soupçons se portent vers Joseph Corriveau. Il apparaît certain, aux yeux des Valliérois, que c'est le vieil homme qui a assassiné son gendre au cours de l'une de ses foudroyantes colères, en lui assénant un coup de fourche ou de broc à foin à la tête. En outre, le major James Abercrombie est d'avis que la veuve Dodier a joué un rôle dans l'histoire : la justice se chargera de déterminer lequel. À la fin de février 1763, le père Corriveau est arrêté ainsi que sa fille Marie-Josephte, accusée de complicité. Ils sont escortés jusqu'à Québec puis mis en détention dans la prison commune, logée dans la Redoute royale[27], où ils y resteront jusqu'au début du procès, le 29 mars de la même année.

---

26. Le texte original : « Upon examining the Body of Louis Dodier I found two wounds in his Face, one near his upper lip which penetrated through the Flesh and upper jaw, the other wounds a little before the Eye, which was about four inches deep, two other wounds on the left side of his Head which fratured his skull, his lower jaw was fractured without a Wound, the Wounds in his Face and Head were about three inches from each other. I am of opinion that those wounds were the cause of the man's death (signed) George Fraser. Berthier, 14th February 1763. »

27. « Du début de la présence britannique jusqu'en 1787, la prison commune était dans la Redoute royale (sur l'emplacement de l'actuel Morrin Centre) [...]. Pour ce qui est de la Redoute royale, la première preuve ferme de son utilisation

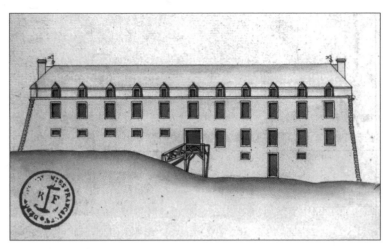

Profil et élévation de la Redoute royale, construite en 1712
et qui servira de prison du milieu du XVIIIe siècle jusqu'en 1787.
Les cachots, de dimension modeste, servaient à emprisonner
temporairement les accusés en attente de leur procès ou de l'exécution
de leur sentence. À cet emplacement s'élève aujourd'hui le Morrin Centre.
Archives nationales d'outre-mer (ANOM, France),
FR CAOM 3DFC442C. Domaine public.

comme prison sous le Régime britannique est en 1765, mais un document plus tardif (début XIXe siècle) affirme qu'elle a été utilisée comme prison depuis la Conquête; rien dans les documents contemporains ne contredit cela. Donc, vraisemblablement, les Corriveau auraient été détenus dans la Redoute royale.» Donald Fyson, données tirées de recherches en cours et transmises lors d'une communication personnelle par courriel en décembre 2012.

CHAPITRE 3

PRÉMICES D'UN PREMIER PROCÈS

S I LA CONQUÊTE DU CANADA constitue, en soi, un événement traumatique pour les habitants de la vallée du Saint-Laurent, elle s'accompagne de nombreux changements sur le plan juridique. Les dirigeants britanniques font face à un défi de taille, soit celui d'implanter leurs propres lois et structures législatives dans une société préexistante. Tandis que la colonie est sous occupation militaire, de 1759 à 1764, ces nouveautés sèment une certaine confusion chez les Canadiens, aussi les juristes doivent-ils rapidement adapter leurs stratégies afin de donner le change devant les magistrats anglais. C'est dans ce contexte que se dérouleront les procédures judiciaires liées au meurtre de Louis Dodier, au début de l'année 1763. Pourtant, contrairement à ce que l'on pourrait croire, la justice britannique s'avère plus ouverte et surtout moins opaque que le droit français auquel les Canadiens étaient habitués.

La procédure judiciaire au Canada pendant le Régime français

Sous l'administration française, la vie judiciaire de la colonie est soumise à la grande Ordonnance criminelle de 1670 : les colons peuvent donc présenter leurs plaintes, tant civiles que criminelles, devant les tribunaux de première instance et même porter leurs causes en appel devant le Conseil supérieur de Québec. Plus spécifiquement, la maréchaussée (établie dès 1677 au Canada par édit royal) se charge de la recherche et de la punition des déserteurs et des criminels : le prévôt qui dirige cette institution a le pouvoir aussi bien de faire emprisonner les accusés que de faire construire les instruments de torture ou structures nécessaires aux exécutions.

Lorsqu'une plainte ou une dénonciation est faite, le processus judiciaire se met en branle selon une procédure inquisitoriale, où la poursuite est faite par le procureur du roi. Tout le procès se déroule en privé : outre les plaignants et les témoins, seuls les officiers de justice y assistent. D'ailleurs, l'accusé n'est même pas présent lors de ce qu'on appelle «l'information», c'est-à-dire la portion du procès où la justice recueille le maximum de données sur le supposé crime, ce qui correspond à une sorte d'enquête préliminaire. L'intimé n'est donc pas forcément au courant des accusations qui sont portées contre lui. Si le procureur du roi décide de poursuivre le processus, l'accusé est amené en cour pour un interrogatoire.

Il n'y a pas d'avocats en Nouvelle-France, aussi l'accusé est-il laissé à lui-même... et n'a pas toujours l'habileté de déjouer les questions du juge qui tente d'obtenir des aveux. Sous le Régime français, l'aveu est la «reine des preuves» : fréquemment obtenues sous la torture, les révélations de l'accusé servent donc à l'incriminer et aussi à connaître le nom d'éventuels complices. De plus, dans le système judiciaire français, l'accusé est présumé coupable jusqu'à preuve du contraire ; par opposition, le système judiciaire britannique présume plutôt de son innocence.

Lorsque toutes les pièces du dossier ont été rassemblées, accusé, plaignant et témoins sont assignés à comparaître tous ensemble : c'est la confrontation, à l'issue de laquelle un magistrat représentant l'autorité royale décide seul du sort de l'accusé.

S'il y a châtiment corporel, le procureur du roi est tenu de déposer une requête en appel devant le Conseil supérieur de Québec, qui révise et ratifie la sentence avant son exécution. Le cas échéant, celle-ci a lieu le jour même, sur la place publique et au son des tambours, afin de créer un exemple et d'enlever à la population l'envie de commettre les mêmes délits.

À certains égards, le système inquisitorial prévalant en Nouvelle-France pourrait être considéré comme étant plus arbitraire et même plus cruel que celui qui a été induit par la Conquête : avec ses procédures tenues secrètes, ses interrogatoires menés sous la torture et ses peines jugées barbares, telles que les brodequins et le supplice de la roue, le cadre judiciaire de l'ancienne France évoque bien davantage l'ère médiévale que la modernité[1].

Pendant cette période de transition que constitue le régime militaire, les lois françaises cessent évidemment de prévaloir dans la colonie, remplacées par le code pénal et les procédures britanniques. Or, théoriquement, « la loi militaire n'a de force qu'en temps de guerre, & ne s'étend que sur les soldats & sur les matelots ; elle dépend de la volonté du roi ou de son lieutenant général[2] ». Les autorités font d'ailleurs

---

1. André Lachance, *La justice criminelle du roi au Canada au XVIIIe siècle : tribunaux et officiers*, Québec, PUL, 1978 ; André Lachance, *Crimes et criminels en Nouvelle-France*, Montréal, Boréal Express, 1984, p. 17-23 ; Eric Wenzel, *La justice criminelle en Nouvelle-France (1670-1760). Le grand arrangement*, Dijon, EUD, 2012 ; Josianne Paul, *Sans différends, point d'harmonie : Repenser la criminalité en Nouvelle-France*, Québec, Septentrion, 2012.

2. Boucher d'Argis, « Droit anglais », dans Diderot et d'Alembert, *Encyclopédie*, http://artflx.uchicago.edu.

montre d'une extrême sévérité à l'égard de leurs propres soldats : il est indispensable de punir tous les écarts afin d'éviter les ennuis avec les populations locales. C'est pourquoi on observe jusqu'à trois fois plus de pendaisons – pour la plupart des militaires anglais – pendant cet intervalle de cinq ans, que juste avant 1759 ou après 1764[3].

Le gouverneur James Murray, responsable de la ville de Québec et de ses environs, estime qu'il est dans son bon droit d'administrer la justice comme il l'entend. Pendant le premier hiver d'occupation militaire, en 1759, Murray fait fouetter et même pendre de nombreuses personnes, sans autre forme de procès. Après la reddition du Canada, les choses se structurent quelque peu. Les causes criminelles aussi bien que civiles seront jugées devant une cour martiale, qu'il s'agisse de viol, d'assaut, d'extorsion ou d'abus divers. Si la torture n'est pas admise lors des procédures, les peines et les châtiments peuvent en revanche s'avérer très durs. Par exemple, un jeune homme reconnu coupable de vol est condamné à recevoir l'extravagance sentence de mille coups de fouet[4] !

Si les accusés devaient se défendre seuls pendant le Régime français, ils ont dorénavant droit à un avocat. Rappelons qu'en Nouvelle-France les avocats étaient perçus comme une engeance nuisible et n'avaient même pas droit de cité. Les principales villes de la vallée du Saint-Laurent comptaient bien quelques juristes, pour la plupart des notaires ou des baillis qui pouvaient intervenir dans les causes civiles, mais ils ne s'occupaient pas du tout de la justice criminelle[5]. Lorsque les avocats obtiennent enfin l'autorisation de pratiquer le droit au Canada,

---

3. Donald Fyson, « La violence judiciaire incarnée : bourreaux et artisans du châtiment au Québec, 1760-1871 », communication prononcée lors du 65ᵉ congrès de l'Institut d'histoire de l'Amérique française à Sherbrooke le vendredi 19 octobre 2012.

4. « Impossible as it sounds today, the court considered itself lenient : "The youth of the Offender was the sole Cause of… inflicting so mild a Punishment". » Greenwood et Boissery, *Uncertain Justice*, p. 42.

5. Fyson, « The *Canadiens* and the Bloody Code », p. 772.

on voit se former des regroupements de juristes canadiens et britanniques dans les principales villes de la colonie. L'avocat chargé de représenter les Corriveau en ces premiers mois de l'année 1763 se nomme Jean-Antoine Saillant. Ironie du sort, il s'agit du notaire qui avait été chargé de préparer le contrat de mariage de Louis Dodier et Marie-Josephte Corriveau, le 14 juillet 1761...

Jean-Antoine Saillant (1720-1776)

Fils d'un éminent avocat et conseiller du roi de France, Jean-Antoine Saillant est un notaire, membre du Conseil supérieur et avocat en Nouvelle-France (qui deviendra « The Province of Quebec ») entre 1750 et 1776.

Ayant reçu une commission de notaire royal en 1749, Saillant s'installe au Canada pour y exercer le droit notarial sur tout le territoire du gouvernement de Québec, profession qu'il pratiquera d'ailleurs jusqu'à sa mort. Notaire efficace et visiblement apprécié, il a des clients prestigieux tels que l'intendant François Bigot ainsi que de nombreuses familles influentes, dont les Duchesnay et les Péan. Durant sa pratique, il a rédigé pas moins de 2 817 actes notariaux.

Par son mariage avec Véronique Pépin, fille de Pierre Pépin dit Laforce, arpenteur royal et ancien garde-magasin du roi à Fort Niagara, Saillant s'allie à l'une des bonnes familles de la colonie, ce qui lui permettra, en temps opportun, de devenir un homme aux compétences fort appréciées en tant que procureur au sein du Conseil supérieur.

Sous le régime militaire et par la suite pendant le Régime anglais, Saillant continue d'exercer le droit notarial et sa fonction de procureur général, avec la permission du gouverneur Murray. Même s'il ne recevra officiellement sa commission d'avocat qu'en 1766, il s'occupe de la défense des intérêts du Séminaire de Québec (1762) et de celle, bien sûr, des Corriveau lors des événements de 1763. Sa plaidoirie lors de ce procès historique démontre qu'il était un orateur et un rhétoricien très capable, rompu aux pratiques du droit pénal français.

En dépit du cumul des charges et d'un héritage de six mille livres de ses parents, il ne devient jamais un homme véritablement riche. Il meurt le 9 octobre 1776[6].

Le rôle de Saillant lors du procès de Joseph et Marie-Josephte Corriveau témoignera des difficultés d'adaptation des professionnels de la justice. Malgré sa riche expérience, il éprouvera apparemment quelques peines à trouver ses repères afin de défendre adéquatement ses clients, comme le montrera la suite des événements.

Formation du tribunal

Une autre grande nouveauté amenée par l'administration britannique est le jugement par les pairs, devant juge et jury. Dans la mesure où le pays est géré temporairement par l'armée, c'est un tribunal militaire qui jugera Joseph Corriveau et sa fille. Cette cour martiale est formée du lieutenant-colonel Roger Morris, qui agit comme président, et de douze officiers anglais. Fait à noter, ces officiers ne sont pas des jurés mais bien des juges. En effet, dans une cour martiale anglaise, il n'y a

6. Pierre-Georges Roy, *Les avocats de la région de Québec*, Lévis, 1936, p. 395-396, rapporté par Lacourcière, «Le triple destin», p. 216, note 8; R.-J. Auger, «Saillant, Jean-Antoine», *Dictionnaire biographique du Canada*, www. biographi.ca.

pas de jury à proprement parler comme dans une cour civile. Ce type de tribunal est plutôt constitué de plusieurs juges, soigneusement choisis parmi les officiers en tenant compte du rang militaire de l'accusé. En d'autres termes, c'est le rang de l'intimé qui conditionne la composition de la cour. Le statut de lieutenant de milice de Joseph Corriveau explique peut-être le fait que les juges soient, pour la plupart, des capitaines de l'armée britannique stationnée dans la région de Québec[7].

Composition du tribunal militaire lors du procès de Joseph et Marie-Josephte Corriveau, 29 mars au 9 avril 1763

Lieutenant-colonel Roger Morris (président)
Major John Spittall
Captain Nicholas Cox
Captain Edmund Malone
Captain John Brown
Captain Jacob van Braam
Lieutenant-Captain Elias Meyer
Captain Samuel Gardner
Captain Hugh Cameron
Captain John Fraser
Captain Alexander Campbell
Captain William Sherriff
Lieutenant-Captain Henry Dobson

---

7. Afin de renseigner la cour sur les points de droit et de procédure, et aussi de s'assurer que l'accusé reçoive un procès juste, on nomme un officier appartenant à la section juridique de l'armée au titre de *Judge-Advocate*. Celui-ci ne se prononce pas sur la culpabilité de l'accusé : il ne fait que rapporter au *Judge-Advocate General*. Ce dernier, qui est l'officier de plus haut rang de la section juridique, fait ensuite rapport au général senior, qui confirmera finalement le verdict ainsi que la sentence recommandée par la cour martiale.

Les officiers appelés à juger la cause des Corriveau n'ont pas de formation en matière judiciaire, même si certains ont peut-être déjà eu l'occasion de siéger lors de cours martiales. Plus inquiétant peut-être que cette connaissance insuffisance du fonctionnement d'un tribunal, les membres de cette cour n'ont apparemment pas une maîtrise du français suffisante pour comprendre les vingt-quatre témoins qui défileront tout au long du procès! Rien n'indique qu'il y ait traduction directe par un interprète, ou même qu'une quelconque disposition ait été prise afin que les juges puissent avoir accès à des comptes rendus des témoignages. Traduisant ce manque d'expérience et cette méconnaissance du français, le procès de Joseph et Marie-Josephte Corriveau s'avérera si simplifié qu'il pourrait être considéré comme un simulacre de procédure criminelle anglaise[8].

Le procureur de la Couronne

Si les juges ne connaissent pas bien la langue française, il n'en va pas de même d'Hector Théophilus Cramahé qui agit en tant qu'*Esquire Judge Advocate*, ou procureur de la Couronne. D'ascendance française, tout comme Saillant, Cramahé a été élevé en Irlande et a fait carrière dans l'armée britannique aux côtés de James Murray. C'est donc en évoluant dans le monde militaire qu'il a acquis ses connaissances en droit anglais. Au moment des événements qui nous intéressent, il exerce la fonction de secrétaire auprès du gouverneur Murray.

Hector Théophilus Cramahé (1720-1788)

Né près de Dublin de parents huguenots, Hector Théophilus Cramahé est successivement officier de

---

8. Fyson, « The *Canadiens* and the Bloody Code », p. 776.

l'armée britannique, secrétaire civil des gouverneurs Murray, Carleton et Haldimand, juge, lieutenant-gouverneur de Québec puis de Détroit. Il est procureur de la Couronne lors du procès de Marie-Josephte Corriveau.

Suivant l'exemple de son père, qui a servi sous la bannière britannique pour des motifs religieux, le jeune Cramahé joint à son tour l'armée anglaise à l'âge de 20 ans. Nommé enseigne l'année suivante, en 1741, il est affecté au 15e régiment et se hisse progressivement dans les échelons au fil des diverses campagnes militaires auxquelles il participe, pour finir par atteindre le grade de capitaine en 1754. Il prend part au siège de Louisbourg en 1758 et à celui de Québec en 1759. Durant toutes ces années de service au sein du 15e régiment, il se lie d'amitié avec un homme appelé à devenir le premier gouverneur de Québec sous le Régime britannique : James Murray.

À la suite de la capitulation de Québec en 1759, Cramahé quitte la carrière militaire pour entrer au service personnel de Murray. Il s'avère d'une aide et d'un appui précieux pour le nouveau gouverneur dans la gestion de tout le territoire de Québec, tant et si bien qu'on finit par lui octroyer le poste de secrétaire civil. C'est lors du procès des Corriveau que Cramahé fait ses premières armes en droit britannique en tant que procureur de la Couronne, sans avoir de véritable formation d'avocat.

Après le rappel de Murray en Angleterre en 1766, il entrera au service de Guy Carleton puis de Frederick Haldimand, auprès desquels il continuera consciencieusement d'exercer ses fonctions de secrétaire civil et lieutenant-gouverneur. Il quittera la province de Québec pour finir ses jours en Angleterre, où il mourra le 9 juin 1788.

CHAPITRE 4

D'ACCABLANTS TÉMOIGNAGES

L E MARDI 29 MARS 1763 s'ouvre le procès concernant les circonstances de la mort violente de Louis-Étienne Dodier, survenue deux mois auparavant[1]. La cour siège dans une salle du couvent des ursulines de Québec. Les assauts menés contre la ville en 1759 ont laissé bien peu de bâtiments intacts, aussi cette salle s'avère-t-elle la seule qui soit assez vaste pour recevoir les juges, les témoins… et le public. On appréhende en effet un auditoire imposant pour assister à la comparution de Joseph Corriveau, accusé du meurtre de son gendre avec la complicité de sa fille Marie-Josephte. L'avocat qui défend les accusés, Jean-Antoine Saillant, sera présent pendant tout le procès mais n'aura pas le droit de contre-interroger les témoins qui défilent devant les juges. Ainsi en va-t-il de la procédure anglaise.

Un ordre d'exhumation : version des faits du major

Le premier témoin appelé à cette cour est le major James Abercrombie, à titre d'officier chargé de la magistrature locale et responsable de régler les litiges entre les habitants de la

---

1. Les informations de ce chapitre proviennent essentiellement des deux procès, du travail de Louis-Philippe Bonneau et des trois articles de Luc Lacourcière.

région. Abercrombie, comme on le sait, est bien au fait des querelles qui existaient entre Joseph Corriveau et Louis-Étienne Dodier; les hommes possédaient en commun une jument et l'animal était fréquemment au cœur desdites querelles. Selon le major, le père Corriveau était souvent dans le tort lors de ces disputes. L'officier relate à la cour que Joseph Corriveau est venu le voir le 26 janvier, affirmant que son gendre l'avait attaqué et lui demandant de lui imposer l'amende de 20 livres dont il les avait menacés advenant un nouvel épisode de leurs violentes mésententes. Corriveau déclara qu'il avait un témoin (en l'occurrence Claude Dion), mais le major refusa de pencher en faveur de Joseph Corriveau sans entendre d'abord ce témoin. Mécontent, le vieil homme quitta en maugréant qu'il finirait par arriver un malheur.

Abercrombie poursuit son témoignage. Le lendemain, 27 janvier, le capitaine de milice Jacques Corriveau se présenta chez lui afin de lui apprendre que Louis-Étienne Dodier avait été tué. Le major songea spontanément au père Corriveau comme premier suspect, ce à quoi le capitaine aurait déclaré: «Non, pour l'honneur de la famille, il ne l'a pas fait.» Le capitaine de milice aurait alors déposé devant lui un document indiquant que le corps de Dodier avait été examiné par plusieurs personnes, que toutes déclaraient que Dodier avait été tué par ses chevaux et que c'était le curé de la paroisse, Thomas Blondeau, qui avait rédigé le «rapport du coroner». Devant ces dires, et ne voyant pas de raison de douter des affirmations de ces hommes, surtout du curé Blondeau, le major Abercrombie autorisa l'inhumation du corps.

Le major précise que ce n'est qu'après la visite du sergent Fraser qu'il se mit réellement à douter. Fraser lui révéla qu'il avait personnellement observé le corps de Dodier et qu'il avait la quasi-certitude que la cause de sa mort devait plutôt être un objet pointu, par exemple une fourche à fumier aperçue dans l'étable. Par bonne mesure, Abercrombie offrit aux frères et aux sœurs du défunt de faire exhumer le corps. Devant leur hésitation[2], il rapporta la situation au gouverneur Murray. Celui-ci ordonna l'exhumation de Dodier, ajoutant qu'il souhaitait qu'un notaire rédige le procès-verbal de la déposition du chirurgien qui l'examinerait. Le major déclare également avoir assisté à l'exhumation et inspecté le cadavre de Dodier, y ayant compté quatre blessures. La première avait transpercé la lèvre supérieure et brisé la mâchoire, une seconde, très profonde, marquait le haut du visage, et les deux dernières avaient fracassé le crâne. S'il ne le mentionnait pas explicitement dans son rapport d'autopsie du 14 février précédent, le chirurgien était du même avis que le sergent Alexander Fraser : il lui paraissait évident que les blessures ne pouvaient avoir été occasionnées par des ruades, que les chevaux aient été ferrés ou non.

Un sentiment de charité :
témoignage du curé de Saint-Vallier

Le second témoin du procès est le curé Thomas Blondeau. Ce dernier raconte avoir appris la mort de Dodier le 27 janvier au matin par l'entremise de Joseph Corriveau, fils du capitaine de milice. Le curé a alors suggéré au capitaine de réunir des hommes pour leur faire examiner le cadavre. Après avoir reçu encre et papier, le curé a rédigé le rapport de coroner en ayant à l'esprit, pour reprendre ses propres termes, le « sentiment de charité qui le poussait à protéger l'honneur de cette grande famille ». Il précise aussi qu'il avait reçu la visite de l'accusé le 26 janvier au soir, au retour d'une visite chez le major Abercrombie. Le père Corriveau lui raconta sa querelle avec son gendre, Louis-Étienne Dodier, et son désappointement de n'avoir pas reçu satisfaction de la part du major. Il aurait aussi

---

2. Les proches parents de Dodier ont fini par accepter l'offre du major Abercrombie de faire exhumer le corps.

déclaré au curé qu'un malheur pourrait arriver si les choses ne s'amélioraient pas entre Dodier et lui.

Protéger la famille :
témoignage du capitaine de milice

Jacques Corriveau est le troisième témoin dans cette cause. Le capitaine de milice de Saint-Vallier explique à la cour que son fils Joseph a surgi chez lui le 27 janvier au matin en déclarant que l'accusé, le père Corriveau, avait tué Dodier. Rappelons que le fils du capitaine de milice réside non loin de chez l'accusé. Jacques Corriveau demanda alors à son fils d'aller quérir le curé, qui lui recommanda de réunir sept ou huit hommes n'ayant pas de lien de parenté avec les accusés. Il mentionna aussi que seul le curé avait rédigé le rapport du coroner.

Fait intéressant ici, aucune des personnes mentionnées comme témoins dans le rapport n'ont été assermentées. Comme nous le savons déjà, ce document a été écrit dans l'intérêt de protéger les Corriveau, ce que le capitaine de milice confirme dans son témoignage. Le fait que personne n'ait été assermenté pourrait-il signifier que le curé et le capitaine de milice ne souhaitaient pas que les autorités britanniques puissent accuser de parjure les personnes impliquées par le rapport en question ? Leurs témoignages ne permettent pas de l'apprendre. En terminant, le capitaine confirme que Dodier et l'accusé se querellaient souvent... ajoutant qu'il avait eu vent des menaces proférées par Joseph Corriveau la veille même du meurtre.

Des blessures et des mœurs douteuses :
déclarations d'officiers britanniques

George Fraser, du 78ᵉ régiment d'infanterie, est le quatrième témoin entendu par la cour. C'est sur l'ordre de son supérieur, James Abercrombie, qu'il examina le corps de Dodier après exhumation. Il remarqua alors les quatre blessures à la tête qui ont été mentionnées précédemment par le major. Fraser confirme que, selon lui, un cheval – même ferré – n'aurait pu occasionner les plaies observées sur le crâne du défunt.

Le cinquième témoin, le sergent Alexander Fraser, est l'homme qui a rapporté à Abercrombie les doutes qui planaient sur la mort de Louis-Étienne Dodier. Le matin même de la macabre découverte, il a vu le cadavre et s'est fait la réflexion que les blessures ne semblaient pas avoir été produites par une ruade de cheval. Il nota cependant la présence dans l'étable d'une houe et d'une fourche qui auraient vraisemblablement pu servir au meurtre, étant donné la nature des blessures et la régularité des plaies.

L'affaire prend une tournure différente lorsque Fraser affirme que, dans le mois précédant le décès de Dodier, Marie-Josephte Corriveau lui avait demandé ouvertement de «rosser» son mari. Dodier ayant des dindes à vendre, Marie-Josephte lui aurait suggéré d'en acheter une et de s'arranger pour que la mésentente sur le prix demandé débouche sur une bataille. En échange, elle lui aurait supposément promis ce qu'il voudrait (*she would do anything to oblige him*, en anglais dans le procès) pour le dédommager. Une affirmation analogue sera faite quelques jours plus tard par un autre officier, Alexander MacDonald, auquel Marie-Josephte aurait aussi demandé de tabasser Dodier en échange d'un animal de son choix. Ces allégations auront pour effet d'entacher la réputation de la jeune femme aux yeux des juges et des autres personnes présentes dans la salle.

Un rapport de coroner inexact : les témoignages des voisins

Les témoins qui sont ensuite entendus sont les individus ayant été rassemblés au matin de la découverte du corps de Dodier et ayant apposé leur «X» (à défaut de savoir écrire) sur le rapport du coroner préparé par le curé Blondeau : il s'agit de Charles Denis dit Lapierre, Joseph Laplante, Paul Gourges, Joseph Dallaire, Jean-Baptiste Laramée, Michel Clavet et Ignace Lacasse. En substance, leurs témoignages respectifs ne font que confirmer certains éléments qui accablent les accusés, à savoir que les chevaux étaient hors de l'étable au moment du prétendu accident et qu'au demeurant ces chevaux n'étaient même pas ferrés. Aucun de ces sept témoins ne croit que les blessures constatées à la tête du défunt puissent avoir été causées par des ruades. Bref, tous démentent les explications avancées dans le rapport du coroner. Charles Denis fait en outre état de rumeurs selon lesquelles la servante de Joseph Corriveau, Isabelle Sylvain, aurait entendu son oncle se lever durant la nuit, qu'elle aurait peu après entendu un grand cri (*great Screech* dans le procès) et que le père Corriveau serait simplement allé se recoucher. Quant à Michel Clavet, il précise avoir déchiré la chemise du défunt pour voir l'étendue des blessures, mais qu'aucune plaie n'apparaissait sur le torse; selon lui, les trois plaies à la tête ne pouvaient vraiment pas avoir été faites par des chevaux mais, lors de la rédaction du rapport, personne ne lui a demandé son avis.

Ces témoignages viennent clore la première journée du procès de Joseph Corriveau et de sa fille Marie-Josephte.

Liste des vingt-quatre témoins du procès de Joseph et Marie-Josephte Corriveau, 29 mars au 6 avril 1763

1. James Abercrombie
2. Thomas Blondeau
3. Jacques Corriveau
4. George Fraser
5. Alexander Fraser
6. Charles Denis
7. Joseph Laplante

8. Paul Gourges
9. Joseph Dallaire
10. Jean-Baptiste Laramée
11. Michel Clavet
12. Ignace Lacasse
13. Claude Dion
14. Zacharie Montigny
15. Joseph Corriveau (fils de Jacques)
16. Isabelle Sylvain
17. Françoise Bouchard
18. Angélique Bouchard
19. Joseph Dodier
20. Urbain Cadrin-Vallier
21. Jacques Leclerc
22. Marie-Françoise Bolduc
23. Alexander MacDonald
24. Pierre-Clément Parent

Insinuations et commérages :
témoignage de Claude Dion

Le mercredi 30 mars, seconde journée du procès, débute un témoignage qui s'avérera particulièrement incriminant pour les accusés : celui de Claude Dion, l'engagé des Corriveau et treizième témoin à être entendu par la cour. Dion connaissait bien les relations entre l'accusé et son gendre, mais également entre Dodier et son épouse. Fait intéressant, cet homme est aussi le témoin que Joseph Corriveau avait promis d'amener à Abercrombie pour obtenir justice contre son gendre, tout juste la veille du meurtre. Maintenant assis sur le banc des témoins, Dion raconte sa version des faits de la bagarre qui aurait eu lieu entre Dodier et l'accusé avant le meurtre : une version qui, loin de donner justice à Joseph Corriveau comme celui-ci l'escomptait, l'incrimine au contraire.

Selon Dion, les événements qui ont conduit à la mort de Dodier débutèrent deux jours plus tôt, soit le 25 janvier, alors que le père Corriveau était allé à l'étable de son gendre pour récupérer le cheval qu'ils possédaient en copropriété. L'animal n'avait pas été nourri, aussi Dodier demanda-t-il à son beau-père d'attendre qu'il ait mangé avant de le sortir. Toujours au dire de Dion, le père Corriveau se serait alors empourpré et aurait lancé un flot d'injures à son gendre, en déclarant qu'il ne resterait pas longtemps le maître de cet animal et qu'il préfére-rait mourir que de continuer cette relation d'affaires. Les choses se seraient ensuite envenimées au point où le père Corriveau aurait tenté de frapper Dodier avec l'extrémité de son fouet. Il s'est ensuite rendu auprès du major. Étonnamment, si Corriveau revint à Saint-Vallier muni d'une convocation d'Abercrombie à remettre à Dodier, il a pourtant apparemment omis de la lui transmettre. Par calcul ou par insouciance?

Après son témoignage au sujet du père Corriveau, Claude Dion s'enhardit à commenter un autre incident, celui-ci impli-quant Marie-Josephte. Le soir du 26 janvier, il était attablé avec Dodier et son épouse lorsqu'une dispute eut lieu entre les deux époux. Dodier aurait demandé que son souper soit prêt au moment où il entre dans la maison, argumentant qu'il avait travaillé fort pour l'avoir. Marie-Josephte lui aurait répondu : «Tu manges bien, mais tu ne travailles pas très fort. Peut-être ne mangeras-tu pas très longtemps.» Dodier aurait alors frappé son épouse à plusieurs reprises. Mal à l'aise, Dion aurait déclaré vouloir quitter la table, prétextant ne pas se sentir bien, mais Dodier s'y serait opposé. Marie-Josephte aurait répondu de le laisser partir, qu'on ne gardait pas les gens de force. Peut-être était-ce une référence indirecte à sa propre situation, sachant qu'elle avait tenté de quitter Dodier quelques mois auparavant?

Dion poursuit son témoignage en racontant qu'il avait entendu parler de la mort de Dodier par un soldat: ayant couru jusqu'à l'étable, il aurait tout de suite vu qu'il s'agissait d'un assassinat et non d'un accident. Lorsqu'il alla voir la veuve Dodier dans la maison, il vit qu'elle avait pleuré et aurait déclaré : « Mon pauvre Dodier est mort, ses chevaux l'ont tué. » À ces mots, Dion aurait protesté et aurait dit que, même s'il était possible que les bêtes n'aient pas aidé, il était impossible que les chevaux l'aient mis dans un tel état puisqu'ils n'étaient pas ferrés. Selon lui, Marie-Josephte répondit : « Alors, qui l'aurait tué ? » mais il ne répondit pas à cette question. Néanmoins, il resta sur place et fit partie des gens qui signèrent le rapport de coroner préparé par le curé Blondeau.

Lorsque le rapport du coroner lui est lu à haute voix, Dion se met à nier, comme les autres signataires avant lui, arguant que les chevaux n'auraient pu être responsables de la mort de Dodier. Prudemment, il reste plutôt vague sur tout ce qui touche directement le rapport du coroner, craignant peut-être d'être accusé de parjure. Par exemple, lorsqu'on lui demande si quelqu'un, parmi les signataires, avait demandé la visite d'un chirurgien, Dion répond qu'il ne savait pas.

Peu après, le juge-avocat Cramahé questionne ce témoin pour savoir si la veuve Dodier lui avait fait des avances. Claude Dion devient alors très bavard. Il mentionne que Marie-Josephte lui avait dit à plusieurs reprises qu'elle aimait mieux Bouchard, son premier mari, que Dodier, et aussi qu'elle aurait souhaité être débarrassée de Dodier à n'importe quel prix. Dion laisse alors sous-entendre que le « prix » en question aurait pu être son propre corps[3]. Selon lui, elle l'aurait caressé souvent, l'appelant « mon petit Claude » et mentionnant qu'elle aurait préféré un Claude. Dion présente les choses de façon à passer pour un homme vertueux, étant parvenu à résister aux charmes de Marie-Josephte en répondant que Dodier était un homme bien. Il prétend ensuite que sa veuve est une ivrognesse, qu'elle vend n'importe quoi pour avoir de l'alcool et qu'il lui arrivait de vomir dans les bonnets de ses enfants. Il mentionne également qu'il est certain que Joseph Corriveau est le coupable, qu'il s'est sûrement caché dans l'espace entre la grange et l'étable et que c'est là qu'il aurait exécuté son méfait.

3. Greenwood et Boissery, *Uncertain Justice*, p. 39-59.

Juste après Dion, c'est au tour de Zacharie Montigny de témoigner devant la cour. Âgé de 57 ans et travaillant pour Joseph Corriveau comme garçon de ferme, il était présent lorsque le rapport de coroner a été écrit, mais affirme ne pas l'avoir entendu lire à voix haute. Ayant, dit-il, dormi chez l'accusé, il a eu connaissance qu'Isabelle Sylvain se soit levée durant la nuit et a aperçu son employeur lorsqu'il s'est levé à l'aube le 27 janvier.

« Retiens ta langue ! » : témoignage du fils du capitaine de milice

Un autre témoignage particulièrement accablant, celui de Joseph Corriveau, le fils du capitaine de milice Jacques Corriveau, est entendu également en ce 30 mars 1763. Ce quinzième témoin appelé à la barre raconte que l'accusé est venu à la maison de son père le matin du 27 janvier en lui disant que Dodier avait été tué par ses chevaux : il venait lui demander son aide et celle de son garçon de ferme pour déplacer le corps de son défunt gendre. Le jeune Joseph lui aurait répondu qu'il fallait faire attention avec ce corps et d'abord avertir les autorités de la paroisse. L'accusé lui aurait répondu que cela ne serait pas nécessaire, que c'était inutile. Le jeune Joseph ayant alors décidé de rester chez lui et de ne pas aider l'accusé, ce dernier aurait ajouté : « Qu'ils me prennent, qu'ils me pendent, je ne m'enfuirai pas. Je ne déshonorerai pas ma famille. » Cette phrase est lourde de sens, car elle incrimine directement l'accusé. Le jeune Corriveau mentionne ensuite qu'il était présent lors de la rédaction et de la signature du rapport du coroner puis, comme les autres témoins avant lui, il dément la thèse d'un Dodier tué accidentellement par ses chevaux. Il affirme aussi avoir entendu une personne demander que l'on fasse venir un chirurgien pour examiner le corps, ce à quoi le curé se serait opposé en disant : « Tut, tut, tut, retiens ta langue ! »

Le jeune Joseph poursuit son témoignage en disant ce qu'il sait de l'accusé, de sa fille et de Dodier, ainsi que des relations qui existent entre eux. Il qualifie l'accusé d'homme querelleur, influencé par sa fille, ajoutant que ladite fille « est une ivrognesse qui s'est mal conduite envers son mari et qui cherchait à le quitter », qu'il a vu à maintes reprises Dodier et son beau-père Corriveau se bagarrer. Il prétend n'avoir jamais douté un seul instant que l'accusé avait tué son gendre, ajoutant qu'il n'avait pas voulu signer le rapport du coroner par ce qu'il ne croyait pas à un accident avec les chevaux[4].

Un témoignage confus et contradictoire : la servante des Corriveau

On s'amusait avec la belle Isabelle, mais on ne la mariait pas ! « Pas complètement idiote, juste un peu simplette » disaient les bonnes âmes. « Complètement toquée » affirmaient les autres. « Une intelligence un peu lente » corrigeait le curé Leclair chaque fois qu'il entendait des moqueries sur Isabelle[5].

Jusqu'à maintenant, il n'y a pas eu de figures féminines dans ce procès, outre Marie-Josephte elle-même. Cela change au moment où Isabelle Veau Sylvain est appelée à témoigner. Puisqu'elle vit chez son oncle, où elle fait office de servante, l'avocat Cramahé fait d'abord appel à elle dans le but de comprendre la suite des événements qui menèrent à la mort de Louis Dodier. Il est à noter que, même si cette filiation n'est pas mentionnée au moment du procès, Isabelle Sylvain est aussi apparentée au premier mari de Marie-Josephte, le défunt Charles Bouchard : ils étaient petits-cousins[6]. La jeune femme est apparemment considérée par la communauté de Saint-Vallier

4. Bonneau, *Josephte Corriveau-Dodier*, p. 130.

5. Pariseau, *La Fiancée du vent*, p. 108.

6. Anne Veau Sylvain, la mère de Charles Bouchard, était cousine d'Étienne Veau Sylvain, le père d'Isabelle.

comme une personne ayant l'esprit un peu lent. Une lettre adressée au gouverneur Murray par monseigneur Jean-Olivier Briand, vicaire général, le 7 avril 1763, permet d'apprendre que le curé Parent «la croit imbécile et qu'il a eu beaucoup de mal à l'admettre aux sacrements», un avis partagé par le curé Blondeau[7].

Lors du procès, cet «esprit un peu lent» occasionne des ennuis à Isabelle: ainsi, depuis le meurtre de Dodier, elle a fait trois dépositions contradictoires sur ce qu'elle aurait vu et entendu le soir du meurtre. Témoin peu fiable, elle donnera du fil à retordre à Cramahé, qui espérait visiblement en tirer quelque chose de plus substantiel.

Lorsqu'Isabelle se présente à la barre des témoins en ce 30 mars 1763, les autorités britanniques commencent par lui relire ses précédentes dépositions des 7, 14 et 15 mars. Dans la première, elle niait avoir entendu Joseph Corriveau se lever pendant la nuit ou avoir entendu un grand cri. Elle prétendait plutôt que Marie-Josephte aurait rendu visite à ses parents le soir du 26 janvier vers 9 h du soir alors qu'ils étaient déjà au lit. Elle leur aurait parlé à voix basse, se serait réchauffée une demi-heure dans la cuisine, auprès de l'âtre, puis serait retournée chez elle. Dans la seconde déposition, Isabelle déclarait n'avoir rien à ajouter, si ce n'est qu'elle «s'est levée deux heures avant l'aube, qu'elle a entendu les chevaux qui faisaient du bruit. Elle s'est recouchée vivement et n'a pas mentionné cela à personne[8]». Lorsque Cramahé lui demande si son oncle était couché, elle déclare ne pas le savoir. Dans sa troisième déposition, toujours sous serment, Isabelle affirmait plutôt que son oncle Joseph s'était levé deux heures avant l'aube. Elle était d'ores et déjà sortie pour faire ses besoins et c'est à ce moment qu'elle aurait entendu un grand cri, puis que les chevaux auraient manifesté une certaine panique. Apeurée, elle serait

---

7. Lettre du Vicaire Général, Mgr Briand au Gouverneur Murray, le 7 avril 1763. L'original de cette lettre est à l'Archevêché de Québec.

8. Bonneau, *Josephte Corriveau-Dodier*, p. 133.

rentrée directement pour se remettre au lit. Joseph Corriveau serait revenu environ une demi-heure après et n'aurait parlé à personne.

Voyant les contradictions entre les divers témoignages d'Isabelle Sylvain, Cramahé met alors en garde son témoin en stipulant que le parjure est une faute grave. Lorsqu'il lui demande une nouvelle fois si Joseph Corriveau est sorti dans la nuit du 26 au 27 janvier, elle prétend avoir affirmé qu'il était sorti parce qu'elle avait peur... ne réalisant pas qu'elle contribue par le fait même à désigner son oncle comme principal suspect. À partir de ce moment, le témoignage d'Isabelle, visiblement nerveuse et confuse, devient un cafouillis. Elle nie avoir entendu un cri, puis revient sur sa déclaration en affirmant en avoir entendu un tout petit, avant de dire qu'elle a entendu un grand cri. Pressée par Cramahé de dire toute la vérité du début à la fin, Isabelle panique. Elle est si incohérente dans sa quatrième déclaration que le scribe de la cour termine le résumé du témoignage d'Isabelle Sylvain en précisant que «she delivered herself in so indistinct, incoherent, and Contradictory a manner there was no possibility to take down the same[9]».

La cour décide alors de renvoyer au lendemain la suite du témoignage d'Isabelle Sylvain pour qu'elle puisse se calmer et reprendre ses esprits. Elle est sévèrement avertie par le juge-avocat que, si elle n'est pas en mesure de livrer un témoignage plus clair, elle serait accusée de parjure. L'avertissement de Cramahé ne semble pas avoir eu l'effet escompté car lorsque le procès reprend à midi le lendemain, soit le 31 mars 1763, le discours de la jeune femme se révèle tout aussi confus, au grand dam des officiers britanniques. La cour demande alors qu'Isabelle Sylvain soit constituée prisonnière afin d'être jugée pour parjure.

---

9. Greenwood et Boissery, *Uncertain Justice*, p. 39-59.

Témoignages des petites-filles de Joseph Corriveau

Revenons au 30 mars. Après le départ précipité d'Isabelle Sylvain, trop hagarde pour poursuivre son témoignage, d'autres témoins continuent de se succéder à la barre. C'est au tour des deux filles de Marie-Josephte, Françoise et Angélique Bouchard, d'y être appelées. Les deux dépositions se corroborent l'une et l'autre. Françoise, l'aînée âgée de 11 ans, affirme que leur mère est venue voir leur grand-père, Joseph, la veille du meurtre, qu'elle aurait discuté à voix basse et serait repartie trente minutes plus tard après s'être réchauffée près du feu. Le lendemain, après que sa jeune sœur Angélique fut venue chercher Zacharie Montigny pour faire entrer les chevaux à l'étable, celui-ci revient et annonce à Joseph qu'un accident est arrivé et que Dodier est mort. Joseph Corriveau aurait alors dépêché des gens sur les lieux pour l'aider à régler cette situation.

La petite Angélique, 9 ans, raconte que son beau-père Louis Dodier est parti quelques heures avant l'aube pour faire bluter sa farine et qu'il aurait emporté son harnais avec lui. À l'aube, les chevaux étaient dehors, non attelés. Marie-Josephte aurait alors envoyé sa fille cadette chez son grand-père y chercher Montigny. Ce dernier serait entré dans la grange et aurait constaté le décès de Dodier, à la suite de quoi la jeune Angélique serait immédiatement retournée auprès de sa mère pour lui annoncer la triste nouvelle. Marie-Josephte se serait mise à pleurer, puis l'aurait envoyée chercher Ignace Lacasse pour qu'il s'occupe de la dépouille de Dodier[10].

Le poids des rumeurs : témoignage du frère du défunt

Nous sommes toujours le 30 mars 1763. Joseph Dodier se présente à son tour à la barre des témoins. Ayant appris la

---

10. Bonneau, *Josephte Corriveau-Dodier*, p. 135.

mort de son frère le 27 janvier au matin, Joseph s'est rendu directement à l'étable où était encore allongé le corps de Louis Dodier, la tête enveloppée dans un linge[11]. Il explique avoir vu deux blessures au cou de son frère, des trous qui auraient pu être faits par une fourche. Doutant dès le départ de la thèse de l'accident – des ruades semblent bien peu plausibles –, il aurait alors demandé que cessent les préparatifs funéraires déjà enclenchés afin de pouvoir connaître la véritable cause du décès. L'épouse du capitaine de milice lui aurait semble-t-il rétorqué que des gens comme Urbain Cadrin-Vallier auraient intérêt à demeurer silencieux car le major Abercrombie avait donné un ordre, celui d'inhumer le corps le soir même.

Le frère du défunt poursuit son témoignage en affirmant que ce n'est que quelques jours plus tard, à force d'entendre la rumeur publique évoquer l'hypothèse du meurtre, qu'il s'est décidé à aller voir le major Abercrombie pour requérir son aide. Joseph Dodier relate à ce moment-là les ragots rapportés par Isabelle Sylvain et quelques autres au sujet d'un grand bruit dans l'étable la nuit du meurtre, détail auquel il porte visiblement foi. Fait intéressant, lors de l'inventaire des biens du défunt, Joseph Dodier et le père Corriveau auraient apparemment discuté de la possibilité qu'il s'agisse d'un assassinat et l'accusé aurait affirmé qu'il endosserait volontiers une plainte si Dodier se décidait à en déposer une auprès des autorités...

Dépositions des derniers témoins

Pour clore cette seconde journée de procès, Urbain Cadrin-Vallier révèle qu'après avoir appris la mort de Louis Dodier il est arrivé à l'étable et a constaté, en présence notamment du sergent Fraser, que les blessures du défunt n'auraient pas pu être occasionnées par une ruade de cheval. Par la suite, il a aidé à procéder à la toilette mortuaire, constatant du même coup

---

11. Bonneau, *Josephte Corriveau-Dodier*, p. 136.

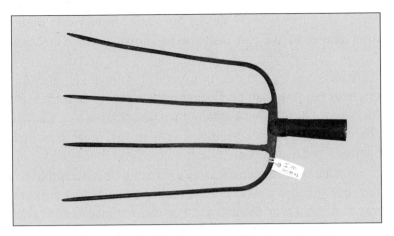

**Fourche à foin comme on en utilisait encore
au début du xixᵉ siècle dans les campagnes canadiennes.**
Musée Bytown, exposition virtuelle,
www.passageshistoriques-heritagepassages.ca.

que ceux qui s'en occupaient se débrouillaient mal et qu'il n'était «pas très chrétien» d'enterrer ainsi Dodier sans lui avoir bien lavé le visage et mis une chemise propre. Lors de l'arrivée de Joseph Dodier, Cadrin-Vallier lui aurait demandé s'il permettrait que son défunt frère soit enterré sans une enquête faite par les autorités; Joseph Dodier en aurait alors fait explicitement la demande à la veuve, ne voulant pas que son frère soit enterré de cette façon, sans avoir été examiné.

Un autre témoin, Jacques Leclerc, relate qu'on est venu le voir le 27 janvier au matin pour lui demander de construire un cercueil pour Louis Dodier, et que l'on en avait besoin pour le soir même. Il affirme qu'une rumeur populaire circulait dans la paroisse de Saint-Vallier selon laquelle Joseph Corriveau était le meurtrier.

Le témoignage de Marie-Françoise Bolduc, femme de Joseph Corriveau et mère de Marie-Josephte, laisse perplexe parce qu'il va à contresens de certains des témoignages précédents. Elle affirme que sa fille n'est pas passée les voir, elle et son mari, le soir précédant le meurtre, mais plutôt le matin même. Lorsque l'avocat de la Couronne lui demande pourquoi son mari n'a pas transmis la convocation du major Abercrombie à son gendre Dodier, elle répond seulement qu'à ce moment-là son gendre travaillait au Domaine (celui des seigneuresses de Saint-Vallier, selon toute vraisemblance). Marie-Françoise Bolduc n'ajoute pas grand-chose de plus, si ce n'est que son mari s'est levé dans la nuit, comme à son habitude, pour chauffer le poêle.

Pour finir, l'officier anglais Alexander MacDonald vient raconter que Marie-Josephte lui aurait demandé de donner une raclée à Louis Dodier, petit « service » qu'elle entendait récompenser en lui offrant un animal. Ainsi se terminent les témoignages, à l'exception de la seconde comparution d'Isabelle Sylvain le lendemain, un épisode qui, comme on le sait, n'apporte rien de plus à la preuve... et se termine fort mal pour la jeune femme. Le lendemain étant Vendredi saint, la suite est reportée au mercredi suivant.

CHAPITRE 5

PLAIDOIRIES ET VERDICT

L E PROCÈS REPREND au retour des fêtes de Pâques, le 6 avril 1763. Les témoignages étant terminés, c'est maintenant l'heure des plaidoiries. Après un long silence forcé par les procédures judiciaires anglaises, le temps est venu pour l'avocat de la défense, Jean-Antoine Saillant, d'entrer en scène et de plaider la cause de ses clients, les Corriveau. Cependant, ses possibilités d'assurer une défense efficace sont largement amoindries par les règles en vigueur dans une cour martiale anglaise. Étant dans l'incapacité de contre-interroger les témoins durant le procès, Saillant doit se résigner à faire un long plaidoyer qui, d'une part, met l'accent sur la bonne réputation des accusés et, d'autre part, met en doute la validité et la véracité des témoignages qui ont été présentés à la cour[1]. Durant son laïus, l'avocat utilise toute sa rhétorique et son esprit pour écarter et rejeter la plupart des témoignages. Telle est sa stratégie.

Saillant tente tout d'abord de démontrer le caractère exemplaire des deux accusés, un procédé courant dans la procédure criminelle anglaise. De fait, les Corriveau ont toujours proclamé leur innocence et espèrent que le coupable sera retrouvé. Il ne fait évidemment aucun doute que Joseph Corriveau a, devant témoin et à de nombreuses reprises, proféré des menaces et démontré beaucoup d'agressivité à l'encontre de son gendre. L'homme est reconnu pour son caractère bouillant et sa propension aux querelles. Cela fait-il de lui un meurtrier pour autant? Du même souffle, Saillant

---

1. Greenwood et Boissery, *Uncertain Justice*, p. 39-59.

rappelle que le père Corriveau fut autrefois syndic[2] et marguillier, deux fonctions honorables que l'on accorde seulement à des paroissiens fiables et d'une conduite irréprochable.

L'avocat fait une parenthèse pour amener une information nouvelle à l'attention des juges. Pierre-Clément Parent, curé de Beaumont, aurait aperçu trois hommes sur la route en face de chez Dodier, dont l'un couvert de sang, la nuit même du meurtre. Saillant en profite pour informer la cour qu'un certain Louis Brousseau aurait été à l'emploi du couple Dodier-Corriveau jusqu'au 2 janvier précédent, mais qu'il aurait quitté cet emploi en vociférant des menaces sérieuses à l'endroit de Dodier. Cet élément reviendra un peu plus tard dans le procès.

Si les « preuves » présentées contre le père Corriveau sont circonstancielles – personne, après tout, ne peut témoigner l'avoir vu dans la grange lors de cette funeste nuit –, celles visant à accabler sa fille Marie-Josephte sont tout simplement farfelues, selon Saillant. Qu'elle ait eu une propension à l'ivrognerie ou qu'elle ait sollicité l'appui de quelques soldats pour donner une raclée à son mari, soit. Mais ces éléments constituent-ils pour autant des preuves d'une quelconque culpabilité[3] ? Marie-Josephte, née à Saint-Vallier, s'y est mariée à deux reprises avec des partis avantageux de la même paroisse, où tous se connaissent. Il aurait été bien peu probable, argue Saillant, que Marie-Josephte soit parvenue à se marier deux fois si elle avait été l'ivrognesse et la fainéante décrite dans les témoignages[4].

Saillant s'attaque ensuite à la validité des témoignages et à la crédibilité de ceux qui les ont portés. Il soutient que rien dans ces témoignages ne prouve en quoi que ce soit la culpabilité des accusés, et que, s'ils soulèvent des soupçons, ces soupçons ne

---

2. Les syndics étaient des notables élus par les principaux habitants de la Nouvelle-France pour les représenter auprès des autorités. Pour occuper cette position de confiance, il était donc nécessaire que l'individu choisi ait une bonne réputation.

3. Voir notamment Greenwood et Boissery, *Uncertain Justice*, p. 39-59.

4. Bibliothèque et Archives nationales du Québec, P1000,S3,P435 ; Bonneau, *Josephte Corriveau-Dodier*, p. 144-146.

constituent pas des preuves. « Plus le crime est abject, dit-il, plus il est nécessaire que la preuve soit absolue et directe. » Dans ce procès, une part importante des témoignages est indirecte, ce qui pourrait permettre de les invalider, conformément aux règles encore mouvantes de *hearsay* (ouï-dire ou rumeurs).

Or, il devient vite évident que Saillant ne maîtrise pas bien les rouages du droit anglais. Il tente par exemple d'écarter le témoignage de plusieurs personnes en utilisant des arguments qui n'ont aucun poids dans la loi criminelle britannique : l'avocat souhaite ainsi faire rejeter la déposition de Joseph Dodier, le frère de la victime, sous prétexte qu'une partie ne peut témoigner dans une cause où elle est directement impliquée. Or, dans bien des causes portées devant les tribunaux anglais, le plaignant est aussi le principal témoin[5] ! Saillant tente aussi de faire exclure le témoignage de Françoise et Angélique Bouchard, les deux fillettes de Marie-Josephte, en raison de leur jeune âge, mais aussi parce qu'elles sont directement apparentées aux accusés ; là encore, le juriste parisien montre sa méconnaissance du droit anglais puisque rien n'interdit aux enfants d'intervenir dans un procès (du moment que ceux-ci sachent faire la différence entre le bien et le mal), ni de témoigner contre leurs propres parents. Lorsque Saillant essaie de faire rejeter le témoignage du sergent Fraser, l'un des premiers informés de la découverte du corps de Dodier, arguant que celui-ci est à la fois juge et partie de la cause, il bute sur le fait que la procédure anglaise autorise les juges et les jurés à témoigner dans les procès où ils sont impliqués et pour lesquels on souhaite entendre leur version des faits…

Saillant tente en outre de discréditer les signataires du rapport de coroner en stipulant que, s'ils ont menti pour le rapport, toute déposition ultérieure devient suspecte et doit donc être rejetée. Il pointe du doigt la déposition d'Isabelle Sylvain en notant que la poursuite s'appuie seulement sur ce

---

5. « […] it is a Maxim of all Laws, that the accuser or informer cannot bear witness in a cause which he sues », cité dans Fyson, « The *Canadiens* and the Bloody Code », p. 780. Voir aussi W. Hawkins, *A Treatise of the Pleas of the Crown*, London, 1771, vol. II, p 433-434, cité dans Fyson.

qui l'arrange bien dans ce témoignage, c'est-à-dire que la jeune femme aurait vu Marie-Josephte venir chez son père vers 9 h du soir la veille du meurtre. Quant au fils du capitaine de milice, il est clairement désigné par Saillant comme étant un ennemi du père Corriveau et de sa fille Marie-Josephte : les deux homonymes sont d'ailleurs en procès pour un violent différend s'étant soldé par deux côtes fracturées chez le plus âgé ! Même la déposition du major Abercrombie devrait être écartée puisqu'il a agi plus d'une fois comme arbitre dans les disputes entre Corriveau et Dodier. Selon Saillant, c'est un principe admis « qu'un juge ne peut pas être entendu dans une cause qu'il a instruite au préalable[6] ».

Un à un, les témoignages sont attaqués sévèrement par Jean-Antoine Saillant, qui remet en question la probité des témoins et la véracité de leurs dires. Il critique le témoignage de Claude Dion lorsqu'il a déclaré à la cour qu'il aurait vu la veuve Dodier « vomir dans les bonnets de ses enfants », arguant que non seulement cela n'avait rien à voir avec le meurtre, mais témoignait de l'ignorance de Dion au sujet de l'état physique des femmes, ces nausées pouvant être occasionnées par le début d'une grossesse. L'avocat poursuit en réfutant la rumeur rapportée par Dion selon laquelle Charles Bouchard aurait probablement été, lui aussi, tué par son beau-père Joseph Corriveau, au moyen d'un coup d'étrille. Si l'incident a bien eu lieu, il s'est déroulé deux ans avant la mort de Bouchard et ne peut donc pas avoir causé son décès. De surcroît, si la rumeur avait eu un fond de vérité, jamais Louis Dodier n'aurait pris le risque d'épouser Marie-Josephte ! Saillant écorche aussi au passage la poursuite lorsqu'il clame que la rumeur publique et les ouï-dire ne constituent en rien une preuve qui devrait être acceptée par un tribunal, sans quoi bien des gens innocents seraient condamnés sur la seule foi de la grogne populaire...

En concluant sa plaidoirie, l'avocat clame haut et fort l'innocence de ses clients, affirmant que ceux-ci désirent que le vrai

---

6. Greenwood et Boissery, *Uncertain Justice*, p. 39-59.

coupable du meurtre de Dodier soit retrouvé et jugé. Il rappelle à la cour qu'il est préférable pour des juges de laisser aller un coupable que de condamner un innocent. Que le meurtre est une offense sérieuse et grave et que, compte tenu de l'importance de la charge et la notoriété du crime, une preuve complète doit incriminer les accusés : or, aucune véritable preuve n'a été fournie. La poursuite n'a pas permis de récolter ne serait-ce que deux témoignages dont les détails, racontés de la même façon, auraient pu inculper les accusés du meurtre de Dodier. Saillant termine sur ces mots : « Les prisonniers doivent donc être disculpés et recouvrer leur liberté. De quelque façon qu'on examine ce qui s'est passé ici, l'innocence des prisonniers en ressort[7]. »

Jean-Antoine Saillant fait évidemment son possible pour défendre ses clients, mais sa méconnaissance des rouages du code criminel et de la procédure anglaise nuit considérablement à ses efforts. Les dispositifs qu'il met de l'avant pour tenter de disculper Joseph et Marie-Josephte Corriveau auraient été mieux adaptés à une cause civile ; au reste, les officiers formant le tribunal martial ont-ils seulement compris ses démonstrations et sa plaidoirie[8] ?

Un témoignage en queue de poisson

> Marie-Josephte sut qu'il ne l'aiderait en rien à prouver son inno-cence et celle de son père. Elle détourna les yeux. Cet homme la répugnait. Il était mauvais. Il n'était pas meilleur qu'elle et pour-tant il avait le droit de vivre la tête haute et de venir à la barre mentir sans pudeur. Elle eut envie de cracher en sa direction[9].

Après la plaidoirie de maître Saillant, un dernier et ultime témoin est appelé à la barre pour livrer un témoignage en

7. Bonneau, *Josephte Corriveau-Dodier*, p. 158.
8. Fyson, « The *Canadiens* and the Bloody Code », p. 780.
9. Pariseau, *La Fiancée du vent*, p. 356.

faveur des accusés : le curé de Beaumont, Pierre-Clément Parent. Rappelons qu'au début de son exposé l'avocat a mentionné que, la nuit du meurtre de Dodier, ce prêtre avait croisé trois individus, dont l'un était couvert de sang. Or, trois semaines avant le meurtre, un certain Brousseau, un employé cavalièrement licencié par Dodier, aurait quitté la ferme en proférant des menaces sérieuses contre son ancien patron.

Saillant souhaite de toute évidence utiliser le témoignage de Parent pour lancer l'enquête sur une autre piste et faire disculper ses clients. Cette démarche n'a pas le résultat escompté. Alors que l'avocat lui demande « Vous avez circulé dans Saint-Vallier la nuit du meurtre ? », le curé répond simplement : « Non, ce n'est que quinze jours ou trois semaines après celui-ci que je suis allé à Saint-Vallier. » La prémisse de base étant invalidée, il est inutile d'aller plus loin : l'interrogatoire prend fin abruptement.

Que s'est-il passé ? Selon toute vraisemblance, Saillant s'attendait à ce que Parent livre un témoignage qui aurait pu lever les soupçons sur ses clients ou, à tout le moins, inciter les autorités à poursuivre l'enquête et faire rechercher ledit Brousseau pour un interrogatoire. Or, l'avocat se retrouve avec un pétard mouillé ! Saillant avait-il interrogé ce témoin avant que celui-ci ne se présente au tribunal ? Lui avait-on seulement accordé cette possibilité ? Est-ce que le curé Parent a menti, ou l'aurait-on incité, voire contraint à dissimuler la vérité pour ne pas nuire à l'inculpation des Corriveau ?

Bien que Pierre-Clément Parent soit un homme d'Église, il présente une histoire personnelle assez compliquée, voire rocambolesque[10]. Après la mort du curé Leclair en 1761, monseigneur Jean-Olivier Briand écrit à Parent, jusqu'alors

---

10. Né un 13 avril 1733 à Québec, Pierre-Clément Parent est ordonné prêtre séculier en 1757. Vicaire à Saint-Vallier jusqu'à la mort du curé Leclair en 1761, Parent accepte, à contrecœur, la cure de Beaumont qu'il officiera jusqu'en 1765. Pour cause d'insubordination, monseigneur Briand lui interdira, en 1769, l'exercice de son ministère alors qu'il dessert la paroisse de Saint-Thomas-de-Montmagny. Pierre-Clément Parent terminera sa vie comme missionnaire sur la

vicaire de Saint-Vallier, pour l'informer qu'il a été nommé à la cure de Beaumont et que le nouveau curé Thomas Blondeau arrivera sous peu à Saint-Vallier. D'ordinaire, les changements de cure se font sans anicroche, mais pas dans ce cas-ci, Parent souhaitant visiblement devenir curé de Saint-Vallier ; il tente même d'obtenir l'appui de ses paroissiens afin qu'ils fassent pression sur le responsable de l'Archevêché de Québec dans le but de maintenir le *statu quo*. Or, si Mgr Briand jugeait plus sage d'éloigner Parent de Saint-Vallier, c'est que celui-ci présentait un comportement peu orthodoxe qui attirait les ragots et le mécontentement des paroissiens. Plusieurs rumeurs couraient à son sujet : le jeune vicaire abuserait de l'alcool, fréquenterait une jeune femme de la paroisse et celle-ci serait enceinte de ses œuvres ! La demoiselle accouchera effectivement au début de 1762. Est-ce que le jeune prêtre de 29 ans était bel et bien responsable de son état ? Difficile de l'affirmer avec certitude. Quoi qu'il en soit, le vicaire général n'a pas eu le choix d'agir et d'envoyer Parent poursuivre sa carrière ecclésiastique ailleurs qu'à Saint-Vallier. Après une première, puis une seconde sommation à prendre la cure de Beaumont, Parent refusant toujours d'obtempérer, Mgr Briand n'a d'autre choix que de faire appel à James Murray en personne pour que le jeune prêtre soit arraché à sa paroisse, par la force si nécessaire. Sur l'ordre du gouverneur, le major Abercrombie menace même de le faire escorter à Québec par les soldats. Parent finit par céder : il ira à Beaumont comme curé. Dans le but de donner une solide leçon au jeune abbé, Mgr Briand l'envoie une semaine à la Pointe-Lévy chez le curé Charles d'Youville-Dufrost, où il est admonesté au sujet de l'alcool et sur la nécessité de conserver sa pureté ! Ce qu'il faut retenir de tout ceci, c'est que le caractère opiniâtre de Pierre-Clément Parent pourrait très bien l'avoir poussé à modifier son propre témoignage ;

Côte-Nord. Il meurt à Natashquan en 1784. « Pierre-Clément Parent », http://www.toponymie.gouv.qc.ca/ct/ToposWeb/fiche.aspx?no_seq=50173.

peut-être avait-il des raisons personnelles d'en vouloir à Joseph Corriveau ou à sa fille Marie-Josephte[11] ?

Mise en accusation par Cramahé

La longue plaidoirie pour la défense de Jean-Antoine Saillant s'étant terminée sur le témoignage avorté du curé de Beaumont, c'est au tour du procureur de la Couronne d'entrer en scène. Pour Hector-Théophilus Cramahé, il n'y a aucun doute sur l'auteur du meurtre et sur son mobile : les incessantes querelles entre Joseph Corriveau et son gendre sont à l'origine du drame qui s'est produit dans le deuxième rang de Saint-Vallier[12].

Ici, une parenthèse s'impose. Bien que la question linguistique ait été mentionnée dans certaines études antérieures, il est difficile d'affirmer avec certitude dans quelle langue les deux plaidoyers ont été prononcés, particulièrement dans le cas de Jean-Antoine Saillant. Bien qu'il ne soit pas impossible que ce Français établi dans la colonie depuis 1749 ait eu quelques notions de langue anglaise, on ne peut présumer de sa compétence à plaider dans cette langue. Il est donc possible qu'il ait livré sa plaidoirie en français. Pour Cramahé, la chose est plus sûre : ce dernier voulant avant tout être compris des juges, il y a fort à parier qu'il s'est exprimé dans la langue de Shakespeare, qu'il maîtrise depuis l'enfance.

Autant le plaidoyer de Saillant a été très long, autant celui de Cramahé sera concis. Tout se passe comme si le procureur

---

11. Bonneau, *Josephte Corriveau-Dodier*, p. 67-68. Dans *La Fiancée du vent*, la romancière Monique Pariseau suggère que Parent a menti lors de son témoignage pour se venger des Corriveau, principalement de Marie-Josephte qui lui aurait causé du tort lors de son passage à Saint-Vallier. Marie-Josephte, amie avec la maîtresse de Parent, s'était permis de critiquer vertement le jeune abbé sur son comportement et ce dernier lui en avait gardé rancœur. Bien que ce type d'explication soit plausible et extrêmement divertissant (même pour les historiens !), il ne repose sur aucune preuve ou document concret.

12. Greenwood et Boissery, *Uncertain Justice*, p. 39-59.

faisait fi des objections et des arguments présentés par l'avocat de la défense... à tel point qu'il convient de se demander si le greffier, Jean-Claude Panet, n'a pas tout simplement noté uniquement les points qu'il considérait les plus importants de la plaidoirie de la poursuite, réduisant ainsi la longueur de l'allocution dans les minutes du procès[13].

D'entrée de jeu, et si étrange que cela puisse paraître, l'avocat de la poursuite précise qu'il accordera crédit aux «preuves de circonstances[14]» en soutenant que la cour saurait conclure que lesdites circonstances, mises ensemble, constituent un tout cohérent suffisant pour incriminer les accusés. S'appuyant largement sur les témoignages qui ont été présentés durant le procès, Cramahé dépeint le portrait suivant de l'incident: ivre de rage et de colère, le père Corriveau aurait assassiné Dodier alors que ce dernier souhaitait prendre le cheval qu'ils possédaient en commun afin d'aller faire moudre son blé. Corriveau se serait alors levé de bon matin le 27 janvier, puis aurait été jusqu'à l'étable pour y affronter son gendre, avant de le tuer d'un coup de fourche. Utilisant habilement les «faits» rapportés par les témoins entendus durant le procès – même si ceux-ci relataient des histoires qu'ils avaient eux-mêmes apprises d'une tierce personne –, Cramahé tente de montrer que les accusés sont, sans l'ombre d'un doute, les seuls coupables. Il n'hésite pas à présenter Joseph Corriveau et sa fille comme des individus vils, utilisant les dépositions afin de noircir leur réputation aux yeux des juges et des gens présents dans la salle[15].

---

13. Bonneau, *Josephte Corriveau-Dodier*, p. 161. Jean-Claude Panet (1719-1778), notaire, avocat et juge, fut greffier en chef du Conseil supérieur du gouverneur Murray. Il faisait partie des notables francophones que la nouvelle administration anglaise utilisait pour se faire comprendre et être comprise des Canadiens. C'est Panet qui est chargé de prendre les minutes du procès des Corriveau, en tant que greffier. Voir Bonneau, *Josephte Corriveau-Dodier*, p. 107 et André Frenière, «Jean-Claude Panet», *DBC*.

14. Bonneau, *Josephte Corriveau-Dodier*, p. 161.

15. Greenwood et Boissery, *Uncertain Justice*, p. 39-59.

Cramahé rappelle que tous concèdent, même les accusés, que la mort de Louis Dodier est le résultat d'un meurtre et non d'un accident. Il ajoute que l'existence d'une «vieille inimitié» entre Joseph Corriveau et son gendre est un fait corroboré par plusieurs témoignages, dont ceux de Claude Dion, James Abercrombie et Joseph Corriveau fils du capitaine de milice, qui ont tous relaté l'attitude violente et belliqueuse de l'accusé envers le défunt. Dion aurait même vu, le matin du 26 janvier, quelques heures avant le meurtre, le père Corriveau enguirlander vertement son gendre «en poussant le gros bout de son fouet dans le ventre». Le procureur continue dans la même veine en utilisant les témoignages du sergent Fraser, du soldat MacDonald, du fils du capitaine de milice et de Claude Dion pour démontrer que Marie-Josephte était une mauvaise femme qui n'aimait pas son mari et qui avait demandé aux soldats anglais de tabasser Dodier, qu'elle était une ivrognesse et qu'elle avait des penchants pour un autre homme[16]. Bref, Cramahé s'attache à détruire ce qui reste de la réputation des Corriveau, particulièrement de Marie-Josephte.

Le procureur de la Couronne poursuit en ramenant à la mémoire des juges que le père Corriveau avait affirmé la veille du meurtre, devant plusieurs témoins, qu'un malheur arriverait s'il n'avait pas gain de cause contre son gendre auprès du major Abercrombie. Marie-Josephte aurait fait une menace à peine voilée lors du souper du soir précédant le meurtre. Alors que Dodier demandait à son épouse de quoi se restaurer, elle lui aurait répondu «qu'il mangeait bien, mais qu'il travaillait peu et que peut-être bientôt il ne mangerait plus du tout[17]». Exaspération d'une épouse ou funeste prophétie d'une meurtrière en devenir?

S'il exploite avec emphase les rumeurs publiques afin de les présenter comme des certitudes, Hector Theophilus Cramahé n'a apparemment pas l'expérience suffisante pour orienter et guider les juges-officiers en matière de procédure criminelle: pour démontrer la culpabilité des Corriveau père et fille, le

---

16. Bonneau, *Josephte Corriveau-Dodier*, p. 162.
17. *Ibid.*, p. 163.

procureur de la Couronne, loin de s'appuyer sur des éléments pointus de la loi, se contente de relater les «faits» et d'éprouver la crédibilité et l'impartialité des témoins. Par exemple, il remet en question la parole de ceux qui ont signé le rapport de coroner en raison de leur allégeance familiale (le capitaine de milice, Jacques Corriveau, est le cousin de Joseph Corriveau) ou le fait qu'ils soient des employés de la famille[18].

Ayant entendu les témoins, le plaidoyer de l'avocat Saillant puis celui du procureur Cramahé, le jury doit prendre une décision et déterminer le sort qui sera réservé aux accusés.

Verdict des juges à l'issue du premier procès

Tout ce qui a été dit dans la salle du couvent des ursulines incline à croire que Louis Dodier, mort dans des circonstances suspectes, a bien été tué d'un coup de fourche juste avant l'aube, le 27 janvier 1763. On écarte complètement le rapport de coroner puisque le témoignage du chirurgien George Fraser a démontré que Dodier ne pouvait avoir été piétiné à mort par un cheval. Les individus ayant signé ce rapport ne sont cependant pas inquiétés ou accusés de parjure, la cour préférant mani-festement se concentrer sur les présumés meurtriers. Le samedi 9 avril, après avoir entendu un bref récapitulatif de la cause par le procureur de la Couronne, le président du tribunal, le lieutenant-colonel Roger Morris, annonce le verdict des juges.

Reconnu coupable du meurtre de son gendre Louis Dodier, Joseph Corriveau est condamné à mort. Il devra être pendu la semaine suivante, le 15 avril. Marie-Josephte, accusée de complicité, est condamnée à recevoir 60 coups de fouet et à être marquée au fer rouge de la lettre désignant les meurtriers, M, sur la main[19].

---

18. Fyson, « The *Canadiens* and the Bloody Code », p. 780.

19. *Copy of the Proceedings of a General Court Martial Held at Quebec the 15th day of April 1763, By Virtue of a Warrant from His Excellency Governor*

Première sentence de Marie-Josephte Corriveau, 9 avril 1763

The court is likewise of opinion that Marie Josephe Corriveaux his daughter, Widow Louis Helena Dodier is Guilty of knowing of the said Murder, and doth therefore adjudge her to Receive Sixty Lashes with a Cat and Nine Tails upon her bare back, at three different places viz under Gallows, upon the Market place of Quebec, and in the Parish of St Vallier, twenty Lashes at each place, and Branded in the Left hand with the Letter M.

Pour avoir changé son témoignage à plusieurs reprises au cours du procès, la pauvre Isabelle Sylvain est condamnée à recevoir 30 coups de fouet et à être marquée au fer rouge de la lettre P pour parjure. Pourquoi seulement elle, alors que plusieurs autres Valliérois ont aussi menti alors qu'ils avaient prêté serment? Voulait-on complaire à la population de Saint-Vallier en épargnant le voisinage et en préférant incriminer un autre membre de l'infortunée maison des Corriveau?

Le verdict est ensuite remis au gouverneur Murray afin qu'il le ratifie sans délai. L'ordre d'exécution, signé par Thomas Mills, major de la ville, est transmis au major Campbell: les préparatifs requis pour les châtiments de l'homme et des deux femmes se mettent en branle.

Ces sentences ne seront jamais exécutées.

Murray, dated the 14th day of the same Month, War Office Judge Advocate General Dept. Courts Martial Proceedings (W.O. 71), vol. 49, p. 213-214.

CHAPITRE 6

UN SECOND PROCÈS...
ET UNE CONDAMNATION

L ES Corriveau retournent donc en prison, où ils devront rester jusqu'à l'exécution de leur sentence respective, soit jusqu'au vendredi 15 avril 1763. Difficile de dire ce qui se passe exactement en la Redoute royale pendant ces quelques jours! Quoi qu'il en soit, la perspective d'être pendu haut et court semble donner à Joseph Corriveau l'envie de faire la paix avec son créateur. La veille de son exécution, la tradition veut qu'il ait reçu la visite du révérend père Augustin-Louis de Glapion afin de confesser ses péchés avant de mourir. Glapion, alors confesseur à l'Hôpital général de Québec[1], aurait accepté d'assumer cette charge pour les détenus de la prison : la garnison anglaise occupant pratiquement tout le collège des jésuites depuis 1759, faire appel à un membre de cette congrégation pour confesser les catholiques condamnés à mort allait pratiquement de soi[2].

---

1. Georges-Émile Giguère, s.j., « Augustin-Louis de Glapion », *Dictionnaire biographique du Canada en ligne*, 1771-1800 (volume IV), www. biographi.ca.

2. Le peu que l'on connait sur les événements s'étant déroulés entre le 9 et le 15 avril 1763 et sur l'apport du père Glapion dans l'affaire est dû au notaire, bibliothécaire et archiviste Georges-Barthélemy Faribault et à son *Mémoire relatif à Josephte Corriveau*, Archives du séminaire de Québec, polygraphie 27, n° 54. Dans ce mémoire rédigé vers 1853, Faribault prend largement appui sur la tradition orale relative à l'affaire Corriveau. Il note par exemple que Joseph s'était laissé accuser à la demande de sa fille, et aussi que la Corriveau avait fondu du

Augustin-Louis de Glapion (1719-1790)

Augustin-Louis de Glapion naît le 8 juillet 1719 à Mortagne, au Perche. En 1739, il traverse l'Atlantique afin de séjourner au collège des jésuites de Québec, où il demeure pendant sept ans. Glapion retourne ensuite en France afin de terminer ses propres études en théologie et en philosophie, qu'il parachève en 1751. Une fois ses grands vœux prononcés, il remet le cap vers la Nouvelle-France. À cette époque, le supérieur des jésuites, Jean-Baptiste de Saint-Pé, est un très vieil homme qui semble voir en Glapion son successeur le plus méritant et le plus capable. Dans la foulée de la capitulation de Montréal, Saint-Pé remet apparemment à Glapion une grande partie de ses responsabilités : d'officieuse, cette charge devient officielle en 1763, alors qu'il est nommé supérieur de cet ordre dans ce qui sera dorénavant la province de Québec. Considéré comme un homme érudit, intelligent et sensé, il est très apprécié des Canadiens et gagne le respect des Britanniques.

On raconte que, appelé à confesser Joseph Corriveau, condamné à mort pour le meurtre présumé de son gendre Louis Dodier, Glapion serait parvenu à le convaincre de dire « la vérité », une intervention qui changera dramatiquement le cours du procès des Corriveau.

Glapion meurt à Québec le 24 février 1790.

---

plomb dans l'oreille de son premier mari. Bonneau, *Josephte Corriveau-Dodier*, p. 172-174 et Lacourcière, « Le triple destin », p. 231. Il est intéressant de noter que Faribault est le petit-fils, par sa mère, d'un soldat du 78ᵉ régiment Fraser's Highlanders. Peut-être a-t-il eu accès à des informations privilégiées par la bouche de son aïeul ?

La confession de Joseph Corriveau s'avère apparemment décisive et induit une tournure imprévue aux procédures judiciaires qui sont amorcées. Non seulement il admet s'être laissé accuser et condamner pour sauver la vie de sa fille, mais il clame son innocence et, surtout, désigne Marie-Josephte comme seule responsable du meurtre de Louis Dodier! L'informant qu'en s'incriminant ainsi à tort il se trouve à commettre un homicide contre lui-même et à compromettre son ciel, le père Glapion obtient de Corriveau l'assurance qu'il avouera immédiatement son innocence et dénoncera la véritable coupable devant le tribunal, à savoir que c'est sa fille, et elle seule, qui est la responsable du meurtre de Louis Dodier.

Ces «aveux» contredisent les témoignages de la plupart des individus entendus en cour quelques jours auparavant, remettent en question l'interprétation des faits et, par le fait même, l'acte d'accusation porté par l'avocat de la Couronne, Hector Theophilus Cramahé, ce qui plonge les dirigeants dans l'embarras. Il y aurait possiblement eu une «confrontation de Joseph Corriveau avec sa fille, son épouse et la jeune Angélique Bouchard[3]» qui, toutes trois, auraient corroboré la version du vieil homme, mais le compte rendu de ces procédures n'a malheureusement pas été conservé.

Un second procès

En raison de l'ampleur des révélations de Joseph Corriveau, le gouverneur n'a d'autre choix que d'ordonner la tenue d'un second procès le jour même où devait avoir lieu l'exécution des sentences. Encore une fois, douze juges-officiers sont convoqués pour entendre la cause, dont plusieurs siégeaient lors du premier procès.

---

3. Bonneau, *Josephte Corriveau-Dodier*, p. 174.

Composition du tribunal militaire lors du procès de Marie-Josephte Corriveau, 15 avril 1763[4]

Lieutenant-colonel Roger Morris (président)
Major John Spittall
Captain Nicholas Cox
Captain Edmund Malone
Captain John Brown
Captain Hugh Cameron
Captain John Fraser
Captain Alexander Campbell
Captain William Sherriff
Captain Samuel Gardner
Captain John Carden
Captain Hugh Montgomery
Lieutenant-Captain Henry Dobson

Le vendredi 15 avril 1763, la cour martiale se réunit donc à nouveau au couvent des ursulines de Québec pour un second procès... qui sera beaucoup plus expéditif que le premier. Dans l'intervalle, on a apparemment réussi à arracher des aveux à Marie-Josephte Corriveau puisqu'elle s'avoue alors seule coupable du meurtre de son mari, ayant agi de son propre chef et sans y avoir été incitée par qui que ce soit. Elle admet avoir mis fin aux jours de Louis Dodier pendant qu'il dormait, en lui assénant plusieurs coups à la tête au moyen d'une petite hache. Elle aurait ensuite traîné le corps jusqu'à l'écurie pour tenter de faire croire à une ruade accidentelle. Elle explique son geste en

4. Le captain Jacob van Braam et le lieutenant-captain Elias Meyer, deux des juges présents lors du premier procès, sont remplacés par le captain John Carden et le captain Hugh Montgomery.

Texte du second procès ou, plus exactement, des aveux et de la condamnation de Marie-Josephte Corriveau.

Copy of the Proceedings of a General Court Martial Held at Quebec the 15th day of April 1763, By Virtue of a Warrant from His Excellency Governor Murray, dated the 14th day of the same Month. War Office Judge Advocate General Dept. Courts Martial Proceedings (W.O. 71), vol. 49, p. 213-214.

mentionnant les mauvais traitements que lui faisait subir Dodier. Marie-Josephte conclut en se disant consciente de la gravité de son crime et en demandant à la cour de lui accorder un peu de temps pour se confesser.

Le jour même, le tribunal martial déclare Marie-Josephte Corriveau coupable du meurtre de son mari, Louis Dodier. Elle est condamnée à mort. La sentence telle qu'elle a été colligée par le greffier de la cour stipule qu'elle sera pendue et que son corps sera *hanged in chains* (littéralement « suspendu enchaîné »), en conformité avec la loi anglaise, à l'endroit que le gouverneur estimera le plus approprié.

Exécution de la sentence

Du haut de mon gibet, je vois très loin. J'aperçois un fleuve immense bordé de forêts et une île devant laquelle défilent de grands voiliers. Et puis au-delà, du côté du couchant, une ville sur un cap dominée par des clochers d'églises[5].

Le lundi 18 avril 1763, soit trois jours après son second procès, Marie-Josephte Corriveau est amenée hors des murs de la ville jusqu'aux Buttes-à-Nepveu pour y subir la première partie de sa sentence : la pendaison. En principe, l'exécution aurait dû avoir lieu le surlendemain du jugement ; or, une disposition du Murder Act prévoyait que, si ce jour tombait « the Lord's Day, commonly called Sunday », l'exécution devait être reportée au lundi suivant. C'est ce qui se produit pour Marie-Josephte[6]. Comme la plupart des condamnés à mort de l'époque, elle quitte sa prison pour être conduite au lieu d'exécution dans une petite charrette découverte, offerte aux regards inquisiteurs et aux quolibets de la populace. La dimension « spectacle » est indissociable des exécutions, qui ont toujours lieu en public afin d'édifier les âmes mais aussi, il faut le reconnaître, de divertir l'assistance. Sans doute les gens de Québec sont-ils nombreux à s'être déplacés pour assister aux derniers instants de la frêle Valliéroise de 30 ans.

L'endroit choisi pour la pendaison est l'un des points les plus élevés de Québec. À proximité de ce promontoire naturel s'érige d'ailleurs un moulin à vent connu sous le nom de moulin d'Artigny. Ce secteur, que les gens du xixe siècle appelleront la « côte à Perrault », est situé sur l'actuelle colline parlementaire,

---

5. Daniel Mativat, *La maudite*, Montréal, Pierre Tisseyre, coll. « Chacal », 1999, p. 9.

6. *An act for better preventing the horrid Crime of Murder*, chap. 7, Statutes of United Kingdom, 25, George II, 1752, cité dans Lacourcière, « Le triple destin », p. 234.

Vue de Québec, capitale du Canada (détail), par Georges-Louis Le Rouge, géographe royal, 1755, où apparaît le moulin d'Artigny, sur les Buttes-à-Nepveu, soit l'emplacement où la Corriveau est pendue le 18 avril 1763. Bibliothèque du Congrès, collection Rochambeau, http://hdl.loc.gov/loc.wdl/ dlc.224. Domaine public.

à proximité du manège militaire et de la place George-V: la rue D'Artigny en rappelle la mémoire[7].

Les détails de l'exécution sont orchestrés par le major de la ville, Thomas Mills[8]. Dans la continuité des exécutions qui avaient lieu sous le Régime français, plusieurs artisans sont impliqués à l'une ou l'autre étape de la réalisation de la

---

7. C'est à l'automne de 1758 que Michel-Amable Berthelot Dartigny entre en possession de ce bien acheté par son père aux héritiers de Louis Rouer d'Artigny. Il ajouta alors Dartigny à son nom. Claude Vachon, «Michel-Amable Berthelot Dartigny», *Dictionnaire biographique du Canada en ligne*, http://www.biographi.ca; Jacques Mathieu et Eugen Kedl, *Les Plaines d'Abraham: le culte de l'idéal*, Québec, Septentrion, 1993, p. 18; James MacPherson LeMoine, *Monographies et esquisses*, Québec, Imprimerie de Jos.-G. Gingras & Cie, 1885, p. 169; Ville de Québec – Répertoire des toponymes – Fiche toponymique www. ville.quebec.qc.ca. Merci à Pierre Dubeau et Sandrina Henneghien pour leur précieux coup de main à ce sujet, ainsi qu'à Mathieu Perron pour la transmission de l'une de ces sources.

8. Yvan-M. Roy, «Le 18 avril 1763, Marie-Josephte Corriveau entre dans la légende», *La Seigneurie de Lauzon*, n° 128, p. 7.

sentence. Un charpentier est engagé pour édifier l'échafaud et la potence, un forgeron réalise le gibet de fer, un charretier a la responsabilité d'amener l'accusée jusqu'au lieu de l'exécution, puis d'autres individus acheminent le corps à l'endroit désigné pour l'exposition post mortem. C'est ainsi que, selon l'usage, une plateforme surmontée d'une potence de bois est érigée sur le lieu d'exécution, de manière à permettre à un maximum de badauds d'être témoins de la mort de Marie-Josephte Corriveau. Le bourreau qui s'occupe de la condamnée est, selon toute vraisemblance, Benjamin Gable, le seul exécuteur des hautes œuvres officiant à Québec entre 1762 et 1764[9]. Au signal convenu, il passe la corde autour du cou de la jeune femme puis, quelques instants plus tard, abaisse le levier qui fait s'ouvrir la trappe située sous les pieds de la condamnée, l'envoyant valser avec la mort. Bientôt, le corps cesse de tressauter.

Le bourreau, du Régime français au Régime anglais

Sous l'Ancien Régime, les bourreaux sont les outils de ce qu'il est convenu d'appeler la vengeance de l'État, c'est-à-dire qu'ils sont chargés de l'exécution des sentences prononcées envers les individus reconnus coupables de crimes. Ces sentences peuvent prendre la forme d'une peine capitale (sauf en de rares exceptions, c'est la pendaison qui est de mise) ou bien de sévices

9. Donald Fyson, «La violence judiciaire incarnée: bourreaux et artisans du châtiment au Québec, 1760-1871», communication prononcée lors du 65e congrès de l'Institut d'histoire de l'Amérique française à Sherbrooke le vendredi 19 octobre 2012. Selon Fyson, bien qu'on entende souvent le nom de John Fleeming, il est très improbable que ce dernier se soit chargé de la Corriveau.

corporels punitifs mais non mortels tels que le fouet, la mise au pilori ou le marquage au fer rouge.

À l'époque de la Nouvelle-France, les bourreaux sont des officiers de justice, rémunérés, nommés d'ordinaire pour plusieurs années. Il s'agit généralement d'anciens criminels qui ont vu leur peine de mort se commuer en service public pour l'État; en d'autres termes, ils purgent leur peine en devenant bourreaux. En raison de leur fonction et de leurs origines criminelles, ils sont mis à l'écart de la société et cet ostracisme s'étend aussi à leur famille. Ce sont, essentiellement, des marginaux, parfois de père en fils.

Après 1760, la fonction de bourreau s'inscrira en relative continuité de ce qui existait sous le Régime français. Il s'agira encore d'individus en marge de la société, mais rares seront les Canadiens qui rempliront cet office, selon les recherches récentes de Donald Fyson: ce seront plutôt des Anglais ou des personnes de race noire. Peu d'entre eux assureront longtemps cet office, comparativement à la période précédente où les bourreaux pouvaient exercer leur triste besogne pendant de nombreuses années.

Lors des événements du printemps 1763, c'est un certain Benjamin Gable qui est bourreau à Québec. Il s'agit d'ailleurs du premier bourreau connu du Régime anglais. Selon toute vraisemblance, ce serait lui qui aurait mené Marie-Josephte Corriveau à la mort[10].

Conformément à la sentence ratifiée par le lieutenant-colonel Roger Morris, le corps sans vie de Marie-Josephte

---

10. Donald Fyson, notes tirées de la communication présentée au congrès annuel de l'Institut d'histoire de l'Amérique française à Sherbrooke en octobre 2012, puis à l'Université catholique de Louvain en février 2013.

Corriveau est retiré de la potence pour être enserré dans un assemblage de fer en vue d'être exposé publiquement. Afin que le cadavre reste bien en place, on s'assure d'ajuster étroitement le dispositif, aussi les bandes métalliques encerclant les membres sont-elles rivetées à même la défunte. Cette « cage » sur mesure est confectionnée par le forgeron anglais Richard Dee pour la somme de 5 livres, comme en témoigne le registre des dépenses du gouverneur James Murray[11]. Ce tarif est conforme à ce qui est en vigueur à la même époque en Angleterre.

Le lendemain ou surlendemain, la sinistre dépouille bardée de fer est acheminée jusqu'au quai de Québec (vraisemblablement au Cul-de-Sac ou à la pointe à Carcy) afin de traverser le fleuve. La destination ? Non pas le lieu du crime, qui aurait normalement dû accueillir le gibet en vertu des usages judiciaires britanniques, mais plutôt la Pointe-Lévy.

Le gouverneur Murray avait en effet commandé au capitaine de milice de la Pointe-Lévy, Baptiste Carrier, de faire édifier la potence destinée à accueillir la Corriveau encagée. L'ordre, dicté le 18 avril 1763, se lit comme suit : « Immédiatement le présent ordre à vous remis, vous commanderez des habitants de votre Compagnie et vous leur ferez équarrir grossièrement deux arbres de la hauteur de onze à douze pieds pour faire une potence ou fourche patibulaire, vous y ferez

---

11. Cela revient à un peu moins de 20 $ au cours d'aujourd'hui.

mettre au-dessus une traverse, laquelle doit être posée solidement, avec une échelle de treize pieds au moins de haut, et que vous ferez planter dans l'éminence et le lieu le plus apparent, afin que tous les allants et venants puissent la voir. » Murray prend soin d'ajouter que « S'il y a quelqu'un qui soit refusant de satisfaire au présent ordre, vous les nommerez au Secrétariat et ils seront punis[12]. » Bien que cette information ne soit pas connue, on peut supposer que l'ordre est exécuté dans les meilleurs délais, vraisemblablement le jour suivant.

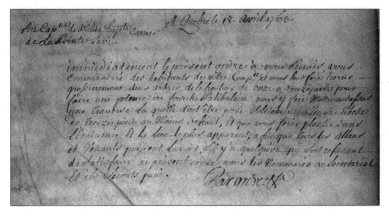

Ordre de construire la potence, 18 avril 1763.
Ordonnances, ordres, reglemens et proclamations durant le gouvernement militaire en Canada, du 28ᵉ oct. 1760 au 28ᵉ juillet 1764. Calypso, Collection d'objets numériques des bibliothèques de l'Université de Montréal.

Après être descendu de la barque et avoir rejoint le capitaine de milice de cette paroisse, le triste cortège se rend sur le chemin du Roy : c'est approximativement à l'intersection des chemins reliant les villages de Lauzon et de Bienville, sur un petit cap, qu'est dressée la potence où l'on suspend le cadavre

---

12. Ordre de construire la potence, 18 avril 1763. Ordonnances, reglemens et proclamations durant le gouvernement militaire en Canada, du 28ᵉ oct. 1760 au 28ᵉ juillet 1764 [Textes réglementaires du Gouverneur Murray numérisés sur Calypso], Collection d'objets numériques des bibliothèques de l'Université de Montréal.

encagé de Marie-Josephte Corriveau. Cette séquence de la sentence est coordonnée par le colonel Archibald Campbell[13].

Punir durement l'homicide

Si impressionnante soit-elle, cette sentence d'encagement est-elle pour autant extraordinaire ou inhabituelle aux yeux des habitants de la vallée du Saint-Laurent? Pour bien comprendre les répercussions de ce châtiment en 1763 – et possiblement son retentissement dans la mémoire collective –, il est nécessaire de remonter quelques décennies plus tôt.

Assurément, le fait que Marie-Josephte Corriveau soit trouvée coupable de meurtre est un facteur central pour expliquer le caractère exemplaire de la peine. Pendant le Régime français, l'homicide est un crime répertorié à quelques reprises dans la vallée du Saint-Laurent. Sur les quelque 1 000 accusés relevés dans les registres de la Nouvelle-France, à peine une cinquantaine de personnes ont été traduites en justice pour ce motif, soit une proportion semblable à celle qui est notée en France à la même époque. Selon les registres de la colonie, la plupart de ces homicides sont apparemment commis sans préméditation: les assassinats véritablement délibérés sont

---

13. Ce qui correspond aujourd'hui au coin de la rue Saint-Joseph et du boulevard de l'Entente, dans l'agglomération urbaine de Lévis. Roy, «Le 18 avril 1763, Marie-Josephte Corriveau entre dans la légende», p. 7. Il est à noter que l'emplacement exact de la cage demeure ambigu: plusieurs indices tendent vers la «fourche des chemins» située entre la rue Saint-Joseph et le boulevard de l'Entente. Cela correspond assez bien aux informations perpétuées par la tradition orale, à savoir que ce lieu était situé à environ douze arpents de l'église Saint-Joseph. D'autres descriptions incitent plutôt à penser que les «quatre chemins» réfèrent plutôt au secteur des rues Mont-Marie et Saint-Georges. Ces deux emplacements sont plausibles et situés à proximité de la voie la plus passante de cette région, le chemin du Roy. Pierre-Georges Roy, *Histoire de la seigneurie de Lauzon, troisième volume*, Lévis, chez l'auteur, 1900, p. 8; Vincent Couture, «L'emplacement de la cage (ou gibet) de La Corriveau», *La Seigneurie de Lauzon*, n° 128, 2013, p. 16.

plus rares. Avec le Régime anglais, c'est la manière de réprimer le crime en général, et l'homicide en particulier, qui connaît la plus importante mutation. En effet, la peine capitale est assez peu appliquée au Québec sous l'administration française : entre 1712 et 1748, on compte environ 1,1 exécution pour 100 000 personnes par année. Pendant le régime militaire, le taux annuel d'exécutions pour des crimes civils atteindra 4 pour 100 000[14].

Qu'est-ce qui peut expliquer cette exceptionnelle sévérité de l'armée britannique entre 1759 et 1763 ? Il y a, bien sûr, la nécessité d'imposer son pouvoir de manière non équivoque dans la colonie nouvellement conquise. Cette sévérité s'exerce d'ailleurs dans ses propres rangs, puisque les individus condamnés à mort pendant cette période de transition sont principalement des soldats britanniques accusés de vol et de meurtre. En mars 1761, Saint-Paul, un ancien soldat de l'armée française reconnu coupable de quadruple meurtre, reçoit d'ailleurs une sentence assez similaire à celle de la Corriveau, à savoir : « to be hanged by the Neck, near the City of Montreal Until his Body be dead. After which his Body to be Carried from the place of Execution, to the most Convenient Place near the place where this Horrid Crime was Committed, and they to be Hung In Iron on a Jibbet, in the same manner as practiced in England, Until his Bones shall drop asunder, as a Terror to all evil minded People. » Assurément, le dispositif « terrorisant » fonctionne... au point que cet encagé passera lui aussi à la légende, sous le nom de « l'hôte à Valiquet[15] »... Mais,

---

14. Les statistiques pour la Nouvelle-France ont été calculées à partir de Lachance, *La justice criminelle*, p. 107. Celles pour la période immédiatement après la Conquête proviennent d'un travail en cours de l'historien de la justice Donald Fyson. Comme le fait remarquer ce dernier, le taux d'exécution de la dernière décennie du Régime français est probablement plus élevé, mais aucune analyse n'a encore été réalisée pour cette période. Fyson, « The *Canadiens* and the Bloody Code », p. 786.

15. Édouard-Zotique Massicotte, « Les pendus encagés », *Bulletin des recherches historiques*, vol. XXXVII, n° 7 (1931), p. 427-432.

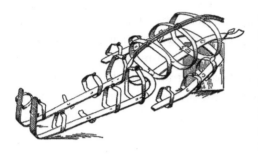

Gibet de fer utilisé pour enfermer le corps d'Edward Miles, condamné pour vol et meurtre en 1791, conservé au Warrington Museum. La partie servant à enserrer la tête est manquante.

Illustration reproduite à partir d'un dessin figurant dans Madeley, *Some Obsolete Modes of Punishment*, reprise dans William Andrews, *Bygone Punishments*, London, William Andrew & Co., 1899, p. 67, version numérique sur www.gutenberg.org.

pour revenir à la peine d'encagement en elle-même, il y a aussi une raison plus structurelle à l'attitude impitoyable des Anglais envers la criminalité.

Aux prises avec une augmentation du nombre de crimes entre les années 1660 et 1750, la Couronne britannique a en effet décidé d'adopter des mesures musclées visant à dissuader les criminels. On n'hésite pas à pendre pour vol, même si le larcin vaut à peine 5 shillings. En fait, quelque deux cents délits sont passibles de la peine de mort! L'ensemble de ces dispositions particulièrement sévères entrera dans l'histoire sous le nom de *Bloody Code*. C'est dans cette foulée qu'est adopté le Murder Act en 1752. Cette disposition pénale, passée « for better preventing the horrid crime of murder », vise à créer une forte impression sur le public en infligeant des peines exemplaires – voire terrifiantes – et infamantes aux assassins. Il faut dire que le nombre d'homicides en Angleterre était passé du simple au triple en moins d'un siècle : les autorités veulent donc marquer le coup et tenter de décourager les éventuels assassins[16]. Le Murder Act prévoit aussi que l'exécution des meurtriers ait lieu deux jours après leur condamnation à mort.

---

16. Dans les faits, pourtant, les pendaisons ne sont pas si nombreuses en Angleterre après l'adoption des diverses lois composant le *Bloody Code*... Les

Là où la chose devient intéressante, c'est que le Murder Act interdit formellement que le corps d'un individu exécuté pour meurtre soit remis à ses proches. L'homicide étant considéré comme un crime particulièrement haineux, le gouvernement britannique veut priver les meurtriers de funérailles et d'une inhumation chrétienne. On préconise plutôt la dissection publique ou la suspension au gibet, afin que l'infamie suive les assassins jusque dans la mort. Le *gibbeting*, qui existait déjà depuis des siècles, se trouve donc à être formellement légalisé en 1752. Du point de vue du prisonnier, être mis au gibet représente une punition additionnelle très grave puisqu'elle s'étend à l'au-delà : en effet, on croit fermement qu'il est impossible à l'âme d'accéder au paradis si le corps ne fait pas l'objet d'une cérémonie religieuse[17]. La décision finale (gibet ou dissection) est cependant laissée à la discrétion des juges.

Mais d'où vient cette lugubre pratique ?

L'exposition au gibet

L'exposition post mortem au gibet, le plus souvent à proximité d'un lieu passant et bien à la vue – par exemple un pont, une croisée de chemins ou colline –, est une coutume très ancienne en Europe. Ce mot vient de l'arabe *gibel* qui signifie montagne ou élévation, précisément parce que ces structures sont souvent dressées sur des hauteurs afin d'être plus en vue[18]. Servant en quelque sorte d'avertissement aux criminels poten-

---

jurys n'aiment pas particulièrement envoyer les petits criminels à la potence, aussi les accusés parviennent-ils assez fréquemment à éviter la peine de mort, pourtant prévue par la loi, surtout dans les cas de vol. Il n'est pas rare qu'on les laisse plutôt se « réformer » en joignant les rangs de la marine ou de l'armée. Voir notamment Greenwood et Boissery, *Uncertain Justice*, p. 39-59.

17. « The history of judicial hanging in Britain 1735-1964 », dans *Capital Punishment U.K.*, http://www.capitalpunishmentuk.org/hanging1.html, page consultée le 22 septembre 2012.

18. « Gibet », dans Diderot et d'Alembert, *Encyclopédie*, http://artflx.uchicago.edu.

Construit de pierre et utilisé du XIIIe au XVIIe siècle,
le gibet de Montfaucon, à Paris, pouvait accueillir jusqu'à cinquante corps
simultanément. Il servait à manifester sans équivoque le pouvoir de la
justice royale. Victor Hugo évoque ainsi le gibet de Montfaucon dans
Notre-Dame de Paris : « C'était un horrible profil sur le ciel que celui de ce
monument ; la nuit surtout, quand il y avait un peu de lune sur ces crânes
blancs, ou quand la bise du soir froissait chaînes et squelettes et remuait
tout cela dans l'ombre. Il suffisait de ce gibet présent là pour faire de tous
les environs des lieux sinistres. »

Illustration de S. Mouard parue dans Eugène Viollet-le-Duc, *Dictionnaire
raisonné de l'architecture française du XIe au XVIe siècle*, article « Fourches
patibulaires », 1856. Domaine public.

tiels, cette pratique se voulait un moyen de dissuasion en
même temps qu'une démonstration spectaculaire de la justice.
On l'employait plus généralement pour les meurtriers, les
pirates et les voleurs. Évidemment, outre la vision répugnante
du cadavre en décomposition, les odeurs pestilentielles

finissaient par incommoder fortement le voisinage. Après le délai imposé par le tribunal, ou alors lorsqu'il ne restait plus que des ossements, le gibet était détaché et on disposait des restes du défunt.

La mise au gibet était connue en France depuis des siècles, mais elle semble avoir été réservée à des crimes bien particuliers – souvent de nature politique – et, surtout, avoir été en usage presque exclusivement à Paris, siège du pouvoir royal. En effet, il pouvait s'avérer utile d'exhiber de manière spectaculaire les individus condamnés pour infâmie, traîtrise et, surtout, crime de lèse-majesté. Si l'on a abondamment pratiqué la mise au gibet au Moyen Âge, cet usage tombe en relative désuétude dans le monde français à partir du XVIIe siècle. Il est raisonnable de croire que bien peu de Français contemporains de la Corriveau en ont été témoins.

L'exposition des cadavres en Nouvelle-France

Sous le Régime français, le corps des criminels condamnés à la pendaison était fréquemment « jeté à la voirie par l'exécuteur de la haute justice », selon l'expression utilisée dans les registres. Certains faisaient cependant l'objet d'une courte exposition publique après l'exécution. Par exemple, à Montréal en 1718, trois individus reconnus coupables de faux-monnayage sont condamnés à « être pendus et étranglés jusqu'à ce que mort s'ensuive à une potence qui pour cet effet sera dressée en la place d'Armes de cette ville. Leurs corps morts y demeurant vingt-quatre heures ». Dans la même ville, en 1752, Jean-Baptiste Goyer dit Belisle, trouvé coupable de double meurtre et vol, est condamné au supplice de la roue, puis son corps est suspendu à un arbre à mi-chemin entre son domicile et celui de ses victimes, où il est laissé pendant quelques jours. On finit par le détacher puis le jeter dans une carrière abandonnée. La rumeur populaire veut que les habitants de la côte Saint-Antoine aient longtemps évité de s'aventurer sur ce chemin la nuit tombée[19]. L'exposition post mortem semble plus systématique dans le cas des suicidés : puisque « l'homicide contre soi-même » était proscrit par les lois criminelles françaises, le cadavre était fréquemment condamné à être attaché à une « claie d'infamie » pour être traîné à travers la ville « face contre terre », puis suspendu à l'envers sur une potence, où on le laissait exposé pendant une journée[20]. La mise au gibet proprement dite, le corps seul ou avec armature de métal, n'a pas été pratiquée en Nouvelle-France.

Dans le monde britannique, le *gibbeting* devient, au contraire, d'usage courant au cours des XVIIe et XVIIIe siècles. La procédure habituelle consiste à pendre le condamné par le cou jusqu'à ce qu'il trépasse, après quoi on retire le corps de la potence afin de le dénuder et de l'enduire de poix ou de

---

19. Rapporté par André Lachance, *Juger et punir en Nouvelle-France. Chroniques de la vie quotidienne au XVIIIe siècle*, Montréal, Libre Expression, 2000, p. 146-147 et 168.

20. Par exemple, Marie-Anne Sigouin, jugée et trouvée coupable d'infanticide en 1732, est condamnée à être pendue sur la place de la basse-ville de Québec, à la suite de quoi le bourreau disposera du corps en le jetant à la voirie. Les individus qui s'enlèvent la vie connaissent un sort différent. Ainsi, les cadavres de Marie-Anne Magnan dite Lespérance, qui se suicide dans sa cellule de prison en 1730, et Jean-Baptiste Dupuy, qui se pend à un arbre en 1735, sont condamnés à être traînés à travers la ville « la tête en bas et la face contre terre » puis suspendus par les pieds à une potence pendant 24 heures. BANQ, Registre criminel de la prévôté de Québec, 15 mai 1730; Conseil Supérieur de Québec, 7 mai 1732; Registre criminel, Conseil supérieur, 21 mai 1735 : ces cas sont cités par Lachance, *Juger et punir en Nouvelle-France*, p. 21 et 120-123.

goudron. Un forgeron est ensuite astreint à la désagréable tâche de placer le corps dans une structure de fer épousant la tête, le torse et les jambes, parfois aussi les bras. Enfin, le corps ainsi encagé est suspendu à la même potence ou bien à un gibet érigé spécialement pour l'occasion. Notons qu'il existe une certaine confusion dans les termes, le vocable «gibet» pouvant signifier à la fois la structure métallique enfermant le corps et la structure de bois servant à accrocher le tout.

Le cadavre encagé demeure exposé pendant un temps très variable. Les actes de condamnation, plutôt vagues, précisent parfois «jusqu'à ce que le corps pourrisse[21]». Dans certains cas extrêmes, et pour des motifs qui demeurent obscurs, il est laissé littéralement à l'abandon: citons par exemple le cas de John Breads, exécuté et suspendu au gibet pour homicide dans la petite ville anglaise de St. Mary en 1742. Le corps de ce meurtrier restera exposé pendant plusieurs années... intervalle pendant lequel des ossements et des lambeaux de chair racornis seront discrètement subtilisés par diverses personnes, à des fins médicinales ou magiques[22]! Le cas le plus extrême est peut-être celui de Spence Broughton, qui fut condamné et exécuté en 1792. Le corps de cet Anglais est «hung in chains, on a Gibbet» près d'une route passante... où il restera pendant 35 ans[23]. La mise au gibet sera aussi implantée ailleurs dans l'empire britannique, notamment en Nouvelle-Écosse: jusqu'en 1809, le port d'Halifax exhibera des corps de marins condamnés pour mutinerie à être «pendus dans les chaînes[24]». Notons que la dernière condamnation au *gibetting* en Angleterre a eu lieu à Leicester en 1832 lorsque James Cook, meurtrier de 31 ans, a le macabre honneur de devenir le dernier homme à subir ce triste sort.

---

21. La formule trouvée dans les documents judiciaires britanniques indique que le meurtrier est condamné «to stay on the gallowlee till his corpse rot».

22. http://www.ryetowncouncil.gov.uk/whatwedotownhall.aspx.

23. Clara Morgan, «Sheffield's Horrible History», blogue du Museums Sheffield, www.museums-sheffield.org.uk, page consultée le 19 octobre 2012.

24. Roy, «Le 18 avril 1763, Marie-Josephte Corriveau entre dans la légende», p. 8.

L'exposition *post mortem* dans un gibet de fer devait servir d'avertissement aux criminels. Ce lugubre dispositif a longtemps fait partie du paysage des campagnes anglaises.

« Hanged Man », gravure parue dans Thomas Bewick, *A History of British Birds*, vol. I, Newcastle, J. Blackwell and Company, 1847, p. 71.

Deux ans plus tard, le 25 juillet 1834, une loi du Parlement anglais abolira cette pratique[25].

Une chose est sûre: la décision de placer le corps de la Corriveau dans une cage de fer démontre aux nouveaux sujets du roi d'Angleterre que ce sont bel et bien les Britanniques qui gouvernent dans la vallée du Saint-Laurent… et qu'ils n'ont pas l'intention de faire preuve de mollesse[26].

Deux poids, deux mesures ?

La mise au gibet – a fortiori dans une cage – est donc une peine inhabituelle et spectaculaire. Elle est plus fréquemment appliquée aux hommes qu'aux femmes, toutes proportions gardées, et vise à punir les crimes les plus « dangereux » pour l'ordre social. On peut donc s'étonner que celui qui a été supposément commis par une modeste paysanne de Saint-Vallier ait été jugé suffisamment grave pour mériter une telle punition !

25. *An Act to abolish the Practice of Hanging the Bodies of Criminals in Chains*, chap. 26, Statutes United Kingdom, 4 et 5, 1834, cité dans Lacourcière, « Le triple destin », p. 238.

26. Greenwood et Boissery, *Uncertain Justice*, p. 39-59.

À cet effet, un élément troublant mérite d'être soulevé. Lorsque l'on s'attarde aux sentences prononcées dans le premier et le second procès, un détail saute aux yeux : pour le même homicide, celui de Louis Dodier, deux sentences fort différentes sont émises par la cour. Le 9 avril 1763, lorsque Joseph Corriveau est trouvé coupable du meurtre de son gendre, sa sentence stipule qu'il sera « hanged » – pendu, sans plus de cérémonies. Le 15 avril, lorsque l'on reconnaît plutôt à Marie-Josephte Corriveau la culpabilité de ce crime, l'acte de condamnation prévoit qu'elle sera « hanged in chains ». Qu'est-ce qui explique le fait que cette punition infamante, qui n'avait pas été prévue pour le père, soit appliquée à la fille ?

L'explication réside peut-être dans le code judiciaire en vigueur dans le monde britannique. En vertu du droit anglais, si l'on suppose que Marie-Josephte Corriveau a bel et bien tué Louis Dodier, elle s'est rendue coupable non seulement de meurtre, mais aussi du crime de petite trahison. On définit ainsi l'assassinat d'un homme par un individu qui lui est subordonné, par exemple « lorsqu'un valet tue son maître, une femme son mari, un clerc son prélat, un sujet son seigneur ». Il est prévu que ces crimes soient punis par la mise au gibet : le corps de l'assassin est donc suspendu « avec des chaînes au lieu où il a commis le meurtre, pour servir de pâture aux oiseaux de proie[27] ». Bien sûr, Marie-Josephte est traduite devant une cour martiale et non pas un tribunal usuel, mais, si les officiers britanniques qui font office de juges ne sont pas tenus de suivre à la lettre le code criminel anglais, ils s'en inspirent de toute évidence.

À travers cette peine, n'est-ce pas une forme de patriarcat sauvage que l'on souhaite affirmer ? Force est d'admettre que la justice, à travers l'histoire, a toujours montré une grande sévérité envers les femmes maricides. Quel que soit le motif présidant à l'acte, ce type particulier de meurtre est considéré

---

27. Boucher d'Argis, « Droit anglais », dans Diderot et d'Alembert, *Encyclopédie*, http://artflx.uchicago.edu.

comme particulièrement abominable. Lors de son second procès, Marie-Josephte Corriveau prétend avoir agi pour se défaire d'un mari qui la maltraitait. La violence conjugale exercée à l'encontre des épouses est un phénomène qui se retrouve malheureusement dans la majorité des époques et des cultures ; s'affranchir du joug d'un mari violent par le meurtre n'est pas considéré comme de la légitime défense selon la loi en vigueur au xviiie siècle[28]. La sentence de la Valliéroise vient possiblement appuyer ce cadre normatif où l'épouse doit, en toutes circonstances, se soumettre à l'autorité maritale, fut-elle violente.

À la lumière de ces dernières informations, il est justifié de se demander quel aurait été le destin de Marie-Josephte si elle avait été jugée par un tribunal civil au lieu d'une cour martiale. Sans affirmer qu'il aurait été plus clément ou plus sévère, le sort de Marie-Josephte Corriveau aurait sans nul doute été très différent. En vertu de l'ancien code britannique, les épouses maricides sont brûlées vives. Cette peine perdure jusqu'au xviiie siècle, moment où les mœurs touchant les exécutions publiques évoluent suffisamment pour permettre au bourreau d'étouffer la condamnée avant de l'envoyer sur le bûcher[29]. On peut en conclure que, si Marie-Josephte avait été jugée par une cour civile anglaise, elle aurait très certainement été étranglée, puis mise au bûcher. Et il n'aurait jamais été question de sa fameuse cage !

Tomber dans l'oubli

Le cadavre de Marie-Josephte reste exposé au gibet pendant environ cinq semaines. Ce n'est que le 25 mai 1763 qu'un ordre de James Murray permet enfin de retirer le dispositif de fer et

28. Annette Burfoot et Susan Lord (dir.), *Killing Women: The Visual Culture of Gender and Violence*, Waterloo, Wilfrid Laurier University Press, 2006, p. 28-29.

29. Greenwood et Boissery, *Uncertain Justice*, p. 39-59.

**Ordre du gouverneur James Murray de retirer
le gibet de la Corriveau, 25 mai 1763.**
Cahier des « Ordonnances, ordres, reglemens et proclamations durant le
gouvernement militaire en Canada, du 28ᵉ oct. 1760 au 28ᵉ juillet 1764 »,
Calypso – collection d'objets numériques, Université de Montréal. Page
consultée le 3 octobre 2012.

son triste contenu. Dans sa missive adressée au capitaine de
milice de la Pointe-Lévy, le gouverneur autorise les habitants à
enlever le corps et à l'inhumer « où bon [leur] semblera ». Fait
intéressant, Murray précise aussi que ce geste vise à « mieux
engager les habitants à faire leur devoir » : il les enjoint d'ailleurs
à « oublier tout le passé[30] ». Quelle signification faut-il y voir ?

Les dernières années ont été très difficiles pour les habitants de la Côte-du-Sud. En 1759, baptisée de triste mémoire
« l'année des Anglais », de nombreux villages ont été particulièrement touchés par les attaques des troupes britanniques.

---

30. Écrite en français, celle-ci se lit de comme suit : « La paix étant faite, et
le *païs* restant à Sa Majesté Britannique, Son Excellence pour mieux engager les
habitants à faire leur devoir cherche à leur témoigner ses bienveillances et la
douceur du Gouvernement ; c'est pourquoi, oubliant tout le passé, et voulant
faire plaisir à ce Gouvernement en général et aux habitants de votre paroisse en
particulier , il vous permet par la présente d'ôter le corps de la veuve Dodier de
la potence où elle prend à présent, et de l'enterrer où bon vous semblera. »

Bâtiments brûlés, bétail tué ou confisqué, plusieurs morts... et, maintenant, voici que l'une des fermières de cette région pourrit, enfermée dans une « cage », à une croisée des chemins. Tous les ingrédients sont en place pour qu'une franche rancune s'installe envers le nouveau maître anglais, ce que souhaitent éviter les autorités britanniques, Murray au premier chef. L'adoption du traité de Paris le 10 février 1763 – et dont on vient à peine de recevoir la nouvelle dans la colonie, en ce printemps tourmenté – offre au gouverneur de Québec une occasion d'apaiser les mœurs : Murray décide d'accorder la permission au capitaine de milice de la Pointe-Lévy de décrocher la cage pour marquer la fin des hostilités[31], espérant éviter la grogne populaire et de potentielles révoltes. Un tel geste n'est pas étonnant. Lorsqu'un conquérant décide de faire preuve de clémence envers les vaincus, il arrive souvent qu'il amnistie un certain nombre de prisonniers, tentant ainsi de s'attirer la sympathie de la population en se montrant sous un meilleur jour. N'oublions pas que, si cinq semaines d'exposition publique peuvent paraître considérables, cette durée est plutôt courte selon les standards britanniques de l'époque, quand on sait qu'il y eut des condamnés qui demeurèrent exposés au gibet pendant des décennies !

Dans l'esprit du commun des Britanniques, il s'agissait réellement de clémence, d'autant plus que le gouverneur, du même coup, octroie à la communauté la permission d'enterrer le corps de Marie-Josephte Corriveau « où bon vous semblera ». Habituellement, le corps d'une personne encagée n'est pas rendu à la famille ou à la population, pour bien marquer l'odieux de son crime et entacher sa mémoire. Bref, en donnant l'autorisation de décrocher la cage de la Corriveau puis de la porter en terre, James Murray fait preuve de magnanimité et conforte la politique de conciliation qu'il veut mettre en place avec le peuple canadien.

---

31. Trudel, *Histoire de la Nouvelle-France*, p. 179.

La dépouille de Marie-Josephte Corriveau, toujours encagée, est donc retirée puis enterrée à proximité de l'église de Saint-Joseph de la Pointe-Lévy, très probablement le long du mur d'enceinte du cimetière, à l'endroit où l'on inhumait d'ordinaire les suppliciés et les noyés inconnus. Puisque l'ordre de retirer le corps lui était adressé, c'est le capitaine de milice de la Pointe-Lévy, Jean-Baptiste Carrier, qui se charge vraisemblablement de la sinistre besogne avec quelques-uns de ses hommes[32]. Procède-t-il avec discrétion pour ne pas heurter encore davantage les sensibilités des habitants? Il est permis de le croire, d'autant plus que la dépouille de la malheureuse, morte en disgrâce, ne fait apparemment l'objet d'aucune cérémonie religieuse, ni à la Pointe-Lévy, ni dans sa paroisse natale: les registres sont totalement muets à son sujet. On ne sait donc pas si la Corriveau fut effectivement ensevelie dès le 25 mai ou si quelques jours – voire quelques semaines – s'écoulèrent encore. La mémoire populaire ne conservera par conséquent aucun souvenir de cette inhumation effectuée en catimini. Quelques années plus tard, le gibet de la Corriveau passera pour avoir été enlevé par le Diable lui-même et entraîné avec son horrible contenu dans les profondeurs infernales!

La vie continue... pour les autres

La roue de la vie a cessé de tourner pour Marie-Josephte. Mais qu'en est-il de ses proches?

Toutes les accusations qui pesaient contre son père seront levées, ainsi que celles qui ont été portées contre Isabelle Sylvain, que l'on avait accusée de parjure une semaine auparavant. Le mardi 19 avril 1763, Joseph Corriveau et Isabelle Sylvain reçoivent un certificat d'innocence, rédigé en français par le gouverneur Murray, formulé ainsi:

---

32. Trudel, *Histoire de la Nouvelle-France*, p. 98.

Le porteur de la présente Joseph Corriveau, habitant de votre paroisse, s'étant pleinement justifié de l'homicide pour lequel il avait été condamné à mort, est renvoyé absous. Son Excellence et tout le public le reconnaissant parfaitement innocent du crime qui lui avait été imputé. Son Excellence, ayant aussi reconnu que Isabelle Sylvain condamnée à être punie du fouet pour parjure a plus péché par imbécilité que par mauvaise volonté, lui donne son pardon. Son Excellence défend absolument à toute personne en aucune manière de faire des reproches audit Joseph Corriveau et à ladite Isabelle Sylvain au sujet des faits pour lesquels ils ont été jugés, ou au sujet du crime commis par la veuve Dodier ; il punira avec la dernière rigueur ceux qui seraient dans le cas de contrevenir à cette défense. Et afin que personne n'en prétende ignorance, vous publierez la présente à la porte de l'Église trois dimanches consécutifs à l'issue de la grand'messe.

Par ordre de son Excellence James Murray

Au capitaine de milice de la Pointe-Lévy[33]

Il est à préciser que le pardon accordé à Joseph Corriveau recevra la sanction royale de George III le 8 août suivant. Bien sûr, en principe, un gouverneur britannique détient le pouvoir d'accorder le pardon au nom du roi d'Angleterre : sa décision est arbitraire et sans équivoque[34]. Rappelons que ces événe-

---

33. Archives du Séminaire de Québec, fonds Verreau, 42, nᵒ 11, rapporté dans Lacourcière, « Le triple destin », p. 232.

34. Contrairement au système qui prévalait pendant le Régime français, il n'existe pas de procédure d'appel pour les causes jugées devant jury dans le système judiciaire britannique. La seule manière pour un condamné d'échapper à son sort est de demander le pardon. Cette prérogative royale anglaise s'apparente à la lettre de grâce qui existe du côté français. Il s'agit d'une procédure d'urgence, effectuée de manière privée et hors cour par le prisonnier lui-même ou l'un de ses proches, et qui ne peut être entreprise que lorsque la sentence a été prononcée. Le pardon peut être inconditionnel – le condamné est alors absous – ou conditionnel, si la peine capitale est commuée en emprisonnement, bannissement ou déportation. Entre 1777 et 1789, à peine vingt-cinq des cinquante-deux individus destinés à périr sur l'échafaud s'y sont effectivement

ments se déroulent cependant dans le contexte d'un gouvernement militaire et non d'un gouvernement civil : un tel acte de mansuétude envers un condamné à mort (même condamné par erreur) ne pouvait être octroyé que par un représentant légitime du roi. James Murray a apparemment outrepassé ses privilèges en graciant Joseph Corriveau sans le consentement royal. Il s'attirera d'ailleurs le blâme du secrétaire d'État britannique Charles Wyndham… ce à quoi il répondra que la cour et lui-même étaient animés des meilleures intentions et qu'ils ne connaissaient pas l'étendue exacte de leur champ de compétence[35].

Murray devra aussi s'expliquer sur le fait d'avoir recouru à un tribunal militaire pour juger des civils, simples fermiers de Saint-Vallier. Il se défendra en rappelant à ses supérieurs qu'il y a eu des précédents à Montréal sous la gouvernance du général Thomas Gage et que ce dernier avait approuvé des sentences de pendaison pour des civils, s'étonnant même que Gage n'ait pas évoqué ces cas dans sa correspondance avec Londres. Le gouverneur de Québec conclura en écrivant qu'à présent que le pays appartient aux Britanniques et que des tribunaux civils seront mis en place, « il ne sera plus responsable des erreurs qui pourraient survenir[36] ». Mais, quels que soient les ennuis essuyés par le gouverneur, ils n'ont évidemment aucune commune mesure avec les tourments infligés à Marie-Josephte Corriveau et les répercussions sur sa famille, particulièrement sur sa progéniture.

À la suite de toute cette affaire, ses enfants Françoise, Angélique et Charles seront pris en charge par leur grand-père Joseph qui, totalement blanchi des accusations qui avaient pesé contre lui dans cette affaire, agira en tant que tuteur jusqu'à leur majorité. Quelques mois plus tard, Joseph Corriveau

---

rendus, les autres ayant bénéficié de la clémence royale. Fyson, « The *Canadiens* and the Bloody Code », p. 786.

35. Luc Lacourcière, « Présence de la Corriveau », *Les Cahiers des Dix*, n° 38, 1973, p. 230.

36. *Ibid.*, p. 231.

héritera d'ailleurs des biens du ménage Corriveau-Dodier, en sa qualité de tuteur des héritiers de Marie-Josephte. L'ordre, signé par le secrétaire particulier de Murray, précise que «Me Lévesque notaire rendra compte au Sr Corriveau de la vente des effets contenus en son procès-verbal de vente du deux février 1763, après le décès de Dodier, soit en argent ou comptes certifiés de ceux qui doivent. Et faute de ce faire il sera assigné au Conseil pour rendre compte à la cour. Ci-devant à Québec le 29 septembre 1763. H.T. Cramahé, sec.» La somme touchée par Corriveau pour ses petits-enfants s'élève, une fois les frais retranchés, à 1 440 livres, 2 sols et 6 deniers[37]. Joseph Corriveau vivra jusqu'à 86 ans: il s'éteint à Saint-Vallier à la fin d'avril 1795, ayant survécu une trentaine d'années à sa fille. Faut-il attribuer cette étonnante longévité à sa pugnacité naturelle?

Si de tragiques événements les ont privés de leur mère et ont irrémédiablement marqué leur enfance, cela n'empêchera pas les enfants de Marie-Josephte et de Charles Bouchard de se marier à leur tour, une fois adultes. L'aînée, Françoise, épousera Paul Gourges (fils du même Paul Gourges qui avait témoigné durant le procès de sa mère) le 16 octobre 1769. Le même jour, sa sœur Angélique prendra pour mari Jean-Baptiste Quemeneur dit Laflamme. Puis, le 25 novembre 1776, leur jeune frère Charles convolera à son tour avec Marie-Angélique Chrétien. Tous trois auront une abondante postérité: onze enfants sont nés de Françoise, douze d'Angélique et huit de Charles.

Des milliers de Québécois sont aujourd'hui, sans le savoir et sous divers patronymes, des descendants de Marie-Josephte Corriveau.

---

37. Rapporté dans Lacourcière, «Le triple destin», p. 233.

*

C'est ainsi qu'après une vie humaine trop courte, entachée d'une fin tragique, Marie-Josephte entame sa longue destinée de personnage légendaire sous le nom de « la Corriveau. » Après avoir abordé les éléments authentiques de son histoire personnelle et de celle de son époque, voyons à présent comment émergera, prendra forme et se transformera sa légende. Repérons aussi les éléments et les événements qui interviendront dans ce processus et, enfin, examinons de quelle manière vérité et fiction s'entremêleront dans les diverses manifestations patrimoniales, depuis le XIXe siècle jusqu'à notre époque.

PARTIE II

DE L'HISTOIRE
À LA LÉGENDE

Quand se taisent les conteurs et conteuses, vous vous enfoncez dans le silence.

Finies les batailles, plus de poursuites folles, de miracles, de victoires. Le rire s'éteint. Plus rien.

Mais voici que dans les rubans magnétiques et que sur la pellicule cinématographique et qu'à la surface des manuscrits anciens enfouis dans les archives se font entendre des bruits, des voix. [...]

Il suffit qu'une voix prenne la relève pour que s'éveille l'imaginaire et que revivent les œuvres de la tradition orale.

Et la tradition vit. Et elle vivra.

Jean Du Berger[1]

---

1. Jean Du Berger, « Dernier voyage au Pays de l'imaginaire de l'Amérique française », *Humanities Research Group Working Papers*, vol. 11 (2003), p. 193-215, ojs.uwindsor.ca.

CHAPITRE 7

AUX SOURCES D'UNE LÉGENDE CANADIENNE-FRANÇAISE (1763-1885)

C RÉÉE PAR L'IMAGINATION POPULAIRE à partir de faits réels, amalgame de possible et d'impossible, de vérité ou de superstition, la légende est un genre littéraire à part entière, d'ailleurs très semblable au mythe tel qu'il est défini par les anthropologues[1]. Contrairement au conte, qui véhicule une riche symbolique et souvent une dimension initiatique assortie d'une fin heureuse, ou encore à la fable, récit ouvertement allégorique, la légende vise en effet à raconter une histoire «véritablement arrivée[2]». Ses person-

---

1. Jeanne Demers, *Le Conte. Du mythe à la légende urbaine*, Montréal, Québec Amérique, 2005, p. 102; «De l'oralité à la littérature», recueil de texte préparé par Martine Roberge, professeure titulaire en ethnologie, en collaboration avec Nicolas Godbout, doctorant en ethnologie et patrimoine à l'Université Laval, automne 2011, p. 4; Paul Carpentier, *La légende dans l'art québécois, telle que représentée dans les collections du Musée du Québec*, Québec, Éditeur officiel du Québec, 1979, p. 1.

2. Les contes sont des univers autonomes, «fermés», dans lesquels il n'y a aucune morale mais plutôt des situations à résoudre, des quêtes... qui finissent bien. Les contes traditionnels enseignent, sans être moralisateurs, du moins dans leur version orale originelle: c'est la fixation des contes par l'écrit, à la faveur de Charles Perrault et plusieurs autres, qui a entraîné une moralisation. Dans les contes, les personnages sont typés, l'histoire est rarement située à un endroit précis: «Il était une fois, dans un lointain royaume...» Craintes et frayeurs ne

nages, les lieux et les dates sont fréquemment nommés. À cheval sur le réel et l'imaginaire, le récit légendaire n'a pas besoin d'être complet pour fonctionner. Les légendes finissent d'ailleurs souvent en queue de poisson, leur dénouement demeurant flou, ce qui laisse place à l'interprétation et, surtout, laisse planer un doute : et si c'était vrai ? L'imagination prend alors le relais. Bref, si le conte veut divertir, la légende veut plutôt avertir : en « racontant un fait », le narrateur veut témoigner de quelque chose qui est supposément « arrivé pour vrai » et mettre en garde son auditoire[3].

Selon cette acception, le Québec regorge de légendes diverses et très imagées, aux fortes attaches symboliques. On n'a qu'à penser à la Dame blanche, aux sorciers de l'île d'Orléans, à la légende du rocher Percé ou au Diable danseur. En fait, il n'y a pas une région du Québec qui n'ait son lot de légendes du terroir.

La Corriveau est pourtant un cas à part dans le corpus légendaire du Québec. Les récits fantastiques abondent, mais rares sont ceux mettant en scène un personnage féminin malfaisant et, qui plus est, ancré dans le réel. Il est certes possible de déceler des éléments véridiques dans certaines légendes. Ainsi, la dure vie de chantier et le sentiment d'isolement des bûcherons qui fondent les péripéties de la Chasse-galerie sont des faits historiques avérés. Peut-être y a-t-il eu une véritable Rose Latulipe, bien qu'il soit plus probable que ce personnage ait été créé afin de démontrer le bien-fondé de l'interdiction de danser qui a longtemps été imposée au Canada français. Après tout, les légendes en disent long sur les cadres

---

font pas partie du conte, car celui-ci n'a pas pour but de faire peur ! Ses épisodes suivent des séquences et des motifs bien précis, voire prévisibles. Et il trouve son équilibre dans sa fin. Quant aux fables, elles sont plus archétypées, voire philosophiques : leurs protagonistes sont là pour montrer le fonctionnement des lois naturelles, transmettre des valeurs morales, exprimer des principes. Martine Roberge, professeure d'ethnologie à l'Université Laval, conversation téléphonique, 16 avril 2013.

3. Martine Roberge, conversation téléphonique, 16 avril 2013.

normatifs d'une société, autrement dit sur les valeurs qui la structurent : bien des récits légendaires québécois témoignent de l'emprise de l'Église, faisant même du curé un être tout-puissant !

Or, la légende de la Corriveau repose bel et bien sur l'existence d'un individu authentique. Ce qui n'est qu'un fait divers en 1763 est appelé à se transformer en légende au siècle suivant. La légende se « scénarise » progressivement : porté d'abord par des témoins directs, le récit est par la suite relayé par des témoins indirects, à telle enseigne que la source originelle devient difficile à retracer. Comme on le sait, le drame initial se joue en quatre mois, depuis la mort de Louis-Étienne Dodier le 27 janvier 1763 jusqu'à la « disparition » du corps de Marie-Josephte Corriveau et de sa cage le 25 mai suivant. L'exécution de la présumée meurtrière n'aurait cependant pas pénétré les mémoires si, pendant cinq semaines, le corps n'avait été exposé à la Pointe-Lévy. Les gens de la région, peu habitués à ce type de démonstration judiciaire, ont été profondément marqués par le spectacle horrifiant de cette cage se balançant aux yeux de tous, à la merci des éléments et des charognards, de jour comme de nuit. La stratégie de l'application du Murder Act mise en place par les Britanniques dans ce cas précis aura eu l'effet escompté sur la population canadienne-française. Mais, si spectaculaires soient-ils, qui aurait pu prédire que le procès et la sentence de Marie-Josephte Corriveau susciteraient un intérêt aussi durable de la part du peuple ? Même le gouverneur Murray n'aurait pu prévoir que cette punition exemplaire prendrait une telle ampleur dans l'imaginaire populaire.

Si la légende de la Corriveau connaît des variantes grotesques, c'est que l'imagination populaire, prenant ses distances avec le personnage réel, s'est littéralement enflammée[4]. Les gens de la Côte-du-Sud ont certes entretenu le souvenir du destin de cette paysanne de Saint-Vallier ayant

---

4. Martine Roberge, conversation téléphonique, 16 avril 2013.

La Corriveau dans sa cage par Robert LaPalme, 1941. Illustration pour le roman *Le Chien d'Or* publié en version feuilleton dans *L'Action catholique*, vol. V, n° 20, 18 mai 1941, p. 12.

tué son mari – souvenir qui, au fil des décennies, s'édulcorait de plus en plus –, mais c'est bel et bien la découverte de sa cage dans le cimetière de la paroisse de Saint-Joseph de Lévis, au milieu du XIXᵉ siècle, qui replace la Corriveau au centre de l'actualité. La légende sort alors de sa longue gestation de près d'un siècle pour embraser l'esprit des littéraires de l'époque victorienne, friands de récits macabres et fantastiques. Sous la plume des Philippe Aubert de Gaspé, William Kirby et Louis Fréchette s'élabore, au fil des décennies, un voile complexe de demi-vérités, d'exagérations et d'affabulations... Il ne faut pas s'en étonner : après tout, la mémoire des tragiques événements de 1763, réactivés par la trouvaille de macabres ferrailles environ 85 ans plus tard, a constitué un terreau idéal pour que puisse germer un récit teinté de fantastique. C'est ainsi qu'après avoir été un personnage de l'histoire de la Nouvelle-France, morte, pendue et encagée, Marie-Josephte va connaître une nouvelle vie et entrer de plain-pied dans le domaine de la légende.

Le processus de légendarisation qui entoure Marie-Josephte Corriveau constitue donc l'écho amplifié et déformé d'une histoire vraie, avec une formidable excroissance au niveau de l'imaginaire[5]. Tradition orale et littérature écrite auront un apport important dans la construction et la diffusion de cette légende, mais développeront en plus une véritable synergie qui amplifiera sa propagation et ses répercussions sur la culture populaire du Québec... à telle enseigne que les premiers chercheurs qui voudront écrire l'histoire nationale des Canadiens français, en l'absence d'une documentation fiable sur la Corriveau, se tourneront vers les récits des auteurs littéraires. C'est ainsi que des chercheurs sérieux ont commis ce que nous savons maintenant être des inexactitudes, qui ont ensuite été répétées sans examen. Citons simplement l'exemple des informations données sur les Corriveau par Mgr Cyprien Tanguay dans son *Dictionnaire généalogique, tome III* et son *Répertoire général du clergé canadien*. Non seulement ce généalogiste chevronné déclare que la Corriveau a été exécutée pour avoir tué ses deux maris, mais il précise en plus que Joseph Corriveau a été pendu en même temps que Marie-Josephte; or, le père mourut bien des années après sa malheureuse fille[6]. Les auteurs subséquents ne feront que répéter les erreurs de leurs prédécesseurs et continueront à transmettre aux générations suivantes des éléments «légendarisés» que bien des gens tiendront pour vrais.

Plus d'un siècle et demi après la mort de la Corriveau, son histoire s'est irrémédiablement éloignée de la réalité historique, égarée dans les méandres de rumeurs et de faussetés[7]. De nos jours, avec le recul, est-il possible de dénouer patiemment l'écheveau et de comprendre le processus qui a conduit à l'édification de la légende de la Corriveau?

---

5. Martine Roberge, conversation téléphonique, 16 avril 2013.

6. Luc Lacourcière, «Le destin posthume de la Corriveau», *Les Cahiers des Dix*, vol. 34 (1969), p. 250-251.

7. *Ibid.*, p. 261.

Tradition orale et essor d'une légende

Par les jours de grands vents, si vous tendez l'oreille en face du fleuve, sur la pointe de Lévis, juste en face de l'île d'Orléans, vous entendez le fracas des vagues... Pis dans le fracas des vagues: ting!... ting!... ting! [...] comme un son venu du fond des âges dont l'écho se serait rendu jusqu'à nous autres...[8]

La tradition orale se définit comme le mode de communication par lequel l'histoire et les divers savoirs culturels et folkloriques (contes, légendes, proverbes, mythes, etc.) d'un peuple ou d'un groupe culturel se transmettent d'un individu à l'autre et d'une génération à l'autre au moyen de la parole[9]. Comportant parfois une dimension humoristique, une «morale» ou un enseignement, les contes et les légendes véhiculés par la tradition orale servent avant tout à divertir, à transmettre de l'information et à enseigner des valeurs importantes. De nombreux récits mettent en garde contre les effets négatifs de la cupidité, de la méchanceté ou des comportements irrespectueux. Sont souvent voués à une fin malheureuse les personnages égoïstes ou cruels, tandis que les crimes demeurent rarement impunis... de façon à avertir l'auditoire de ne pas s'attirer les mêmes conséquences. Le partage de ces connaissances et de ces valeurs contribue à établir un lien entre les individus, les familles et le milieu dont ils émanent, et ainsi à renforcer leur cohésion et leur identité commune. Fait important, les récits traditionnels appartiennent au groupe et non à une seule personne. C'est pourquoi les contes, les légendes et les mythes sont vus comme un héritage qui soude la collectivité. Comme

---

8. Marc Roberge, «Légende de la Corriveau», dans *Il faut tenter le diable!*, Montréal, Planète rebelle, 2007, p. 23. Cité dans Aurélien Boivin, *Contes, légendes et récits de la région de Québec*, Trois-Pistoles, Éditions Trois-Pistoles, 2008, p. 304.

9. Peter Stursberg, «Tradition orale», *L'Encyclopédie canadienne*, http://www.thecanadianencyclopedia.com.

l'expliquait la conteuse Judith Poirier, l'art du conteur « est un art de la relation : relation entre les personnes, entre les générations, entre les cultures. C'est un art qui se nourrit de proximité, d'échange, de présence et d'amour des mots et des histoires[10] ». Si l'on trouve des contes dans toutes les cultures, y compris dans les plus instruites ou sophistiquées, la tradition orale a pendant longtemps constitué le moyen de transmission culturelle par excellence des classes sociales peu ou pas lettrées. Chez ces dernières, ce sont souvent les aînés, qui possèdent une expérience et un bagage plus riches, qui détiennent la responsabilité de transmettre les récits et, ainsi, de garder la tradition orale bien vivante[11].

La plupart des gens, enfants comme adultes, aiment entendre ces « histoires », aussi les bons conteurs savent-ils structurer leur récit en fonction de leur auditoire et s'assurent, par divers procédés dramatiques (pauses, silences, changements de ton, langage corporel, regard, etc.), que chacun reste bien attentif et engagé dans cet échange. Dans la tradition orale, l'auditeur n'est pas un récepteur passif, bien au contraire : il doit prêter une attention soutenue à ce qui est raconté et y « répondre » lorsque le récit commande une réaction. Comme le formule plaisamment l'ethnologue Jean Du Berger, « ceux qui ont étudié les traditions orales ont eu le privilège de connaître ces conteurs et conteuses, chanteurs et chanteuses, qui animaient et animent encore la fête verbale dans une veillée, une réunion de famille, une excursion de chasse. En des occasions où la parole prend subitement le dessus sur la banalité, ils s'imposent. Extravertis sonores, magnifiques cabotins, verbomoteurs au verbe haut, les yeux vifs, le geste large, ils remplissent de leur parole l'espace. Ils "ne laissent pas parler

---

10. Judith Poirier, « Le métier de conteur : un art de la relation », *Québec français*, n° 148 (2008), p. 73.

11. Voir aussi l'article « Tradition orale » dans l'*Encyclopédie Universalis*, http://www.universalis.fr/encyclopedie/tradition-orale/.

les autres", ne tolèrent pas le silence et captivent l'auditoire. Ils amusent. Ils intéressent[12] ».

Au Québec, ce n'est pas d'hier qu'on se rassemble au coin du feu pour entendre des contes et des légendes. Il n'y a pas si longtemps encore, les veillées qui égayaient les froids et rigoureux hivers québécois constituaient des moments propices pour se raconter des histoires fantastiques, pour s'effrayer ou s'émerveiller. Les conteurs se sont succédé depuis le début de la colonisation française jusqu'à nos jours, perpétuant les histoires qui ont construit notre folklore : « de bouche à oreille, les communautés parlantes et chantantes ont ainsi lentement transmis les œuvres de tradition orale qui se sont répandues comme des eaux souterraines irriguant l'imaginaire traditionnel[13] », rappelle encore Jean Du Berger. Bien sûr, la tradition orale occupe beaucoup moins d'espace dans la société contemporaine, diluée dans l'incessant brouhaha des médias électroniques. Si les contes et les légendes sont aujourd'hui perçus comme un divertissement plutôt qu'une partie intégrante de la mémoire vivante, la tradition orale survit cependant et apprend à se renouveler, témoignant de l'attrait instinctif et irrésistible du genre humain pour le récit « parlé » et écouté : ainsi, certains littéraires et poètes, de Gilles Vigneault à Fred Pellerin en passant par Renée Robitaille, racontent encore des histoires qui savent divertir petits et grands.

C'est à travers la tradition orale que survivra, dans un premier temps, le souvenir de Marie-Josephte Corriveau. Sa légende prendra progressivement de l'ampleur, de bouche-à-oreille, de conversation en conversation et de veillée en veillée, pendant près d'un siècle[14]... et va inévitablement s'enfler et se

---

12. Jean Du Berger, « Imaginaire traditionnel, imaginaire institutionnel », dans Gérard Bouchard (dir.), *La construction d'une culture. Le Québec et l'Amérique française*, Québec, Les Presses de l'Université Laval, 1993, p. 98.

13. Jean Du Berger, « Dernier voyage au Pays de l'imaginaire de l'Amérique française », *Humanities Research Group Working Papers*, vol. 11 (2003), p. 193-215, ojs.uwindsor.ca.

14. Lacourcière, « Le destin posthume de la Corriveau », p. 239-240.

Olivier Turcotte incarnant le personnage de Jos Violon au Festival international du conte de Lévis, 2012. Photo : Idra Labrie. Avec l'aimable autorisation d'Olivier Turcotte.

transformer au fil du temps. N'ayant jamais eu accès aux archives officielles, rien n'empêche le peuple « d'enjoliver » le récit des événements de quelques détails croustillants. À la base, les gens impliqués de près ou de loin dans la véritable histoire en conservaient sans doute un souvenir assez juste, qu'il s'agisse des témoins appelés au procès ou des habitants des paroisses environnantes. Assez rapidement toutefois, les réminiscences ancrées dans le réel débouchent sur des exagérations fantaisistes.

La légende de la Corriveau possède en effet plusieurs des caractéristiques requises pour connaître une diffusion et une longévité exceptionnelles dans la tradition orale. Tout d'abord, elle s'articule autour d'une thématique universelle, l'homicide, ce qui en fait un événement relativement familier, auquel il est assez aisé de s'identifier. Rares sont les villages n'ayant pas leur meurtrier ou leur «détraqué» local! Le fait qu'il s'agisse d'une femme se livrant à des maricides répétés ne fait qu'ajouter au piquant. Ensuite, la légende possède une structure narrative relativement simple. Dans toutes les versions de la légende, quel que soit le nombre d'époux occis, la séquence est la même: on nomme le malheureux, en prenant soin d'indiquer quel rang il occupe (le «combientième» mari, dirait-on en langage populaire), puis on fournit quelques éléments du contexte et, enfin, le procédé par lequel la Corriveau met fin à ses jours. Cette structure permet de mémoriser facilement les détails de la légende. Enfin, certains éléments sont délibérément laissés plus flous, ce qui crée un espace narratif de liberté pavant la voie aux confabulations. Le narrateur et son auditoire peuvent ainsi jouer un rôle plus actif dans la transmission orale de cette légende en lui apportant une touche personnelle, sans pour autant en trahir le canevas de base.

Certaines déformations ou extrapolations se nourrissent de rumeurs qui couraient dans les environs de Saint-Vallier depuis plusieurs années. Prenons l'exemple de l'implication possible du père Corriveau dans le décès de son premier gendre, Charles Bouchard, survenu en 1760. Le témoignage de Claude Dion lors du procès des Corriveau, trois ans plus tard, fait état des suspicions pesant sur cette famille, insinuant que Bouchard aurait pu périr de la main de son beau-père, peut-être même à l'instigation de la mauvaise épouse. Cette insinuation aura d'ailleurs son importance: ne contribue-t-il pas à présenter les Corriveau comme des individus violents et fourbes, parfaitement capables d'avoir attenté aux jours du second mari de Marie-Josephte, Louis Dodier? À l'issue du second procès, le gouverneur Murray défend explicitement à chacun de faire des reproches ou du tort à Joseph Corriveau au sujet du meurtre de Dodier, puisque les accusations qui pesaient contre lui ont été levées; or, il ne précise rien à propos de celle qui sera finalement exécutée pour meurtre. Peut-être est-ce pour cette raison que la vindicte populaire se concentrera sur Marie-Josephte Corriveau. Lavé de tout soupçon, le père Corriveau deviendra, dans certaines versions de la légende, un homme faible et manipulé par sa fille, celle-ci ayant une telle influence sur lui qu'elle l'aurait convaincu de se laisser accuser à sa place[15].

Il y a le cas du père, mais il y a surtout celui des maris. Ah, les maris de la Corriveau! Elle a convolé deux fois et a tué les deux maris, affirme-t-on dans les années suivant son procès. Mais non, ce sont plutôt trois maris qu'elle a occis, insinue-t-on quelques décennies plus tard. Vous avez tout faux, cinq maris ont bel et bien été expédiés vers la mort par ses soins, assure encore la génération suivante. Selon l'ethnologue Luc Lacourcière, toutes ces suppositions, rumeurs et théories sans fondement sont devenues progressivement des certitudes au fil des ans, s'ancrant dans la tradition orale[16]. Que dire du macabre gibet que les gens associeront aux flammes de l'enfer, transformant du même coup Marie-Josephte en sorcière, les loups-garous se pressant aux abords de la cage grinçante pour demander l'encagée en mariage? Et, bien sûr, tout cela était «véritablement arrivé, pour vrai», chacun le tenant de son grand-père qui le tenait lui-même d'un oncle qui connaissait le petit-fils du voisin des Corriveau...

Les déformations et les affabulations viennent amplifier le réel, tandis qu'un peudo réel accroît la force persuasive de la légende. C'est ainsi que les nombreux détails qui seront additionnés subséquemment, comme l'identité et la description des meurtres des supposés «autres» maris de Marie-Josephte Corriveau, ajoutent de la vraisemblance au récit en lui conférant un caractère réaliste, bien qu'extravagant. Il pénétrera si bien la culture populaire qu'on assimilera parfois la Corriveau

---

15. Dans ses *Anciens Canadiens*, Philippe Aubert de Gaspé insinuait que Joseph Corriveau s'était laissé accuser de meurtre et qu'il avait été «condamné sur cet aveu». Lacourcière, «Le destin posthume de la Corriveau», p. 239-244.

16. *Ibid.*, p. 241-244.

au «Bonhomme Sept-Heures», pressant les enfants d'aller dormir sous peine d'être enlevés par la Corriveau.

Tel un cheval fou, la tradition orale autour de Marie-Josephte Corriveau a beau jeu de s'emballer, non bridée par l'écrit: en effet, rien ne s'écrira sur la principale intéressée pendant au moins trois générations.

De l'oral à l'écrit

Ce sera ensuite comme objet de fiction littéraire que l'histoire de Marie-Josephte Corriveau connaîtra ses principaux émoluments dans la culture canadienne-française. Jusqu'alors confinée à la tradition orale, après une incubation de près de neuf décennies, la légende de la Corriveau va maintenant entrer dans la littérature, à l'instar de plusieurs autres légendes.

Reportons-nous aux années 1840. Piqués au vif par le rapport présenté par lord Durham et sa célèbre affirmation selon laquelle les Canadiens sont «un peuple sans histoire et sans littérature», des hommes de lettres, avocats, écrivains et autres habiles aux «travaux de l'esprit et de l'intelligence» ressentent l'urgence de transmettre les traditions, les coutumes, bref, les mœurs nationales, avant qu'elles ne soient totalement oubliées, noyées dans le flot d'influences culturelles nouvelles qui déferle alors en Occident. Il est à noter que c'est également pendant cette période que les Européens se mettent à collecter leurs propres contes, mythes et chansons traditionnelles: ainsi, des érudits français, allemands et britanniques, dont les célèbres frères Grimm, entreprennent dès le premier tiers du XIXe siècle de répertorier le matériau oral. Les Canadiens français s'inscrivent donc dans ce vaste mouvement qui consiste à recueillir les éléments folkloriques avant que la modernité ne les fasse oublier[17].

---

17. Jeanne Demers, *Le Conte. Du mythe à la légende urbaine*, Montréal, Québec Amérique, 2005, p. 31-32; «De l'oralité à la littérature», recueil de textes

En janvier 1860, à l'initiative de l'abbé Henri-Raymond Casgrain, s'amorce officiellement ce mouvement littéraire au Canada français, alors que le jeune vicaire vient de publier une légende dans *Le Courrier du Canada*. Dans un court mémo à teneur patriotique qui précède son œuvre, il en appelle aux hommes de lettres du pays à réunir par écrit les légendes et les histoires d'antan qui font la richesse de la culture canadienne-française. Sous l'impulsion d'écrivains, d'historiens et de poètes, des revues comme *Les Soirées canadiennes* ainsi que de nombreux ouvrages en français font la part belle aux légendes, anecdotes curieuses et histoires pittoresques des campagnes, jusqu'alors perpétuées de façon orale. Sur la Côte-du-Sud, d'où est originaire Marie-Josephte Corriveau, l'initiative du vicaire Casgrain est « un grand succès, car plusieurs auteurs emboîtent le pas au jeune abbé et s'engagent dans cette entreprise de récupération du patrimoine littéraire[18] ».

C'est ainsi que les mœurs des « forestiers et voyageurs », de même que l'aventure surnaturelle de la chasse-galerie, surgissent sous les plumes respectives de Joseph-Charles Taché et d'Honoré Beaugrand. Les Henri-Raymond Casgrain, François-Xavier Garneau, Pierre-Joseph-Olivier Chauveau, Octave Crémazie et, surtout, Philippe Aubert de Gaspé et Louis Fréchette, tireront parti de ces riches « histoires » issues de la tradition populaire. Leurs ouvrages transforment ces parcelles d'oralité, jusque-là mouvantes et évanescentes, en objets littéraires durables. Enfin, en puisant dans le fonds légendaire des Canadiens français, cette génération d'écrivains fait bien davantage que simplement s'approprier d'intéressants récits : ils contribuent à créer une littérature proprement nationale et à renforcer l'identité collective, nourrissant ce goût des

préparé par Martine Roberge, professeure titulaire en ethnologie, en collaboration avec Nicolas Godbout, doctorant en ethnologie et patrimoine à l'Université Laval, automne 2011, p. 2.

18. Gaston Deschênes et Pierrette Maurais, *Contes et légendes de la Côte-du-Sud*, Québec, Septentrion, 2013, p. 11.

lettres qui se répand progressivement dans toutes les classes de la société[19].

Qu'en est-il de «l'histoire» de Marie-Josephte Corriveau? Figure-t-elle au nombre des contes et légendes que l'écrit vient relancer au milieu du XIXe siècle? La réponse est oui, mais pas immédiatement. Les quatre tomes de l'ouvrage *Le Répertoire national, ou Recueil de littérature canadienne*, compilé et publié par James Huston à Montréal en 1848-1850, pas plus que les *Légendes canadiennes* qui en sont extraites et publiées à Paris, chez Jannet, en 1853, ne comportent de récit relatif à la Corriveau[20]. Elle ne figure pas non plus dans les *Légendes canadiennes* publiées par l'abbé Henri-Raymond Casgrain en 1861. C'est Philippe Aubert de Gaspé qui, le premier, produira une œuvre littéraire en lien avec Marie-Josephte Corriveau. «Une nuit avec les sorciers» paraît sous forme de nouvelle dans le numéro de janvier-février 1862 des *Soirées canadiennes* et sera repris comme chapitre dans le célèbre livre *Les Anciens Canadiens*.

Pourquoi faut-il attendre le dernier tiers du XIXe siècle pour que le destin de Marie-Josephte Corriveau ressurgisse au sein du corpus des légendes du Québec? En fait, c'est un événement pour le moins insolite qui contribuera à réactiver sa légende dans la mémoire collective: la découverte de ce qui semble bien être la cage de la Corriveau.

---

19. John George Lambton, comte de Durham, *Rapport sur les affaires de l'Amérique du Nord britannique* (1839), traduit et reproduit sous le titre *Rapport Durham*, Montréal, Les Éditions Sainte-Marie, 1969, cité dans Jacques Leclerc, «Le remède aux maux du Bas-Canada selon lord Durham», *L'aménagement linguistique dans le monde*, Québec, TLFQ, Université Laval, 15 avril 2012; http://www.axl.cefan. ulaval.ca/francophonie/Rbritannique_Durham.htm; «Introduction», *Légendes canadiennes*, recueillies par J. Huston, Paris, Jannet, 1853, p. 8-12; http://openlibrary. org; Du Berger, «Imaginaire traditionnel, imaginaire institutionnel», p. 101 et 104.

20. L'un des textes relate le destin tragique de Caroline de Saint-Castin, mais il n'est nulle mention d'une quelconque intervention de la Corriveau comme empoisonneuse. Amédée Papineau, «Caroline. Une légende canadienne», 1837, dans *Légendes canadiennes*, recueillies par J. Huston, Paris, Jannet, 1853, p. 61-67; http://openlibrary.org. Amédée Papineau est le fils du célèbre homme politique Louis-Joseph Papineau.

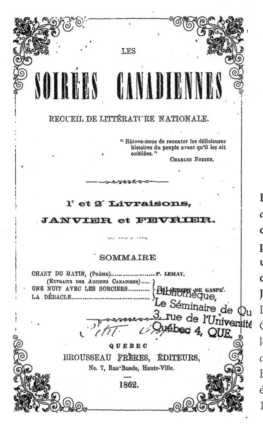

Revue *Les Soirées canadiennes* de 1862, dans laquelle apparaît pour la première fois une allusion littéraire directe à Marie-Josephte Corriveau. Philippe Aubert de Gaspé, « Une nuit avec les sorciers », *Les Soirées canadiennes*, Québec, Brousseau frères, éditeurs, janvier-février 1862.

Redécouverte de la cage

Un beau jour, un assemblage de ferrailles évoquant une forme humaine est retrouvé à Saint-Joseph-de-Lévis, à l'occasion des travaux d'agrandissement du cimetière[21]. L'écrivain Louis

---

21. Dans le monde anglo-saxon, plusieurs sources mentionnent que la cage aurait été exhumée en 1830 lorsqu'un fossoyeur, en creusant un emplacement supposément libre, aurait mis au jour l'horrible relique. Par exemple dans Johanna Bertin, *Strange Events and More: Canadian Giants, Witches, Wizards and Other Tales*, Toronto, James Lorimer & Company Ltd., 2004 (2011 pour la version numérique), 144 pages. Il s'agit manifestement d'une erreur de traduction : en effet, 1830 correspond à la date où, à la suite de l'incendie de l'église, on décide d'agrandir le cimetière du côté est ; c'est d'ailleurs ce qui explique, encore d'après Fréchette, « la présence de l'étrange relique dans l'intérieur de l'enceinte consacrée ».

Fréchette prétend avoir été témoin de la scène, qu'il situe en 1849. Alors âgé de 9 ans, il se serait trouvé sur les lieux lorsque deux fossoyeurs, creusant une fosse dans la partie est du vieux cimetière, font l'étonnante trouvaille. Laissons à l'homme de lettres le soin de narrer l'événement avec toute sa verve :

Tout-à-coup la bêche grince sur quelque chose de métallique. Qu'était-ce ? On creuse, on bouleverse, on déblaye, et finalement l'on découvre une affreuse cage de fer ayant exactement la forme d'une horrible ébauche humaine. Cette cage était encore parfaitement conservée. Je crois la voir encore. À peine si la rouille de près d'un siècle avait entamé les solides bandes de gros feuillard et les cercles de fer forgé dont elle se composait. Ces bandes et ces cercles, soigneusement unis ensemble par de forts rivets, se tordaient, s'enroulaient, s'entrecroisaient et se nouaient avec art en suivant, comme les membrures d'un navire, tous les contours des bras, des jambes, du torse et de la tête de ce qui avait dû être un corps humain. Le tout se complétait par de puissants anneaux ou bracelets entourant les chevilles, les genoux, les poignets, les coudes, le cou et la taille. Sur le sommet de la tête, un gros crochet à base pivotante avait dû servir à suspendre ce singulier cercueil. Car c'était bien là un cercueil, puisqu'il contenait encore quelques ossements. Sa forme indiquait à n'en pas douter que c'était celui d'une femme[22].

Plus tard, dans son célèbre recueil *Originaux et détraqués*, Fréchette précisera : « Quand, en 1849, la fameuse "cage de la Corriveau" fut exhumée sous mes yeux, dans le cimetière de Saint-Joseph-de-Lévis, mes camarades et moi nous manipulâmes à notre gré la lugubre relique, sans l'ombre d'une émotion et sans la moindre idée que c'était là une des

---

22. Louis Fréchette, « La Cage de la Corriveau » dans Gaston Deschênes et Pierrette Maurais, *Contes et légendes de la Côte-du-Sud*, Québec, Septentrion, 2013, p. 61.

(Du Journal de Québec.)

Reliques.

La semaine dernière on a trouvé dans le cimetière de la Pointe-Lévi, la cage de fer dans laquelle fut exposée en 1763 la femmeDodier, née Corriveau, pour avoir donné la mort à son mari. Cette cage a la forme humaine. Nous en donnerons la description dans notre prochain numéro.

Nous fesons à l'heure qu'il est des recherches pour nous procurer les documents relatifs à l'exécution de cette femme devenue célèbre dans le pays, par le meurtre de trois maris.

Jusqu'ici nous n'avons pu nous procurer que le certificat donné par le gouverneur M. Murray au père, Joseph Corriveau, après sa condamnation, pour attester son innocence et pour défendre de lui imputer le crime de sa fille ; et l'ordonnance par laquelle le même gouverneur fit enlever la cage qui faisait horreur aux passants.

Entrefilet annonçant la découverte de la cage de la Corriveau en 1851 et les efforts qui sont faits pour retracer les archives relatives à cette affaire. «Reliques», *Mélanges religieux, politiques, commerciaux et littéraires* [Montréal], vol. 14, n° 66, 16 mai 1851, p. 253.

curiosités de notre histoire. On ne se rend bien compte de ces choses que plus tard[23]. »

Mais est-ce bien en 1849 que la cage est retrouvée ? Certains, dont Philippe Aubert de Gaspé, James MacPherson Le Moine et Joseph-Edmond Roy, affirment que c'est en 1850 qu'on exhuma les ferrailles du cimetière[24]. Un article de journal prétend plutôt que cette trouvaille a été faite au début mai 1851… Il n'est pas impossible que la grave épidémie de choléra qui s'abat sur Québec en 1849 soit venue brouiller les pistes : la nécessité de soigner les malades et d'ensevelir les centaines de morts a pu introduire un délai entre cette découverte et sa médiatisation. La date exacte où a été déterrée la cage de la Corriveau demeure un mystère, encore à ce jour[25].

---

23. Louis Fréchette, *Originaux et détraqués*, Montréal, Patenaude Éd., 1892, p. 300.

24. Philippe Aubert de Gaspé, *Les Anciens Canadiens*, Québec, Desbarats et Derbishire, 1863, p. 369 ; James MacPherson Le Moine, « Marie Josephte Corriveau, a Canadian Lafarge », *Maple Leaves : A budget of legendary, historical, critical and sporting intelligence*, Québec, 1863, p. 68-74 ; J. Edmond Roy, *Histoire de la seigneurie de Lauzon*, troisième volume, Lévis, chez l'auteur, 1900, p. 8.

25. Des recherches dans les journaux de Québec et Montréal entre avril 1849 et août 1851 n'ont pas permis de le déterminer avec certitude.

Entrefilet paru en 1851 annonçant que la « cage de fer [...] dans laquelle fut exposée la femme Dodier » se trouve chez un certain M. Leclerc près du marché Bonsecours, à Montréal. Journal *La Minerve*, 7 août 1851. Bibliothèque et Archives nationales du Québec, collection numérique de journaux anciens. Domaine public.

Quoi qu'il en soit, la cage amorce bel et bien son étonnant destin en 1851. Cette trouvaille, qui survient au beau milieu de l'époque victorienne, vient en quelque sorte relancer et gonfler la mémoire entourant Marie-Josephte Corriveau. Après son exhumation, le macabre artefact quitte les rivages de la Côte-du-Sud pour parcourir les routes comme objet de curiosité. C'est ainsi que la « cage de fer de la femme Dodier » est exposée à Montréal dans un obscur musée privé à proximité du marché Bonsecours au début d'août, puis revient à Québec au milieu du mois afin d'être exposée par un dénommé Hall, sur la côte du Palais. On peut admirer l'objet pour 15 sous[26] !

Tout droit sorti d'un autre âge, le dispositif de métal contribue à frapper l'imaginaire populaire des Canadiens français du XIXe siècle. Pour bien comprendre cet engouement, il est intéressant de l'aborder en relation avec le cadre social qui

---

26. Journal *Le Canadien*, 15 août 1851, rapporté par Claudia Méndez, « La cage de la Corriveau », *La Seigneurie de Lauzon*, n° 124, 2012, p. 17.

caractérise cette époque. Nous reviendrons ensuite au formidable essor littéraire qui s'ensuivra.

La cage, objet de curiosité

La découverte de la cage de la Corriveau survient au beau milieu de ce que l'on appelle l'époque victorienne, soit la période (1837-1901) pendant laquelle Victoria Ire règne sur le Royaume-Uni. Les pays, colonies et protectorats formant l'Empire britannique s'étendent pratiquement tout autour du globe. Le Canada, possession anglaise depuis 1763, est évidemment influencé par l'industrialisation, mais aussi par le mode de vie et les pratiques culturelles britanniques. Les mœurs victoriennes sont généralement perçues comme étant austères, axées vers l'efficacité et la raison. L'industrie, la science et la technique prennent de plus en plus de place, reléguant progressivement la religion au second plan. La théorie de l'évolution des espèces développée par Charles Darwin illustre bien ce changement dans les modes de pensée. En parallèle (d'aucuns diraient en réaction) se développe un fort intérêt pour l'exotisme, l'insolite et le merveilleux. Cet attrait se traduit par une volonté de s'ouvrir à l'inconnu, de découvrir les cultures étrangères de l'Afrique et de l'Asie. Cette fascination pour l'étrange est commune à l'ensemble du monde occidental et explique en partie pourquoi la cage ayant enfermé le corps sans vie de la Corriveau est portée à l'attention du grand public.

En outre, la cage réapparaît alors que le collectionnement et la muséologie sont en plein développement, au Québec comme ailleurs en Occident. L'accumulation d'articles divers – antiquités, monnaies, œuvres d'art, spécimens naturels, curiosités et objets exotiques – devient un passe-temps en vogue au sein des classes aisées, aussi voit-on plusieurs ornithologues, entomologues ou géologues amateurs s'improviser collectionneurs et « montreurs d'objets ». Si ce divertissement s'adresse initialement à un public cultivé, constitué de quelques individus membres d'un cercle fermé, il connaît une démocratisation certaine à mesure que l'on avance dans le xixe siècle. Afin de répondre à la demande de la bourgeoisie urbaine, friande de découvertes exotiques, de même que des classes populaires, moins instruites mais tout aussi avides de récréation, apparaissent de nouveaux lieux et de nouvelles modalités d'exposition. C'est ainsi qu'en marge des collections d'art ou de spécimens d'histoire naturelle présentés par les sociétés savantes, et avant même la fondation des grands musées, émerge la vogue des cabinets de curiosités[27].

Peu connu avant les années 1800, le cabinet de curiosité pénètre au Bas-Canada par l'intermédiaire des expositions itinérantes qui font halte à Montréal et à Québec. Généralement d'origine américaine, ces expositions se tiennent dans des établissement hôteliers et se font plus fréquentes de juillet à septembre, alors que des promoteurs les font venir pour divertir le public local. Le prix d'entrée est modeste, ce qui permet aux classes populaires d'y accéder tout en contribuant à leur démocratisation[28]. Le contenu de ces expositions varie beaucoup. Plusieurs présentent des panoramas ou des scènes avec des personnages de cire, des objets ethnologiques et des reliques historiques diverses. On compte bon nombre de « curiosités animales » : les bêtes savantes ou présentant

27. Patrimoine canadien, http://www.pch.gc.ca/special/jim-imd/canada_hist-fra.cfm, page consultée le 28 octobre 2012; Hervé Gagnon, « Du cabinet de curiosités au musée scientifique. Le musée italien et la genèse des musées à Montréal dans la première moitié du xixe siècle », *Revue d'histoire de l'Amérique française*, vol. 45, n° 3, 1992, p. 415.

28. Raymond Duchesne et Paul Carle, « L'ordre des choses : cabinets et musées d'histoire naturelle au Québec (1824-1900) », *Revue d'histoire de l'Amérique française*, vol. 44, n° 1, 1990, tableau 1, p. 6; Philippe Dubé et Raymond Montpetit, « Savoir et exotisme : naissance de nos premiers musées », *Cap-aux-Diamants*, n° 25 (printemps 1991), p. 13; Gagnon, « Du cabinet de curiosités au musée scientifique », p. 416; Hervé Gagnon, « Des animaux, des hommes et des choses. Les expositions au Bas-Canada dans la première moitié du xixe siècle », *Histoire sociale-Social History*, vol. XXVI, n° 52 (nov. 1993), p. 291-327.

des anomalies (citons le cas du fœtus naturalisé d'un porc à huit pattes et deux têtes) suscitent la fascination du public. D'autres proposent l'examen de mécaniques diverses, de figurines automates et de machines nouvellement inventées – par exemple, en 1835, le pendule à mouvement perpétuel de M. Hoffmester – ainsi que quelques « curiosités artisanales ». Or, ce sont surtout les « curiosités humaines » qui créent la plus forte affluence, témoignant de la fascination de cette époque pour l'exceptionnel, l'exotique, voire le monstrueux : momies, cas de nanisme ou de gigantisme, individus affichant une extrême maigreur ou une obésité morbide, albinos, siamois, microcéphales... Toutes ces aberrations naturelles, formant une véritable ménagerie humaine, sont régulièrement offertes en pâture au public[29].

Au Québec comme ailleurs se développe donc un engouement pour les cirques de passage, les représentations théâtrales ou pseudo-scientifiques – songeons aux étonnantes administrations collectives de gaz hilarant – ainsi que pour les cabinets de curiosités[30].

---

29. Le chercheur Hervé Gagnon a scruté plusieurs journaux, ce qui lui a permis de relever 50 expositions. Il s'agit de *La Gazette de Montréal*, *Le Spectateur canadien*, *La Minerve*, *The Montreal Herald*, *La Bibliothèque canadienne*, *L'Aurore*, *Le Courrier du Bas-Canada*, *La Revue Canadienne* et *L'Aurore des Canadas*. Gagnon, « Du cabinet de curiosités au musée scientifique », p. 417-420. On se rappellera aussi la tristement célèbre « Vénus hottentote » qui, exposée comme un objet de curiosité, connut un destin tragique. Voir aussi Gagnon, « Des animaux, des hommes et des choses », p. 291-327.

30. Par exemple, inspiré des cabinets de curiosités américains et des expositions itinérantes, l'aubergiste montréalais d'origine italienne Thomas Delvechio entreprend en 1822 de créer son propre cabinet de curiosités « naturelles et artificielles ». Le Musée italien ouvre ses portes deux ans plus tard, en 1824, devenant du même coup le premier musée public de Montréal. Delvechio exploite le moindre espace disponible de la maison en pierre de deux étages pour exhiber sa collection. Sis au 4, place du Vieux-Marché, le Musée italien renferme « une très belle collection de choses rares et curieuses dont une très grande partie n'ont jamais été vues dans ce pays » mais rien, assure Delvechio « qui soit le moins du monde contraire aux bonnes mœurs ou à la décence ». L'entrée est fixée à 30 sols par personne. Vers les mêmes

De New York à Boston

Les cabinets de curiosités attirent les foules, soit. Mais qu'en est-il de la cage ayant servi à exposer le corps de Marie-Josephte Corriveau? Il semblerait que, dès sa découverte au milieu du xixᵉ siècle, elle suscite l'intérêt de la population de la région de Québec et même au-delà. Fréchette atteste de « l'affluence des visiteurs attirés par cette curieuse découverte » qui, selon lui, « dura une couple de semaines[31] ». Cela rejoint l'affirmation de James MacPherson Le Moine voulant qu'en 1850 de très nombreuses personnes aient vu la cage – ou en aient entendu parler – alors qu'elle était exposée à Québec. Ce dernier précise que son propriétaire avait acquis l'artefact de manière malhonnête en le subtilisant au cimetière de la Pointe-Lévy, puis en le produisant dans divers lieux afin d'assouvir la curiosité populaire[32]. Il précise enfin qu'un homme, ayant dérobé la cage de la Corriveau, a ensuite réalisé

---

années, Pierre Chasseur ouvre à Québec un cabinet d'histoire naturelle renfermant plus de 600 spécimens naturels, des oiseaux surtout, dans sa maison de la haute-ville de Québec. Son entreprise attire l'attention de quelques hommes politiques influents, dont John Neilson et Louis-Joseph Papineau. Voir Raymond Duchesne, « Magasin de curiosités ou musée scientifique ? Le musée d'histoire naturelle de Pierre Chasseur à Québec (1824-1854) », *HSTC Bulletin : revue d'histoire des sciences, des techniques et de la médecine au Canada*, vol. 7, n° 2, (24) 1983, p. 59-79 ; Duchesne et Carle, « L'ordre des choses », p. 9-10 ; Gagnon, « Du cabinet de curiosités au musée scientifique », p. 417.

31. Louis Fréchette, « La cage de la Corriveau », extrait de la *Patrie* du 24 janvier 1885 repris dans *La Lyre d'or : revue mensuelle*, vol. 1-2, [s.l.], Bureau de la Lyre d'or, 1888, p. 398 et 401.

32. « There are few in Quebec who do not recollect having heard of, or seen, in 1850, when it was exhibited in this city, a rusty iron cage, very antique in appearance it somewhat resembled in shape a human form, having hollow iron arms, extended at right angles with the body, with legs attached to it, and a spherical iron structure, to receive the head. This cage came in the possession of the man who exhibited it after having been clandestinely abstracted from the Pointe Levy graveyard. » James MacPherson Le Moine, « Marie Josephte Corriveau, a Canadian Lafarge », *Maple Leaves : A budget of legendary, historical, critical and sporting intelligence*, Québec, 1863, p. 68-74.

un profit substantiel en la revendant au « prince des escroque-ries modernes », P. T. Barnum. Sous la désignation de « Point Levy Relic », elle aurait ensuite été présentée comme l'instrument de torture ayant servi à punir une femme qui avait tué ses deux maris[33]. Qui est donc ce Barnum ?

Phineas Taylor Barnum (1810-1891)

Né à Bethel au Connecticut le 5 juillet 1810, Phineas Taylor Barnum est un promoteur, imprésario et homme d'affaires américain. Il acquiert une grande renommée comme montreur de curiosités et de merveilles, grâce à ses expositions itinérantes mettant en vedette une ménagerie d'animaux rares ou savants, des individus présentant des anomalies congénitales (par exemple des siamois, des nains, des géants, des albinos, des femmes à barbe, etc.) et d'autres curiosités d'histoire naturelle.

Doué pour la vente et les affaires, il commence sa carrière à un tout jeune âge en vendant des billets de

---

33. « The exhibitor realised a handsome amount, previous to disposing of his relic to the prince of modern humbugs, in whose museum the « Point Levy relic, » as it was styled, remained on view for a long time, where, next to the woolly horse, the Aztecs, and other modern wonders, it attracted considerable attention. Nothing was visible in the rusty old coop but a piece of blanched bone. A mysterious tale of crime, however, invested this frail remnant of mortality, with vivid interest. Tradition has supplied several accessories to a fact, which recent historical researches have placed beyond the region of doubt. Until lately this cage was supposed to have been the instrument of torture and last abode before death, of a Canadian Lafarge, who had murdered her two husbands in an extraordinary way ; in one instance adopting a process calculated to leave behind, no traces of violence. » Le Moine, « Marie Josephte Corriveau, a Canadian Lafarge », p. 68-74. Voir aussi James MacPherson Le Moine, *Picturesque Quebec*, 1881, version numérique : Projet Gutenberg, eBook #7033, gutenberg.org, 2004.

loterie et du «cherry-rum» aux soldats. Plus tard, à New York, il se fait la main dans diverses entreprises, dont la publication de journaux. C'est vers 1835 que les dons de promoteur de Barnum commencent à se préciser. Pour 1 000 $, il fait l'achat de Joyce Heth, une vieille esclave noire qui prétendait avoir près de 161 ans et avoir été la nourrice du premier président américain, George Washington... Il emmène cette dernière en tournée, amassant une fortune au passage.

En 1841, il ouvre son Barnum's American Museum à Manhattan, coin Broadway et Ann Street. L'édifice compte une salle de spectacle pouvant asseoir plusieurs milliers de personnes ainsi que de vastes salles où il expose des centaines de curiosités, dont la fameuse sirène des îles Fidji. Barnum procède souvent à des échanges d'objets avec Moses Kimball, le propriétaire du Boston Museum qui, de concurrent, est devenu un ami. Dans les années suivantes, les agents de Barnum sillonneront les régions afin d'acquérir des objets étranges qui viendront grossir sa collection. C'est ainsi que la cage de la Corriveau se retrouve aux États-Unis, où elle est exposée au musée de Barnum à New York à la fin de l'été 1851. À son apogée, le musée new-yorkais peut recevoir jusqu'à 15 000 visiteurs par jour.

Après avoir dû faire face à deux incendies successifs en 1865 et 1868, P. T. Barnum décide de laisser tomber les musées et se tourne vers d'autres manières de faire des profits. Quelques années avant, l'imprésario avait mis sous contrat le général Tom Pouce (Tom Thumb) et Jenny Lind, dite «le Rossignol suédois», avec qui il avait fait une grande tournée à travers les États-Unis. En 1868, l'homme d'affaires met donc sur pied la P. T. Barnum Grand Traveling Museum, Menagerie, Caravan and Circus dont le quartier général est à New York. «The Greatest Show on Earth », comme on l'appelle à l'époque, sillonne l'Amérique du Nord ainsi que l'Europe : ses expositions itinérantes défraient la chronique entre autres en France, en Belgique, en Angleterre et en Écosse[34].

Barnum meurt le 7 avril 1891 à l'âge vénérable de 80 ans.

Fascicule annonçant la tournée de la troupe de P. T. Barnum, 1871.
Hudson River Valley Heritage, Somers Circus Collection, ID 73.16.246, www. hrvh.org. Domaine public. Phineas Taylor Barnum, Wikimedia Commons.

C'est sous l'impulsion de promoteurs comme Barnum que les expositions d'amusement et les cirques prennent une envergure sans précédent dans la seconde moitié du XIXe siècle. Le public canadien montre un intérêt marqué pour ces diver-

34. Phineas T. Barnum, *Mémoires de Barnum. Mes exhibitions*, Mane, Futur Luxe nocturne, 2004, p. 173, 208.

tissements populaires: Québec et Montréal s'inscrivent d'ailleurs dans le circuit des expositions itinérantes d'origine étrangère. Dans la décennie 1850-1860, la troupe de Barnum s'arrête à quelques reprises dans la métropole, notamment à la mi-mai 1852, comme en fait foi un article qui paraît dans *La Minerve*[35].

D'après James MacPherson Le Moine et Louis Fréchette, la cage de la Corriveau finit par aboutir au musée de Barnum, à New York[36]. L'empire Barnum a-t-il bel et bien acquis le macabre artefact lors d'une tournée au Québec? Rappelons que le gibet est exposé à Montréal à proximité du marché Bonsecours à la fin de l'été 1851. Il y est vu par des milliers de personnes et attire apparemment l'intérêt du célèbre homme de cirque – ou, plus vraisemblablement, de l'un de ses agents, puisque Barnum lui-même est à Bridgeport pour affaires pendant cette période[37]. Quoi qu'il en soit, la cage quitte Montréal dans les semaines qui suivent puisqu'on la retrouve à New York à la fin du mois d'août 1851. La description qui paraît alors dans la presse ne laisse planer aucun doute sur «l'identité» de l'objet ni sur le lieu d'exposition: bien que l'institution proprement dite ne soit pas nommée, le 252 Broadway est bien l'adresse du Barnum's American Museum.

On ne sait avec certitude ce qu'il advient de la cage de la Corriveau dans les décennies suivantes. Le 13 juillet 1865, le musée new-yorkais de Barnum est la proie des flammes... Si la cage s'y trouve, elle échappe miraculeusement à la destruction complète puisqu'elle ressurgit une douzaine d'années plus tard. Mais il est plus probable qu'elle soit déjà ailleurs au moment du sinistre puisque sa présence est ensuite attestée dans la région de Boston[38]. Comment et surtout pourquoi s'y retrouve-t-elle?

---

35. Gagnon, «Des animaux, des hommes et des choses», p. 291-327.

36. Le Moine, *Picturesque Quebec*, non paginé.

37. Il s'y trouve pendant presque tout le mois d'août 1851. Barnum, *Mémoires de Barnum*, p. 220.

38. «Nous apprîmes un jour que la cage de la Corriveau était en exhibition au fameux musée [Barnum] de New York. Il est probable que c'est lors de l'incendie de l'établissement, arrivé, je crois, en 1862, que cette curiosité historique

Article annonçant l'exposition de la cage à New York, 26 août 1851.
Il est intéressant de remarquer qu'on impute à la femme
de la Pointe-Lévy le meurtre de trois maris.
«Great historical curiosity», *New York Tribune*, vol. XI, n° 3231,
mardi 26 août 1851. Accessible au www.fultonhistory.com. Domaine public.

P. T. Barnum connaissait personnellement Moses Kimball, le propriétaire du Musée de Boston : les deux hommes se sont rencontrés à quelques reprises dans les années 1840, notamment lors de la célèbre affaire de la supposée « sirène des îles Fidji ». Ils prennent alors l'habitude de se prêter mutuellement des objets de leurs collections pour les exposer dans leurs musées respectifs[39]. Le gibet canadien aurait-il pu figurer au nombre des curiosités et artefacts prêtés par Barnum à Kimball ? Quoi qu'il en soit, l'écrivain Louis Fréchette affirme avoir vu la cage au Musée de Boston vers la fin des années 1870, comme il le relate dans un article du journal *La Patrie* en 1885 :

> Il y a de cela sept ou huit ans, en visitant un des musées de Boston, – celui qu'on appelle le Boston Museum – dans un coin qui paraissait peu fréquenté du public, j'aperçus une vitrine oblongue placée verticalement, et qui renfermait une

fut mise dans l'état de délabrement où elle est aujourd'hui. » Fréchette, « La cage de la Corriveau », p. 398 et 401.

39. Barnum, *Mémoires de Barnum*, p. 134.

Telle était au "Boston Museum" la curieuse vitrine qui ne cessait d'intriguer les visiteurs.

La « relique » que Louis Fréchette affirme avoir aperçue dans un musée de Boston, avec la mention « From Quebec », dessinée par Edmond-J. Massicotte. Reproduit dans Léonard Bouchard, *Morts tragiques et violentes au Canada, 17ᵉ et 18ᵉ siècles*, Québec, Les Publications audiovisuelles, 1982, tome I, p. 115.

masse de vieilles ferrailles brisées, tordues, enchevêtrées, rongées par la rouille et le feu. En examinant cela attentivement, on y découvrait certains linéaments grossiers dont les lignes hideuses semblaient dessiner comme une étrange forme humaine. Sur la partie supérieure de l'encadrement, une petite pancarte portait cette simple inscription : From Quebec. [...] Cela ressemblait à quelque panoplie inconnue, écrasée en faisceau informe ; ou plutôt on aurait dit – fantaisie lugubre – une espèce de squelette en fer, à moitié disloqué et s'affaissant sur lui-même. [...] Il est probable que c'est lors de l'incendie de l'établissement [musée Barnum], arrivé, je crois, en 1862, que cette curiosité historique fut mise dans l'état de délabrement où elle est aujourd'hui[40].

---

40. Fréchette, « La cage de la Corriveau », p. 398 et 401 et Fréchette, « La cage de la Corriveau », dans Deschênes et Maurais, *Contes et légendes de la Côte-du-Sud*, p. 68-69. En 1885, au moment où paraît son texte dans *La Patrie*, Fréchette y occupe le poste de rédacteur en chef (depuis le 12 mai 1884), une

Article où l'on peut lire que Joseph Dodier [sic] a été tué en 1763 au moyen de plomb fondu versé dans l'oreille pendant son sommeil. La cage se trouve alors au Essex Institute. « Salem's Gibbet a Rare Antique », *The New York Sun*, samedi 9 août 1931, p. 9. Accessible sur www.fultonhistory.com. Domaine public.

Salem's Gibbet a Rare Antique

Essex Institute Has Execution Chair in Which Mme. Dodier Died.

It happened in 1763, in the little town of St. Valier, near Quebec. The populace of this quiet community was horrified to learn one morning, that Joseph Dodier was dead, murdered in his bed while he slept, and in a most fiendish manner. For his end had been brought about by the pouring of molten lead in his ear.

After due investigation it appeared that Mme. Dodier was the perpetrator of the crime. She was arrested and convicted by the British military authorities and sentenced to be hanged. Following the hanging her body was placed in an iron gibbet and suspended from a pole at a crossroad near the Levis church. Here it remained for some time as a warning to the evildoer who might pass that way. The body was later buried, still encased in its iron cage.

In 1855 the body was exhumed and the gibbet sold to the old Boston Museum. There it remained until 1899, when the collections of this museum were dispersed, and the gibbet was presented to the Essex Institute at Salem, Mass. And here it may be seen today in a far corner of the institute's annex hanging in fitting comradeship with a guillotine blade which was in service during the French Revolution.

The gibbet is composed of iron straps of various widths and lengths and is badly corroded as a result of its long interment. A circle of iron went about the neck, with two straps bent into a sort of pear-shaped cage for the head. Where these two pieces cross a large hook is riveted by means of which the gibbet could be suspended. Also attached to the neckpiece were two long narrow straps to which the arms were fastened by circular bands, one for the upper arm and one for the wrist. Parts of the arm sections are now missing.

Attached to the neck band at the front and back and extending under the body, is a wide strap which acts as a support for two circular bands. These bands passed around the body at the level of the breasts and hips. From the lower body band extend the leg straps, each slightly bent to conform with the contour of the thighs. Three circular bands served to confine the legs, and at the bottom is a sort of stirrup on which the weight of the body rested.

The attachment of one band or strap to another was done by riveting and all of the circular pieces are made with a hinged section to allow the entry of the body. That the gibbet was not constructed for Mme. Dodier's sole use is shown by a series of slots and punch holes, by means of which adjustments could be made to conform with the length and size of the body which it was to contain. Thumb screws, now so completely

Iron gibbet of gruesome but historic associations.

rusted in places as to be immovable, were used to hold the adjustable parts in the desired positions.

Daguerreotype Only Picture Of Betsy Ross Existing

EVANSVILLE, Ind. (U. P.).—A dim daguerreotype, believed to be the only existing original likeness of Betsy Ross, maker of the first American flag, is owned by Capt. John

Mais le destin tortueux de la cage de la Corriveau ne s'arrête pas là : en effet, l'objet est à nouveau déplacé pour aboutir à l'Essex Institute. Selon les registres muséaux, elle est donnée à cette institution en 1899 par l'avocat et collectionneur bostonnais David P. Kimball, un héritier (fils ou neveu) de Moses Kimball[41]. Un article du *New York Sun* du 8 août 1931 précise que c'est à la suite de la dispersion des collections du Boston Museum que le *rare antique* s'est retrouvé à l'Essex Institute, qui l'expose aux côtés d'une lame de guillotine datant de la Révolution française. Par la suite, la cage est apparemment remisée dans les réserves de l'Essex Institute et sombre dans un relatif oubli.

Deux informations viennent pourtant introduire des dissonances dans la trajectoire matérielle de la cage qui vient d'être décrite. En effet, dans un article du *London Sunday Times* du 26 août 1894, un certain George Augustus Sala prétend avoir vu une cage semblable lors de son passage au Canada en 1863. N'étant plus certain si c'était à Montréal ou à Québec, Sala se rappelle en revanche qu'il y avait alors controverse sur l'origine d'un assemblage de lanières de métal évoquant une forme humaine, connu sous le nom de « la cage de fer », qui avait été retrouvé dans un débarras de la mairie[42]. En outre, dans une

---

fonction qu'il ne conservera qu'une quinzaine de mois. Jacques Blais, « Louis Fréchette », *Dictionnaire biographique du Canada*, vol. XIII, http://www. biographi.ca/009004-119.01-f.php. Page consultée le 20 janvier 2013.

41. Courriel de Carrie Van Horn, Assistant Registrar for the Permanent Collection Peabody Essex Museum, à Joseph Gagné, historien, 8 novembre 2011. Communication personnelle.

42. « Then the antiquarians went to work with a will, and discovered that shortly after the British conquest of Canada a French-Canadian woman had been convicted of the murder of her husband under exceptionally atrocious circumstances. She was sentenced to die on the gallows, to be hanged in chains, and on her way to the place of execution to receive a certain number of lashes at three appointed spots. The Cage de Fer was evidently the machine in which the wretched creature had been gibbeted. » Rapporté dans « Relics of two long-remembered deaths inspired letter-writers », *The Gazette* [Montréal], 25 septembre 1994, B3. Disponible sur http://search.proquest.com.res.banq.qc.ca.

lettre publiée dans *The Gazette* (Montréal) le 13 septembre 1894, on apprend que la collection permanente du Château Ramezay comprend une cage de fer ayant la forme d'un corps humain et dans laquelle, prétend-on, le fantôme de la Corriveau se matérialise une fois l'an[43]... Puisqu'il semble peu probable que l'artefact ait pu revenir en sol canadien à cette époque – les journaux en auraient parlé –, pourrait-il s'agir du gibet de fer qui avait enserré l'autre célèbre encagé canadien, dont on ne connaît que le patronyme, Saint-Paul, devenu « l'hôte à Valiquet » dans les légendes populaires[44] ? Ou bien se pourrait-il qu'on soit en présence d'une copie façonnée au XIXe siècle ? Ce questionnement demeure actuellement sans réponse.

D'autres sources d'inspiration pour les littéraires

La redécouverte de ce qui est vraisemblablement la cage de la Corriveau marque donc le coup d'envoi d'un élan littéraire à compter du milieu du XIXe siècle ; ce tournant de l'oral vers l'écrit influencera irrémédiablement la manière dont évoluera la légende au fil des décennies suivantes. D'autres éléments viennent en outre apporter un éclairage nouveau à « l'histoire » telle qu'elle s'était perpétuée jusqu'alors. C'est ainsi que la presse écrite, en relayant d'autres faits divers, contribuera à alimenter le processus de légendarisation entourant la Corriveau.

Les écrivains, toujours à la recherche d'idées de romans ou de pièces de théâtre, ne se gênent pas pour reprendre les histoires les plus saisissantes qu'ils dénichent dans les affaires judiciaires et les descriptions de procès. Rappelons que les imprimeurs européens se sont toujours délecté des crimes et

---

43. « Relics of two long-remembered deaths inspired letter-writers », *The Gazette* [Montréal], 25 septembre 1894, B3. Disponible sur http://search. proquest.com.res.banq.qc.ca.

44. Édouard-Zotique Massicotte, « Les pendus encagés », *Bulletin des recherches historiques*, vol. XXXVII, n° 7 (1931), p. 427-432.

des exécutions publiques qui, déjà au XVIIe siècle, surclassaient les autres sujets dans les journaux[45]. Les romanciers du XIXe siècle, même aussi célèbres que Stendhal ou Balzac, ont donc beau jeu de puiser dans les journaux, aussi la litanie des meurtres et des exécutions capitales est-elle un formidable ferment pour l'inspiration créatrice. Les écrivains du Canada ne sont pas en reste : ainsi, les littéraires usent d'une méthode analogue à leurs illustres contreparties européennes, prenant comme point de départ un véritable fait divers qu'ils remodèlent ensuite afin de servir leur propre trame narrative. Parfois pour informer, mais surtout pour divertir.

Un de ces faits divers est celui d'une Française, Marie Lafarge, trouvée coupable du meurtre de son mari en 1840. Si le mobile du crime n'est pas certain, l'arme est en revanche bien identifiée : il est question d'arsenic. De quoi relancer les conversations sur les mauvaises épouses empoisonneuses de maris... Lorsque l'histoire de la Corriveau refait surface au milieu du XIXe siècle, il se trouvera des écrivains pour établir un rapprochement entre ces deux destins tragiques, comme nous le verrons plus loin.

Marie Lafarge (1816-1852)

Marie Cappelle naît le 15 janvier 1816 dans le milieu de l'aristocratie parisienne. Elle reçoit une éducation soignée et complète. À l'âge de 23 ans, elle épouse Charles Lafarge, maître de forges, dans un petit village de Corrèze. Le jeune couple s'installe dans une propriété appartenant à la famille Lafarge depuis quelques années ; la maison s'avère délabrée et infestée de rats.

---

45. Roger Chartier, « Les pratiques de l'écrit », dans Georges Duby (dir.), *Histoire de la vie privée*, t. III : *De la Renaissance aux Lumières*, Paris, Seuil, 1986, p. 113.

Tandis que Charles Lafarge s'efforce de dénicher l'argent nécessaire pour rénover le domaine, Marie tente d'éradiquer la vermine en utilisant de l'arsenic. Il va sans dire que, pour une jeune femme qui vivait dans le luxe de la maison familiale, ce changement de situation est difficile à supporter... et aussi inattendu, apparemment, que le décès de son époux qui survient le 14 janvier 1840, à la suite de maux d'estomac et de force vomissements. Le lendemain du décès, les forces de police perquisitionnent la propriété des Lafarge et découvrent partout dans la maison de la poussière d'arsenic. L'autopsie pratiquée sur le corps du défunt révélant des traces d'arsenic, les soupçons se portent immédiatement sur la jeune mariée. Après un procès qui fait grand bruit, Marie Cappelle Lafarge est reconnue coupable de meurtre et envoyée au bagne de Toulon ; or, sa santé fragile lui permet d'être transférée à la prison de Montpellier. Étant fort instruite, elle rédige un journal intime intitulé *Heure de Prison*, auquel on reconnaîtra une remarquable qualité littéraire et qui aura un retentissement jusqu'au Canada. Au bout de douze années d'emprisonnement, son état de santé se détériore grandement et elle contracte la tuberculose. Après pressions et pétitions faites en son nom, elle est finalement graciée en juin 1852. Elle mourra en septembre de la même année au village d'Ornolac en Ariège.

Dans la mémoire collective française, Marie Lafarge est devenue une empoisonneuse célèbre qui se serait débarrassée de son mari en utilisant de l'arsenic dans une pâtisserie. Les femmes meurtrières (ou, du moins, accusées et condamnées pour meurtres) étant plutôt rares dans les annales judiciaires, il n'est guère surprenant qu'on ait pu rapprocher l'histoire de Marie Lafarge au cas de Marie-Josephte Corriveau.

Un autre fait divers, canadien celui-là, vient donner un coup de fouet à la légende de la Corriveau. Il s'agit du meurtre crapuleux d'une vieille dame, Charlotte Todd, par son gendre Jean-Baptiste Corriveau. Ce dernier, chapelier de son état, épouse Tharsile Todd de Besserer le 18 septembre 1838 à Québec. Ses affaires ne sont apparemment pas très bonnes ou alors l'habileté commerciale n'est pas au rendez-vous ; il en résulte que l'argent fait souvent défaut et que Corriveau peine à assurer la subsistance de sa famille. Or, sa belle-mère est une veuve fort riche et vivant seule qui a, semble-t-il, pris des dispositions en faveur de son gendre, lui faisant don de tous ses biens si elle devait décéder. Le 12 janvier 1855, Corriveau assassine Charlotte Todd à coups de bûche, vraisemblablement pour faire main basse sur son héritage. Bien qu'il se soit livré lui-même aux autorités, il est condamné à la pendaison ; cette peine sera finalement commuée en prison à vie le 25 septembre 1856. Cette histoire fait couler beaucoup d'encre en 1855 et 1856, notamment dans le *Journal de Québec* et le *Canadien*, et cause un grand émoi au sein de la population. Le fait que ce drame mettant en scène un Corriveau – qui, coïncidence supplémentaire, est originaire de Saint-Vallier – se produise quelques années après la découverte de la cage n'est sans doute pas étranger à l'engouement renouvelé pour l'histoire de son homonyme du siècle dernier[46].

À la fin du XIXᵉ siècle, un autre cas de marricide canadien-français défraie aussi les manchettes. Dans le petit village de Saint-Canut (aujourd'hui Mirabel), au nord-ouest de Montréal, un homme est retrouvé sans vie, égorgé sur le lit de la chambre conjugale. On croit d'abord à un suicide, mais les traces de lutte sur la scène du crime et les blessures du défunt font rapidement écarter cette piste. Les soupçons se tournent vers sa femme, Cordélia Viau, et l'amant de cette dernière, un

---

46. Lacourcière, « Le destin posthume de la Corriveau », p. 240. Merci à monsieur Serge Corriveau, généalogiste et président de l'Association des Corriveau d'Amérique, pour certaines précisions relatives à cette famille.

dénommé Sam Parslow : ils sont arrêtés le 25 novembre 1897. Les journaux, dont *La Patrie*, se délectent des détails sordides de l'enquête et du procès qui s'ensuivent. On présente Parslow comme un homme envoûté et totalement sous la coupe de son adultère amie… Après une première condamnation suivie d'un appel, Cordélia Viau et son amant sont finalement reconnus coupables de meurtre. Ils sont tous deux pendus à Sainte-Scholastique le 10 mars 1899. Elle avait 33 ans… Bien qu'elle soit différente à de nombreux égards, cette trajectoire n'est pas sans rappeler celle de Marie-Josephte Corriveau[47]. Certaines versions de la légende amalgameront d'ailleurs des éléments du cas Viau à celui de la Valliéroise.

Engouement littéraire du XIXᵉ siècle

Quelle que soit l'influence initiale, plusieurs auteurs se mettent à publier des récits sur Marie-Josephte Corriveau dans les années 1860. Il est à noter que le rayonnement de cette légende québécoise, à l'instar d'autres récits du terroir, dépasse largement les frontières du Québec : portée jusqu'alors par l'oral et dorénavant par l'écrit, la Corriveau voyage partout où se trouvent des Canadiens français.

Philippe Aubert de Gaspé connaît bien les légendes de la Côte-du-Sud dont, manifestement, celle de la Corriveau. Celui qui sera le dernier seigneur de Saint-Jean-Port-Joli présente cette femme comme une vile sorcière morte-vivante qui, toujours enfermée dans sa cage, aurait attaqué François Dubé car elle souhaitait aller danser le sabbat avec ses compagnons surnaturels à l'île d'Orléans… D'abord paru sous forme de courte nouvelle dans la revue *Soirées canadiennes* au début de

---

47. En 1995, Marina Orsini interpréta Cordélia Viau dans la série *Les grands procès* diffusée au petit écran. Voir l'excellent dossier constitué par Vicky Lapointe, « L'affaire Cordélia Viau (Saint-Canut, 1897) », sur le blogue *Patrimoine, Histoire et multimédia*, 10 septembre 2011, http://tolkien2008. wordpress.com.

l'année 1862, ce récit est publié au printemps 1863 sous forme de chapitres du roman *Les Anciens Canadiens* : « Une nuit avec les sorciers » (chapitre III) et « La Corriveau » (chapitre IV). Tiré à 1 100 exemplaires vendus un dollar chacun, l'ouvrage connaît un succès immédiat, à tel point qu'il est traduit en anglais et réédité à de nombreuses reprises au cours des années suivantes. Il est même porté à la scène en 1865, en présence de l'auteur.

Philippe Aubert de Gaspé, auteur des *Anciens Canadiens*, un roman se déroulant dans les dernières années de la Nouvelle-France où la Corriveau est déjà une « personnalité » de la Côte-du-Sud.
Philippe Aubert de Gaspé (1786-1871), gravure d'après une photographie de Livernois prise vers 1863-1864. Publiée dans Benjamin Sulte, *Histoire des Canadiens-Français*, Montréal, Wilson & Cie éditeurs, 1882-1884. Wikimedia Commons. Domaine public.

Philippe Aubert de Gaspé (1786-1871)

Cinquième et dernier seigneur de Saint-Jean-Port-Joli, Philippe Aubert de Gaspé est né le 30 octobre 1786 à Québec. Il sera d'abord avocat puis écrivain. On lui doit l'un des grands succès littéraires du Québec, *Les Anciens Canadiens*.

Ayant fait ses humanités au petit séminaire de Québec, il est admis au barreau le 15 août 1811. Bien né et bénéficiant d'une fortune personnelle, Philippe Aubert de Gaspé a ses entrées dans les hautes sphères de la société. Cela lui permet d'occuper des positions prestigieuses telles que capitaine du 1er bataillon de Québec, assesseur adjoint dans l'état-major du Bas-Canada et shérif du district de Québec. Victime de son insouciance, il s'endette et se rend coupable d'une importante défalcation, à la suite de quoi il est destitué de son poste de shérif et doit quitter Québec. Il se rend dans la seigneurie maternelle où il passera plusieurs années avant d'être envoyé en prison de 1838 à 1841. Étrangement, son long exil à la campagne et son emprisonnement le prépareront à sa carrière d'écrivain, puisqu'il aura ainsi le temps d'approfondir sa culture littéraire et de fréquenter les simples habitants de la campagne, dont les récits et les histoires nourriront son inspiration.

C'est après avoir partagé ses souvenirs avec le Club des Anciens, un regroupement d'érudits et de lettrés de Québec dont faisaient partie François-Xavier Garneau et Georges-Barthélemi Faribault, que de Gaspé entreprend l'écriture de son roman *Les Anciens Canadiens*, qui assurera sa renommée. Il meurt le 27 janvier 1871 à l'âge vénérable de 84 ans.

Philippe Aubert de Gaspé n'est pas animé uniquement par le noble désir de développer l'identité nationale des Canadiens français : en rappelant les us et coutumes de l'ancien régime, il semble aussi vouloir réhabiliter un passé marqué par la prééminence d'une classe sociale, celle des seigneurs dont il faisait partie. Rappelons que l'abolition du régime seigneurial quelques années auparavant, en 1854, a porté un dur coup au vieux seigneur, aussi ses écrits constituent-ils un plaidoyer en faveur du bon vieux temps... avec tout ce que ce même bon vieux temps peut comporter d'étrange et d'insolite. Il n'hésite d'ailleurs pas à devancer l'histoire de la Corriveau de plusieurs années, de façon à pouvoir l'intégrer à son récit : cet anachronisme volontaire lui fait situer l'action dans les années 1750, alors que, comme on le sait, la Marie-Josephte Corriveau

« historique » n'est alors même pas encore veuve de son premier mari. Notons aussi que le romancier incorpore des éléments visiblement inspirés de « Tam O'Shanter », un poème de l'Écossais Robert Burns publié au Québec en 1794, notamment toute la séquence impliquant le déplacement en calèche et les diableries. Malgré toutes les entorses historiques, ce roman et surtout les notes de la fin serviront longtemps de sources – même aux premiers historiens canadiens-français – pour documenter l'histoire de la Corriveau[48].

Quelques mois après la parution des *Anciens Canadiens* est publié un autre texte marquant de la légende de la Corriveau. Dans le recueil *Maples Leaves*, James MacPherson Le Moine qualifie la Valliéroise de « Canadian Lafarge », référant à ce cas de maricide, qui a défrayé la chronique judiciaire dans les années 1840, celui de la Française Marie Lafarge, dont il a été question précédemment. L'auteur évoque aussi la découverte de la cage dans le cimetière paroissial quelque 87 ans après le drame, un os s'y trouvant toujours[49].

James MacPherson Le Moine (1825-1912)

Né à Québec le 21 janvier 1825 d'une mère d'origine écossaise et d'un père canadien-français, James

---

48. Maurice Lemire, « Introduction », dans Philippe Aubert de Gaspé, *Les Anciens Canadiens*, édition critique par Aurélien Boivin, avec la collaboration de Jean-Louis Major et Yvan G. Lepage, Montréal, Les Presses de l'Université de Montréal, « Bibliothèque du Nouveau Monde », 2007, p. 50-52 ; Serge Saint-Pierre, « Philippe-Aubert de Gaspé, des *Anciens Canadiens* au Musée de la mémoire vivante », *Encyclopédie du patrimoine culturel de l'Amérique française*, 2009, www.ameriquefrancaise.org ; Robert Burns, « Tam O'Shanter », dans *Le Magazine de Québec pour janvier 1794*, Québec, Jean Neilson, Imprimeur et Libraire, vol. III, p. 362-367, rapporté dans Lacourcière, « Le destin posthume de la Corriveau », p. 248-249.

49. Le Moine, « Marie Josephte Corriveau, a Canadian Lafarge », p. 78.

MacPherson Le Moine sera avocat, fonctionnaire, ornithologue mais surtout écrivain.

Après toute son enfance à l'île aux Grues, il rentre chez son père à Québec en 1838 à l'âge de 13 ans pour y faire ses études au petit séminaire. Admis au Barreau du Bas-Canada en 1850, il pratique le droit à Québec jusqu'en 1858. Il occupera successivement les postes de receveur des contributions indirectes et d'inspecteur.

Parfaitement bilingue, Le Moine écrit avec aisance, dans les deux langues, des œuvres dont plusieurs récits historiques dénotant une méthode de recherche sérieuse, axée sur les faits. S'intéressant particulièrement à Québec et à sa banlieue, il développe un impressionnant savoir qu'il mettra à profit lors de l'écriture de *Maple Leaves*. Ces histoires paraissent en sept volumes entre 1863 et 1906. Elles serviront de base pour le roman de William Kirby, *The Golden Dog: A Legend of Quebec*.

Tout au long de sa brillante carrière, James MacPherson Le Moine reçoit plusieurs éloges et honneurs. Il est notamment président de la Société littéraire et historique de Québec et membre fondateur de la Société royale du Canada, dont il assure la présidence de 1894 à 1895. Il est également nommé chevalier par la reine Victoria en 1897. Il meurt le 5 février 1912.

Reprenant des éléments des *Anciens Canadiens*, Édouard Huot évoque à son tour la Corriveau au sein d'un court florilège de légendes canadiennes qui paraît dans *L'Opinion publique* le 21 mars 1872. Ce texte bref relate les éléments marquants de la trop courte vie de Marie-Josephte Corriveau ; les erreurs qui s'y glissent (par exemple qu'elle se remarie après trois mois seulement de veuvage), entourées de « faits véritables », passent pour vraies, ce qui contribuera à les perpétuer durablement[50]. Quelques semaines plus tard, Louis Fréchette convie à son tour la cage de la Corriveau dans le récit « Une touffe de cheveux blancs » publié dans *L'Opinion publique* du 25 avril 1872. Alors que le personnage principal, en croisière sur un vapeur, narre aux autres passagers ses aventures dans le cimetière de Saint-Joseph-de-Lévis, il évoque la trouvaille de « l'affreuse chose », « horrible machine », « relique éloquente d'un de ces terribles drames judiciaires qui passent à l'état de légende dans la mémoire d'un peuple[51] ». Deux ans plus tard, il est fait mention de l'histoire de la Corriveau – non de la légende mais de quelques faits histo-riques qui l'entourent – dans *The Canadian Antiquarian and Numismatic Journal*[52].

Ces textes, et en particulier les *Maples Leaves* de James MacPherson Le Moine, mettent la table à une autre des œuvres marquantes de cette époque. Après quelques années de rédaction suivies de tracasseries administratives, *The Golden Dog: A Legend of Quebec* de William Kirby paraît enfin en 1877 à New York et connaît aussitôt un énorme succès littéraire[53]. Dans ce récit, Kirby dresse un portrait romancé de la Nouvelle-France à travers les intrigues de l'intendant Bigot et ses acolytes qui, peu à peu, ruinent l'existence d'innocentes personnes... et dans lequel la Corriveau joue un rôle d'impor-tance. Elle est en effet présentée comme une descendante de

50. Édouard Huot, « Causerie », *L'Opinion publique*, vol. 3, n° 12 (21 mars 1872), p. 135.

51. Louis Fréchette, « Une touffe de cheveux blancs », *L'Opinion publique*, vol. 3, n° 17, jeudi 25 avril 1872, p. 303.

52. « Stadacona Depicta », *The Canadian Antiquarian and Numismatic Journal*, Montréal, vol. III, n° 2 (octobre 1874), p. 86.

53. Pantaléon Hudon dans la *Revue canadienne* (mars 1877), James MacPherson Le Moine dans le *Journal de Québec* (4 avril 1877) et le *Morning Chronicle* (7 avril 1877), Benjamin Sulte dans *L'Opinion publique* (3 mai 1877) en font des comptes rendus élogieux ; tous voient dans l'ouvrage « un superbe hommage aux ancêtres des Canadiens français » (préface de la traduction de 1884). Voir dans David M. Hayne, « Le Chien d'Or », *Dictionnaire des œuvres littéraires du Québec*, Montréal, Éditions Fides, 1980, en ligne sur BANQ.

William Kirby, auteur du roman *The Golden Dog* (*Le Chien d'Or*), dans lequel la Corriveau est dépeinte comme une empoisonneuse.
Seamus Murphy, « William Kirby : the Publication History of The Golden Dog », Queen's University. Fonds William Kirby, Queen's University Archives, http://hpcanpub.macmaster.ca. Domaine public.

la célèbre empoisonneuse Catherine Deshayes dite la Voisin, qui sévissait à la cour de Louis XIV dans les années 1670-1680[54]. Détail piquant : dans ce récit se déroulant en 1748, Kirby présente la Corriveau comme une femme d'âge mûr ; or, la véritable Marie-Josephte, née en 1733, n'a que 15 ans !

---

54. Tristement célèbre pour ses pratiques occultes de même que ses activités de chiromancienne et d'avorteuse, la Voisin a été mêlée à « l'affaire des poisons », un épisode de l'histoire de France au cours duquel madame de Montespan, favorite de Louis XIV, a tenté de se débarrasser de sa rivale, mademoiselle de Fontanges. Aux prises avec de nombreux cas d'empoisonnements à la cour, le roi instaura un tribunal spécial qui examina plus de 400 cas et prononça 36 peines capitales. Lors de ce procès retentissant, la Voisin fut trouvée coupable d'avoir fourni du poison et, dans la foulée, avoua aussi avoir incinéré ou inhumé dans son jardin les petits corps de plus de 2500 enfants nés avant terme. Condamnée à mort, elle a été brûlée sur la place de Grève le 22 février 1680. Une célèbre épistolière de cette époque, madame de Sévigné, a décrit la scène en mentionnant que la Voisin ne semblait pas du tout repentante ; bien au contraire, elle « repoussait le confesseur et le crucifix avec violence » et « ne voulut jamais prononcer l'amende honorable », le tout en jurant beaucoup. Jacques Diezi, « L'arsenic : poison d'hier, toxique d'aujourd'hui », *Le Fait médical*, n° 77, août 2011, www.lefaitmedical.ch ; Lettre de madame de Sévigné à sa fille, vendredi 23 février 1680, Wikipédia.

William Kirby (1817-1906)

Né le 13 octobre 1817 à Kingston upon Hull dans le Yorkshire en Angleterre, William Kirby sera notamment tanneur, journaliste, enseignant et fonctionnaire. Mais, surtout, sa plume et sa verve d'écrivain lui vaudront la notoriété que l'histoire lui reconnaît aujourd'hui.

Après avoir passé son enfance dans le hameau de Newby Wiske dans le Yorkshire, il immigre avec sa famille en Ohio, où il étudie notamment le grec, le latin, le français et l'allemand. Après avoir pratiqué le tannage – un métier appris auprès de son père – à Four Miles Creek pendant quelques années, il s'installe finalement à Niagara, où il se tourne vers l'enseignement. Il devient rédacteur en chef puis éditeur au *Niagara Mail* de 1850 à 1871. Le soutien donné au Parti conservateur et plus particulièrement à sir John A. Macdonald lui vaut le poste de receveur des douanes, fonction qu'il occupera de 1871 jusqu'à sa retraite en 1895.

Étant avant tout un homme de lettres, c'est durant sa longue carrière publique qu'il produira ses œuvres littéraires, dont *The U.E.: a tale of Upper Canada* (1859), *Memoirs of the Servos family* (1884) et *Canadian Idylls* (1894). Mais c'est surtout pour son roman *The Golden Dog: A Legend of Quebec* que Kirby sera reconnu comme un véritable écrivain. Fasciné par la légende du Chien d'or depuis une visite à Québec, et s'inspirant des écrits de James MacPherson Le Moine (avec qui il entretiendra une correspondance et sera l'un des membres cofondateurs de la Société royale du Canada), Kirby publie son livre en 1877. Il lui aura fallu près de quinze années de travail. Le succès du roman est colossal, autant auprès du public que de la critique. Même la reine Victoria aurait été l'une de ses lectrices, selon les rumeurs de l'époque! Malgré son succès, Kirby ne recevra que très peu de redevances pour *The Golden Dog*, ce qui le poussera à militer activement pour obtenir des lois plus rigoureuses concernant les droits d'auteur.

Après une vie de littéraire bien remplie, William Kirby meurt en 1906, à Niagara-on-the-Lake.

Il faut attendre 1884 pour que paraisse une traduction française de ce roman, préparée par le bibliothécaire-poète Pamphile Lemay. Publié d'abord sous forme de feuilleton dans le journal *L'Étendard* en 1884-1885, puis sous forme de livre en 1885, le *Chien d'or* n'est pourtant pas une traduction littérale. Tout en restant fidèle à l'esprit de Kirby, il s'agit d'une adaptation libre qui, comme toute bonne traduction, recrée l'esprit de l'original plutôt que de le reproduire[55].

Louis Fréchette avait déjà évoqué la Corriveau en 1872, mais c'est dans un article publié pour la première fois dans *La Patrie* en 1885 qu'il décrit plus longuement «l'histoire» de Marie-Josephte Corriveau et de sa célèbre cage. S'il puise abondamment dans les écrits de Philippe Aubert de Gaspé pour évoquer la légende construite autour de la Valliéroise, notamment les segments relatifs à la sorcellerie, en revanche ses descriptions de la cage exhumée à la Pointe-Lévy vers 1850, puis exposée au Musée de Boston quelque vingt-cinq ans plus tard, représentent des apports relativement originaux dans la littérature de l'époque, si l'on excepte les quelques lignes consacrées à la cage par James MacPherson Le Moine.

---

55. David M. Hayne, «Le Chien d'Or», *Dictionnaire des œuvres littéraires du Québec*, Montréal, Éditions Fides, 1980, en ligne sur BANQ; Jean-François Caron, «Le Chien d'Or», *Encyclopédie du patrimoine culturel de l'Amérique française*, www.ameriquefrancaise.org.

Louis Fréchette (1839-1908)

Né à Pointe-Lévy le 16 novembre 1839, Louis Fréchette est tour à tour avocat, journaliste, homme politique et un fonctionnaire. Contemporain de William Kirby, James MacPherson Le Moine et Philippe Aubert de Gaspé, il partage avec eux le même goût de l'écriture qui fera de lui un écrivain et un poète.

Jeune homme à l'esprit fougueux et rebelle, il a maille à partir avec la discipline exigée par les études. Après avoir fréquenté trois institutions d'enseignement, il finit néanmoins par obtenir son baccalauréat en 1860, ce qui lui permet d'entrer dans un prestigieux cabinet de Québec. Alors qu'il fait son apprentissage du droit, il pratique également le journalisme (au *Journal de Québec*), participe à la vie politique, s'adonne à la poésie et à l'écriture théâtrale (notamment *Félix Poutré*, un drame historique en quatre actes) et mène une vie de bohème. En 1864, il ouvre son cabinet à Lévis, mais, la clientèle se faisant rare, il se tourne plus résolument vers le journalisme. Il participe à la fondation du *Drapeau de Lévis* puis du *Journal de Lévis*. S'expatriant à Chicago pour raisons financières, Fréchette publie son premier ouvrage, *La Voix d'un exilé*, qui démontre clairement son opposition à la Confédération.

Après quelques années aux États-Unis, il rentre au pays en 1871 juste à temps pour tenter sa chance en politique active. Libéral convaincu, il est élu député de Lévis avec l'équipe d'Alexander Mackenzie en 1874 mais perd son siège quatre ans plus tard. Malgré ses déboires politiques, Fréchette demeure un écrivain actif: il reçoit le prix Montyon de littérature pour son recueil de poésie *Les Fleurs boréales*. Alors qu'il est auréolé de gloire et désormais plus dangereux que jamais à leurs yeux, ses adversaires conservateurs n'hésitent pas à lui faire une réputation de plagiaire. Malgré tout, Fréchette continue de publier et collabore au journal *La Patrie*, propriété d'Honoré Beaugrand. C'est dans ce journal qu'il publie «La Cage de la Corriveau» le 24 février 1885. Ce texte passera à l'histoire puisqu'il contribue à propager l'histoire mais surtout la légende de Marie-Josephte Corriveau.

Membre fondateur de la section française de la Société royale du Canada, Louis Fréchette est aussi fait chevalier de la Légion d'honneur de France. Il continuera à écrire pendant de nombreuses années et mourra à Montréal le 31 mai 1908.

Il est intéressant de souligner que trois des quatre écrivains qui ont produit des récits devenus classiques sur la Corriveau ont un rapport privilégié avec la Côte-du-Sud. En effet, Louis Fréchette était originaire de Lévis, James MacPherson Le Moine a grandi à Saint-Thomas de Montmagny et Philippe Aubert de Gaspé était le seigneur de Saint-Jean-Port-Joli. Aucun d'eux n'a pourtant jugé bon de consigner par écrit, à la manière des folkloristes et des ethnologues du siècle suivant, des témoignages précis de cette légende. Bien sûr, il aurait été difficile de retrouver et d'interroger quelques vieillards dépositaires d'une mémoire encore vive des événements de 1763, mais il aurait sans doute été possible de prendre acte des diverses versions du récit coexistant déjà à cette époque. Ces écrivains ont cependant préféré se servir de la Corriveau comme «prétexte à littératures et à histoires», comme le déplorait Luc Lacourcière[56]. Autres temps, autres mœurs: les intellectuels du XIXᵉ siècle n'avaient pas à l'esprit de telles approches scientifiques, d'autant

---

56. Lacourcière, «La présence de la Corriveau», p. 251.

Louis Fréchette, auteur littéraire et poète, 1880.
Gravure parue dans *L'Opinion publique*, vol. 11, n° 26 (24 juin 1880), p. 312.
BANQ, collection numérique d'images anciennes. Domaine public.

plus que les méthodes d'enquête orale ne seront élaborées qu'au cours du XXe siècle. Leurs écrits contribueront plutôt à fixer puis à perpétuer les grands schèmes de la légende de Marie-Josephte Corriveau, un récit teinté de fantastique qui n'a déjà plus grand-chose à voir avec le drame judiciaire qui avait eu lieu une centaine d'années plus tôt.

CHAPITRE 8

COMMENT CONSTRUIRE
UNE LÉGENDE

U NE FEMME DE MAUVAISE VIE, la Corriveau? Une
sorcière, même? Aucun indice historique fiable ne
permet d'aller en ce sens. Comment alors passe-t-on
de la simple figure d'une jeune femme de trente ans à celle,
horrifiante, d'une sorcière? D'une banale paysanne de la Côte-
du-Sud à une encagée surnaturelle fréquentant les sabbats de
l'île d'Orléans?

Comme le soulevait l'ethnologue Jean Du Berger, l'imaginaire légendaire québécois comporte un bon nombre de figures
bienveillantes, mais aussi une catégorie turbulente, au comportement agressif, qui occupe beaucoup de place. Aux revenants
annonciateurs de mort, aux feux follets et aux esprits malfai-
sants prenant la forme d'animaux s'ajoutent vaisseaux fantômes
et autres âmes tourmentés pénitentes ou vengeresses, dont
l'Hôte-à-Valiquet, la Corriveau et le Diable lui-même! Ces

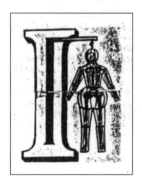

Lettrine illustrant le texte de Louis Fréchette,
« La Cage de la Corriveau », paru dans un
numéro spécial de *La Patrie* le 24 février 1885.
Reproduit par la Société historique du Marigot,
Longueuil, 1981, p. 10. En ligne au marigot.ca/
SHM_cahiers/SHM_la_patrie.pdf.

personnages sont des âmes en peine condamnées à l'errance : repoussés dans les marges de l'au-delà, sans appartenance, ces êtres surnaturels passent et repassent, silencieux, autour du périmètre des vivants[1]. La légende de la Corriveau comporte pourtant des caractères très particuliers qui la démarquent des autres récits de notre folklore. En effet, parce qu'il n'est pas purement fictif mais qu'il se fonde sur des événements réels, le cas de la Corriveau joue sur le double registre du mythe et de la réalité. L'ordinaire se fond et se confond avec l'extraordinaire, et l'existence de cette femme, tant de son vivant qu'après sa fin brutale, se mute en un épisode fantastique.

Ce sont les littéraires du dernier tiers du XIXe siècle qui ont, d'une certaine façon, établi les « canons » de la légende de la Corriveau. En d'autres termes, même s'il en existe de nombreuses variantes, plusieurs éléments clés persistent et sont immédiatement reconnaissables car ils font écho à des éléments traditionnels profondément ancrés dans notre mémoire collective. Il faut reconnaître que, malgré ses inévitables accommodements à la culture locale, la légende de la Corriveau se conforme à une structure narrative classique, bien connue des contes européens : sorte de Barbe-Bleue en jupons, elle présente un caractère maléfique que viendront

---

1. Du Berger, « Imaginaire traditionnel, imaginaire institutionnel », p. 111-112. Sur l'Hôte-à-Valiquet : « Dans la paroisse des Écorres, le cadavre d'un pendu avait été placé dans une cage de fer suspendue à un poteau sur le chemin du Roy. Un certain Valiquet « avait fait baptiser » et revenait de « faire ses invitations » à un « fricot (souper) ». En passant près de la cage du pendu, il décocha un grand coup de fouet qui en fit résonner les barreaux et cria : « Je t'invite à venir souper chez moi ce soir ! » Le soir, les invités étaient à table lorsque tout à coup on frappa à la porte. Le pendu fit son entrée, sa cage sous le bras gauche et ne consentit à repartir qu'à la condition que Valiquet aille danser au pied de son poteau le lendemain. Valiquet fut obligé de s'y rendre mais en portant dans ses bras le bébé qui venait d'être baptisé. Le pendu lui reprocha d'être venu « chargé d'un fardeau » qui l'empêchait de danser « une belle ronde » dont « la mesure se bat à coups de fouet » et lui permit de s'en retourner en ayant au moins « appris à respecter les morts. » Du Berger, « Dernier voyage au Pays de l'imaginaire de l'Amérique française », p. 193-215.

renforcer la succession des maris et la cruauté des procédés employés pour les tuer. Mais n'oublions pas que Marie-Josephte Corriveau, avant d'être un fantôme malfaisant, est souvent présentée comme une femme vivant hors des diktats de son époque. De cette position hors normes à la sorcellerie, il n'y a qu'un pas…

Fabrication sociale d'une « sorcière »

Selon l'historien Guy Bechtel, la sorcière telle qu'on la définit aujourd'hui naît vers la fin du Moyen Âge, une cinquantaine d'années après la grande peste noire de 1348. Il serait peut-être plus juste de parler d'une invention car l'image d'une femme suppôt de Satan répandant ses maléfices sur la population environnante est une pure création de l'esprit, imposée à l'imaginaire populaire avec toute la désinformation dont étaient capables les autorités de cette époque. Cela a eu pour conséquence de polariser contre ce bouc émissaire imaginaire « toutes les forces défensives du peuple de Dieu[2] ». Bien davantage que les communautés juives ou que les hérétiques comme les Cathares (qui recherchent un renouveau dans la foi en s'éloignant de la doctrine de l'Église catholique), ce sont donc des femmes qui seront le plus souvent soumises à la torture des inquisiteurs et envoyées au bûcher.

Comment définit-on la sorcière? En fait, elle présente des visages multiples, mais une caractéristique est constante: son écart par rapport aux diktats sociaux et aux attentes d'une société largement patriarcale. La crainte des femmes est un phénomène ancien en Occident et une intolérance teintée d'agressivité est acceptée, voire encouragée par le monde catholique. L'Église, mais aussi l'ensemble de la société médiévale, subordonne la femme à l'homme, la plaçant dans un état d'infériorité. « Ce n'est pas l'homme qui a été créé pour la

---

2. Guy Bechtel, *La sorcière et l'Occident*, Paris, Plon, 1997, p. 157-158.

femme, mais bien la femme qui a été créée pour l'homme» soutient saint Paul[3]. Par conséquent, sont à risque de passer pour des sorcières les femmes dont l'irrégularité des actions et des comportements se démarque de la masse[4]. Étant veuve, vous ne vous êtes pas remariée, étant ainsi libérée de la «protection» d'un homme? Vous êtes une vieille fille s'y connaissant en herbes qui guérissent? Votre comportement parfois revêche attire l'ire des gens de votre village? Vous présentez un caractère physique inhabituel ou une tare particulière? Il y a de forts risques que vous soyez identifiée comme sorcière, surtout si le malheur a frappé récemment votre communauté... En effet, vous êtes forcément responsable des épidémies, des pluies incessantes qui font tout pourrir, du bétail qui se meurt inexplicablement, des puits asséchés, etc. L'être humain n'aime pas laisser sans explications les grandes et les petites misères de l'existence; il est bien commode de pouvoir identifier la coupable et de la punir comme il se doit, restaurant ainsi l'équilibre du monde.

Plusieurs éléments ou prétendus «faits» ont été rapportés à propos de l'existence atypique de Marie-Josephte Corriveau. Son comportement, d'abord. Plusieurs versions de sa légende prennent appui sur ce qui est considéré comme une tendance à la transgression. Il est possible de croire qu'une certaine excentricité personnelle ait pu prédisposer les habitants de Saint-Vallier à prêter à Marie-Josephte Corriveau des intentions peu orthodoxes. La transcription du procès permet effectivement de déceler un tempérament affirmé. Par divers comportements, la Corriveau dérange la communauté valliéroise. Faut-il aller jusqu'à y voir une femme animée d'un esprit libre, empreinte d'indépendance, une «fiancée du vent» aimant séduire et danser, comme la dépeindra la romancière Monique Pariseau? Chose certaine, il s'avère toujours risqué, pour un individu – surtout une femme – s'écartant des valeurs et des modèles du

---

3. I Corinthiens, chapitre 11, verset 9.
4. Bechtel, *La sorcière et l'Occident*, p. 225.

Dans *Le Chien d'Or* de William Kirby, Caroline de Saint-Castin (à droite) porte à ses lèvres le bouquet empoisonné offert par la «sorcière» Corriveau. Photogravure d'après la peinture de J. W. Kennedy, pour une édition de *The Golden Dog*. William Kirby, *The Golden Dog (Le Chien d'Or): A Romance of the Days of Louis Quinze in Quebec*, Boston, Joseph Knight Company, 1896, entre les pages 488 et 489. Source: Wikimedia Commons. Domaine public.

groupe, de se retrouver en situation de vulnérabilité et d'exclusion. Cet opprobre peut même se perpétuer après la mort en entachant sa mémoire. Et « si le conflit provoqué par la déviance n'est pas résolu, les meurtriers, criminels, sorciers et mécréants demeurent figés dans les marges, comme les loups-garous, jusqu'à ce qu'une médiation les arrache à leur sort[5] ».

La Corriveau aurait été une belle femme. Cette assertion revient à maintes reprises dans la littérature écrite. Déjà en 1885, Louis Fréchette laissait entendre que Marie-Josephte était jolie. Son gibet de fer, prétendait-il, « indiquait à n'en pas douter que c'était celui d'une femme – et, si ma mémoire ne me fait pas défaut –, d'une femme assez bien tournée, ma foi »... remarque d'autant plus étonnante que le sinistre assemblage ne contient plus que quelques ossements! Quelques années plus tard, dans une réédition de cette histoire, il dira encore qu'il s'agissait « d'une femme remarquable de formes, si je me rappelle bien[6] ». Des auteurs plus contemporains y vont aussi de descriptions imagées de Marie-Josephte, par exemple « qu'elle était belle comme une forêt d'automne, que ses baisers étaient sucrés, que sa peau était fraîche comme la brunante[7] » et encore qu'elle était « plus belle femme du comté de Bellechasse que tous les hommes auraient voulu avoir pour épouse. On disait qu'après avoir croisé son regard une seule fois, un homme n'oubliait jamais plus son visage[8] ». Il va de soi que « d'un physique des plus avantageux, attrayant et prometteur, elle eut tôt fait de susciter des sentiments d'amour ou tout au moins de convoitise dans l'esprit des garçons de Saint-Vallier, de même

5. Du Berger, « Imaginaire traditionnel, imaginaire institutionnel », p. 112-113.

6. Fréchette, « La cage de la Corriveau », dans Deschênes et Maurais, *Contes et légendes de la Côte-du-Sud*, p. 61 ; Louis Honoré Fréchette, « Une relique » dans *Masques et fantômes et les autres contes épars*, Montréal, Fides, 1976, p. 82.

7. Charles Le Blanc, « La Corriveau », dans *Contes et légendes du Québec*, Montréal, Nathan, 1999, p. 79.

8. Aurélien Boivin, *Contes, légendes et récits de la région de Québec*, Éditions Trois-Pistoles, 1954, p. 304.

Dans plusieurs versions de la légende, Marie-Josephte Corriveau est décrite comme une femme d'une envoûtante beauté : cette représentation est d'ailleurs fréquente dans la culture populaire.
Pochette de l'album « Soul Possession » du groupe heavy metal de Québec La Corriveau. Lancé le 11 février 2012, l'album a été mis en nomination dans plusieurs galas musicaux, http://lacorriveau.bandcamp.com.

que de la jalousie dans le cœur des filles moins favorisées par Dame Nature[9] ».

D'autres en font une femme dont l'attrait est plus atypique et lié à un certain caractère : « Marie-Josephte n'était pas belle, mais elle avait du charme. Petite et svelte, elle avait d'épais sourcils, des lèvres minces et une chevelure noire très abondante[10] » et, dans un style très semblable : « La fille de Joseph

---

9. Jean-Claude Castex, *La ballade des pendues. La tragique histoire de trois Québécoises pendues pour crime*, Québec, Presses de l'Université du Québec, 2011, p. 52.

10. Andrée LeBel, *La Corriveau*, Montréal, VLB Éditeur, 1990, p. 18.

Corriveau n'était pas particulièrement belle, mais, lorsqu'elle dansait, elle semblait envoûtée par tant de bonheurs qu'elle en devenait aussi désirable que les premiers signes du printemps pendant une tempête de mars[11].» Il est intéressant de voir que cette supposée beauté physique sert ici deux prétextes : si elle peut expliquer que Marie-Josephte trouve rapidement un premier mari, puis un second, elle est aussi présentée comme un facteur préfigurant les règlements de comptes auxquels se livreront certains Valliérois lors du procès de 1763.

Si la Marie-Josephte Corriveau réelle a bien eu trois enfants de son premier mariage, les diverses versions de la légende n'en font généralement pas mention, lui déniant l'habileté à donner la vie et fixant sa stérilité comme une cause (ou conséquence ?) possible de sa conduite scandaleuse. William Kirby mentionne que, malgré onze ans de vie commune relativement heureuse, Bouchard et sa femme n'ont pas eu d'enfants : « Le mariage fut peut-être béni, mais il demeura stérile. Nul ange ne vint tendre ses petits bras comme pour exciter la tendresse maternelle, et amoindrir la dureté de ce cœur[12].» La version proposée par Louis Fréchette va dans le même sens : «Contrairement à ce qui se passe d'ordinaire dans les ménages canadiens en général si féconds, le jeune couple vécut seul et les petites têtes roses et blondes manquèrent à son foyer[13].» Le fait que la Corriveau des légendes n'ait pas de progéniture accentue son «aura» de sorcière, dans la mesure où la sorcellerie et les pouvoirs surnaturels se situent aux antipodes de la fertilité et de la vie familiale. Cette stérilité éloigne la Corriveau de toutes les qualités

---

11. Monique Pariseau, *La Fiancée du vent*, Montréal, Libre Expression, 1995, p. 35.

12. William Kirby, *Le Chien d'or*, tome 1, Bibliothèque électronique du Québec, coll. «Littérature québécoise», vol. 85, version 1, 2, p. 741. Dans sa version originale en langue anglaise, l'extrait se lit comme suit : «It was a barren union. No child followed… to create a mother's feelings and soften the callous heart of La Corriveau.»

13. Louis Fréchette, «Une relique – La Corriveau», *Almanach du peuple Beauchemin*, Montréal, Beauchemin, 1913, p. 302-307.

maternelles non seulement communes mais attendues de l'épouse canadienne traditionnelle[14].

Il y a aussi la question du veuvage. Comme on l'a vu précédemment, l'histoire occidentale a tristement montré que, sans la protection d'un mari, une femme est beaucoup plus vulnérable aux accusations de sorcellerie. Dans les sociétés patriarcales, notamment au Canada sous le Régime français, être veuve est un statut social et juridique qui requiert beaucoup d'opiniâtreté. Après un veuvage de quinze mois, une durée plutôt conforme aux normes de l'époque, Marie-Josephte Corriveau, veuve Bouchard, convole en secondes noces avec Louis Dodier. Il s'en trouvera pourtant plusieurs pour affirmer que cette période de viduité a été anormalement courte – et que, de surcroît, elle avait très peu pleuré son défunt époux –, ce qui pave la voie aux « autres » maris qu'on lui prêtera ! Philippe Aubert de Gaspé y est pour quelque chose : dans les notes accompagnant ses *Anciens Canadiens*, il prétend en effet que le remariage de Marie-Josephte a eu lieu trois mois seulement après le décès de Charles Bouchard[15], une déformation qui sera reprise et présentée comme vérité historique par plusieurs auteurs dans les décennies subséquentes.

Lorsque le deuxième mari de Marie-Josephte Corriveau trépasse dans des circonstances tragiques, il n'en faut pas plus pour que s'emballent les ragots : les mauvaises langues – dont son voisin Claude Dion, apparemment ravi de colporter, voire de créer des rumeurs – insinuent que le premier mari a peut-être lui aussi reçu un peu d'aide pour aller rencontrer son Créateur… Si Charles Bouchard est réputé avoir succombé aux fièvres putrides, lesdites fièvres peuvent-elles avoir été occasionnées par l'absorption d'une quelconque substance nocive dans sa nourriture ? Si tel est le cas, l'intoxication est-elle fortuite ou ne peut-elle avoir été habilement induite par la

---

14. Jessica McBride « From Vilified to Victorious : Reconceiving La Corriveau in Anne Hébert's La Cage », *Studies in Canadian Literature/Études en littérature canadienne*, vol. 36, n° 2 (2011).

15. Lacourcière, « Le destin posthume de la Corriveau », p. 244.

personne trônant derrière les fourneaux? Et des fourneaux de la cuisinière au chaudron de la sorcière, il n'y a qu'un pas...

Un parfum d'enfer : feux follets et sabbats

> La Corriveau descendait la nuit de sa potence et poursuivait les voyageurs attardés. Quand l'obscurité était bien opaque, elle s'enfonçait dans le cimetière et, vampire bardée de fer, elle assouvissait ses horribles appétits à même les tombes nouvellement fermées. Chaque dépouille de trépassé mort sans sacrements lui revenait de droit[16].

Le fantastique et le merveilleux sont très présents dans les écrits des littéraires du XIXe et du début du XXe siècle. Lorsqu'une société baigne dans la religion, l'envers du monde habituel et rassurant verse tout naturellement dans les descriptions infernales. Dans son récit, Philippe Aubert de Gaspé fait vivre une aventure assez particulière au père de son personnage principal José Dubé. Lors d'un voyage en «cabrouette» (sorte de calèche) qui le ramène chez lui après une soirée avec des amis, François Dubé passe devant la Corriveau, toujours encagée: cette vue le décide à réciter un *De profundis* pour le repos de son âme. Fatigué par la route, il s'arrête un moment pour se reposer... mais il est assailli par une Corriveau squelettique qui tente de le convaincre de «la mener danser» sur l'île d'Orléans avec les autres sorciers. Le pauvre François observe alors de loin tout un sabbat fantastique de démons, feux follets et autres diables, qui s'adonnent à des contorsions macabres et scabreuses sur les berges de l'île. Le pauvre homme tente de se défendre et de fuir la Corriveau. Rien à faire, celle-ci le maintient fermement de ses «deux grandes mains sèches, comme des griffes d'ours» et continue de lui demander, de le supplier de l'amener au sabbat

---

16. Fréchette, «La cage de la Corriveau», p. 16.

**Terrorisant les passants, la Corriveau revêt parfois
une allure décharnée et repoussante.**
Rémi Clark, « La Corriveau », dans Fernand Grenier, *De Ker-Is à Québec.
Légendes de France à Nouvelle-France*, Québec, Éditions de La Galerie du
Chien d'Or, 1990, p. 101. La toile originale fait 36 x 48 po.

car elle ne peut traverser le Saint-Laurent, fleuve bénit, qu'avec l'aide d'un chrétien. Dubé continuant de refuser, elle lui enserre le cou au point de lui faire perdre connaissance... il ne s'éveillera que le lendemain matin, heureusement toujours en vie au fond d'un fossé, son «flasque» d'alcool vide à ses côtés. La damnée sorcière a tout bu[17]!

Pourquoi la Corriveau, à l'instar d'autres revenants légendaires, prend-elle apparemment plaisir à effrayer les manants qui osent s'aventurer aux abords de sa cage? Ses lamentations, menaces et supplications, voire ses attouchements, glacent le sang. Qu'est-ce qui empêche cette âme damnée de gagner pour de bon l'oubli éternel et de cesser d'errer dans cet entre-deux-mondes terrifiant? Apparemment, le repos éternel lui échappe. Dans la plupart des contes et légendes mettant en scène des revenants, seule l'intercession des vivants peut mettre fin à cette pénible errance[18]. C'est certainement ce que Dubé a en tête lorsqu'il récite un *De profundis* pour apaiser l'âme de la Corriveau.

De profondis

Traditionnellement appelé le *De profundis* (locution latine signifiant «des profondeurs») par les chrétiens, le Psaume 130 est la prière qu'adresse le pécheur à Dieu afin d'obtenir le pardon. Le croyant peut demander le pardon pour lui-même, mais il peut aussi intercéder pour une personne qui aurait été entraînée

17. Philippe Aubert de Gaspé, «Une nuit avec les sorciers et la Corriveau» dans Gaston Deschênes et Pierrette Maurais, *Contes et légendes de la Côte-du-Sud*, Québec, Septentrion, 2013, p. 71; Du Berger, «Dernier voyage au Pays de l'imaginaire de l'Amérique française», p. 193-215.

18. Les morts, même les plus agressifs, ont généralement besoin des prières de ceux qui sont toujours vivants. Du Berger, «Dernier voyage au Pays de l'imaginaire de l'Amérique française», p. 193-215.

dans les profondeurs des ténèbres et de la mort par le poids de ses péchés[19]. Voici l'intégral de la prière :

Du fond de l'abîme je t'invoque, ô Éternel !
Seigneur, écoute ma voix !
Que tes oreilles soient attentives à la voix de mes
*   supplications !*

Si tu gardais le souvenir des iniquités, Éternel,
Seigneur, qui pourrait subsister ?
Mais le pardon se trouve auprès de toi, afin qu'on
*   te craigne.*

J'espère en l'Éternel, mon âme espère, et j'attends
*   sa promesse.*
Mon âme compte sur le Seigneur, plus que les gardes
*   ne comptent sur le matin.*
Que les gardes ne comptent sur le matin.

Israël, mets ton espoir en l'Éternel !
Car la miséricorde est auprès de l'Éternel, et il
*   multiplie les délivrances.*
C'est lui qui rachètera Israël de toutes ses iniquités[20].

François Dubé se montre certes un bon chrétien compatissant, mais la stratégie ne semble pas fonctionner sur l'âme de l'encagée de Saint-Vallier : n'oublions pas que son trépas violent – sa « male mort » – fait d'elle une paria, une damnée. En effet, si les âmes du purgatoire peuvent bénéficier de telles intercessions, « les vivants ne peuvent rien pour soulager les peines des

---

19. Interbible, le Psaume 130 : http://www.interbible.org/interBible/cithare/psaumes/2004/psa_040305.htm rédigé par Pierre Bougie, professeur au Grand Séminaire de Montréal.
20. Psaume 130.

damnés: messes, prières, pénitences vont s'accumuler dans le trésor spirituel de l'Église sans profit pour leurs destinataires[21] ». Aucune messe ni prière ne sauraient lui être utile: la Corriveau ignore donc superbement cette intention charitable et fait un mauvais parti à Dubé, démontrant ici l'étendue de son ignominie et toute la noirceur de son caractère!

Dans « La cage de la Corriveau », Louis Fréchette rapporte de façon relativement détaillée les diverses rumeurs au parfum de soufre qui circulent parmi ses contemporains au sujet de la Corriveau, réminiscences de la mémoire de leurs aïeux témoins de ce « cadavre encerclé de fer, que les oiseaux de proie et de nuit venaient déchiqueter[22] ». Plusieurs éléments s'apparentent en effet à la sorcellerie, voire à un pacte avec le Diable en personne. Selon les habitants du lieu, « l'herbe [sous la potence] était toujours brulée jusqu'à la racine », les feux follets s'agitaient autour de la cage tandis que fantômes et loups-garous venaient chuchoter des secrets à la Corriveau et la demander en mariage. Elle rodait la nuit dans le cimetière en profanant les tombes[23]. Bien sûr, le sol devenait maudit à l'endroit où cette âme damnée l'avait touché, aussi fallait-il l'intervention d'un prêtre pour conjurer le mauvais sort. Certains affirmaient même que les samedis soirs, sur le coup de minuit, le sinistre gibet de l'encagée de Saint-Vallier arrêtait soudainement de grincer et que la sorcière Corriveau rejoignait le sabbat des sorciers de l'île d'Orléans. Ces créatures cauchemardesques se réunissaient sur la grève, dans une anse de la paroisse de Saint-Laurent

---

21. « Dans le cas d'une âme du purgatoire, la célébration d'une messe votive suffit ordinairement à faire cesser l'occupation surnaturelle d'un lieu. Par contre, dans celui d'un damné, les choses vont différemment. Comme aucune messe ni aucune prière ne sauraient lui être utiles, sa hantise peut durer indéfiniment. » Bertrand Bergeron, *Au royaume de la légende*, Chicoutimi, Éditions JCL, 1988, p. 121, 124.

22. Fréchette, « La cage de la Corriveau », dans Deschênes et Maurais, *Contes et légendes de la Côte-du-Sud*, p. 66.

23. *Ibid.*

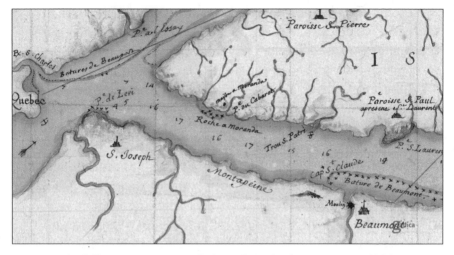

Détail d'une carte montrant la Côte-du-Sud et la pointe ouest de l'île d'Orléans, avec le lieu appelé le « trou de Saint-Patrice », où les sorciers allaient prétendument faire sabbat.
Carte de l'Isle d'Orleans et partie de la Riviere de St Laurent depuis l'isle Madame jusqu'a Quebek (détail), date inconnue. Source : Bibliothèque nationale de France, département Cartes et plans, GE SH 18 PF 127 DIV 6 P 6/1 D. Accessible via Gallica.fr. Domaine public.

appelée « le trou de Saint-Patrice » : c'est là qu'ils allumaient de grands feux et dansaient, leur festin consistant en un rôti d'enfant non baptisé.

Un mot sur les feux follets et les sorciers. Du latin *Ignis fatuus* ou « esprit du feu », les feux follets sont, selon les légendes, des esprits luminescents qui ont l'apparence de flammettes aux couleurs vives et qui virevoltent près du sol pendant la nuit. Plutôt mauvais, les feux follets s'amusent à effrayer les passants et à égarer les voyageurs. Ce thème est présent dans le folklore européen depuis des centaines d'années et s'est transposé ici. Nos légendes locales affirment qu'il s'agit d'esprits en peine : si une âme est condamnée à errer sous cette forme, c'est parce que son propriétaire a négligé de « faire ses Pâques » (c'est-à-dire qu'il ne s'est pas confessé durant la période pascale) pendant 14 années de suite, ou encore parce qu'il était en état de péché au moment de sa mort[24]. Il ne s'agit pourtant pas d'hallucinations : d'un point de vue scientifique, on sait maintenant que ce phénomène s'explique par le méthane émanant de la décomposition de plantes ou d'animaux qui subit une combustion spontanée. Ils sont fréquents dans les cimetières, aux abords des sépultures récentes. Les feux follets sont au nombre des manifestations prétendument surnaturelles associées à la Corriveau.

Les sorciers de l'île d'Orléans ont quant à eux une origine purement québécoise. Pendant de nombreuses années, l'un des noms que l'on donnait à l'île d'Orléans était « l'île aux Sorciers ». Il faut savoir qu'au début de la colonisation les navires français étaient peu nombreux et les Canadiens attendaient avec anxiété l'arrivée de ces vaisseaux apportant vivres et munitions. Les habitants de l'île, plus expérimentés dans l'art de la navigation et connaissant bien le rythme des marées, « devinaient » souvent la date exacte de l'arrivée des vaisseaux français, prédictions qui ont fini par leur valoir le titre de sorciers[25]. Une autre explication à cette appellation tient au fait que l'anguille était autrefois très abondante aux abords de l'île. Afin de s'accorder aux marées changeantes, il arrivait que les insulaires sortent en pleine nuit pêcher l'anguille à la lueur des flambeaux. Pour les riverains, tant au nord qu'au sud, ce ballet de lumières sur les berges de l'île constituait un spectacle merveilleux et effrayant à la fois. Ils en vinrent donc à la conclusion que l'île était peuplée de loups-garous, de feux follets et de véritables sorciers[26] !

Sous la plume de Philippe Aubert de Gaspé, les sorciers de l'île d'Orléans se présentent « comme des manières d'hommes, une curieuse engeance tout de même. Ça avait bin une tête

24. Fédération des Québécois de souche – Histoire et culture – contes et légendes – Les Feux Follets. http://quebecoisdesouche.info/index.php?les-feux-follets.

25. Louis-Philippe Turcotte, *Histoire de l'Île d'Orléans*, Québec, n.d., 1867, p. 12.

26. Turcotte, *Histoire de l'Île d'Orléans*, p. 13.

grosse comme un demi minot, affublée d'un bonnet pointu d'une aune de long, puis des bras, des jambes, des pieds et des mains armés de griffes, mais point de corps pour la peine d'en parler. Ils avaient, sous votre respect, mes messieurs, le califourchon fendu jusqu'aux oreilles[27] ». Leurs caractéristiques physiques dignes d'un bestiaire (ventres de crapaud, cornes de bouc, jambes de grenouilles, bras en pattes d'araignées se terminant en pinces de homard, et *tutti quanti*) suscitent assurément l'effroi et… satisfont le besoin de merveilleux et d'insolite des lecteurs ravis.

Pendant longtemps, cette aura sulfureuse de sorcière continuera de coller à Marie-Josephte Corriveau. Par exemple, dans une thèse déposée à l'Université McGill en 1943, France-Marie Royer reprend le thème de la Corriveau « dont le bon peuple avait fait une sorcière[28] ». Le grand poète et chansonnier québécois Félix Leclerc évoque la Corriveau dans ses écrits, affirmant que c'était une sorcière que l'on avait laissée pourrir dans une cage en bois, tandis qu'une petite chronique anecdotique du journal *Le Soleil* de 1957, titrant avec emphase « L'unique sorcière du Canada », précise qu'elle avait le don de prédire l'avenir et de « créer les événements conformément à ses prophéties et à sa fantaisie[29] ». La découverte des documents historiques liés au procès, au milieu du XXe siècle, permettra certes de dévoiler des éléments qui remettent en cause l'identité de sorcière de la Corriveau, comme il en sera question plus loin dans cet ouvrage, mais… le mythe a la vie dure ! Il y a quelques années encore, à l'occasion d'une exposition titrée *Le diable au corps* portant sur la sorcellerie, le Musée de la femme de Longueuil présentait la Corriveau

---

27. Philippe Aubert de Gaspé, « Les sorciers de l'île », dans Deschênes et Maurais, *Contes et légendes de la Côte-du-Sud*, p. 73.

28. France-Marie Royer, « Contes populaires et légendes de la Province de Québec », Thesis for the Degree of Master of Arts, McGill University, 1943, p. 57.

29. Félix Leclerc, *Le Fou de l'Île*, Montréal, Fides, 1957, p. 162-163 ; Herbert L. McDonald, « L'unique sorcière du Canada », *Le Soleil*, 24 août 1957.

comme la seule Québécoise élevée au rang de sorcière dans l'imaginaire populaire[30].

Si les Lumières, la science et le cartésianisme sont parvenus, du moins officiellement, à faire battre en retraite les superstitions, il faut admettre que le merveilleux et le surnaturel n'ont jamais totalement disparu de la culture et des pratiques populaires, peut-être tout particulièrement dans les milieux plus retirés et dans les régions rurales comme la Côte-du-Sud. C'est ainsi que, de jeune fermière d'à peine trente ans, la Corriveau est devenue, dans la mémoire collective, une ensorcelante allégorie de la mort elle-même.

Meurtres, maris et méthodes

> La rumeur publique en avait [la légende] grossi considérablement les proportions. Ce ne fut bientôt plus deux individus seulement que la Corriveau avait assassinés [...] en 1849, je me rappelle en avoir entendu compter et nommer bel et bien sept ou huit, avec détails touchant leur âge, leur caractère, leur profession et surtout les circonstances tout particulièrement tragiques qui avaient accompagné leur décès[31].

La Corriveau et ses maris... Nul ne peut raconter la légende de la Corriveau sans mentionner des détails sordides au sujet des meurtres qu'elle a supposément perpétrés, sur le nombre de maris avec lesquels elle a convolé en justes noces et sur les

---

30. «Seule une femme a été élevée au rang de sorcière dans l'imaginaire populaire: Marie-Josephte Corriveau (dite la Corriveau), accusée en 1763 d'avoir tué ses deux maris, a été pendue. Ses derniers mots («Je me vengerai!») ont nourri bien des légendes. Il faut dire que son cadavre a été exposé dans une cage. Plusieurs passants ont juré avoir entendu des cris qui en émanaient, tard dans la nuit. La cage a finalement été décrochée, perdue pendant des années, puis vendue à un cirque américain. Son unique reproduction est présentée ici, dans un coin sombre de l'exposition.» Silvia Galipeau, «Nous sommes toutes des sorcières», *La Presse*, mercredi 27 octobre 2010, p. 6.

31. Fréchette, «La cage de la Corriveau», p. 19.

diverses méthodes utilisées pour occire chacun d'eux. C'est la multiplicité des meurtres qui fait la légende : si l'homicide d'un conjoint est certes tragique, il n'est pas en soi rarissime ou suffisamment exceptionnel pour marquer aussi durablement les mémoires. Ainsi, le nombre d'époux assassinés et les méthodes utilisées varient beaucoup dans la tradition orale, au point que la consignation exhaustive des versions est quasi impossible. N'oublions pas qu'entre 1763 et 1863 l'histoire et la légende de Marie-Josephte Corriveau sont passées entre les mains de plusieurs générations de conteurs. Dans son ouvrage *Il était cent fois la Corriveau*, Nicole Guilbaut note l'existence de plusieurs dizaines de variantes de la légende, recueillies en plusieurs endroits du Québec au XXᵉ siècle : coexistent des versions où cinq, sept, voire dix maris, tous de métier différent, sont successivement tués par la Corriveau ! Il est donc fascinant de s'intéresser à ces prétendus meurtres et, surtout, aux méthodes qui ont été employées pour les perpétrer.

Les meurtres commis au moyen d'une fourche ou d'une hache, que l'on retrouve dans toutes les versions de la légende de la Corriveau, proviennent bien sûr du souvenir laissé par les incidents de 1763. Le deuxième époux de Marie-Josephte Corriveau, Louis Dodier, est mort des suites de sérieuses blessures à la tête. Cet état de fait est attesté par des documents historiques, notamment par le rapport du chirurgien du régiment dépêché par le major James Abercrombie. Parmi les vingt-quatre témoins appelés au procès, certains, dont Claude Dion, rapportent qu'il y avait une fourche ou broc à foin dans la grange, et n'hésitent pas à insinuer qu'il s'agit de l'objet du crime. Au cours du second procès, Marie-Josephte avouera avoir tué son mari au moyen d'une petite hache. Ces témoignages et ces aveux ont perpétué le souvenir de ces détails parmi la population de Saint-Vallier et de toute la Côte-du-Sud, de génération en génération. Il faut donc y voir l'origine de plusieurs méthodes décrites dans la légende : dans certaines versions, un mari meurt « empalé sur sa fourche », dans d'autres, la Corriveau use d'un « broc à foin » pour expédier l'époux dans l'au-delà, ou alors c'est un coup de hache qui vient trancher l'union matrimoniale[32]... L'élément qui varie le plus est le rang des maris ayant « l'honneur » de périr sous les coups de l'un ou l'autre de ces instruments typiques de la vie quotidienne des Canadiens au XVIIIe siècle.

Le plomb fondu est sans doute la manière de tuer qui a le plus marqué l'imaginaire populaire : elle est présente dans toutes les versions – orales et écrites – de la légende de la Corriveau, dont elle pourrait presque passer pour une technique emblématique ! Dans certaines versions, le plomb est remplacé par la cire ou l'étain fondu[33]. D'où provient donc cet élément de la légende ? Le premier, Philippe Aubert de Gaspé rapporte que, fort jalouse, Marie-Josephte se serait débarrassée d'un premier époux un peu trop libertin à son goût en lui versant du plomb bouillant dans une oreille alors qu'il dormait[34]. Faut-il y voir l'influence d'un crime contemporain à la rédaction des *Anciens Canadiens* ? Pourtant, dans les quelque quatre-vingt-dix années qui séparent la pendaison de Marie-Josephte Corriveau et le célèbre roman, aucun cas de « plomb fondu dans les oreilles » ne défraye la chronique judiciaire au Canada. Tout porte à croire que cette méthode supposément utilisée pour tuer ce pauvre Charles Bouchard est tout simplement issue de la rumeur populaire, même si la véritable cause du décès de Bouchard – les fièvres putrides – est bien connue et identifiée dès l'époque de sa mort, en 1760. Puisqu'il a pu recevoir le sacrement des mourants, c'est qu'il était encore conscient ! Mais le temps déforme souvent la mémoire des choses, sans compter l'envie, la rancune et la mauvaise foi. La lecture du procès permet de confirmer que certaines rumeurs sur la mort de Bouchard circulent déjà au moment de l'assassinat de Dodier, notamment lors du témoignage du volubile Claude Dion qui déclare haut et fort que

---

32. Lacourcière, « La présence de la Corriveau », p. 257.

33. Lacourcière, « Le destin posthume de la Corriveau », p. 244.

34. Philippe Aubert de Gaspé, *Les Anciens Canadiens*, Bibliothèque québécoise, 1994, p. 381.

Dodier se méfiait, car il craignait de finir comme Charles Bouchard, mort d'un coup d'étrille s'il fallait en croire les bruits qui couraient à Saint-Vallier[35].

Fondés ou non, ces racontars n'incitent pas pour autant les autorités à ordonner l'examen du cadavre du premier mari de Marie-Josephte, mis en terre en 1760. Pourtant, certains conteurs puis auteurs en viendront à affirmer que Bouchard a été exhumé... et qu'une masse de plomb a été trouvée dans sa boîte crânienne! Après de Gaspé, Louis Fréchette évoque à son tour cet abject supplice et prétend qu'«on exhuma le corps du premier mari, et l'on constata que sa mort avait dû être causée par du plomb fondu qui lui aurait été versé dans les oreilles – pendant le sommeil sans doute[36]». Dans *Les petites choses de notre histoire*, publié en 1944, l'historien et archiviste Pierre-Georges Roy précise très clairement «qu'il n'y a absolument rien de prouvé là-dedans[37]», mais la légende a la vie dure. Encore maintenant, de nombreux auteurs reprennent ce détail en le prétendant vrai. Ainsi, Jean-Claude Castex raconte avec emphase que «le cadavre de Bouchard fut donc exhumé avec grand soin et, dans la boîte crânienne désormais vide après trois ans de corruption, on trouva un objet lourd et noir [...] une... coulée de plomb. Ainsi, du plomb lui avait été versé dans l'oreille durant la nuit[38] [...]». Ailleurs, on lira que c'est plutôt dans le crâne du sixième mari que l'on trouva la sinistre preuve du forfait de la Corriveau[39].

---

35. Bonneau, *Josephte Corriveau-Dodier*, p. 128.

36. Fréchette, «La cage de la Corriveau», dans Deschênes et Maurais, *Contes et légendes de la Côte-du-Sud*, p. 63. Bien que Fréchette ait été journaliste et avocat, les écrits de ce dernier doivent être pris avec un grain de sel. Après tout, n'évolue-t-il pas dans le siècle où le fantastique, l'horrible et le merveilleux attirent les foules... et les lecteurs?

37. Pierre-Georges Roy, *Les petites choses de notre histoire*, Québec, Garneau, 1919, p. 97.

38. Castex, *La ballade des pendues*, p. 56-57.

39. «Les autorités du village firent la suggestion d'exhumer le corps de son sixième mari, celui qui avait trépassé durant son sommeil, afin d'avoir le cœur net sur ce décès. Le fossoyeur s'exécuta. Quelle ne fut pas l'horreur de toute la

> **CORRIVEAU, LA Surnommée «la femme aux Q-tips de plomb», première féministe québécoise qui a essayé de mettre du plomb dans la tête des hommes.**
>
> Le «plomb fondu dans les oreilles» est sans doute la méthode la plus connue dans la culture populaire lorsqu'il est question des meurtres attribués à la Corriveau, comme en témoigne sa récupération dans l'humour contemporain.
>
> Extrait de «Les mauvais larrons», *Croc: c'est pas parce qu'on rit que c'est drôle*, mai 1984, p. 24. En ligne sur http://www.banq.qc.ca/, section «Collection numérique».

Si Marie-Josephte n'a jamais usé de ce procédé pour attenter aux jours de son premier mari, il est cependant fascinant de constater que ce type de châtiment prend racine dans l'Ancien Monde. En effet, le plomb fondu a été utilisé durant l'Inquisition comme méthode de torture pour soutirer des confessions aux individus que l'on soupçonnait de sorcellerie. Le *Malleus Maleficarum* (ou *Le Marteau des sorcières*), ouvrage-clé et véritable manuel d'instruction permettant d'apprendre comment dénicher puis punir les adeptes de magie noire, précise en effet que le métal fondu peut être versé dans les oreilles pour faciliter la «question». Il a aussi été utilisé pour châtier les sorciers et sorcières: le bourreau coupait la chair puis versait le plomb fondu sur les blessures les plus profondes, provoquant d'horribles souffrances... Ce type de supplice se retrouve aussi dans *Hamlet* de Shakespeare et dans les contes populaires italiens, où il est mentionné que le martyr saint Procope subit ce sort aux mains des Arabes[40]. Si l'origine

---

petite communauté lorsqu'on découvrit, prisonnier du canal auditif du crâne, un petit morceau de métal! C'était du plomb fondu que la Corriveau avait versé dans l'oreille de ce pauvre mari qui, comme les autres, avait percé ses activités de sorcellerie!» L'identité du sixième époux n'est cependant pas indiquée par l'auteur. Charles Le Blanc, *Contes et légendes du Québec*, Paris, Nathan, 1999, p. 86.

40. William Shakespeare, *Hamlet*, acte 1, scène 5.

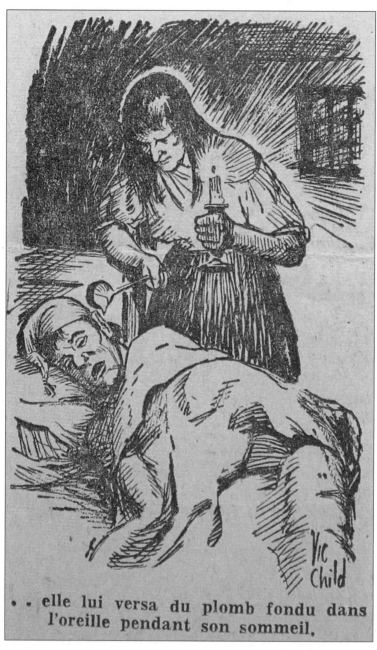

· · elle lui versa du plomb fondu dans l'oreille pendant son sommeil.

Dépeinte comme sournoise et cruelle, la Corriveau tue son mari pendant son sommeil en lui versant du plomb fondu dans l'oreille.
Illustration de Vic Child pour *Le Soleil*, 24 août 1957.

de cette méthode peut effectivement être orientale – l'une des communications (« hadîths ») de Mahomet précise que « celui qui s'assoit pour écouter une chanteuse aura du plomb fondu coulé dans les oreilles le Jour du jugement dernier[41] » –, on la retrouve dans les traditions orales d'un peu partout. Elle a été répertoriée dans l'index des motifs de la littérature folklorique de Stith Thompson, paru en 1957, sous l'appellation « Murder by hot lead pour into ears[42] ». Fait intéressant, un autre conte canadien, intitulé « Le voleur déguisé en femme », présente un procédé analogue puisque l'héroïne verse de la graisse bouillante dans les oreilles d'un voleur[43]. La mise à mort au moyen de métal, de cire ou de gras fondu n'est donc pas exclusive à notre célèbre encagée, loin s'en faut, mais elle constitue un élément incontournable de sa légende.

En surnommant Marie-Josephte « A Canadian Lafarge », James MacPherson Le Moine est le premier à laisser entendre que la Corriveau maîtrisait possiblement l'art des poisons, une idée que William Kirby développera dans *Le Chien d'or*. Sous la plume de ce dernier, Marie-Josephte devient une empoisonneuse à la solde d'Angélique des Méloizes, qui utilise un bouquet de roses imprégnées d'*aqua tofana*, un violent poison d'origine italienne à base d'arsenic et de plomb, pour attenter aux jours d'une innocente. Kirby va plus loin : il fait de la Corriveau la descendante de la tristement célèbre Voisin qui, tout comme Marie Lafarge, usait de « vert de Paris[44] ». Aussi appelé « acéto-arsénite de cuivre » ou « vert de Schweinfur », ce composé chimique très populaire vers la fin du XIXe siècle est

41. http://www.des-tenebres-vers-la-lumiere.com/article-31915355.html.

42. Stith Thompson, *Motif-Index of Folk-Litterature: A Classification of Narrative Elements in Folktales, Ballads, Myths, Fables, Medieval Romance, Exempla, Fabliaux, Jest-Books and Local Legends*, Bloomington Indiana University Press, 6 vol., 1957. Voir aussi http://www.ruthenia.ru/folklore/thompson/.

43. « Le Voleur déguisé en femme », Archives de folklore de l'Université Laval, collection Jean-Claude Marquis, enregistrement 386.

44. Lacourcière, « Le destin posthume de la Corriveau », p. 251, 257 ; Diezi, « L'arsenic : poison d'hier, toxique d'aujourd'hui », non paginé.

utilisé comme pigment en peinture en raison de sa teinte bleu-vert – prisée par certains peintres comme Van Gogh ou Cézanne. Ce sont pourtant les propriétés toxiques du vert de Paris qui ont fait sa renommée. On l'utilise notamment pour lutter contre la prolifération des rats dans les égouts de Paris, et il sert aussi de larvicide et de pesticide. Fait intéressant, le mot arsenic vient du grec *arsenikon* qui signifie « dompter le mâle ». C'est donc le vert de Paris qui sera prétendument utilisé par la Corriveau, dans certaines versions de la légende, pour « soigner » définitivement l'un de ses maris de cette fâcheuse maladie qu'est la vie... Présent dans la plupart des versions de la légende, cet élément sera d'ailleurs repris comme un fait avéré par l'historien Pierre-Georges Roy, qui évoquera Marie-Josephte Corriveau comme « une paysanne de Saint-Vallier qui avait voulu jouer à la marquise de Brinvilliers[45] ».

Tout comme le plomb fondu et le poison, l'alène (ou l'aiguille) plantée au cœur et l'étranglement au moyen d'un nœud coulant sont deux motifs universels qui viennent des contes populaires. Dans *Le Chien d'or*, Kirby mentionne que la Corriveau, après avoir offert le fameux bouquet empoisonné à Caroline de Saint-Castin, confirme son forfait en lui plongeant dans sa poitrine le petit stylet qu'elle tenait – tout comme la recette de poison – de ses prétendus ancêtres italiens. Le premier à faire intervenir le nœud coulant dans le *modus operandi* de la Corriveau est Le Moine, mais cette méthode échoue et nécessite des mesures plus musclées... Dans *Maple Leaves*, on peut lire que, « after living with her second husband three years, Marie Josephte Corriveau seized on the opportunity, when he was sound asleep, to slip a noose round his neck; she then quietly passed the end of the rope through a pine knot-hole in the framework of her rude dwelling, and leisurely retiring outside, tried her best to produce strangulation on her liege lord ». Mais son projet échoue, le mari s'étant

---

45. Pierre-Georges Roy, *Histoire de la seigneurie de Lauzon, troisième volume*, Lévis, chez l'auteur, 1900, p. 8.

rendu compte du piège. « Madame Corriveau must have been wonderfully clever to have succeeded in obtaining forgiveness from her husband, after such henious conduct, or else the intended victim must have been next thing to an idiot to spare her », précise Le Moine, non sans humour. Finalement, elle guette une autre occasion de se débarrasser de cet époux gênant et, un bon soir, elle profite de son sommeil « to batter in his brains with a pitch-fork; after which feat, she dragged the body to the stable, placed it behind a horse, to induce the belief that her husband had died from the effects of a kick from the animal[46] ». Remarquons ici la pirouette narrative qui ramène la légende vers des éléments tirés directement des pièces du procès de 1763, à savoir l'usage d'une fourche, le déplacement du corps à l'écurie et le fait d'imputer « l'accident » aux chevaux.

Ces maris infortunés auraient-ils, d'une certaine manière, mérité la mort infligée par une Corriveau revêtant ici les attributs de la Grande Faucheuse ? Faut-il déceler une fonction morale à la légende ? Il semble que non : qu'il s'agisse des métiers exercés par ces hommes ou des éventuels travers (ivrognerie, caractère volage, etc.) que la légende leur prête, rien ne semble suffisamment grave pour s'attirer la vengeance de la Providence par l'entremise de la Corriveau. Il n'y a pas d'ambiguïté : celle-ci agit seule, méchamment, suivant tout simplement son inclination pour le meurtre. Une fois morte et encagée, elle semble prendre plaisir à tourmenter les hommes ayant un penchant pour l'alcool, mais c'est là une autre histoire.

Une Barbe-Bleue en jupons

Au fil des ans, de version en version, de nouvelles méthodes s'ajoutent à la tradition orale, finissant par faire gonfler le nombre des prétendus maris de la Corriveau. En août 1851, au moment où la cage est exposée à Montréal, il est question de

---

46. Le Moine, « Marie Josephte Corriveau, a Canadian Lafarge », p. 70-71.

deux époux assassinés puis, quelques semaines plus tard, alors que le sinistre artefact est exposé à New York, on attribue à la veuve Dodier le meurtre de non pas deux, mais trois maris[47]. Dans les décennies qui suivent, les littéraires canadiens mettent en scène quatre hommes, quatre méthodes et quatre meurtres... mais déjà, affirme Fréchette, la tradition orale avait fait monter l'ampleur du carnage à sept maris assassinés. Ce chiffre n'est pas anodin : on le retrouve dans de nombreux récits bibliques et contes traditionnels[48]. On en vient à comparer Marie-Josephte Corriveau à Barbe-Bleue, personnage sanguinaire d'un conte populaire européen – immortalisé par Charles Perrault dans *Les Contes de ma mère l'Oye* – qui aurait occis ses sept épouses dans une fureur sans nom. La mettre sur le même plan que Barbe-Bleue ne fait qu'accentuer son côté terrifiant[49].

Peut-être les habitants des campagnes de la Côte-du-Sud ont-ils ressenti le besoin de noircir le portrait de la Corriveau en accroissant son « tableau de chasse » pour se dédouaner d'un certain sentiment de culpabilité. Après tout, les témoignages des Valliérois ont largement contribué à faire condamner Marie-Josephte Corriveau et, si le meurtre présumé de Louis Dodier méritait châtiment, celui-ci s'est

---

47. « Great historical curiosity », *New York Sun*, vol. XI, nᵒ 3231, mardi 26 août 1851. Disponible sur www.fultonhistory.com. Domaine public.

48. « N'avaient-ils pas entendu dire par leur curé que dans la Sainte Bible, dans le livre de Tobie (Tobie 3, 7-10), déjà une femme de l'ancien temps avait tué sept maris ? "Le même jour, il advint que Sarah, la fille de Ragouël d'Ectabane, en Médie, s'entendit elle aussi insulter par l'une des servantes de son père. La raison en était qu'elle avait été donnée sept fois en mariage, et qu'Asmodée, le démon mauvais, avait tué chaque fois ses maris avant qu'ils ne soient unis à elle selon le devoir qu'on a envers une épouse. La servante lui dit donc : c'est toi qui tues tes maris ! En voilà déjà sept à qui tu as été donnée, et tu n'as pas porté le nom d'un seul ! Pourquoi nous maltraites-tu sous prétexte que tes maris sont morts ? Va les rejoindre et qu'on ne voit jamais de toi ni fils ni fille !" » Bonneau, *Josephte Corriveau-Dodier*, p. 24.

49. Massicotte, « Les pendus encagés », p. 431 ; Roméo Langlois, « Une Barbe-Bleue canadienne : la Corriveau », *Le Magazine de Québec*, samedi 7 janvier 1939, p. 3.

Louise Gadbois, « Les maris de la Corriveau », encre de Chine, c. 1950.
Archives de l'Université Laval, fonds Luc Lacourcière, P178, C3/2, E/07298.

révélé excessivement cruel. En amplifiant la méchanceté de la
Corriveau jusqu'à sept meurtres – et force détails à l'appui –, il
est plus facile de justifier la peine terrible qui lui a été infligée.
Mais, si cette motivation psychologique a joué un rôle dans la

multiplication du nombre de maris, cela s'est fait de manière inconsciente. Lorsque les gens racontent un «fait» et perpé-tuent une «histoire» en la déformant, ils n'ont généralement pas conscience qu'ils sont en train de la «légendéifier». Il ne faut donc pas leur prêter *a posteriori* une intention trop élaborée en ce sens[50]. L'explication est probablement plus simple: selon l'ethnologue Luc Lacourcière, les stratégies de meurtre utilisées par la Corriveau n'étant pas toujours les mêmes lorsque l'on racontait cette histoire, il s'est trouvé soudainement plus de façon de tuer que d'époux occis. Il fallut donc combler les vides en inventant de nouveaux maris[51]. Cela confère beaucoup de panache à notre légende locale, il faut l'avouer!

Qu'elle soit ou non responsable d'un ou plusieurs meurtres n'est pas, au bout du compte, l'élément décisif de l'affaire. Marie-Josephte Corriveau est peut-être surtout condamnée pour avoir rompu avec les normes sociales de son époque. À ce titre, elle s'affiche comme une «mésadaptée» qui, tout comme son père, est en conflit avec sa communauté. Dans la petite société villageoise de Saint-Vallier, où chacun connaît son voisin depuis deux ou trois générations, les écarts sont d'autant plus remarqués et réprouvés. «La coupable, en plus de son crime, était chargée de toutes les fautes ayant un rapport avec la sienne. Son châtiment est donné en exemple à ceux qui seraient tentés de s'engager dans la même voie[52].» En l'enser-rant de métal, on espère juguler le mal et éviter qu'il ne se répande dans le village. Peine perdue. Au contraire, la cage ne marque pas la fin de la Corriveau, mais assure plutôt sa renais-sance dans la culture populaire où elle devient son inséparable étendard.

---

50. Martine Roberge, conversation téléphonique, 16 avril 2013.

51. Lacourcière, «Présence de la Corriveau», p. 255.

52. Paul Carpentier, *La légende dans l'art québécois, telle que représentée dans les collections du Musée du Québec*, Québec, éditeur officiel du Québec, 1979, p. 70.

Autour de la cage, cette « prison aérienne »

> Autour de cette prison aérienne, les spectres venaient, à certaines heures de la nuit, s'enchaîner dans une danse macabre telle qu'Holbein n'en a jamais rêvée. Souvent le voyageur attardé voyait au détour des buissons se dresser de fantastiques silhouettes, et entendait d'effroyables blasphèmes. Pendant que les morts dormaient au cimetière, dans la morne immobilité du sépulcre, l'ombre de cette étrange trépassée laissait échapper, à travers les mugissements de la tempête, ses sanglots funèbres[53].

De tous les éléments constitutifs de la légende de la Corriveau, c'est indubitablement la cage de fer qui frappe le plus l'imagination. Si la malheureuse femme avait simplement été pendue, son souvenir se serait sans doute étiolé après une génération ou deux. Or, ce procédé lui a conféré une amplitude extraordinaire[54]. Au fil des décennies, la cage a fini par acquérir un caractère propre, un destin relevant à la fois du patrimoine matériel et immatériel. Elle peut être envisagée comme un objet ethnographique en soi, un personnage à part entière qui finit par suivre sa propre voie. Si les pérégrinations pour le moins rocambolesques de cet artefact – promené de musée en musée – ont été décrites précédemment dans cet ouvrage, il est intéressant de s'attarder maintenant à sa place dans la légende ainsi qu'aux significations que revêt la cage d'un point de vue symbolique et anthropologique.

D'entrée de jeu, rappelons que l'encagement proprement dit n'est pas un procédé familier à la population de la vallée du Saint-Laurent. Au XVIIIe siècle, dans le monde occidental en général et dans le monde britannique en particulier, les gibets enserrant le corps, constitués d'anneaux et de chaînes de fer,

---

53. Édouard Huot, «Causerie», *L'Opinion publique*, vol. 3, n° 12 (21 mars 1872), p. 135.

54. Lacourcière, «Présence de la Corriveau», p. 257-258.

sont en effet réservés aux plus grands criminels ainsi qu'aux pirates qui écument les mers du Sud. Songeons à l'exemple bien connu du capitaine William Kidd, trouvé coupable de piraterie et condamné à la pendaison en 1701 : son corps enferré s'est balancé pendant des mois à l'embouchure de la Tamise, sordide mise en garde aux aspirants de la part des autorités britanniques. Attribuer cette peine exemplaire à une modeste fermière de Saint-Vallier apparaît donc d'une sévérité excessive, voire grotesque.

Pendant longtemps, les gens des campagnes ont prétendu que la Corriveau a été enfermée vivante dans sa cage. James MacPherson Le Moine rapporte ces croyances populaires, précisant que « in this iron cage the victim was thrust, and that from the narrowness of this receptacle, she had to stand erect in it; that this instrument of torture hung by chains to the gallows; that the groans of the famishing prisoner were heart-rending, but that each successive day, they became less audible, until nothing was heard but the creaking of the chains to the night wind[55] ». Même si, dans les cercles lettrés, on sait dès 1863 que la Corriveau n'est pas morte de faim dans sa cage et que c'est son cadavre qui y a été placé après la pendaison (comme le précise d'ailleurs l'acte de condamnation suivant le second procès), cela n'a pas empêché nombre de conteurs et d'auteurs d'affirmer le contraire, à telle enseigne que bien des gens croient, encore de nos jours, qu'elle a été rivetée vivante dans son gibet de fer[56].

Combien de temps est-elle laissée à sa potence? La durée de l'exposition de la cage dépend, encore une fois, des versions de la légende : parfois quelques jours (le nombre sept revient souvent, correspondant au nombre de maris assassinés), parfois des mois ou même des années. Divers documents ont permis d'établir la vérité historique, soit que le corps de Marie-Josephte Corriveau est demeuré exposé approximativement du

55. Le Moine, « Marie Josephte Corriveau, a Canadian Lafarge », p. 78.
56. Lacourcière, « Le destin posthume de la Corriveau », p. 251.

La Corriveau dans sa cage, environnée de loups-garous lui contant fleurette...
Dessin de Philippe Poirier pour « La Corriveau » dans Charles Le Blanc, *Contes et légendes du Québec*, Paris, Nathan, 1999, p. 78.

18 avril au 25 mai 1763. Cinq semaines d'exposition à une période de l'année où la chaleur et la présence d'insectes, d'oiseaux et d'autres petits animaux ont sans doute eu tôt fait de détériorer fortement le corps. «L'avertissement» devait être saisissant – d'autant plus que l'on avait pris soin de choisir l'emplacement du gibet de manière à ce que la cage et son sinistre contenu soient vus par un maximum de personnes, à la croisée des chemins à la Pointe-Lévy. Dans certaines versions de la légende, on affirmera plutôt que le sinistre appareil a été placé sur l'île d'Orléans, ce qui trahit une certaine confusion entre les éléments du récit[57]. La Corriveau est donc exposée en un emplacement bien passant, afin de marquer durablement les esprits. Est-ce la seule raison? Des cas analogues en Angleterre, pour la même période, permettent d'apprendre que la coutume d'ériger les potences à des carrefours passants pouvait aussi relever d'une préoccupation plus métaphysique: celle de s'assurer que l'âme du condamné, s'il lui prenait la fantaisie de revenir hanter les environs, ne sache alors quel chemin emprunter pour aller tourmenter les vivants…

La cage comme objet psychopompe

Le terme «psychopompe» désigne ce qui accompagne l'âme dans son passage de la vie à la mort. Dans le cas de la légende de Marie-Josephte, la cage agit comme un agent de médiation entre les hommes (le monde des vivants, bien réel) et l'esprit de la Corriveau (le monde surnaturel des morts). Emprisonnant l'âme de la défunte, ce dispositif s'avère à la fois entrave et armure.

D'une part, ainsi encagé, le corps pourrissant rappelle à tous la fin violente de Marie-Josephte, en

---

57. Lacourcière, «Présence de la Corriveau», p. 258.

rupture avec la communauté, tout en l'empêchant de rejoindre tout à fait le monde des morts. Soumis à une peine infamante, le cadavre a été laissé suspendu pendant plus d'un mois avant d'être décroché et enterré à la hâte, sans cérémonie. Privée des rites funéraires traditionnels et d'une sépulture correcte, l'âme errante de la Corriveau revient demander justice et, surtout, persiste dans une « non-vie » terrifiante, toujours encagée. Toute sa communauté se trouve exposée à de malfaisantes représailles de sa part.

D'autre part, la cage semble aussi représenter la source de la « force » de la Corriveau, le lien qui lui permet de maintenir sa présence sur terre. Métaphoriquement parlant, le dispositif de métal se comporte comme un amplificateur, une extension magique du personnage : la légende aurait-elle pu être ce qu'elle est devenue sans ces sinistres barreaux et courroies ? Même réduite à l'état de squelette, elle dispose de l'énergie nécessaire pour houspiller, poursuivre et terrifier les imprudents. Les dieux, puis les saints, eurent leurs attributs ; Marie-Josephte Corriveau eut sa cage... puissant étendard et ultime piège.

La disparition de la cage revêt aussi une grande importance dans l'imaginaire populaire. Dans certaines versions, c'est le Diable qui est venu la chercher, tandis que, dans d'autres, « ce sont des jeunes gens téméraires qui la décrochèrent contre le gré des autorités[58] ». Décrocher la cage de la Corriveau ! Il fallait une sacrée audace ! En vérité, c'est bien sûr le gouverneur James Murray qui autorise Jean-Baptiste Carrier, le capitaine de milice de la Pointe-Lévy, à retirer puis à disposer du corps,

---

58. *Ibid.*

par un ordre daté du 25 mai 1763[59]. Il semble qu'on fit enterrer la cage et son contenu, puisqu'on en retrouva les vestiges au milieu du XIXᵉ siècle dans le cimetière de la paroisse, un os blanchi subsistant encore au milieu des ferrailles, comme le relate entre autres James MacPherson Le Moine en 1863[60].

Outre tous les détails sur son utilisation et son rôle dans la légende de la Corriveau, la cage en soi est un objet qui recèle une connotation plutôt négative. Souvent utilisée comme métaphore pour désigner la contrainte et l'emprisonnement, il ne faut pas oublier que la cage est un dispositif généralement destiné aux animaux. D'un point de vue symbolique, ce sont donc les comportements liés aux instincts, aux pulsions primitives et à la vitalité spontanée que l'on veut y enfermer. Le fait que la légende prenne son essor dans la seconde moitié du XIXᵉ siècle, en pleine époque victorienne, reflète peut-être quelque chose de plus fondamental. N'est-elle pas une sorte d'exutoire par rapport à la répression de la sexualité, à un moment où les femmes occidentales sont particulièrement confinées à l'espace domestique ? La romancière Anne Hébert utilisera d'ailleurs cette allégorie dans sa pièce *La Cage*, alors qu'un autre personnage féminin, épouse d'un notable influent, se trouve aussi dans une cage, bien que son mari s'efforce de la lui cacher : « Allez ! Camouflez-moi tout ceci ! Dissimulez bien le fer et les barreaux. Que surgisse sous vos mains, habiles en déguisement, un joli manoir de pierres roses, avec fenêtres et portes fermées et marteau de cuivre sur la porte. Que seule la clef de

<hr />

59. Ordre du gouverneur James Murray de retirer le gibet de la Corriveau, 25 mai 1763. Cahier des « Ordonnances, ordres, reglemens et proclamations durant le gouvernement militaire en Canada, du 28ᵉ oct. 1760 au 28ᵉ juillet 1764 », Calypso – collection d'objets numériques, Université de Montréal. Page consultée le 3 octobre 2012.

60. « One dark winter night, the posts were cut down, and next morning no vestige of La Corriveau could be seen ; nor any vestige of her was seen until eighty-seven years after, when the grave-digger of the parish, in making a grave, struck on the rusty cage containing a thigh bone only. » Le Moine, « Marie Josephte Corriveau, a Canadian Lafarge », p. 78.

fer demeure intacte, reconnaissable entre toutes, dans ma main[61].» Le mariage est donc assimilé à une cage. On pourrait donc dire que, par marricide, Marie-Josephte Corriveau ne s'affranchit d'une première cage que pour être aussitôt enfermée dans une seconde, de fer cette fois.

Dans les années 1850-1860 triomphe d'ailleurs un artifice de la mode féminine qui présente une parenté troublante avec notre célèbre encagée : il s'agit de la crinoline cage (*cage crinoline* ou *hoop skirt*). Ce sous-vêtement se compose d'une série de cerceaux métalliques maintenus entre eux par des liens verticaux. Attachée à la taille par une ceinture, elle s'élargit ensuite en descendant jusqu'aux chevilles, où l'ampleur peut atteindre plusieurs mètres de circonférence. La crinoline est recouverte de plusieurs épaisseurs de jupons superposés, qui s'accumulent jusqu'à composer une véritable «cuirasse» d'étoffe. La femme qui se conforme à cette mode se trouve par conséquent engoncée dans ces tissus, ce qui restreint considérablement une liberté de mouvement déjà compromise par l'usage d'étouffants corsets. Une cage à la mode mais une cage tout de même...

Les historiens de la mode ont attribué plusieurs significations à cet artifice féminin. Le milieu du XIXᵉ siècle est en effet une période tout particulièrement marquée par la domination masculine et la différenciation sexuée. En d'autres termes, les rôles masculin et féminin deviennent très codifiés et rigides. On perçoit l'homme comme un être sérieux, fort et actif, tandis que la femme est considérée plutôt comme un être frivole, délicat et soumis. Le vêtement matérialise d'ailleurs clairement ces différences entre les genres. Les habits masculins, même d'apparat, sont sobres, fonctionnels et directement inspirés de l'habit militaire, répondant à l'idéal de virile activité de l'époque victorienne alors que, au contraire, le costume

---

61. Anne Hébert, *La Cage*, cité dans Jessica McBride «From Vilified to Victorious : Reconceiving La Corriveau in Anne Hébert's La Cage», *Studies in Canadian Literature / Études en littérature canadienne*, volume 36, nᵒ 2 (2011) [en ligne].

féminin devient plus contraignant qu'il ne l'a jamais été. Dans la mesure où la largeur des hanches a toujours symbolisé la fertilité, la crinoline cage est un puissant symbole de la fonction première de la femme telle qu'on la conçoit à l'époque : celle d'enfanter. En opposant la minceur de la taille à la largeur des jupes, ce bouillonnement de tissus, dentelles et rubans vient exagérément souligner la caractéristique silhouette « sablier » associée à la féminité et à la maternité. Plus intéressant encore, il est possible d'envisager cet article de mode comme une cage protégeant mais surtout enfermant la sexualité féminine. Ainsi parée – ou blindée, pourrions-nous dire –, la femme victorienne devient presque inaccessible, la crinoline cage créant une barrière la prémunissant de tout contact. De nombreuses caricatures de l'époque jouent d'ailleurs sur ce registre, se moquant du caractère éminemment peu pratique de cette énorme jupe pour déambuler dans les rues, monter ou descendre de voiture, s'asseoir, etc. Ainsi entravées, les femmes n'ont guère le choix que de demeurer dans leur salon, sous la « protection » d'un père ou d'un époux. La crinoline cage représente clairement un obstacle à toute velléité d'émancipation, cristallisant une féminité passive et inaccessible. Seul le mari, titulaire de la « clef » de l'hyménée, a la légitimité requise pour ouvrir cette cage[62].

Avec son inséparable cage, la Corriveau vient peut-être offrir un exutoire – certes horrifiant, mais quasi cathartique – à l'immobilité sociale et physique imposée aux femmes. Affranchie de la tutelle de ses maris, elle s'échappe de Saint-Vallier pour courir les chemins. Elle effraie les hommes les plus courageux. Elle fréquente le sabbat des sorciers de l'île d'Orléans. Morte, elle affiche une stupéfiante vitalité, une exceptionnelle liberté. Elle ne sera plus jamais la veuve de Dodier ni de personne : regagnant pour toujours son patronyme, elle sera

---

62. Nathalie Harran, « Sous l'empire de la crinoline 1852-1870 », sur *Les Ateliers de Nicouline*, http://nicouline.free.fr/Expo-galliera-crinoline.html ; « Symbolism of the Crinoline » sur *Fashion Collections*, 1er octobre 2009, http://callejondelagua.blogspot.ca/2009_10_01_archive.html.

désormais la Corriveau, singulière Camarde dépourvue de faux mais corsetée de fer[63].

Crinoline cage vers 1860.
Créée en 1856, la crinoline cage devient un incontournable dans la
toilette des femmes du monde. Au fil des ans, l'ampleur des cerceaux
s'accroîtra jusqu'à atteindre une envergure démesurée.
Dessin dans C. E. Jensen, *Karikatur-Album*, Copenhague,
Chr. Flors Forlag, 1906, p. 504. Domaine public.

---

63. La Camarde est une figuration squelettique de la Mort. Son nom est dérivé de l'adjectif « camard » qui signifie : « qui a le nez plat » comme le crâne de la Mort. La Camarde représente donc symboliquement la mort. « La Camarde », *Encyclopédie sur la mort. La mort et le mort volontaire à travers les âges*, http:// agora.qc.ca/thematiques/mort/dossiers/camarde_la.

CHAPITRE 9

DE LA LÉGENDE AU PATRIMOINE (1885-1960)

O N NE LE RAPPELLERA JAMAIS ASSEZ : à la fin du XIXe siècle, la société traditionnelle du Québec est bouleversée par les transformations rapides induites par l'industrialisation et l'urbanisation. Toutes ces nouveautés introduisent des changements radicaux dans les manières de vivre. Si les efforts des Casgrain, Beaugrand, de Gaspé et Fréchette avaient contribué à fixer sous forme écrite une somme intéressante de légendes dès les années 1860, la tradition orale connaît pourtant une sérieuse érosion chez la génération suivante, qui migre massivement vers les villes. Conscients et inquiets de ce phénomène, des intellectuels et des artistes ont à cœur de sauvegarder et de faire redécouvrir le fonds traditionnel québécois à leurs contemporains. Les folkloristes et premiers ethnologues canadiens-français, dont Édouard-Zotique Massicotte et Marius Barbeau, s'affaireront donc à consigner les éléments de la tradition orale qui peuvent encore être sauvegardés, notamment les légendes et les chansons.

Peu après les bouleversements occasionnés par la Grande Guerre, certains organismes se donnent pour mission de fournir un cadre de diffusion au fonds traditionnel canadien-français. C'est ainsi que la Société historique de Montréal et la Société de folklore d'Amérique (section Québec) mettent sur pied les « Veillées du bon vieux temps ». Dès mars 1919, ces soirées, qui se tiennent à la Bibliothèque Saint-Sulpice à Montréal, présentent contes, chansons, musique et danses issus du folklore d'ici. La langue des gens du peuple elle-même est à l'honneur puisqu'on se fait un devoir de recréer le vocabulaire et la syntaxe propres aux parlers populaires. Porter ce langage à la scène lui confère une légitimité et permet de revaloriser le folklore, notamment auprès des populations citadines qui ont un peu oublié la tradition orale de leurs pères : « N'était-il pas à propos de signaler à ces esprits exilés les richesses poétiques ou mélodiques inexplorées du peuple dont ils sortent et auquel ils feraient mieux de revenir ? Le moment n'était-il pas venu de s'attaquer aux préjugés urbains en faisant connaître, au moyen d'exemples – et par suite aimer – ce patrimoine obscur que la population rurale conserve inconsciemment pour la régénération de la race ? » exprime Barbeau en 1919, avec cette emphase typique de son temps[1]. Un effort spécial est mis sur la scénographie afin de recréer l'aspect des demeures canadiennes-françaises, rustiques mais accueillantes, avec leur mobilier typique. En reproduisant la veillée traditionnelle, ces soirées veulent exciter le sentiment national[2].

Dans le même élan, des commandes sont passées à des artistes de renom pour créer de nouvelles œuvres à partir de ce riche répertoire traditionnel, afin que l'art « puisse remplir sa mission première : nouer au présent la trame du passé pour esquisser l'avenir[3] ». Illustrateurs, peintres et sculpteurs sont donc investis de la mission sacrée d'immortaliser ces précieux éléments de la culture populaire avant qu'ils ne soient définitivement perdus. Puisant dans les légendes, les artistes créent de

---

1. Marius Barbeau, « Préface aux Veillées du bon vieux temps », texte paru dans le programme des Veillées du bon vieux temps, présentées à la Bibliothèque Saint-Sulpice, à Montréal, les 18 mars et 24 avril 1919. Cité dans Alexandre Cadieux, « Le conte québécois : quelques voyagements », *Jeu: revue de théâtre*, nᵒ 131, vol. 2 (2009), p. 118.

2. Cadieux, « Le conte québécois », p. 114-115.

3. Charles Maillard, « Préface » dans Alfred Laliberté, *Légendes, coutumes, métiers de la Nouvelle-France*, Montréal, Librairie Beauchemin, 1934, page liminaire non paginée.

nouveaux éléments du patrimoine[4]. Au cours des décennies suivantes, les auteurs littéraires et les médias contribueront aussi, à leur façon, à entretenir l'intérêt pour les contes et les légendes d'ici. À ces écrits littéraires et poétiques, il faut aussi ajouter les articles de presse et les productions culturelles médiatiques. Remplaçant d'une certaine manière les vieux conteurs d'autrefois, les journaux à grand tirage, la radio et, éventuellement, la télévision permettent de perpétuer la tradition orale – dont la légende de la Corriveau – sous une forme renouvelée.

L'âge faste des légendes dans la littérature et les beaux-arts

Au tournant du siècle, la légende de la Corriveau se multiplie sous diverses variantes dans la littérature imprimée. En 1913, dans son recueil *Conteurs canadiens-français du 19ᵉ siècle*, l'archiviste et homme de lettres Édouard-Zotique Massicotte reproduit l'épisode de la Corriveau, « Une nuit chez les sorciers », décrit par Philippe Aubert de Gaspé[5]. Trois ans plus tard, la célèbre illustration posthume d'Henri Julien, « François Dubé aux prises avec la Corriveau », est révélée au public dans une réédition des *Anciens Canadiens* qui paraît dans l'*Album* aux éditions Beauchemin. De la même manière que les récits proposés par MacPherson Le Moine, de Gaspé, Kirby ou Fréchette ont établi les « canons » littéraires de la légende, ce dessin de Julien fixe les « canons » de sa représentation

---

4. Anne-Élisabeth Vallée, « Alfred Laliberté (1878-1953) : la sculpture au service de l'histoire et de l'ethnologie », *Encyclopédie du patrimoine culturel de l'Amérique française*, www.ameriquefrancaise.org ; Carpentier, *La légende dans l'art québécois*, p. 3.

5. Édouard-Zotique Massicotte, « Une nuit chez les sorciers », *Conteurs canadiens-français du 19ᵉ siècle, avec notices biographiques*, portraits dessinés par Edmond J. Massicotte, Montréal, Librairie Beauchemin, 1913, p. 47-65. Accessible sur openlibrary.org.

« François Dubé aux prises avec la Corriveau ».
Illustration d'Henri Julien (1852-1908) pour une édition des *Anciens
Canadiens* de Philippe Aubert de Gaspé parue dans l'*Album*, Montréal,
Beauchemin, 1916, p. 171. Domaine public.

graphique. Rappelons que c'est aussi lui qui conféra sa forme
quasi immuable au thème de la chasse-galerie en canot. La
cage oblique et une Corriveau squelettique importunant
François Dubé deviennent, pour longtemps, les éléments
incontournables de toute illustration de la légende. Et cette

LES SORCIERS DE L'ÎLE D'ORLEANS

...ou...

LA CORRIVEAU

Comme la jeunesse d'aujourd'hui fait semblant de plus croire aux sorciers pis aux fi follets, si vous voulez me le permettre, j'vas vous conter ce qui est arrivé près de l'Île d'Orléans à mon défunt père qui est mort. Je n'ai pas la belle accent ni la belle organe du cher défunt. Quand il vous contait ses tribulations dans les veillées, tout le corps nous en frisonnait comme des fièvreux, que ça faisait plaisir à voir ; mais enfin, j'vas faire de mon mieux pour vous contenter. Si donc qu'un jour, mon défunt père qui est mort, avait laissé la ville pas mal tard, pour s'en retourner chez nous ; il s'était même diver i, comme qui dirait, à pintocher tant soit peu avec ses connaissances de la Pointe-Lévis ; il aimait un peu la goutte le brave et honnête homme ! à telle fin qu'il partait toujours, quand il voyageait, un flacon d'eau-de vie dans son sac de loup-marin. Si donc que quand mon défunt père voulut partir, il faisait tout à fait nuit. Les amis voulurent le garder à coucher en lui disant qu'il allait passer tout seul d vant la cage de fer où la Corriveau depuis deux ans qu'elle avait été pendue, faisait sa pénitence, pour avoir tué son mari. Mais mon défunt père qui é ait brave comme pas un, leur dit qu'il ne s'en souciait guère. Il donne un coup de fouet à sa guevale *qui allait comme le vent, la fine bête !* et le voilà parti. En passant près de l'esquelette de la Corriveau, il lui sembla ben entendre quéque bruit, comme qui dirait une plainte ; *mais comme il ventait un gros sarouet il crut que c'était le vent qui sifflait dans les os du c idvers.* Fu n'y moins, ça le tarabusquait, et il prit un bon coup pour se réconforter. Si donc, qu'il continua à filer grand train ; ce qui ne l'empêchait pas d'entendre derrière lui, tic tac, tic tac, comme si qu'un morceau de fer eût frappé sur des cailloux. *Il touche sa guevale pour aller plus vite mais il entendait toujours tic tac, tic tac sur les cailloux.* Comme il était brave, il n'y fit pas grande attention. Arrivé sur les hauteurs de Saint Michel, l'endormitoire le prit. Si donc qu'il détèle sa guevale, lui attache les deux pattes de devant avec ses cordeaux et se fourre sous son caboucette. Il lui sembla tout d'un coup que l'Île d'Orléans était tout en feu. *Il saute un fossé, s'acco le sur une clôture, ouvre de grands yeux, regarde, regarde...*Il vit à la fin que des flammes dansaient le long de la grève, comme si tous les fi-follets du Canada, les damnés, s'y étaient donné rendez-vous pour tenir leur sabbat. C'était des manières d'hommes, une curieuse engeance tout de même. Ça avait ben une tête grosse comme un demi-minot, pis des bras, des jambes, des pieds et des mains armés de griffes, mais point de corps, pour la peine d'en parler. Ils avaient, sous vot' califourchon ben jusqu'aux oreilles Ça n'avait presque pas de chair, c'était quasiment tout en os, comme des esquelettes. *J'allais oublier une grande queue, deux fois longue comme celle d'une vache, qui leur pendait dans le dos, et qui leur servait, je pense, à chasser les moustiques.* De tous leurs yeux, sortaient des flammes qui éclairaient l'Île d'Orléans comme en plein jour. Les sœurs abîmaient mon défunt père, *et tout brave qu'il était, l'eau lui dégoûtait par le gros comme une paille d'avoine ;* il n'était pas pourtant au plus creux de ses traverses. Tout d'un coup, il sent le temps se reviror la tête, il sent deux grandes mains sèches, comme des griffes d'ours, qui lui serrent les épaules ; il se retourne tout effarouché et se trouve face à face avec la Corriveau qui se grappignait amont lui.

S'inspirer des *Anciens Canadiens*. Armand Leclaire, « Les sorciers de l'Île d'Orléans ou La Corriveau », *Le Passe-temps*, vol. 23, nº 572 (24 février 1917), p. 63-64.

légende poursuit allègrement sa carrière, mais force est d'admettre qu'elle prolifère alors sans véritablement se renouveler : outre les rééditions, des calques presque intégraux ou des variantes écourtées de récits parus antérieurement sont publiés tous azimuts. Par exemple, « Les sorciers de l'Île d'Orléans ou La Corriveau », proposé par Armand Leclaire dans la populaire revue *Le Passe-temps,* en 1917 reproduit presque mot pour mot le texte de Philippe Aubert de Gaspé[6]. En 1919, le gagnant d'un concours littéraire organisé par le journal *La Patrie* propose une nouvelle intitulée « La Corriveau » qui s'inspire aussi des *Anciens Canadiens*, mais il y introduit heureusement de nouveaux protagonistes et quelques éléments inédits[7].

---

6. Armand Leclaire, « Les sorciers de l'Île d'Orléans ou La Corriveau », *Le Passe-temps*, vol. 23, nº 572 (24 février 1917), p. 63-64.

7. Georges Rousseau, « La Corriveau », *La Patrie*, 41ᵉ année, nº 109 (samedi 5 juillet 1919), p. 23.

Le squelette de la Corriveau, dans sa cage de fer, terrorisant un voyageur.
Dessin de Charles Walter Simpson réalisé pour le livre de Katherine Hale,
Légendes du Saint-Laurent, Montréal, Canadian Pacific Railway,
1926, p. 24. Domaine public.

Dans cette foulée paraît en 1926 *Legends of the St. Lawrence* de Katherine Hale (de son véritable nom Amelia Beers Garvin) dans lequel se trouve la légende de la Corriveau. Fait intéressant, l'illustrateur de ce livre, Charles Walter Simpson, avait eu pour professeur nul autre qu'Henri Julien quelques décennies auparavant. L'encagée esquissée par Simpson possède naturellement de nombreux traits communs avec celle de Julien. Traduites par Raoul Cloutier, ces légendes sont publiées, une à la fois, dans la revue *Le Terroir*: celle de la Corriveau paraît en septembre 1926, l'illustration de Simpson bien en évidence sur la couverture du numéro[8].

8. «La Corriveau», *Le Terroir, revue mensuelle illustrée*, vol. VII, n° 5 (septembre 1926); Du Berger, «Imaginaire traditionnel, imaginaire institutionnel», p. 103.

Hazel Boswell use largement des textes de Gaspé et de Kirby pour son *French Canada: Pictures and Stories* qui paraît en 1938, affirmant que les documents du procès furent détruits, tandis que, l'année suivante, Roméo Langlois se fonde entièrement sur l'auteur des *Anciens Canadiens* pour écrire «Une Barbe-Bleue canadienne», article publié dans *Le Magazine de Québec*. Ce dernier texte est d'ailleurs accompagné d'une illustration signée A. Body représentant trois hommes qui hissent une cage vide à la plus haute branche d'un arbre solide, sous les yeux ébahis de la foule[9]. De nos jours, ces écrits un peu trop fortement inspirés d'autres textes seraient considérés comme de beaux exemples de plagiat... mais il faut dire que la notion de propriété intellectuelle est encore assez floue à cette époque! Ces nombreuses publications ont à tout le moins le mérite d'entretenir l'intérêt pour la Corriveau au sein de la population lettrée. Mais aussi, hélas, de propager certaines erreurs, même sous le couvert de la rigueur intellectuelle, comme il le sera décrit plus loin.

L'imprimé n'est pas le seul domaine des arts où fleurissent les œuvres liées au folklore du Canada français en ce début de XXe siècle. Vers 1917, Alfred Laliberté conçoit l'idée de créer une série de statuettes dédiées aux légendes, métiers et coutumes du passé. Le projet initial prévoyait la production d'une cinquantaine de pièces mais, grâce au soutien de son ami Édouard-Zotique Massicotte, le sculpteur parvient à susciter l'intérêt du gouvernement du Québec. En 1928, Laliberté reçoit la commande officielle pour créer une série de bronzes rendant hommage au mode de vie ancien et aux croyances traditionnelles, série dont le nouveau Musée de la province (aujourd'hui le Musée national des beaux-arts du Québec) se porte acquéreur. L'artiste mettra quatre ans à réaliser 214 pièces en bronze,

---

9. Hazel Boswell, *French Canada: Pictures and Stories*, New York, The Vicking Press, 1938, p. 31-32 et 81-82; Roméo Langlois, «Une Barbe-Bleue canadienne: La Corriveau», *Le Magazine de Québec*, Québec, samedi 7 janvier 1939, p. 3. À ce sujet, voir aussi Lacourcière, «Présence de la Corriveau», p. 234.

La Corriveau, statue en bronze du sculpteur Alfred Laliberté. Cette statue en bronze coulé, réalisée vers 1930, mesure 61 cm de haut. Elle a été acquise en 1933 par le Musée de la province, aujourd'hui Musée national des beaux-arts du Québec, où elle est toujours conservée.
Photo : Neuville Bazin, 1945. Bibliothèque et Archives nationales du Québec, fonds Ministère de la Culture, des Communications et de la Condition féminine, cote E6, S7,SS1,P29409. Domaine public.

dont celle figurant la légende de la Corriveau[10]. Outre leur indéniable intérêt artistique, ces pièces revêtent un caractère ethnologique puisqu'elles permettent de donner corps non seulement aux légendes, mais aussi aux coutumes, métiers et « types canadiens ». Si le traitement s'avère un peu répétitif et statique, certaines pièces se distinguent par leur originalité : c'est le cas de celle représentant la célèbre encagée de Saint-Vallier[11].

En 1934, la Librairie Beauchemin publie l'ouvrage *Légendes – Coutumes – Métiers de la Nouvelle-France*, dans lequel apparaissent une centaine de statuettes de Laliberté, accompagnées de commentaires d'É.-Z. Massicotte. Malheureusement, « la Corriveau » ne figure pas parmi les pièces qui y sont reproduites[12]. En cette année où l'on célébrait le 400e anniversaire du voyage de Jacques Cartier au Canada, peut-être cette histoire fut-elle jugée trop sordide pour figurer auprès de traditions

---

10. Du Berger, « Imaginaire traditionnel, imaginaire institutionnel », p. 105.

11. Vallée, « Alfred Laliberté (1878-1953) », non paginé.

12. *Ibid.*; Du Berger, « Imaginaire traditionnel, imaginaire institutionnel », p. 105.

inoffensives comme «l'eau de Pâques» ou «l'allumeur de réverbères», ou même de légendes présentant une saine moralité chrétienne, comme «Édouard Tassé se battant avec le diable»?

Le folklore est également à l'honneur dans les grands déploiements patriotiques – qu'ils soient ou non patronnés par l'Église – dont cette époque est friande. L'entre-deux-guerres voit éclore un grand élan nationaliste, alors que les valeurs identitaires des Québécois convergent vers une prise de conscience collective. Par exemple, la Société Saint-Jean-Baptiste de Montréal place les coutumes et les traditions ancestrales au centre de la grande parade du 24 juin 1925. Quatre ans plus tard, en juin 1929, ce sont les légendes canadiennes-françaises qui sont mises à l'honneur : la brasserie Dow publie un album souvenir, *Contes et légendes du Canada français. 24 juin 1929*, présentant les croquis des chars allégoriques agrémentés de textes d'É.-Z. Massicotte. La Corriveau n'est cependant pas au nombre des légendes ainsi commémorées. Notons que cette décennie marque un tournant décisif dans les festivités de la Saint-Jean-Baptiste, alors que les parades et la fête annuelle prennent une ampleur considérable[13].

Médias et résurgence de la culture orale

Loin d'occulter l'importance de l'écrit, l'essor de la radio dans les premières décennies du XXe siècle signale au contraire l'émergence d'un nouveau canal de diffusion pour la culture et les légendes canadiennes-françaises. L'animateur derrière son micro vient, en quelque sorte, se substituer aux conteurs traditionnels en ravivant l'intérêt pour la transmission orale. Il rejoint aussi de nouveaux publics, notamment dans les franges

---

13. En effet, jusque dans les années 1960, ces parades serviront de vitrine privilégiée à la culture et au patrimoine du Québec, en plus de soutenir la fierté et le sentiment d'appartenance. Diane Joly, «Processions de la Saint-Jean-Baptiste à Montréal», *Encyclopédie du patrimoine culturel de l'Amérique française*, www.ameriquefrancaise.org.

de la société qui ne maîtrisent pas la lecture. C'est ainsi que, dès 1932, la Société Radio-Canada diffuse une série d'émissions radiophoniques intitulée *Les légendes du Saint-Laurent*, rédigées par Robert Choquette et interprétées par le musicien et folkloriste Ovila Légaré[14]. Les thèmes folkloriques entretenant la nostalgie du «bon vieux temps» et du mode de vie traditionnel seront très populaires dans les années d'après-guerre.

Certains érudits, dont Léon Trépanier[15], se donnent pour mission de raviver de petits faits d'histoire, dont la légende de la Corriveau, qui sont en train de sombrer dans l'oubli. Communicateur émérite possédant de vastes connaissances historiques (ancien président de la Société Saint-Jean-Baptiste de Montréal, membre de la Société historique de Montréal ainsi que de la Société des Dix), Trépanier est un ardent promoteur de la culture d'ici. Dans son émission hebdomadaire *Les Miettes de notre petite histoire*, diffusée par Radio-Canada de 1947 à 1950, il évoque divers éléments de la culture populaire sous forme d'une causerie de quinze minutes[16]. Quelques années plus tard, il reprend sensiblement la même formule sur les ondes de CKAC avec l'émission *On veut savoir*: les auditeurs sont alors invités à poser des questions sur diverses anecdotes de l'histoire et du folklore canadien-français. Du lundi au samedi soir, à 18 h 45, des milliers de personnes savourent ce quart d'heure de

---

14. Le contenu de ces émissions est repris en 1975 dans le livre *Le sorcier d'Anticosti et autres légendes canadiennes*, mais la légende de la Corriveau n'y figure pas. Du Berger, «Imaginaire traditionnel, imaginaire institutionnel», p. 105.

15. «Léon Trépanier a toujours été un passionné d'histoire. D'abord dans les années 1910 et 1920, au patrimoine lisible dans les villages et les monuments; plus tard, dans l'organisation de célébrations grandioses traduites dans des jeux scéniques, des défilés et bals costumés, et dans des reconstitutions stimulantes. Enfin, le dernier tiers de sa vie a été réservé à la recherche et à l'écriture d'articles bien documentés. À coup sûr, Trépanier mérite d'être considéré comme le père de la vulgarisation historique au Québec.» Michel Lessard, «Le dixième Fauteuil: Montarville Boucher de la Bruère, Maréchal Nantel, Léon Trépanier, Sylvio LeBlond», *Les Cahiers des Dix*, n° 51, 1996, p. 198.

16. «Miettes de notre petite histoire», Archives de Radio-Canada, http://archives.radio-canada.ca/emissions/1552/.

culture d'ici. La matière de ces chroniques paraît en quatre volumes entre 1960 et 1962 : les segments consacrés à Marie-Josephte Corriveau y figurent[17]. Cet exemple illustre bien les constants allers-retours entre l'oral et l'écrit, qui se répondent et s'interpellent depuis les premières publications sur la Corriveau, cent ans auparavant.

C'est également à cette époque que la télévision fait son entrée dans les mœurs occidentales, au Québec comme ailleurs. La programmation reflète le souci d'offrir une diversité d'émissions à toute la famille ; la télévision d'État a donc le mandat de proposer des contenus destinés aux petits comme aux grands. De 1959 à 1963, l'émission jeunesse *Le Grand Duc* est diffusée à la télévision de Radio-Canada. Cette série est conçue par Gilles Vigneault. Présenté par un personnage revêtu d'une cape noire, le Grand Duc lui-même, chacun des épisodes d'une demi-heure se base sur des contes et légendes issus du folklore québécois, notamment le diable et bien sûr la Corriveau, ce qui lui confère une dimension somme toute impressionnante pour des enfants, et contribue à conserver sa mémoire bien vivante[18].

Redécouvrir la « véritable histoire » de la Corriveau

Pendant des siècles, les seuls matériaux disponibles pour étudier la Corriveau ont été la tradition orale et les écrits de fiction littéraire. Difficile, dans ces conditions, d'espérer

---

17. Léon Trépanier, *On veut savoir*, Montréal, Imprimerie La Patrie, 1960, vol. 1, 192 p. et vol. 2, 224 p., et Imprimerie Saint-Joseph, 1962, vol. 3, 224 p. et vol. 4, 224 p. Voir aussi Du Berger, « Imaginaire traditionnel, imaginaire institutionnel », p. 105-106.

18. C'est d'ailleurs en tant que scénariste à l'émission *Le Grand Duc* que l'auteur et cinéaste Guy Fournier a entrepris sa longue carrière à la télévision de Radio-Canada, http://fr.wikipedia.org/wiki/Le_Grand_Duc_(émission) et http://fr.wikipedia.org/wiki/Guy_Fournier.

distinguer la vérité à travers l'amas de «faits» issus de la légende. Certains s'y essaient pourtant. C'est le cas de l'historien lévisien Pierre-Georges Roy. Or, ces recherches présentées comme des contributions historiennes crédibles auront un effet plus pernicieux encore: les erreurs qu'elles perpétuent contribuent à brouiller encore plus la frontière entre le vrai et le faux, entre l'histoire et la fantaisie.

« L'Histoire vraie de la Corriveau » selon Pierre-Georges Roy

Historien et archiviste de profession, Pierre-Georges Roy s'intéresse à l'histoire de Marie-Josephte Corriveau à la fin des années 1930 et au début de la décennie suivante. Conscient qu'une étude sérieuse sur la Corriveau s'impose, il rédige une série de courts textes à son sujet entre 1937 et 1944, prétendant ainsi rétablir «l'histoire vraie». Il n'en sera rien malheureusement. Dans la mesure où Roy n'a pas accès aux archives du procès, certaines inexactitudes sont excusables. Cependant, comme le fera observer Luc Lacourcière une trentaine d'années plus tard, «nous avons aussi affaire à un polygraphe qui oublie souvent le lendemain ce qu'il a lu ou écrit la veille[19]». Lorsque l'on confronte

---

19. Cet encadré s'inspire directement de Lacourcière, «Le destin posthume de la Corriveau», p. 266-267. Les textes de Pierre-Georges Roy dont il est question sont les suivants: «Les légendes canadiennes, L'Histoire de la Corriveau», *Les Cahiers des Dix*, n° 2 (1937), p. 73-76; «L'affaire de la Corriveau», *À travers l'histoire des Ursulines de Québec*, Lévis, 1939, p. 141; «Le procès de la Corriveau», *L'Action catholique*, 28 février 1939, p. 4; «Où on inhumait les suppliciés», *Les cimetières de Québec*, Lévis, 1941, p. 189; *À travers les Anciens Canadiens de Philippe Aubert de Gaspé*, Montréal, G. Ducharme, 1943, p. 138-142; *Les Petites choses de notre Histoire*, Québec, Garneau, 1944, p. 95-98.

les différents textes de Roy, il faut reconnaître qu'ils présentent un manque de cohérence et de rigueur.

En 1937, Roy présente deux faits véridiques : 1) il n'y a absolument aucune preuve que Charles Bouchard ait été tué avec du plomb fondu dans les oreilles ; 2) le veuvage de Marie-Josephte a été de 15 mois et non pas de trois mois, comme laissent entendre plusieurs versions de la légende. Cela ne l'empêche pourtant pas de livrer des informations erronées mais présentées comme vraies. Il rapporte notamment que Louis Dodier a eu la tête « écrasée » et que Joseph Corriveau aurait admis que son premier aveu était faux, qu'il s'était accusé à la place de Marie-Josephte parce qu'il était sous l'influence de cette dernière. Dans la mesure où Joseph Corriveau est resté silencieux pendant son procès, ces prétendus aveux sont sans doute inspirés par les écrits de Fréchette. Plus loin, Roy déclare que « c'était la coutume d'accrocher des cages à des croix ou à des carrefours des grandes routes ». Cette phrase laisse entendre que c'était pratique courante ici même dans la vallée du Saint-Laurent, ce qui est faux. Il n'y a eu que deux cas d'encagement dans l'histoire canadienne... ce qu'on peut difficilement qualifier de coutume.

En 1939, Roy défait quelques-unes de ses affirmations antérieures en écrivant que le premier mari de Marie-Josephte était un Corriveau (alors que c'est un Bouchard) et que la veuve s'est remariée trois mois après le décès de son mari avec Louis Dodier. Il revient aux quinze mois de veuvage dans un texte ultérieur de la même année.

Deux ans plus tard, Roy affirme que la Corriveau avait tué ses deux maris et laisse sous-entendre qu'elle aurait été inhumée à Québec et non pas à la Pointe-Lévy.

En 1943, l'archiviste écrit une cinquième version de son histoire où de nouvelles erreurs sont ajoutées tandis que les anciennes subsistent. Ici, la rumeur du plomb fondu se répand dès que Charles Bouchard meurt, la date de condamnation de Marie-Josephte n'est plus le 15 avril mais le 10 avril, et les soldats britanniques occupaient la grande salle du couvent des ursulines depuis 1759, ce qui est faux.

Finalement, en 1944, Pierre-Georges Roy publie à nouveau ses écrits de 1937, tels qu'ils étaient et sans aucune correction, dans le septième opus des *Petites choses de notre histoire*.

Au milieu du XXe siècle, Marie-Josephte Corriveau n'a pas encore eu droit à une biographie correcte.

Pour réaliser une recherche qui puisse vraiment faire la lumière sur les événements, sans parti pris, il était bien sûr nécessaire de trouver des documents historiques fiables. Excédé par les erreurs relayées sans examen par de nombreux auteurs et animé par la volonté de dissiper les contrevérités entourant Marie-Josephte Corriveau, le commandeur Joseph-Eugène Corriveau entreprend, dans les années 1940, de trouver les pièces authentiques ayant conduit à la condamnation de la Valliéroise.

Après une recherche minutieuse suivie de multiples démarches auprès de plusieurs centres d'archives publiques et privées, Corriveau finit par découvrir que les documents liés aux deux procès de 1763 sont conservés au Public Record Office de Londres. Il parvient à en obtenir copie, mais il décède quelques mois à peine après avoir retrouvé cette «documentation officielle irréfutable», avant d'avoir pu mener lui-même à bien la mission de «réhabilitation» de cette femme légendaire dont il partage le patronyme[20].

---

20. «Joseph-Eugène Corriveau», Réseau canadien d'informations archivistiques, http://www.archivescanada.ca; Lacourcière, «Le triple destin de Marie-Josephte Corriveau», p. 214.

Annonce des recherches sur Marie-Josephte Corriveau menées par Joseph-Eugène Corriveau en 1947.
L'Action catholique, mardi 10 juin 1947, p. 4. Bibliothèque et Archives nationales du Québec, collection numérique de journaux anciens.
Domaine public.

Joseph-Eugène Corriveau (1885-1947)

Né le 12 novembre 1885 à Québec, Joseph-Eugène Corriveau est un homme de lettres, un diplomate et un homme de loi canadien-français.

Après des études à l'Université Laval, il entreprend une carrière d'abord comme huissier, puis il devient commissaire de la Cour supérieure de Québec et juge de paix. Plus tard, il obtient le poste de fonctionnaire à la bibliothèque de la Législature. Docteur en lettres, il est également écrivain et auteur dramatique. Il écrira quatre pièces entre 1909 et 1926, dont *Le secret des Plaines d'Abraham : grand drame héroïque canadien en quatre actes*. Il s'engage largement au niveau des lettres et sera notamment président de la Société des Arts, Sciences et Lettres, membre-fondateur de l'Union dramatique de Québec, directeur de l'Institut canadien de Québec et de la Société de géographie et trésorier de l'Association des Auteurs Canadiens. En plus d'être correspondant canadien de *L'Encyclopédie Espasa* de Madrid et de *La Revue Diplomatique* de Paris, il contribue à plusieurs journaux et revues tant au Canada qu'à l'étranger. Fin diplomate, il est pendant quelques années consul général du Monténégro et de l'Argentine à Québec. Corriveau est également proche des institutions catholiques en étant membre de plusieurs ordres de chevalerie chrétiens, dont l'Ordre Équestre du Saint-Sépulcre dont il reçoit le grade de commandeur. Il se voit décerner plusieurs honneurs et titres ; il est notamment décoré par le roi George V pour services rendus lors de la Première Guerre mondiale.

Professeur d'histoire et conférencier, il utilise sa plume pour entamer des correspondances à Londres dans le but de retrouver les pages du procès de Marie-Josephte Corriveau afin d'en avoir le cœur net sur ce qui s'est réellement passé en 1763. Les documents sont rapatriés après de longues recherches, mais le commandeur Joseph-Eugène Corriveau meurt le 3 décembre 1947 d'une crise d'angine avant d'avoir pu terminer sa dernière œuvre. Il avait 62 ans.

Les documents judiciaires dénichés à Londres s'avèrent extrêmement intéressants. La première série, intitulée *Copy of the Proceedings of a General Court Martial Held at Quebec the 29th March 1763, By Virtue of a Warrant from His Excellency Governor Murray, Dated the 28 of said Month*, comporte les minutes du procès criminel contre Joseph Corriveau, accusé du meurtre de son gendre Louis-Étienne Dodier, et contre sa complice Marie-Josephte Corriveau, veuve Dodier, du 29 mars au 9 avril 1763[21]. On y trouve la composition du tribunal, présidé par le lieutenant-colonel Roger Morris et formé de

---

21. War Office Judge Advocate General Dept. Courts Martial Proceedings (W.O. 71), vol. 137, p. 60 et suivantes.

Joseph-Eugène Corriveau:
retrouver les pages du procès.
«Mort soudaine du commandeur J.-E.
Corriveau», *L'Action catholique*, jeudi 4 décembre
1947, p. 20. Bibliothèque et Archives nationales
du Québec, collection numérique de journaux
anciens. Domaine public.

Mort soudaine du commandeur J.-E. Corriveau

Un citoyen bien connu de notre ville, vient de disparaître dans la personne du commandeur J.-E. Corriveau, fonctionnaire à la bibliothèque de la Législature provinciale. Il a été foudroyé par une crise d'angine, hier après-midi, à sa résidence de la rue Cusot.

Pendant plus de trente ans, il avait été huissier et commissaire de la Cour Supérieure de Québec, ainsi que juge de paix. Ensuite, il devint fonctionnaire à l'emploi de la bibliothèque.

Ses talents d'écrivain et auteur dramatique, et de diplomate, lui valurent d'occuper de hauts postes. Il occupa, nombre d'années le poste de consul général de la république argentine à Québec ainsi que du Montenegro. Au 7ème congrès international de l'apiculture, il fut délégué officiel de l'Argentine. Il fut président de la Société des Arts, Sciences et Lettres de Québec, directeur de l'Institut canadien et de la Société de géographie, président honoraire de l'Association des Chanteurs de Québec, et membre honoraire de la Société française de bienfaisance. Docteur ès Lettres, professeur d'Histoire et conférencier, correspondant au Canada de l'Encyclopédia Espana, de Madrid, de la Revue diplomatique de Paris, collaborateur de plusieurs journaux, secrétaire fondateur de l'Association des Chevaliers pontificaux de Québec, chancelier du corps consulaire.

douze officiers britanniques, l'acte d'accusation, l'interrogatoire des vingt-quatre témoins par le procureur Hector-Théophilus Cramahé, la plaidoirie de l'avocat de la défense, Antoine-Jean Saillant, la preuve présentée par Cramahé et, pour finir, la sentence de Morris ratifiée par le gouverneur James Murray. La seconde série documentaire, qui relate le déroulement du procès contre la seule Marie-Josephte Corriveau, le 15 avril de la même année, s'intitule *Copy of the Proceedings of a General Court Martial Held at Quebec the 15th day of April 1763, By Virtue of a Warrant from His Excellency Governor Murray, dated the 14th day of the same Month*[22]. Si de courtes parties du procès (les jugements et la description des peines infligées aux condamnés) avaient été conservées et utilisées par les littéraires du XIXᵉ siècle, disposer de la plus grande partie des procédures permettra dorénavant de replacer les événements dans leur contexte[23].

---

22. War Office Judge Advocate General Dept. Courts Martial Proceedings (W.O. 71), vol. 49, p. 213-214.

23. C'est Barthélemy Faribault qui fit la découverte des jugements rendus dans le premier et le second procès en 1763: ces documents étaient la propriété de la famille Nearn, de La Malbaie, descendante de l'un des officiers britanniques ayant été impliqués dans les procédures. Aurélien Boivin, «L'édition critique des

C'est Luc Lacourcière qui poursuivra le travail, là où le commandeur l'avait laissé. L'ethnologue a en effet le privilège d'avoir accès aux pièces du procès, mais aussi à la volumineuse correspondance entre J.-Eugène Corriveau et Joseph-Adjutor Patry, soit une cinquantaine de lettres rédigées de 1945 à 1947 et portant sur les tractations entourant le rapatriement des archives du procès. S'il s'était précédemment intéressé à la Corriveau comme faisant partie du corpus légendaire recueilli dans les campagnes des rives nord et sud, il entreprend dès lors des recherches approfondies sur la Valliéroise. Ses travaux l'amènent à émettre l'idée que, si Marie-Josephte Corriveau était à nouveau jugée de nos jours, elle serait certainement déclarée innocente, sa culpabilité ayant été déterminée en s'appuyant sur des preuves circonstancielles et des témoignages qui tiennent davantage de la rumeur publique, bref des éléments qui ne seraient pas recevables devant une cour de justice contemporaine. Fait intéressant, les pièces du procès permettent de découvrir (ou de se rappeler) le mobile supposé du crime. Marie-Josephte Corriveau avoue en effet avoir assassiné son mari Louis Dodier pendant son sommeil, précisant qu'elle est consciente de mériter la mort, mais « que c'est vraiment dû en grande partie aux mauvais traitements de son mari si elle est coupable de ce crime[24] ». Elle aurait donc tué son époux violent pour mettre fin à une vie conjugale misérable.

Luc Lacourcière (1910-1989)

Né à Saint-Victor de Beauce le 18 octobre 1910, Luc Lacourcière est ethnologue, écrivain, folkloriste et

Anciens Canadiens: une histoire (re)corrigée », *Port Acadie: revue interdisciplinaire en études acadiennes*, n° 20-21 (2011-2012), p. 22.

24. Traduction de Lacourcière dans « Le triple destin de Marie-Josephte Corriveau », p. 230.

professeur universitaire de renom. Il est reconnu comme le fondateur de la méthode de recherche en ethnologie.

Après des études classiques à Québec, il se rend en France pour parfaire ses connaissances et faire un stage au collège Saint-Charles à Porrentruy, en Suisse. En 1938, il est de retour au Québec où il enseigne le latin au collège Bourget de Rigaud, avant de donner des cours d'été de français aux étudiants anglophones de l'Université Laval. Intéressé par les études anthropologiques, il travaille sous la tutelle de Marius Barbeau au Musée canadien des civilisations, puis revient à l'Université Laval, où il enseigne la littérature française de 1940 à 1963. En 1944, il devient professeur titulaire de folklore et d'ethnographie de cette institution (un poste qu'il occupera pendant trente-quatre ans) et fonde la même année les Archives du folklore de l'Université Laval. Il sera aussi directeur du Département d'études canadiennes de 1963 à 1971.

Reconnu internationalement, Lacourcière donne des conférences en Europe et aux États-Unis, réalise de nombreuses études sur le folklore québécois et amasse une quantité phénoménale de contes, légendes, chansons et enregistrements divers. Auteur prolifique, il écrira près d'une centaine d'articles et dirigera un grand nombre d'étudiants à la maîtrise et au doctorat. Ses recherches sur Marie-Josephte Corriveau font école.

Luc Lacourcière est récipiendaire de nombreux titres et honneurs prestigieux : membre de la Société royale du Canada en 1962, membre du Conseil des arts du Canada (1962-1965), il reçoit en 1969 le prix Duvernay et la médaille de la Société Saint-Jean-Baptiste de Montréal, est reçu compagnon de l'Ordre du Canada en 1970 et « Fellow » de l'American Folklore Society trois ans plus tard. En 1974, il est décoré de l'Ordre du mérite. La Société Saint-Jean-Baptiste de Québec lui décerne également une décoration en 1976.

En 1987, il reçoit le prix « 3-Juillet-1608 » du Conseil de la langue française. Il décède à Québec le 15 mai 1989. Depuis 1978, le Célat décerne un prix d'ethnologie qui porte son nom : la médaille Luc-Lacourcière[25].

Au milieu du XXᵉ siècle, les éléments tirés du procès ne sont pas encore connus du grand public, pour qui la Corriveau était et demeure une sorcière malfaisante ayant tué sans pitié plusieurs de ses maris. Il faudra du temps pour rétablir les faits et démêler le faux du vrai. C'est ainsi qu'à l'occasion du Carnaval de Québec de 1955, qui porte sur le thème des légendes canadiennes, la Corriveau se retrouve au centre d'une controverse. En effet, lorsque les organisateurs annoncent leur intention d'ériger une « cage de glace à l'effigie de la Corriveau » sur la place Taschereau, en face de la basilique et à proximité de l'hôtel de ville de Québec, un tollé de protestations incite l'organisation à faire marche arrière. Un dénommé Jos Corriveau écrit même aux autorités de la ville de Québec pour demander qu'on laisse sombrer le souvenir de Marie-Josephte Corriveau dans l'oubli : selon lui, qui pourrait bien vouloir « monter en épingle cette monstruosité pour auréoler notre carnaval [...] à l'ombre du monument de Son Éminence et de notre vieux Séminaire » ? L'homme qualifie encore cette idée d'indécente, inconvenante, lugubre, pitoyable, absurde et dégoûtante... Il semble que bien des gens (notamment les marchands de ce secteur de la ville) n'apprécient pas l'idée d'associer une légende d'aussi « macabre mémoire » à des festivités familiales[26].

---

25. Denise Ménard, « Luc Lacourcière », *L'Encyclopédie canadienne*, www.thecanadianencyclopedia.com/articles/fr/emc/luc-lacourciere ; André Garant, « Luc Lacourcière », *Patrimoine Beaucevillois*, http://www.ccpb.ca/luc-lacourcire-1.

26. *Le Soleil* et *L'Action catholique*, 11 et 15 janvier 1955 ; Lettre de Jos Corriveau à A.-F. Mercier, président général du Carnaval, Québec, 15 janvier 1955, Archives de l'Université Laval, fonds Luc Lacourcière, P178, E3/2, E/07297, chemise « Carnaval ». Lacourcière, « La présence de la Corriveau », p. 237.

Pas de "cage" devant l'hôtel de ville

Nous apprenons que le monument de glace représentant la "cage de la Corriveau" qui devait être érigé sur la place de l'hôtel de ville n'y sera pas construit.

En effet, l'Association des marchands de la Place de l'hôtel de ville qui en devait défrayer le coût fournira sa quote-part pour l'érection d'un château de glace, en face de l'hôtel de ville. On a trouvé que ce monument représentant une légende tristement célèbre ne cadrait pas avec les lieux.

« Pas de cage devant l'hôtel de ville », *L'Action catholique*, 15 janvier 1955, p. 3.

Cette controverse attise pourtant la curiosité au sujet de la célèbre Valliéroise et incite la population à vouloir connaître sa véritable histoire. Dans la foulée des recherches qu'il mène alors sur la Corriveau, Luc Lacourcière est invité à prononcer une conférence lors des mercredis littéraires de la Faculté des lettres de l'Université Laval le 9 février 1955. Intitulée « La Corriveau : histoire et évolution d'une légende d'après des textes anciens et la tradition orale », l'allocution est présentée devant un auditoire nombreux et prestigieux comprenant entre autres le recteur de l'université, monseigneur Alphonse-Marie Parent. Lacourcière présente à nouveau cette conférence au congrès de l'Institut d'histoire de l'Amérique française le 16 avril de la même année, puis à quelques reprises au cours des années suivantes[27].

----

27. Parmi les conférences subséquentes, notons celle du 17 avril 1961 à la Société canadienne d'histoire de la médecine, à Québec, et celle à la Société d'étude et de conférences de Québec le 5 mai 1970. « L'histoire réelle de la Corriveau », *Le Soleil*, 10 février 1955 ; « M. Luc Lacourcière aux mercredis littéraires – La Corriveau : histoire et évolution d'une légende d'après des textes anciens et la tradition orale », *L'Action catholique*, 14 février 1955, p. 4 ; Compte rendu des

Première page du premier article de Luc Lacourcière consacré à la Corriveau, « Le triple destin de Marie-Josephte Corriveau », paru dans *Les Cahiers des Dix* en 1968.

Luc Lacourcière, « Le triple destin de Marie-Josephte Corriveau », *Les Cahiers des Dix*, n° 33 (1968), p. 213-242. Deux autres articles seront publiés dans la même revue au cours des années suivantes : « Le destin posthume de la Corriveau » (vol. 34, 1969, p. 239–271) et « Présence de la Corriveau » (vol. 38, 1973, p. 229-264). Les trois articles peuvent être consultés sur le site *Nos racines. Les histoires locales du Canada en ligne*, http://www.ourroots.ca/fr.

Pour la première fois en près de deux siècles, une tribune est donnée aux faits réels entourant l'histoire de Marie-Josephte Corriveau. La parution de trois articles du professeur Lacourcière dans *Les Cahiers des Dix* offrira une base solide aux études ultérieures, mais aussi aux créateurs et artistes, quels qu'ils soient. Dans les années qui suivent, divers journaux populaires exploitent le côté sensationnaliste de toute l'affaire qui, même après 200 ans, continue de fasciner : les tabloïds

---

conférences de l'Institut d'histoire par Loris Racine, *Le Devoir*, lundi 18 avril 1955. Lettre de Charles-Marie Boissonnault, vice-président de la Société canadienne d'histoire et de médecine, 11 avril 1961 ; Lettre de Liette T. Brunelle, secrétaire de la Société d'étude et de conférences de Québec, 11 juin 1970. Archives de l'Université Laval, fonds Luc Lacourcière, P178, E3/2, E/07298, chemise « Conférences ». Voir aussi Lacourcière, « La présence de la Corriveau », p. 239.

Samedi et *Allô Police*, entre autres, lui consacrent quelques colonnes dans le filon des « enquêtes criminelles non résolues ». Certains quotidiens, comme le *Courrier de Montmagny*, l'évoquent comme un souvenir pittoresque d'après la Conquête ; *L'Action catholique*, qui avait publié le roman *Le Chien d'Or* sous forme de feuilleton au début des années 1940, agrémenté de quelques illustrations de Robert LaPalme, ravive le souvenir de la Corriveau une vingtaine d'années plus tard en publiant à nouveau le texte de Pamphile Lemay sous forme de bande dessinée créée par Paul A. Turcotte[28].

Même si la légende continuera à occulter les faits réels pendant encore longtemps dans la mémoire collective, la mise au jour de ces preuves historiques influencera la manière dont on traitera dorénavant ce fascinant élément de notre culture populaire.

28. J.D.P., « Le spectre de la Corriveau hanta longtemps les gens de Saint-Vallier », *Allô Police*, 7 nov. 1954 ; Alain Robert, « La Corriveau », *Le Samedi*, Montréal, 18 février 1956, p. 15 ; Charles-M. Letarte, « Les Seigneurs de la Rivière du Sud – Souvenir d'après la Conquête », *Le Courrier de Montmagny*, 30 novembre, 7 et 14 décembre 1956, p. 9. Le fonds Luc Lacourcière aux Archives de l'Université Laval conserve de nombreuses coupures de journaux de cette époque. Voir aussi le Chien d'Or sous la plume du dessinateur Paul A. Turcotte dans *L'Action nationale*, décembre 1960 à janvier 1961.

CHAPITRE 10

SORTIR DE LA CAGE (1960-1990)

L'exemple doit être assez fort pour prévenir les crimes pendant les prochaines années. S'il fallait que toutes les épouses mécontentes de leur sort assassinent leur mari, il n'y aurait plus d'hommes dans la colonie. – Lieutenant-colonel Morris[1]

À PARTIR DES ANNÉES 1960, et plus particulièrement dans la décennie 1970-1980, émerge une lecture sociologique du récit entourant Marie-Josephte Corriveau. En effet, si les intellectuels s'étaient jusqu'alors préoccupés de la recherche, de la définition puis de l'affirmation d'une identité canadienne-française à travers notamment le folklore et le patriotisme, le dernier tiers du XXᵉ siècle voit émerger de nouvelles manières d'appréhender l'histoire et la légende de la Corriveau, cette fois dans leurs dimensions émancipatrices et libératrices.

Cette période est en effet marquée par de profonds bouleversements, avec la Révolution tranquille et l'essor du nationalisme québécois. On assiste à une intense recherche des «origines»: le passé étant, en quelque sorte, garant de l'avenir, la quête des éléments culturels considérés comme traditionnels et authentiques devient prépondérante. Pour toute une génération de jeunes en quête de soi, revisiter le mode de vie ancestral, réapprendre l'artisanat ancien et se réintéresser aux contes

---

1. LeBel, *La Corriveau*, p. 180.

du terroir semble être la bonne manière de se réapproprier la «véritable» identité québécoise afin de mieux comprendre la culture d'ici et, ainsi, d'aborder l'avenir d'un pied sûr. L'attrait pour la légende de la Corriveau à la sauce traditionnelle persiste mais se double dès lors de sens nouveaux, propres à cette ère de revendications nationales et féministes.

Il est vrai que la Corriveau et sa cage revêtent une fonction quasi allégorique de la dualité liberté/enfermement. Faisant exploser les cadres temporels, se souciant peu de déroger au cadre historique strict, écrivains et artistes n'hésiteront pas à tirer certains éléments de cette affaire du XVIIIe siècle pour les proposer, revampés mais surtout «réinvestis», dans un cadre résolument moderne. Après tout, la création n'est pas assujettie aux mêmes contraintes de vérité que la recherche historique. C'est ainsi que, transcendant les époques, l'encagée de Saint-Vallier en viendra à symboliser l'oppression : d'une part, celle qui était exercée par les Britanniques sur la population canadienne-française puis québécoise – le traité de Paris de 1763 ne vient-il pas restreindre l'expression d'une identité d'origine française ? – et, d'autre part, celle qui était exercée par les hommes sur les femmes dans le contexte patriarcal. La valeur d'exemplarité de sa peine pour avoir tué son mari n'est-elle pas révélatrice du malaise qu'éprouve la société à voir une femme s'affranchir (violemment, de surcroît) de la tutelle maritale ? Plus encore, ne constitue-t-elle pas une sorte de métaphore anticipée du processus d'émancipation et d'affirmation de l'identité féminine québécoise ? L'examen de la production artistique des bouillonnantes années 1960 et surtout 1970 incline en ce sens, alors qu'on tentera de plus en plus, par toutes sortes de procédés notamment dramaturgiques, de faire sortir Marie-Josephte Corriveau de sa cage. La production s'accélère d'ailleurs tant dans le dernier tiers du XXe siècle qu'un traitement approfondi de chaque œuvre devient difficile, voire impossible. Il s'agira donc moins de commenter toutes les manifestations patrimoniales que de montrer les transformations multiples de la légende entre 1960 et 1990.

Une patrimonialisation pluridisciplinaire

Bien sûr, la légende de la Corriveau continue en soi de fasciner comme faisant partie du riche corpus québécois. L'artiste Saul Field, qui illustre de nombreux recueils de mythes et légendes entre les années 1960 et 1980, depuis l'*Odyssée* jusqu'aux récits tunisiens, chinois et polonais, met son talent au service du fonds légendaire canadien. Son estampe représentant la Corriveau, qui sert d'abord à illustrer l'ouvrage *Légendes du Canada français : un folio de gravures en relief,* publié à Toronto chez Upstairs Gallery en 1966, est ensuite reprise par Claude Aubry et Saul Field, dans *Le violon magique et autres légendes du Canada français,* qui paraît deux ans plus tard à Ottawa aux Éditions des Deux Rives[2]. Claude Aubry publiera par la suite *Légendes du Canada français* (1977) mais ce nouveau recueil ne récupère pas les illustrations de Field.

Vers les mêmes années, le peintre Georges Saint-Pierre se plaît lui aussi à représenter l'univers traditionnel et folklorique du

« La Corriveau », céramique de Wilfrid Roberge, Saint-Henri-de-Lévis, 1964.
Fonds Luc Lacourcière, Archives de l'Université Laval, P178, C3\2, E\07298.

---

2. La gravure originale est conservée au Musée des beaux-arts de Montréal, n° d'acc. Gr.1966.470d.

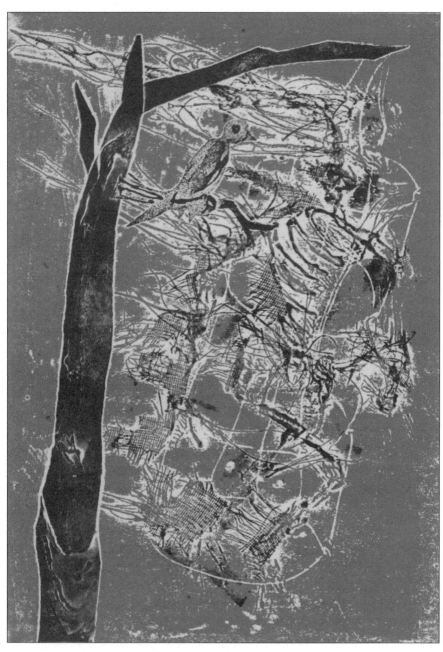

Dessin de Saul Field pour « La Corriveau ».
Dans Claude Aubry, *Le violon magique et autres légendes du Canada français*,
Ottawa, Éditions des Deux Rives, p. 49.

Québec. Aux côtés de «L'épluchette», du «Trésor caché» et de trois versions de «La Dame blanche», pour n'en nommer que quelques-uns, figurent les deux légendes faisant référence à des âmes damnées encagées, soit «La Corriveau» et «L'hôte à Valiquette». Lors d'une exposition à la Galerie Champagne à Québec en 1969, la valeur de cette toile s'élève à 300 $. Fait très intéressant, la Corriveau est cette fois représentée *hors de sa cage*[3]. Caprice artistique ou sensibilité à la cause des femmes qui se structure précisément ces années-là ? Quoi qu'il en soit, cette toile est à l'honneur en 1975 dans l'exposition du Musée du Québec qui rend compte de l'œuvre de Saint-Pierre.

D'autres formes d'art permettent à la légende de la Corriveau de demeurer bien en vie dans la mémoire collective. Ainsi, un ballet dramatique est monté par les Grands Ballets canadiens, en collaboration avec l'Orchestre symphonique de Montréal, à la demande de la Commission du centenaire de la Confédération. Il est présenté en avant-première à la Place des Arts à Montréal les 21 et 22 décembre 1966. La chorégraphie est l'œuvre de Brydon Page, la musique est d'Alexander Brott sur des chansons spécialement composées par Gilles Vigneault et interprétées sur scène par le folkloriste Raoul Roy. Dans ce ballet, la Corriveau est clairement présentée comme une innocente victime du système anglais plutôt que comme une criminelle qu'il faut punir[4].

Gilles Vigneault poursuit d'ailleurs son travail de création autour de ce personnage légendaire en créant une chanson

---

3. «François Dubé rencontre la Corriveau», 95,5 cm x 129,5 cm, collection privée; «L'hôte à Valiquette», 95,5 cm x 125 cm, collection privée. Voir *Dossier du peintre Georges Saint-Pierre*, Québec, ministère des Affaires culturelles, 1974, non paginé, et Musée du Québec, *Georges Saint-Pierre, du 23 janvier au 23 février 1975*, ministère des Affaires culturelles, 1975, p. 36, 39, 58-59.

4. «Les nouvelles de Vigneault», *La Presse*, LXXXII, 89 (16 avril 1966), p. 2. Rapporté dans Marc Gagné, *Gilles Vigneault: bibliographie descriptive et critique, discographie, filmographie, iconographie, chronologie*, Québec, Presses de l'Université Laval, 1977, p. 83; «Vigneault... sur pointes. Notre folklore a inspiré ces ballets», *Dimanche-Matin*, 27 novembre 1966, p. 56; Lacourcière, «Présence de la Corriveau», p. 247.

LA CORRIVEAU

Musique / Music
ALEXANDER BROTT

Basée sur des chansons spécialement
écrites pour le ballet par /
Based on songs especially created for
the ballet by
GILLES VIGNEAULT

Chorégraphie / Choreography
BRYDON PAIGE

Argument / Scenario
GILLES VIGNEAULT, BRYDON PAIGE

D'après / After
ODETTE LE BORGNE

Décor et costumes / Decor & Costumes
CLAUDE GIRARD

LA CORRIVEAU s'inspire d'un fait historique qui se passa à Saint-Valier dans le
Québec en 1763. Il s'agit d'une femme qui
fut condamnée et pendue pour le meurtre
de son mari et fut ensuite exposée dans
une cage suspendue à un arbre pendant
quarante jours. Depuis ce temps, son nom
est entré dans le monde de l'oubli et de
la légende.

Le ballet *La Corriveau* aux Grands
Ballets canadiens, 1967.

Les Grands Ballets canadiens
[programme souvenir], 1966-
1967, éditeur : Grands Ballets
canadiens, cote G736-PS-1966, p. 12.
Bibliothèque de la danse Vincent-
Warren, doc. n° 1015467. En ligne au
http://esbq.asp.visard.ca.

Le danseur Daniel Jackson dans
le ballet *La Corriveau* de Brydon
Paige, 1967.

Photo : Jack Mitchell, courtoisie de
la Bibliothèque de la danse Vincent-
Warren. Tirée de Linde Howe-Beck,
«Daniel Jackson's Gifts to Dance»,
Dance Collection Danse Magazine,
n° 69 (Spring 2010), p. 12.

intitulée simplement « La Corriveau ». Selon la spécialiste
Nicole Guilbault, cette pièce aurait d'abord été écrite pour un
opéra qui n'a jamais vu le jour. Elle est cependant popularisée
par la chanteuse Pauline Julien. En 1970, en pleine crise d'Octobre, un spectacle bénéfice est organisé à la Comédie-
Canadienne, à Montréal : vêtue de noir, la chanteuse y interprète la complainte *a capella*, rappelant que Marie-Josephte a
été jugée dans une langue étrangère, par une cour martiale…

tandis que le pays est, au même moment, régi par la loi sur les mesures de guerre[5].

C'était du temps que tout ce pays
Était trahi, envahi, conquis
L'Anglais vainqueur était maître et roi
Était le juge et faisait sa loi.

Pauline Julien reprendra ensuite cette pièce dans ses spectacles, notamment à l'Orchestre symphonique de Montréal en 1972, véritable « apothéose en chansons qu'on s'était acharné à étouffer depuis Octobre, à partir du moment où elle avait décidé d'assumer ses convictions politiques » et, souligne le journaliste du *Devoir*, « rappelant dans cette émouvante chanson qu'est "La Corriveau" que l'injustice n'est pas seulement une affaire du présent[6] ». La pasionaria québécoise intégrera aussi « La Corriveau » sur son album *Au milieu de ma vie, peut-être à la veille de...* (étiquette Zodiaque, 1972)[7]. Ce texte de Vigneault joue aussi bien sur la légende et les faits historiques, projetant à la fois le réel et l'imaginaire. Mais surtout, sous la plume du poète, la Corriveau est clairement une victime qui, enfermée vivante – oui, vivante – dans sa cage, devient le bouc émissaire de toute une nation. Ce détail est faux, comme on le sait, mais il amplifie le caractère mauvais des « Anglais » et le côté dramatique de l'événement... au profit de la chanson et de sa fougueuse interprète.

---

5. Brigitte Purkhardt, « Des souris et des contes: autour du Festival interculturel du conte du Québec », *Jeu: revue de théâtre*, n° 102 (1), 2002, p. 130.

6. Jacques Thériault, « Pour la première fois à l'OSM, Pauline Julien témoigne et triomphe », *Le Devoir*, jeudi 10 août 1972, p. 10.

7. Il est possible d'écouter un extrait et de se procurer la pièce en question en version numérique (mp3) en recherchant l'album « Viens, un nouveau jour va se lever » de Pauline Julien sur le site commercial www.archambault.ca. Quant au disque compact intégral, il est disponible par l'entremise du site commercial www.renaud-bray.com.

Est-on alors en train de se réconcilier avec cette figure dramatique ? Le Québec est-il enfin prêt à intégrer pleinement la Corriveau dans « l'histoire » nationale ? Toujours est-il qu'en 1970 le Pavillon des légendes canadiennes à Terre des Hommes comporte une petite section sur la Corriveau où, enveloppé par une trame sonore jetant une ambiance « diabolique », le visiteur croise l'image célèbre d'Henri Julien (qui ne lui est d'ailleurs pas attribuée clairement) en format géant, accompagnée d'un texte anonyme largement inspiré du texte de Claude Aubry paru dans *Le violon magique* deux ans auparavant[8]. Puis, en 1971, il se trouve un journaliste pour déplorer que le Carnaval de Québec, manquant de couleur locale cette année-là, aurait trouvé avantage à exploiter la légende de la Corriveau pour conférer plus de personnalité aux festivités d'hiver. La controverse suscitée en 1955 est donc bien loin derrière ! Dans cet article, Rosaire Tremblay mélange au passage l'histoire de Cordélia Viau à celle de Marie-Josephte, en plus de se méprendre sur le lieu de la pendaison et d'exposition, qu'il situe erronément au bout de l'île d'Orléans[9]. Ainsi évoluent les légendes.

Une figure émancipatrice

Si la Corriveau est encore le plus souvent représentée dans sa prison[10], les années qui suivent trahissent une volonté grandissante de la faire sortir de sa cage et, d'une certaine façon, de réhabiliter son honneur de femme. Cela s'inscrit dans une vaste mouvance qu'on qualifiera *a posteriori* de « libération de la femme » et dont l'un des moments pivots est l'année 1975, décrétée Année internationale de la femme par l'Organisation

---

8. Lacourcière, « Présence de la Corriveau », p. 245.

9. *Ibid.*

10. Marc Sylvain, « La Corriveau dans la prison », 64 x 50 cm, 1972, Carleton University Art Gallery, Ottawa, n° d'accession 1996.39.9, repéré sur Artefacts Canada, http://www.pro.rcip-chin.gc.ca.

des Nations unies (ONU). La scénariste, réalisatrice et productrice Anne-Claire Poirier signe un film intitulé *Les Filles du Roy* pour l'Office national du film (ONF) en 1974. Diffusé à la télévision de Radio-Canada, ce film raconte « l'histoire de la femme du Québec », depuis la Nouvelle-France jusqu'au controversé film *Valérie*. Le destin de Marie-Josephte Corriveau, « victime d'une (in)justice qui, dans ce pays, a toujours distingué dominants et dominés », retient l'attention de la réalisatrice féministe, qui consacre son attention à la véritable histoire et non à la légende[11]. Marie-Josephte y est en effet présentée comme le symbole de l'oppression patriarcale et des iniquités vécues par les femmes amenées devant la justice. Le ton est dénonciateur : une femme criminelle est jugée et condamnée plus sévèrement qu'un homme et « les prostituées vont en prison, mais pas les hommes qui les paient ! » peut-on entendre dans ce documentaire coup-de-poing.

À la même période, la légende de la Corriveau transcende les frontières linguistiques et se glisse aussi dans la fiction et la poésie de langue anglaise, ce qui contribue à la répandre encore plus largement, au-delà des frontières du Québec. On y remarque cependant peu d'innovations : ne tentant d'aucune manière de rétablir les faits, les auteurs se contentent le plus souvent de reprendre les éléments habituels de la légende tels qu'ils ont été définis par les auteurs du xixe siècle, mettant l'accent sur le côté maléfique de la mythique Valliéroise.

C'est ainsi que la Corriveau surgit sous forme de sorcière en 1974 dans l'ouvrage de Dirk Gringhuis, *Were-Wolves and Will-O-The-Wisps: French Tales of Makinac Retold*. À peu de chose près, le chapitre « The Witch's Cage » est une adaptation

---

11. « Anne-Claire Poirier », dossier Femmes à l'honneur : leurs réalisations (archives), Bibliothèque et Archives Canada, www.collectionscanada.gc.ca ; « De la fille du roy à Valérie, ou l'histoire de la femme du Québec au petit écran, ce soir », *Le Soleil*, mercredi 13 mars 1974, p. 86. Le film peut être visionné gratuitement sur le site de l'ONF : Anne-Claire Poirier, « Les Filles du Roy », 1974, 56 min. 11 s., www.onf.ca/film/filles_du_roy : le segment qui va de 12:30 à 16:34 porte sur la Corriveau.

fidèle d'« Une nuit avec les sorciers » de Philippe Aubert de Gaspé. C'est un vieil homme, Denis Labeau, qui évoque le singulier souvenir de la Corriveau, dont la cage était suspendue à Québec (et non sur la Côte-du-Sud) et dont le spectre importunait les passants pour se faire mener au sabbat de l'île d'Orléans[12].

En 1975, Mary Alice Downie présente aussi une Corriveau somme toute classique dans son livre *The witch of the North: folk tales of French Canada*, tandis que Joan B. Thornton publie un long poème en prose intitulé « La Corriveau & the Blond » dans le recueil du même nom, où elle s'inspire ouvertement du roman *Le Chien d'Or* de William Kirby[13]. Thornton dépeint l'histoire d'Angélique, une femme rusée et ambitieuse, qui convoite l'attention exclusive de François Bigot, ce dernier semblant trouver davantage de bonheur dans les bras d'une métisse. La Corriveau observe les événements et propose un marché à Angélique : la mort de sa rivale par empoisonnement en échange de son âme. Prête à tout pour écarter sa jeune adversaire et s'assurer l'amitié de Bigot, Angélique accepte. Usant d'un subterfuge, la Corriveau et Angélique parviennent à faire avaler à la métisse un poison violent qui la tue sur-le-champ. C'est alors que sort de l'ombre le personnage de Le Gardeur, un ancien amant d'Angélique que celle-ci a trahi et laissé tomber. Témoin du complot et du meurtre, Le Gardeur déclare qu'il ira révéler ce qu'il sait à Bigot... mais c'est sans compter sur la Corriveau, qui lui fera un mauvais parti. Comme dans *Le Chien d'Or*, la Corriveau y est présentée comme une empoisonneuse et une sorcière, « a foul creature » pour reprendre les termes de l'auteure.

---

12. Dirk Gringhuis, *Were-Wolves and Will-O-The-Wisps: French Tales of Makinac Retold*, Makinac (Michigan), Makinac State Historical Parks, 1974, p. 69-74. Merci à Joseph Gagné de nous avoir signalé l'existence de cette source.

13. Mary Alice Downie, *The witch of the North: folk tales of French Canada*, Ottawa, Oberon Press, 1975, 54 p. ; Joan B. Thornton, « La Corriveau & the Blond » dans *La Corriveau & the Blond, and other poems*, Montréal, Bonsecours Éditions et Ottawa, Valley Editions, 1975, 104 p.

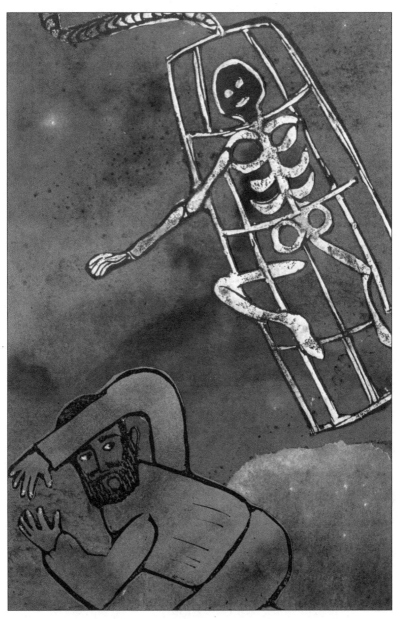

**Une Corriveau squelettique, asexuée,
planant de manière surnaturelle au-dessus du promeneur.**
« La Corriveau », collage original d'Elizabeth Cleaver dans *The Witch of
the North : folk Tales of French Canada*, adaptation de Mary Alice Downie,
Ottawa, Oberon Press, 1975, p. 24.

Il faut attendre la fin des années 1970 pour que des écrivains, tant francophones qu'anglophones, commencent à s'affranchir véritablement des « canons » de la légende de la Corriveau et osent des propositions artistiques originales. Par exemple, en 1978, André Carpentier fait paraître aux Éditions HMH le recueil *Rue Saint-Denis, contes fantastiques*, dans lequel se retrouve une nouvelle intitulée « Le Coffret de la Corriveau[14] ». Ce texte raconte l'histoire de Mado et Benoît, un couple usé au bord de la séparation. Si Mado présente un goût prononcé pour l'aventure, l'insolite, la bohème, la dépense, Benoît, en contrepartie, est un cartésien et rationnel qui n'aime pas les imprévus. À la suite d'une querelle, Mado entre dans une sombre boutique et y fait une découverte enlevante : un coffret qui aurait soi-disant appartenu à la Corriveau en personne. L'objet se révèle un piège diabolique qui va se refermer sur la malheureuse, de bien étrange manière... De la légende classique ou de la cage, point de mention. La présence de la Corriveau se résume au fait qu'on la considère comme la propriétaire antérieure du coffret : le récit entier tourne et se conclut autour de cette mystérieuse boîte.

Renouveau scénique autour d'une légende

Si le contexte social qui prévaut au Québec imprime fortement sa marque sur la légende de la Corriveau, sa vie – réelle et imaginée – aura de fortes répercussions sur la dramaturgie québécoise du dernier quart du XXe siècle. C'est dans ce contexte d'effervescence identitaire et de bouillonnement créatif que Victor-Lévy Beaulieu écrit l'une des pièces de théâtre les plus connues du corpus scénique consacré à notre encagée. Comme le note une journaliste de *The Gazette*,

---

14. André Carpentier, « Le coffret de la Corriveau », *Rue Saint-Denis, contes fantastiques*, Montréal, HMH, 1978. Ce recueil sera réédité dans la collection « Bibliothèque québécoise » en 1988.

La Corriveau vue par Victor-Lévy Beaulieu, 1976.
Théâtre d'aujourd'hui, « Ma Corriveau », http://www.theatredaujourdhui.
qc.ca. Avec l'aimable autorisation des détenteurs des droits.

« Woman's lib had its effect on one of Quebec's most sacred myths[15] ». L'auteur déclarera ouvertement s'intéresser à elle car il s'agit de la première légende québécoise « qui ne repose pas sur l'imagerie religieuse » et parce que, selon lui, « la Corriveau fut la première femme dans l'histoire du Québec à assumer pleinement ce qu'elle a fait[16] ». *Ma Corriveau*, écrite à la demande de la metteuse en scène Michelle Rossignol en guise d'exercice pour les finissants de l'École nationale de théâtre en 1973, est créée professionnellement par le Théâtre d'aujourd'hui et présentée au Monument-National du 16 septembre au 31 octobre 1976, dans une mise en scène d'André Pagé. La distribution est composée d'Ernest Guimond, Gilbert Lepage, Jacques Rossi, Pierre Lebeau, Guy Nadon, Yves Labbé,

15. Gail Scott, « A woman wronged or evil? New Corriveau offers both », *The Gazette*, 17 septembre 1976, p. 31.

16. Raymond Bernatchez, « La Corriveau ressuscite le monde magique québécois », *Montréal-Matin*, mercredi 1er septembre 1976, p. 26.

Françoise Berd, Diane Ricard, Denis Chouinard et Evelyne Regimbald[17]. Le texte est publié chez VLB éditeur en 1976.

Cette pièce construite sur trois plans ou niveaux met en vedette le célèbre «conteux» de Louis Fréchette, Jos Violon, faisant appel à Tom Caribou et ses acolytes pour l'aider à se remémorer l'histoire de Marie-Josette Corriveau. Afin d'illustrer la complexité du personnage de la Corriveau, Beaulieu prend soin d'en créer deux, une blanche et une noire, qui racontent chacune à leur façon les événements auxquelles elles ont été mêlées. La pièce elle-même est divisée en deux. Dans la première partie, c'est le procès qui est mis en scène. La Corriveau, dans sa dualité blanche et noire, évoque les faits tels qu'elle les a vécus (ou, du moins, de la façon dont les légendes en gardent mémoire) et explique pourquoi elle a tué ses maris et dans quelles circonstances. La seconde partie se concentre plutôt sur ce qu'il advint de la Corriveau après la mort. Un des personnages de la pièce revient vers ses compagnons et raconte qu'il a rencontré le cadavre de la Corriveau sur le chemin du retour : celle-ci souhaitait qu'il l'emmène au sabbat sur l'île d'Orléans. La pièce se termine sur Jos Violon qui narre la fin de la légende, la disparition de la cage puis sa réapparition au Musée de Boston, selon la séquence popularisée par Louis Fréchette au siècle précédent. La musique de Pierre Brault vient encore accroître l'atmosphère surnaturelle de certaines scènes.

La Corriveau de Victor-Lévy Beaulieu s'avère particulièrement revancharde et non repentante, du moins sa version noire qui affirme fièrement avoir éprouvé du plaisir à tuer ses maris oppressants... Beaulieu la décrit d'ailleurs comme étant «une série d'épiphanies folkloriques qui ne prétendent nullement au réel, notamment en ce qui concerne la Corriveau». De son propre aveu, il n'a utilisé que quelques éléments de l'histoire véritable de Marie-Josephte, préférant laisser libre

---

17. Bernard Andrès, «Moi, la Corriveau, j'vas r'virer le Kébec à l'envers», *Voix et images*, vol. 2, n° 2, 1976, p. 293-295.

Victor-Lévy-Beaulieu

La "Corriveau" ressuscite le monde magique québécois

par Raymond BERNATCHEZ

Victor Lévy-Beaulieu, écrivain, professeur, éditeur, essayiste, etc... a conçu une oeuvre scénique qui sera montée, du 16 septembre au 30 octobre, au Théâtre d'Aujourd'hui, et qui permettra aux spectateurs par le truchement de la dramaturgie, de renouer connaissance avec les personnages des contes et légendes du monde magique québécois.

Le texte de Lévy-Beaulieu, intitulé "Ma Corriveau" sera interprété par Ernest Guimond, Françoise Berd, Evelyne Régimbald, Diane Ricard, Gilbert Lepage, Guy Nadon, Jacques Rossi, Yves Labbé, Pierre Lebeau et Henri Chouinard. La mise en scène a été confiée à André Pagé, les musiques à Pierre F. Breault, les costumes à François Barbeau et les décors à Jean Bélisle.

La réalité et la légende

"Ma Corriveau", c'est une soirée de conteurs. Jos Violon

se retrouve parmi un groupe d'amis et leur parle de la Corriveau qui a été condamnée à être pendue et exhibée dans une cage sur la pointe de Lévis pour avoir tué ses deux maris. Le premier a eu du plomb fondu coulé dans les oreilles et le deuxième a été occis d'un coup de fourche. Puis chacun des amis y va à son tour de son petit récit puisé dans le répertoire des légendes québécoises, la Chasse galerie, le Violon envoûté et autres inventions imagées.

Lévy-Beaulieu, qui en est à sa deuxième création théâtrale, s'est servi de la Corriveau comme pivot de l'oeuvre parce que, a-t-il expliqué "c'est le premier conte québécois (bien que tiré pas sur l'imagerie religieuse et parce que la Corriveau fut la première femme dans l'histoire du Québec à assumer pleinement ce qu'elle a fait".

L'auteur s'est d'ailleurs pas-

sionné pour son sujet. Il a retrouvé les notes du procès de la Corriveau et s'en est inspiré pour construire ses dialogues. Sa recherche lui a notamment appris qu'il y a eu deux procès relativement aux meurtres des époux. Lors du premier, c'est le père de la Corriveau qui s'est accusé des assassinats et il a été condamné à la pendaison. La supercherie découverte, on en a tenu un deuxième, démontrant la culpabilité de la Corriveau et elle s'est balancée ensuite au bout d'une corde. La dépouille a été véritablement encagée publiquement pour "l'exemple".

Dernier détail curieux, la cage qui servit de cercueil à la Corriveau s'est retrouvée on ne sait trop comment un jour au Cirque Barnum and Bailey et on l'aurait ensuite conservé au musée de Boston où elle se trouverait peut-être encore aujourd'hui avec une simple inscription sur une plaque de fer : "From Quebec".

En 1976, la pièce de Victor-Lévy Beaulieu a d'importantes répercussions sur la dramaturgie québécoise.
Adrien Gruslin, « "Ma Corriveau" de VLB au Théâtre d'aujourd'hui »,
Le Devoir, samedi 18 septembre 1976, p. 24.

cours à son imagination et à la «fantasmagorie[18]». L'influence des auteurs classiques tels que Philippe Aubert de Gaspé, Honoré Beaugrand et Louis Fréchette est si manifeste qu'elle fait plutôt figure d'hommage. Seront donc tour à tour conviés bon nombre d'archétypes des légendes québécoises: la chasse-galerie, la «guevalle» du diable, le violon magique, les feux follets, le sabbat, et *tutti quanti*. Cette pièce a grandement contribué à assurer la pérennité de l'histoire et de la légende de la célèbre Valliéroise dans les deux dernières décennies du xxe siècle.

18. Victor-Lévy Beaulieu, *Ma Corriveau*, Montréal, VLB Éditeur, 1976, p. 12.

Plusieurs autres initiatives théâtrales consacrées à cette légende fleurissent aux quatre coins de la province. Il est question d'inclure la pièce «La Corriveau» de Patricia Dumas dans la saison 1975-1976 du Théâtre du Trident, à Québec. Initialement prévue pour mars-avril 1976, la pièce n'est finalement pas retenue dans la programmation[19]. «La Corriveau ou la petite renarde noire», une création collective originale d'étudiantes de l'école Saint-Joseph, est montée et présentée au Théâtre de l'île, à Hull, du 16 au 20 février 1977. Au printemps suivant, une petite compagnie amateur de Saint-Prosper, la Troupe du Printemps, monte à son tour un «drame poétique mettant en relief la vie et la légende» de Marie-Josephte Corriveau. Invité à cet événement, le professeur Luc Lacourcière assiste à la dernière représentation, qui a lieu à la polyvalente des Abénaquis le 30 avril 1978[20].

À la fin des années 1970, André Jean, jeune auteur dramatique originaire de Lévis, amorce aussi l'écriture d'une pièce sur la Corriveau[21]. En 1978-1979, alors qu'il commence ses études

---

19. Martine Corrivault, «Pour sa cinquième saison, le Trident affirme son orientation québécoise», *Le Soleil*, samedi 14 juin 1975, cahier C, p. 10; Théâtre du Trident, «Théâtrographie», www.letrident.com.

20. «La Corriveau au Théâtre de l'île», *Le Droit*, mardi 15 février 1977, p. 47; Lettre de Jacques Bernard pour la Troupe du printemps de Saint-Prosper, 17 avril 1978. Archives de l'Université Laval, Fonds Luc Lacourcière, P178, C3/2, E/07298, chemise «Spectacles de théâtre».

21. Son intérêt pour ce personnage est ancien. Dès ses jeunes années, alors qu'il fait partie des louveteaux, il entend parler pour la première fois de la Corriveau, et cet intérêt se maintiendra tout au long de son secondaire, alors qu'il découvre *Les Anciens Canadiens* puis les articles de Luc Lacourcière. Alors qu'il est âgé de 16 ans, il fait le tour de la Gaspésie à bicyclette en compagnie des Pionniers et s'arrête faire des feux de camp dans un village différent chaque soir afin d'y raconter des légendes : pour cet adolescent lévisien, il va de soi qu'il parle de la Corriveau ! Il élabore sa propre version de la légende et prend la décision de l'écrire lorsqu'il sera de retour. Or, il apprend entretemps qu'une nouvelle pièce de Victor-Lévy Beaulieu appelée *Ma Corriveau* sera prochainement créée ! Quelques temps après, ayant lu l'œuvre de Beaulieu, il décide de suivre son élan premier et d'écrire la pièce qui l'habite. Son premier professeur de théâtre, Jacques Lessard, le guide dans l'élaboration de cette pièce. André Jean, directeur

La Corriveau vue par André Jean, à la fois personne humaine et «marionnette» aux mains des hommes.
Agnès Gruda, «L'histoire et la légende de la Corriveau au théâtre», *Le Soleil*, samedi 10 juillet 1982, p. C-8.

en littérature à l'Université Laval, on lui demande d'animer un atelier de théâtre au collège de Lévis, avec des élèves de quatrième et cinquième secondaire. Il lui vient alors l'idée de ressortir son texte sur la Corriveau et de le réécrire pour ses jeunes comédiens. Son ami Gilles Léveillée prend en charge la musique. Fait curieux, la générale se tient le soir du référendum de 1980 et la première a lieu le lendemain même; c'est dans cette atmosphère un peu morose qu'un léger incident technique prend une signification quasi politique: alors que la Corriveau s'adresse aux Anglais en implorant «Libérez-moi, libérez-moi!», deux barreaux de sa cage se détachent et tombent... Il y aura trois présentations dans l'auditorium de 1 000 places rempli à pleine capacité. André Jean est alors pressenti pour faire une reprise de la pièce lors de la fête des Oiseaux, une célébration culturelle à Lévis, ce qui s'avère

du Conservatoire d'arts dramatiques de Québec, entretien téléphonique, 4 juin 2013.

encore un franc succès : même la presse, qui boude générale-ment les productions étudiantes, fait l'éloge de l'événement. Un groupe de jeunes finissants du Conservatoire d'arts drama-tiques qui viennent tout juste de fonder le Théâtre Repère (dont Jacques Lessard, Irène Roy et Robert Lepage) voient la pièce et demandent à Jean de se joindre à eux comme auteur en résidence.

André Jean aura enfin l'occasion de ressortir la Corriveau de ses cartons à la faveur d'un contrat qui lui donne la possibi-lité de diriger un important projet de théâtre dans le Vieux-Québec, plus précisément au parc de l'Artillerie, dans l'éperon de la redoute Dauphine. Le thème de la Corriveau s'avère tout indiqué, dans la mesure où des militaires anglais casernaient à cet endroit. Tout comme Victor-Lévy Beaulieu avant lui, Jean insiste sur la distinction entre la légende et la réalité en créant une Corriveau double : l'une, marionnette surdimensionnée, représente le personnage aux mains des hommes de loi, tandis que l'autre, incarnée par la comédienne Estelle Dutil, figure la « vraie » Corriveau en chair et en os, dont on comprend les aspirations par un procédé de retour en arrière. Mis en scène par Richard Fréchette, le spectacle se déroule à l'extérieur, en juillet-août 1982, du mercredi au dimanche. Les murs de l'en-ceinte font partie intégrante de la scénographie. Jouant en costumes en laine, prêtés par le Conservatoire, les comédiens ont chaud, mais, puisqu'ils se produisent devant des auditoires enthousiastes, ce désagrément passe en second plan[22] !

En mettant l'accent sur le contraste entre la réalité et la légende – notamment au moyen d'une Corriveau dédoublée –, les productions scéniques de Beaulieu et de Jean se trouvent à nuancer considérablement la réputation de femme mauvaise, mâtinée de sorcière, qui collait jusqu'alors à Marie-Josephte

---

22. Agnès Gruda, « L'histoire et la légende de la Corriveau au théâtre », *Le Soleil*, samedi 10 juillet 1982, p. C-8. Voir aussi Serge Drouin, « La Corriveau, de l'histoire à la légende », *Le Journal de Québec*, juillet 1982, et Robert Laliberté, « La Corriveau est en ville », [sans autre information]. Merci à André Jean de nous avoir transmis ces coupures de presse.

Corriveau. Elles proposent une réflexion et induisent un questionnement: et si cette femme avait été accusée à tort? Et si elle avait été la cible innocente des événements? Il faut cependant reconnaître que ces positions artistiques et ces procédés scéniques sont au service de l'effet dramatique et non d'une véritable entreprise de «réhabilitation»: ces œuvres théâtrales ne parviendront pas, à elles seules, à dissiper les nombreux glissements entre vérité et fiction qui subsistent autour du personnage.

Si la Corriveau triomphe sur scène, le temps n'est apparemment pas encore venu pour elle d'apparaître au petit et au grand écran. Au début des années 1970, Louis-Claude Thibaud présente un scénario basé sur l'histoire de la Corriveau, mais le projet ne débouche sur aucune production[23]. Une dizaine d'années plus tard, un scénario destiné aux *Beaux Dimanches* est élaboré par Roger Citerne: l'enregistrement (prévu au studio 51 en mai et juillet 1981, sous la réalisation de Florent Forget) a-t-il bel et bien eu lieu? Si tel est le cas, il semble qu'il n'ait jamais été télédiffusé[24]. Au début des années 1980, il y a tout de même un film fixe (sorte de présentation par images) intitulé «La Corriveau», avec les dessins d'Yves Paquin, qui porte la célèbre Valliéroise à l'écran: la production remporte même une médaille d'or à l'International Film & TV Festival à New York en 1981[25].

Toujours dans l'idée de transposer cette légende à l'écran, le réalisateur Jean Salvy entre en communication avec André

23. Louis-Claude Thibaud, «La Corriveau», scénario, Cinémathèque québécoise, n° d'accession 1984.0073.05.SC, Artefacts Canada, http://www.pro.rcip-chin.gc.ca.

24. Copie du scénario «La Corriveau», *Les Beaux Dimanches*, 1-1320-0154. Archives de l'Université Laval, fonds Luc Lacourcière, P178, C3/2, E/07297, chemise «Scénarios».

25. Notons que l'ONF en tirera un film avec narration et musique en 1991: «La Corriveau», coproduit par Colette Blanchard et Pierre Lapointe, réalisé par André Théberge, Office national du film du Canada, série Veillée de contes, 1991, 10 min. 42 s. www.onf-nfb.gc.ca, ID 32070, page consultée le 13 août 2012.

La Corriveau, incarnation de tous les stéréotypes de la sorcière arborant une dentition gâtée et de repoussantes pustules. Dessin créé par Yves Paquin vers 1981 pour un film fixe sur l'histoire intitulée « La Corriveau » puis repris dans un film en 1991. Office national du film du Canada, série Veillée de contes, 1991, 10 min. 42 s.

Jean en 1982 afin d'adapter sa version de la Corriveau pour la télévision, avec Jeanne Marleau dans le rôle-titre, mais le projet demeure lettre morte[26]. Roger Lemelin et Gilles Carle préparent ensemble plusieurs scénarios au cours des années 1980 et 1990. Appelé *La Corriveau ou Le Triple Destin de Marie-Josephte Corriveau*, le film produit par Jean Zaloum et dirigé par Gilles Carle doit initialement être tourné à Montréal à l'automne 1987. Il est prévu que le rôle principal soit assumé par la muse et complice de Carle, Chloé Sainte-Marie. Après que Studio C eut refusé de prendre part au projet, estimé à cinq millions de dollars, les producteurs tentent de s'associer à la géante française UGC. Les choses tournent court et, même si le cinéaste prépare de nouvelles versions du scénario au cours des années 1990, ses autres films, puis la maladie, l'empêchent malheureusement de mener le projet à bien[27].

---

26. André Jean, entretien téléphonique, 4 juin 2013.

27. Thomas Schnurmacher, « Murderous tale set for Montreal filming », *The Gazette*, 17 juillet 1987, C4 ; « Carle spoiling for a fight, wants NFB film withdrawn », *Edmonton Journal*, 19 mars 1989, D7 ; Roger Lemelin et Gilles Carle, « La Corriveau », scénario, nᵒˢ d'accession 1987.0199.27.SC, 1993.0236.17. SC, 1994.0121.16.SC, 1998.0272.47.SC ; « La Corriveau ou le triple destin de Marie-Josephte Corriveau », scénario, nᵒ d'accession 1993.0207.12.SC. Artefacts Canada, http://www.pro.rcip-chin.gc.ca.

Meurtrière ou victime ?

> « Marie-Josephte – Lâchez-moè ! Mais lâchez-moè donc !
> Vous avez point le droit ! [....] J'ai rien faite, moè ! Aïe, vous me
> faites mal ! M'entendez-vous ? Je suis point coupable !
> La Corrivaux – T'avais pas besoin d'être coupable, ma pauvre
> Marie-Josephte[28]. »

Si un certain travail a déjà été accompli, la réputation de Marie-Josephte Corriveau requiert encore quelques soins pour se défaire de son aura légendaire et reprendre un visage humain. C'est dans une visée sinon ouvertement féministe, du moins «libératrice», que s'inscriront les romans *La Corriveau* d'Andrée LeBel puis la pièce de théâtre *La Cage* d'Anne Hébert.

En 1981, la romancière Andrée LeBel s'attaque à la légende de la Corriveau en présentant Marie-Josephte comme une victime injustement condamnée. Battue par son premier mari, Charles Bouchard, puis par son deuxième, Louis Dodier, qui la force également à se séparer de ses enfants du premier lit, la Corriveau est la proie des quolibets des habitants du village de Saint-Vallier. Ces derniers lui reprochent de ne pas être une bonne épouse et de ne pas avoir respecté certaines des convenances dictées par la société de l'époque. Décrite comme pleine de charme et de vie, elle est prise en grippe par bien des femmes de la paroisse, qui l'accusent de sorcellerie : Marie-Josephte attire en effet le regard de tous les hommes, mariés ou non, lorsqu'elle participe aux soirées dansantes. Sous la plume de la romancière, sa mauvaise réputation, grandissante et injustifiée, fait en sorte que les portes se ferment autour de Marie-Josephte, qui se retrouve de plus en plus seule et isolée. L'héroïne rage contre cette vie de soumission et de misère dont elle ne peut pas s'échapper. Abandonnée de presque tous (même par son père, à la fin du roman), Marie-Josephte est, au

---

28. Extrait de «La Corriveau», pièce de Guy Cloutier, 1993, dans Guilbault, *Il était cent fois la Corriveau*, p. 123.

ANDRÉE LEBEL

La Corriveau

LIBRE EXPRESSION

Une note à gauche de l'article :

« La Corriveau »,
roman de
Andrée LeBel
paru chez Libre
Expression en
1981, chapitre 24,
dans *La Presse*,
Montréal, samedi
26 novembre
1983, p. H6.

— 24 —

Le procès était déjà terminé. Morris sortit, suivi des membres du jury. Dans la salle, personne ne bougeait. Deux soldats se saisirent de Marie-Josephte pour la conduire à la brouette dans laquelle elle serait ramenée à la prison. Marie-Josephte aurait voulu parler à Saillant, car elle ne comprenait pas, mais l'avocat s'était éclipsé en silence. La foule suivit la condamnée tout en s'interrogeant les uns les autres pour savoir ce qui s'était passé et quelle était la condamnation. Alors que le premier procès s'était prolongé pendant plusieurs jours, celui-ci avait été réduit à quelques minutes. Les amateurs d'émotions fortes étaient déçus de cette fin rapide.

Les soldats anglais ne se gênaient pas pour bousculer et rudoyer la femme Corriveau sous les yeux des paysans qui ploussaient de contentement devant leurs indélicatesses.

En réintégrant son cachot, Marie-Josephte éclata en sanglots. Elle n'avait pas compris que sa sentence prévoyait la pendaison dans les chaînes, mais elle avait quand même la certitude d'être pendue. Elle espérait cependant que son avocat ferait appel de la peine et de lui traduire l'accusation et le jugement du tribunal. Elle ne pouvait déjà plus supporter le supplice de l'incertitude et de l'attente. Chaque minute lui paraissait au moins une heure. « Pourvu qu'ils fassent rapidement, pensa-t-elle. Qu'on me pende dès ce soir. Je suis à bout de forces. »

Son deuxième procès lui apparaissait déjà comme un cauchemar lointain. Toutes ces paroles prononcées dans une langue étrangère pour sûrement régler les détails de sa mort. On aurait pu au moins l'accuser et la condamner dans sa langue. Mais à quoi bon toutes ces récriminations? De toute façon, les Anglais n'étaient pas les seuls à désirer sa mort. Tous les Canadiens, ceux avec qui elle avait grandi et parmi lesquels elle avait vécu, ceux avec qui elle avait bu, elle avait ri, tous, sans exception l'avaient déjà condamnée bien avant ce simulacre de procès.

Perdue dans ses sombres rêveries, Marie-Josephte entendit soudain des pas dans le corridor. Elle reconnut ceux du gardien, en elle perçut d'autres qu'elle n'identifia pas. Venait-on déjà la chercher pour la pendre cet après-midi? Elle entendit alors le grincement des clés dans la porte du cachot d'en face, celui qui avait occupé son père jusqu'à ce qu'il s'avoue innocent devant le gouverneur Murray. Elle s'approcha de l'ouverture par laquelle on lui passait sa nourriture et aperçut un homme d'une quarantaine d'années poussé par deux soldats. C'était la première fois depuis le début de son emprisonnement qu'on amenait quelqu'un, à l'exception, bien sûr, d'Isabelle Sylvain, qui était toujours incarcérée et qu'elle entendait pleurer pendant des nuits entières. Le sort de ce prisonnier lui était à fait indifférent. Et elle n'aurait retiré aucune consolation d'apprendre qu'il était là pour deux jours pour avoir manqué de respect à un soldat anglais. D'ailleurs, cet homme détestait tous les Anglais et ce n'était pas la première fois qu'il injuriait les militaires qui se trouvaient sur son passage. Certains ne réagissaient pas tandis que d'autres, plus susceptibles, et surtout comprenant mieux le français, ne supportaient pas qu'on leur manque de respect. Cet homme considérait que le silence le cœur une fois de temps à autre valait bien deux jours de prison. Sans compter que cette fois-ci il pourrait se vanter d'avoir connu la Corriveau, et raconter ensuite les derniers tourments qui assaillirent la femme avant sa pendaison.

Marie-Josephte pensait à ses enfants. Est-ce qu'elle pourrait les revoir une dernière fois avant de mourir? Elle aimerait tant les embrasser et leur dire qu'elle ne méritait pas un tel sort. Mais à quoi bon? Et puis non, elle préférait ne pas les revoir. Elle aurait trop honte. Ses enfants ne devaient pas la voir dans cet état. Sa robe était toute sale et déchirée. Les petits seraient trop malheureux de réaliser son piteux état. Tout à coup, elle craignit que les soldats aillent chercher ses enfants et les amènent à Québec pour assister à sa pendaison. La pensée de les apercevoir en montant sur l'échafaud la fit frémir. Elle trembla de tout son corps.

Elle s'enroula dans la couverture étendue sur le grabat en souhaitant la fin de son supplice. Puisqu'elle était condamnée irrémédiablement par les autorités et par les paysans, à quoi lui servirait d'entretenir des espoirs? Seule la mort mettrait un terme définitivement à ses peines et à ses angoisses.

Elle n'avait pas été très heureuse sur cette terre. Ses deux maris lui avaient causé bien des peines. Elle buvait et riait fort dans les veillées, mais c'était pour mieux masquer son désespoir. Malgré ses trente ans, elle se sentait vieille et lasse.

Marie-Josephte aurait voulu trouver des moyens de s'accrocher à la vie, avoir la force de souhaiter que quelqu'un la sauve à la dernière minute, qu'on ne trouve pas de bourreau. Mais non, elle n'avait plus d'espoir. Seulement la hâte que tout finisse rapidement, que ses souffrances s'achèvent enfin.

Est-ce qu'on lui apporterait une nouvelle robe pour la pendre? Est-ce qu'on lui servirait un festin pour son dernier repas? Aucune importance, elle ne saurait plus être coquette et ne pourrait rien avaler.

Marie-Josephte sentit monter en elle la résignation et cette sensation lui fut douce. Toute sa vie, elle avait lutté pour échapper à son destin, pour trouver un peu de bonheur. Toujours, ses efforts s'étaient soldés par un échec. Marie-Josephte aurait voulu dormir pour oublier, ne plus se réveiller, ou alors avancer les aiguilles de l'horloge, tricher un peu pour abréger la souffrance.

Le général Murray décréta que la pendaison aurait lieu à midi, le lundi 18 avril, sur les buttes à Nepveu. Cela donnait trois jours pour répandre la nouvelle et assurer ainsi un maximum de spectateurs.

En attendant, il fallait trouver le bourreau, construire la cage et préparer la potence. Morris reçut mandat de choisir un bourreau parmi les hommes de son régiment et de faire construire la cage.

Il rendit visite au forgeron Richard Dee, installé depuis quelque temps seulement à Québec. Dee n'avait jamais construit de cage semblable mais il se souvenait des celles qu'il avait vues à quelques reprises en Angleterre. Le coût du travail fut fixé à 5 livres et 12 deniers. Le forgeron s'engagea à mettre de côté tous ses autres travaux pour commencer immédiatement à construire la cage de la Corriveau. Il en garantit la livraison, à la prison, au plus tard à 11 heures le lundi matin.

Richard Dee était présent dans la salle lors des deux condamnations de Marie-Josephte Corriveau. Il déclina l'invitation de Morris de se rendre à la prison pour prendre les mesures exactes de la condamnée. Il l'avait déjà examinée à loisirs pendant le procès.

— 18 avril 1763 —

Très tôt le matin, le père Glapion rendit visite à Marie-Josephte Corriveau dans son cachot pour lui donner l'assurance que ses enfants s'occuperaient de leurs trois enfants et feraient tout en leur pouvoir pour adoucir la vie des orphelins. Le temps s'était arrêté, et ces derniers moments étaient particulièrement pénibles pour la condamnée qui n'avait pas réussi à fermer l'œil depuis au moins vingt heures. Toutes ses pensées s'entremêlaient. Elle passait en revue les différentes époques de sa vie.

Si seulement elle pouvait s'enfuir, échapper à son destin. Marie-Josephte avait la rage au cœur. Elle maudissait ces Anglais qui avaient conquis le pays, ces paysans qui l'avaient calomniée, qui l'avaient condamnée avant même l'ouverture du procès. À Saint-Vallier, elle ne s'était jamais sentie acceptée. Même quand on l'invitait dans les veillées, c'était pour mieux se moquer d'elle ensuite et se donner des raisons pour la critiquer.

Les habitants du rang Saint-Jean-Baptiste avaient été les premiers à la condamner. Ils étaient d'ailleurs à l'origine de rumeurs voulant qu'elle soit une femme de mauvaise vie et de bien des autres à l'effet qu'elle aurait tué son mari. Ils étaient les véritables bourreaux, car avec leurs accusations ils avaient forcé les Anglais à la condamner. Cette révolte qui grondait en elle ne servait à rien. Marie-Josephte le savait bien; elle essaya de retrouver un peu de calme.

Dès 10 heures il y avait déjà foule sur les buttes à Nepveu. Tout était en place pour l'exécution. Le forgeron amena la cage et la plaça juste à côté de l'échafaud. Il fut applaudi par les paysans qui ne pouvaient contenir leur impatience et leur joie devant un châtiment aussi élaboré, inspiré par les us et coutumes britanniques.

à suivre

dire de LeBel, « une pauvre femme, victime d'un gouvernement en mal de s'affirmer et victime des calomnies des habitants à la recherche de sensations fortes pour oublier la grisaille de leur vie[29] ». Le roman connaît une belle diffusion ; des extraits en seront publiés dans le journal *La Presse* en 1983.

La romancière Anne Hébert voudra elle aussi dépasser l'infamie accolée à la Corriveau afin de lui redonner une voix et une identité. Au début des années 1980, elle s'affiche ouvertement comme féministe. Cette préoccupation, jusque-là présente à l'état latent dans ses écrits, prend une voie de plus en plus affirmée. Par l'entremise de ses écrits, elle souhaitera désormais dénoncer « les comportements destructeurs engendrés par le rôle traditionnel de la mère chez la femme qui se sent emprisonnée par les conventions et les contraintes sociales[30] ». Soulignons que Hébert avait déjà tâté des thématiques liées à la déviance et à la marginalité au féminin, avec *Les Enfants du sabbat*, son troisième roman paru en 1975, qui lui valut deux prix prestigieux, celui du Gouverneur général et celui de l'Académie française. C'est le symbole de l'enfermement (au propre et au figuré) qui lui servira d'amorce pour construire la trame dramatique de sa pièce *La Cage* en 1989. Qui la cage protège-t-elle, au juste ? La femme qu'elle recèle ou la société qui la craint ? Sa Marie-Josephte, rebaptisée Ludivine, reflétera la lutte devant mener à l'indispensable émancipation des femmes. *La Cage* est présentée sur scène pour la première fois en 1989. Elle fera l'objet de nombreuses analyses littéraires dans les années suivant sa parution chez Boréal et au Seuil[31].

---

29. LeBel, *La Corriveau*, p. 206.

30. Elena Marchese, « Le projet de réécriture historique dans *La Cage* et *L'Île de la Demoiselle* d'Anne Hébert », *Les Cahiers Anne Hébert*, n° 4 (2003), p. 97.

31. Anne Hébert, *La Cage*, suivi de *L'Île de la Demoiselle*, Montréal, Boréal et Seuil, 1990, 246 p. Parmi les nombreuses analyses littéraires, citons notamment Micheline Cambron, « "La cage", suivi de "L'île de la demoiselle" », *Jeu : revue de théâtre*, n° 60, 1991, p. 201-203 ; Virginia Harger-Grinling et A.R. Chadwick, « Sorcières, sorciers, et le personnage féminin dans l'œuvre d'Anne Hébert », *Études canadiennes/Canadian Studies : Revue interdisciplinaire des études canadiennes en France*, n° 36 (1994), p. 7-12, ainsi que l'ouvrage collectif

La Cage vue par Anne Hébert

Sous couvert de la création artistique, Anne Hébert prend position en insistant sur l'innocence de la Corriveau, «prisonnière en quelque sorte de la société, de la "cage" dans laquelle se trouvent les femmes», comme elle le dira elle-même. Marie-Josephte/Ludivine s'affranchit de sa tragique destinée lorsqu'elle affirme: «Qu'importent les maléfices originels, j'échapperai à mon destin [...] j'ai cette énergie-là, je suis vivante!» La vision de l'écrivaine cristallise cette adaptation aux préoccupations sociales de la fin du XXᵉ siècle. Marie-Josephte Corriveau a d'ailleurs inspiré d'autres personnages féminins de l'univers hébertien, notamment Élisabeth dans *Kamouraska*.

Réinventant la légende, Hébert reprend un thème qui lui est cher, celui de la femme «emmurée», en train de suffoquer, victime d'une société hypocrite. Le meurtre semble l'unique issue à un mariage désastreux. Dans cette adaptation, Hébert présente l'union de Marie-Josephte/Ludivine comme étant la première de l'épouse et la seconde du mari, inversant la situation qui a largement contribué à conférer une aura de «marricide en série» à la jeune femme[32]. Le recours au riche symbolisme de la cage permet à la dramaturge d'évoquer à la fois la prison de la Corriveau et le mariage de la femme du juge, deux «cages» qui, dans sa perspective, ne sont pas aussi éloignées qu'elles n'y paraissent.

Janis L. Pallister et Janet Paterson (dir.), *The Art and Genius of Anne Hébert: Essays on Her Works: Night and Day are One*, Madison, Farleigh Dickinson University Press, 2001, dont plusieurs contributions portent spécifiquement sur *La Cage*.

32. McBride «From Vilified to Victorious: Reconceiving La Corriveau in Anne Hébert's La Cage», non paginé.

Dans *La Cage*, tout le jugement devient aussi une allégorie permettant de mettre en évidence la libération de la figure féminine. Tout comme elle l'avait fait dans *Kamouraska*, Hébert se moque du système judiciaire britannique : la manière dont elle dépeint les excès des témoins et des juges, notamment le laisser-aller de Crebessa, rappelle l'impossibilité pour la Corriveau de bénéficier d'un procès juste et équitable. En bout de ligne, ce n'est d'ailleurs pas la femme qui est punie, mais bien l'homme qui a exercé son pouvoir contre elle. C'est ainsi que le juge Crebessa meurt d'une crise cardiaque – son cœur, corrompu, n'a pas tenu le coup, alors que Ludivine (prénom dont l'étymologie réfère clairement à la lumière) retrouve sa liberté[33].

Refaire le procès

Tandis que les créateurs s'emparent de l'histoire et de la légende, produisant moult romans, pièces de théâtre et autres œuvres artistiques, la recherche empirique sur la Corriveau continue d'évoluer dans le dernier tiers du XXe siècle. Rappelons que les premiers documents historiques fiables concernant Marie-Josephte Corriveau n'ont été retrouvés qu'en 1947, lorsque la détermination de Joseph-Eugène Corriveau débouche sur la découverte des pièces authentiques des procès de 1763. Le travail considérable mené par Luc Lacourcière dans les années 1960 et 1970 permet ensuite de mieux comprendre ce qui relève de la réalité, ce qui repose sur la tradition orale et ce qui incombe à la fiction littéraire. L'ensemble des pièces du procès

---

33. Cambron, « "La cage", suivi de "L'île de la demoiselle" », p. 201-203 ; Marchese, « Le projet de réécriture historique dans *La Cage* et *L'Île de la Demoiselle* d'Anne Hébert », p. 97 ; Janis L. Pallister, « La Corriveau et Anne Hébert : état d'études », *Les Cahiers Anne Hébert*, no 4 (2003), p. 106-107 ; McBride, « From Vilified to Victorious », non paginé.

ainsi que quelques actes notariés relatifs aux Corriveau et à leurs proches sont publiés en 1976 sous forme de recueil par Albert Quesnel, président de la Société de généalogique de l'Outaouais et éditeur d'ouvrages généalogiques sous la raison sociale des Éditions Quesnel de Fomblanche[34].

Dans la mesure où tous ces documents sont alors connus, comment expliquer que la légende prenne invariablement le pas sur la réalité historique, encore dans les années 1980? Il faut en effet reconnaître qu'en dehors de la sphère artistique, c'est bien l'identité criminelle qui continue de «coller à la peau» de la Corriveau. On ne se défait pas facilement de toutes ces décennies d'opprobre. À l'occasion du 275ᵉ anniversaire de la paroisse de Saint-Vallier, en 1988, il est prévu que l'un des chars allégoriques du grand défilé soit à l'effigie de la célèbre Valliéroise. Devant le tollé de protestations énergiques, voire foudroyantes, les organisateurs laissent tomber cette commémoration, se concentrant sur des éléments plus consensuels de la vie paroissiale[35]. Il n'est pas aisé de réhabiliter une mémoire aussi entremêlée de légende.

En fait, il s'agit essentiellement d'un problème de diffusion et d'analyse. D'une part, la diffusion des documents historiques demeure restreinte à un petit cercle de chercheurs, publiés à compte d'auteur ou dans des revues peu connues du grand public (par exemple les *Cahiers des Dix*, dans lesquels paraissent les résultats de recherche de Lacourcière). D'autre part, si ces données infusent dans les manifestations artistiques et continuent d'attirer l'attention des historiens, une recherche de fond sur les circonstances du procès reste encore à faire[36].

---

34. Albert Quesnel, *La légende de la cage de fer de Marie-Josephte Corriveau: la Cour martiale de Joseph Corriveau et de sa fille Marie-Josephte pour le meurtre de Louis Hélène Dodier de Lévis, en 1763*, Vanier (Ontario), Éditions Quesnel de Fomblanche, 1976.

35. Conrad Bernier, «Un nouveau procès pour Marie-Josephte Corriveau, pendue en 1763», *La Presse*, 3 janvier 1990, p. A4.

36. On parle notamment de la Corriveau dans Léonard Bouchard, *Morts tragiques et violentes au Canada, 17ᵉ et 18ᵉ siècles*, Québec, Les Publications audiovisuelles, 1982, p. 115. Merci à Joseph Gagné pour cette information.

Stimulé par les articles du professeur Lacourcière, Louis-Philippe Bonneau s'attaque à son tour au cas de la Corriveau en étudiant en profondeur les archives judiciaires relatant le déroulement des procès de 1763. Dans *Josephte Corriveau-Dodier, La Corriveau, 1733-1763 : une énigme non résolue*, Bonneau confère une mise en contexte solide aux événements en présentant le village et les familles directement impliquées dans le drame, soit les Bouchard, les Dodier et, bien sûr, les Corriveau[37]. Il analyse minutieusement les deux procès et soulève plusieurs vices de procédure, par exemple l'absence de preuves matérielles concrètes liées au crime qui démontreraient, sans le moindre doute possible, la culpabilité ou l'innocence de Marie-Josephte. Bonneau met aussi en évidence le fait qu'il n'y a pas eu d'enquête en bonne et due forme. Trois témoins auraient pu s'avérer cruciaux pour dénouer toute l'affaire. Comme le mentionnait Jean-Antoine Saillant dans son plaidoyer, le curé Parent aurait possiblement rencontré trois hommes sur la route, la nuit même de la mort de Louis Dodier, l'un étant couvert de sang... Coïncidence troublante, l'un de ces hommes avait été garçon de ferme pour Dodier : ayant été renvoyé trois semaines auparavant, il aurait proféré des menaces à l'endroit de son ancien patron. Ces hommes n'ont même pas été appelés à témoigner lors du procès des Corriveau. La publication de l'étude de Bonneau en 1988 vient donc apporter un éclairage opportun au déroulement du procès, en plus de permettre l'entrée de la Corriveau dans un univers performatif jusque-là inexploité et qui s'avérera très riche : l'arène judiciaire.

Le 9 février 1990, à l'Auberge du Mont-Gabriel, s'ouvre la rencontre annuelle de l'Association du Jeune Barreau de Montréal. Les avocats Philippe Casgrain et Serge Ménard croisent le fer dans une joute oratoire aux enjeux historiques

---

37. Bonneau, *Josephte Corriveau-Dodier*. Quelques chercheurs s'intéressent aussi à cette thématique d'un point de vue juridique. Voir notamment Léopold Lizotte, « La Corriveau... : une pendue toujours "vivante" après 224 ans », *Justice*, vol. 10, n° 1, janvier 1988, p. 7.

Un nouveau procès pour Marie-Josephte Corriveau, pendue en 1763

CONRAD BERNIER

■ Quand Charles Bouchard meurt des fièvres putrides, le 20 avril 1760, dans le deuxième rang de Saint-Vallier, un petit village situé sur le bord du Saint-Laurent, près de Québec, Marie-Josephte Corriveau, sa femme, n'a que 27 ans.

Trois ans plus tard, le 15 avril 1763, à l'issue d'un procès devant une cour martiale anglaise, elle est reconnue coupable du meurtre de son deuxième mari, Louis-Hélène Dodier, et est pendue sur les Buttes à Nepveu, près des Plaines d'Abraham.

Qui plus est, son cadavre, conformément à la sentence imposée par la Cour martiale et à une coutume anglaise abolie en 1834 en Angleterre, est mis dans un corset-cage fait de chaînes et de cerceaux de fer qui est immédiatement suspendu à un gibet érigé à Pointe-Lévi, près de la jonction des chemins de Lauzon et de Bienville. Aujourd'hui, l'emplacement de ce gibet, à Lauzon, est le lot cadastral no 1026-1.

Le 25 mai, trente-sept jours après la pendaison, le gouverneur James Murray, informé que les citoyens de Saint-Vallier et de la Pointe-Lévi en ont assez de voir pendiller le cadavre de Marie-Josephte Corriveau dans ce corset de ferrailles, ordonne au capitaine de police de Pointe-Lévi de dépendre le corset-cage et d'enterrer le cadavre où bon lui semblera. Murray explique ainsi sa décision : « Il faut fermer ce dossier pour apaiser les habitants. De toute façon, la paix est faite, le pays est conquis, le pays reste à sa Majesté Britannique! »

On n'a jamais su où le cadavre de Marie-Josephte Corriveau avait été foudroyante, emporté. Le 27 mai, trente-sept jours plus à Saint-Joseph de Lévi (Lauzon?), qu'à Québec et à Saint-Vallier, l'on a trouvé l'acte d'inhumation, si tant est qu'on en ait rédigé un. Toutefois, dans le registre paroissial de Saint-Vallier, une page manque pour la période du 10 au 26 juillet 1763. S'agit-il d'une simple coïncidence ou d'une emportation délibérée visant à détruire toute trace de Marie-Josephte Corriveau ? Le mystère reste entier. Peut-on corset-cage, on n'a jamais su non plus s'il avait été ou détruit, ou remisé, ou enterré.

227 ans plus tard...

Le 9 février prochain, on en appellera du verdict de culpabilité prononcé, il y a 227 ans contre Marie-Josephte Corriveau. Un banc de trois juges, en l'occurence ce le juge Allan B. Gold, juge en chef de la Cour supérieure, le juge Michel Proulx, de la Cour d'appel, le juge Jean-Guy Boilard, de la Cour supérieure, entendra Me Stéphane Ménard, un criminaliste, plaider l'infirmation du jugement de première instance, et Me Philippe Casgrain, un civiliste, plaider la confirmation de ce même jugement. En fait, on veut savoir si, en se basant sur les règles actuelles de droit, Marie-Josephte Corriveau serait aujourd'hui acquittée ou condamnée. Ce nouveau procès, une initiative de l'Association du Jeune Barreau de Montréal, se déroulera dans le cadre de ses assises annuelles.

sera à Saint-Vallier. Et au sous-sol de l'église paroissiale, par surcroît « Si ça continue comme ça, commentera un villageois désabusé, on va la retrouver sur les autels, la Corriveau! »

Marie-Josephte Corriveau a été baptisée à Saint-Vallier le 14 mai 1733, à l'âge de trois mois. Elle est, à l'âge de trois enfants, seulement ceux parviendront à l'âge adulte. Marie-Josephte a 16 ans lorsqu'elle épouse, le 17 novembre 1749, à Saint-Vallier, Charles Bouchard, 23 ans. Elle en aura trois enfants : deux filles, d'abord, puis un garçon, Charles. La naissance de cet héritier mâle comblera de bonheur les grands-parents Corriveau qui, devant le notaire Joseph Fortier, le 15 novembre 1757, cèdent au jeune couple une partie de leur terre du rang Saint-Jean-Baptiste, à Saint-Vallier.

Le couvent des Ursulines à Québec avait été épargné des bombardements de 1759.

Même en l'émondant de toutes les légendes à la fois terrifiantes et farfelues qui s'y sont greffées pendant plus de deux siècles, l'histoire de Marie-Josephte Corriveau continue de hanter et d'inspirer des créateurs de tout poil : romanciers, dramaturges, cinéastes, poètes, chansonniers, archivistes, céramistes d'art, historiens, chorégraphes, sculpteurs, artisans. Elle divise aussi et provoque des heurts.

Quand, par exemple, en 1988, à Saint-Vallier, les organisateurs des fêtes du 275e anniversaire de fondation de la paroisse ont annoncé que l'un des chars allégoriques du grand défilé serait dédié à Marie-Josephte Corriveau, la Société de Marie-Josephte Corriveau, une quarantaine de citoyens ont pris, la plume à la main, pour dénoncer « cette initiative outrageante et indigne de plus beau village du Québec! » La pétition a été fermement rejetée. Marie-Josephte Corriveau a été désormais « sa » bibliothèque parois-

Mais au printemps de 1760, Charles Bouchard tombe malade et meurt. Un prêtre l'a assisté dans son agonie et lui a administré les derniers sacrements. Il est inhumé le 27 avril 1760. Marie-Josephte Corriveau devient ainsi veuve à 27 ans, avec un bébé de trois ans et deux filles de six ans et huit ans. Le 20 juillet 1761, quinze mois après la mort de son premier mari, Marie-Josephte se remarie avec Louis-Hélène Dodier, 26 ans, un autre habitant de Saint-Vallier.

Une cour martiale anglaise

Après dix mois de mariage, les querelles entre Louis-Hélène Dodier, son beau-père et le jeune femme, se multiplient. Les mauvaises langues s'emballent. De part et d'autre, on prédit des malheurs. Le 27 janvier 1763, à 7 heures du matin, on découvre le cadavre ensanglanté de Louis-Hélène Dodier dans l'écurie. C'est la mort des voisins et des parents vers l'écurie. Alerté, le curé accourt, interroge une dizaine de paysans, rédige une sorte de rapport puis du coroner qu'on fait rapidement parvenir au major James Abercrombie, du 78e régiment, stationné à Berthier, sept milles plus bas que Saint-Vallier. Ce dernier, qui est responsable de l'administration de la justice dans la région, annote ce rapport, conclut que Louis-Hélène Dodier a bel et bien été tué par un cheval et qu'il ne reste plus qu'à inhumer le cadavre.

Dodier est enterré le soir même du 27 janvier. À Saint-Vallier, surtout chez les paysans qui ont cru le Corriveau, veuve de Louis-Hélène Dodier, sont arrêtés et incarcérés à la prison de Québec.

Après discussions avec le major Abercrombie et l'avocat Hector-Theophilus Cramahé, le gouverneur Murray forme un tribunal militaire. L'armée gouverne le pays fraîchement conquis et la formation d'un tribunal civil est impossible. Le lieutenant colonel Roger Morris, à titre de président du tribunal, choisit un jury de douze militaires qui ne comprennent pas un traître mot de français. Joseph Corriveau est ac-

cusé de meurtre, et Marie-Josephte est accusée de complicité.

Leur procès commence le 29 mars et se poursuit jusqu'au 6 avril, au coeur du monastère des Ursulines. Le procureur de la poursuite s'y présente avec 24 témoins. Parmi ceux-ci, il y a l'épouse de Joseph Corriveau et les deux filles de Marie-Josephte. Le procureur des Corriveau, le notaire Jean-Antoine Saillant ne contre-interroge aucun témoin de la poursuite. Dans sa plaidoirie, il soutient qu'aucun fait, dans la preuve, peut raisonnablement convaincre le tribunal de la participation des deux clients à ce crime. À ses yeux, c'est une preuve bâtie à coups de oui-dire, qui n'a strictement aucune valeur.

Le procureur de la poursuite, lui, admet qu'il n'a pas de preuves directes de la participation des accusés à la commission de l'assassinat de Dodier, mais soutient que les éléments de preuve recueillis forment un tout cohérent et crédible.

Joseph Corriveau est reconnu coupable de meurtre et condamné à la pendaison. Sa fille est jugée coupable de complicité et condamnée à recevoir sur son dos dénudé 60 coups de fouet. Elle recevra 20 coups à trois lieux différents : sous l'échafaud où son époux est pendu, à la Basse-ville de Québec et dans le marché à Saint-Vallier. De plus, on lui imprimera au fer rouge, sur la main gauche, la lettre M.

Les condamnations sont ratifiées par le gouverneur Murray. Le jésuite Augustin-Louis de Glapion visite alors Joseph Corriveau dans sa prison. Il l'entend en confession. Sa fille est aussi informée. Finalement, qu'il fait s'auto-accuser pour sauver sa fille. Le jésuite explique au condamné qu'il commet lui un geste d'autodestruction s'il ne soulage le châtiment assené. Il y a contradiction entre Joseph Corriveau et sa fille. Celle-ci lui révèle qu'elle est la véritable meurtrière de Louis-Hélène Dodier.

Le 15 avril, au par le même cour martiale, Marie-Josephte Corriveau est condamnée à la pendaison. De plus, son cadavre devra être exposé dans une cage à un endroit que le gouverneur jugera convenable. Elle est immédiatement transportée dans une cage de douze militaires au commandement pas un traître mot de français. Joseph Corriveau est ac-

À l'époque, en Angleterre, on mettait les pendus en cage. Ce corset-cage était suspendu à un gibet sur la place publique.

dua à proximité des Plaines d'Abraham, elle est ensuite mise en cage et suspendue à un gibet érigé à Pointe-Lévi. Quand on découvre le corps qu'elle rendu, quarante jours plus tard, le cadavre disparaît. Marie-Josephte Corriveau entre alors dans la légende. Et quelle légende!

Cette table conservée au musée du Monastère des Ursulines, à Québec, a servi lors des procès de Joseph Corriveau et de sa fille Marie-Josephte Corriveau en avril 1763.

PHOTO BERNARD BRAULT, LA PRESSE

Conrad Bernier, « Un nouveau procès pour Marie-Josephte Corriveau, pendue en 1763 », *La Presse*, mercredi 3 janvier 1990, A4.

devant les juges Allan Gold, Michel Proulx et Jean-Guy Boilard. L'objet? Rien de moins qu'une reprise du procès de Marie-Josephte Corriveau. La réouverture du procès est en grande partie l'initiative du jeune avocat Bernard Boucher. Estimant qu'il serait fort intéressant de procéder à cet exercice en s'appuyant sur cette célèbre affaire criminelle, à l'instar de ce qui s'est fait en France pour Robespierre ou en Angleterre pour Socrate, Boucher commence par faire des recherches sur Marie-Josephte Corriveau afin de réunir les documents judiciaires nécessaires à la tenue d'un nouveau procès. Il parvient ensuite à rassembler un panel de grands juristes, de façon à conférer l'envergure et la crédibilité voulues à l'événement. Deux cent vingt-sept ans après sa pendaison, la Valliéroise a de nouveau droit à une cour de justice. L'événement fait les manchettes de plusieurs journaux québécois[38].

Le procès au grand complet et tous les témoignages qui y furent entendus en 1763 sont reconstitués dans leurs moindres détails... à l'exception de deux éléments. D'abord, estimant que le vicaire Pierre-Clément Parent avait menti aux juges, son témoignage est volontairement changé afin «qu'il dise ce qu'il était supposé dire», à savoir qu'il avait aperçu un ancien employé de Dodier, couvert de sang, la nuit où fut perpétré le meurtre. Ensuite, contrairement à ce qui s'est passé en 1763, ce nouveau procès donne la chance à Marie-Josephte Corriveau d'exprimer sa version des faits. En costume du XVIIIe siècle, la comédienne Micheline Bernard interprète le rôle de la Valliéroise dans un texte écrit spécialement pour l'occasion par l'auteur André Ricard[39].

La défense de Marie-Josephte, André Ricard, 1980

[La Corriveau se levant, prise au dépourvu] À moi? C'est à moi qu'on demande de parler? À part pour me presser de faire des aveux, qui c'est qui m'a jamais accordé la parole? Jésus-Marie! Je les ai vus, par dizaines, les témoins défiler sous mes yeux dans le

---

38. Lisa Fitterman, «La Corriveau; More than 200 years after she was hanged, A Quebec legend gets a new day in court», *The Gazette* (Montréal), 4 février 1990, p. A4; Paul Wells, «Judicial Panel finds La Corriveau innocent; But acquittal comes two centuries too late for executed pioneer», *The Gazette* (Montréal), 10 février 1990, p. A5.

39. Fitterman, «La Corriveau...», p. A4; Michel Corriveau, courrier électronique, 9 janvier 2013.

temps, et jusqu'à mes enfants, il aurait fallu que tout le monde m'accuse ; depuis le début, j'étais coupable, et pour l'exemple, la peine prononcée contre moi était trop peu de chose. Il a fallu y ajouter, après être morte au bout d'une corde, d'être exposée à la fourche des quat'chemins entre Saint-Vallier et Québec. De tout ce temps-là où mes restes ont été indignement mis à la vue, dans une cage, est-ce que jamais personne s'est jamais soucié d'entendre ce que j'aurais eu à dire, moi ?

Jésus-Marie ! Depuis plus de deux cents ans que la sentence a été exécutée et que moi je continue de me taire, je vois pas grand monde, par exemple, qui se sont privés de parler. Le tribunal me condamnait pour l'assassinat de mon deuxième mari, mes voisins me chargeaient aussitôt du meurtre d'un premier, qui pourtant était mort de fièvres au bout d'une longue agonie, et assisté des sacrements. Peu à peu, les générations m'ont prêté trois, et puis quatre, et jusqu'à sept maris dont j'aurais abrégé les jours en les empoisonnant, en les étranglant dans leur lit, en leur versant du plomb fondu dans l'oreille après avoir mêlé une poudre d'endormitoire dans leur boissson. De meurtrière, de criminelle endurcie, j'allais donc devenir empoisonneuse à gages. Et puis sorcière, d'après la légende, vampire même, pour quitter ma cage afin de rouvrir les tombes fraîchement déposées au cimetière et me repaître des cadavres.

Tout ça, on l'a dit, et puis répété, et on le dit encore. Tout ça, qui origine d'un procès où aucune preuve n'a pu être faite, où les témoins s'exprimaient devant un jury composé exclusivement d'officiers britanniques et où mon procureur a cru bon de m'abandonner. Qu'est-ce qu'ils pouvaient entendre à nos affaires de famille, les Dobson, les Campbell, les Spitall, les Meyer, à nos démêlés d'habitants ? C'est pour ça que, du premier coup, quand l'engagé a découvert le corps de mon mari à l'étable, c'est pour ça que tout le village s'est entendu à l'enterrer vite en convenant qu'il était mort d'avoir eu le crâne défoncé par la ruade d'un de ses chevaux.

Les personnes les plus responsables de Saint-Vallier, le capitaine de milice et le curé, ont eux-mêmes convoqué des témoins, puis dressé procès-verbal d'un examen de cadavre qui établissait la mort accidentelle. C'est eux autres aussi qui ont obtenu le permis d'enterrer le soir même. L'affaire devait rester entre gens du lieu, à l'abri de la justice des occupants.

Reste que personne n'était dupe. Depuis la barre du jour jusqu'à dix heures, où le corps a été enlevé pour être enseveli, bien des curieux étaient passés dans l'étable. Un soldat avait informé la justice anglaise pour le district, de ce qu'il avait constaté comme tous les autres : les blessures qui avaient causé la mort de mon mari pouvaient en aucun cas être imputables à des chevaux qui, de surcroit, étaient pas ferrés.

On venait de finir l'inventaire après décès : les terres et propriétés qui étaient les miennes au moment de mon remariage en communauté de biens passaient naturellement à la famille du défunt... lorsque l'ordre est arrivé de relever le corps. Le chirurgien de l'armée a été formel. Même ferrés, des chevaux auraient pas infligé les incisions à la tête que portait le cadavre.

Mon père, qui avait eu bien des démêlés avec mon second mari, qui en était, la veille encore, venu aux mains avec lui, devenait le principal suspect. Les soldats l'ont arrêté. Et puis moi, que l'enquête préliminaire semblait désigner comme complice, ils m'ont emmenée à Québec. Ils m'ont jetée au fond d'un cachot.

Non, j'ai pas entrevu qu'on allait me demander mon sentiment sur la condamnation qui m'a frappée jadis. Et je me garderai bien de plaider ma propre cause. Encore que je sois sans instruction, mon procureur, Me Ménard, a meilleur entendement pour le faire que la femme d'agriculteur que je suis. Morte à trente ans, trois fois mère et obligée depuis mon premier mariage à l'âge de seize ans, de prendre ma part des travaux de la ferme, je n'ai pas vécu dans un entourage qui m'aurait préparée à soutenir mes intérêts devant une cour de justice.

Bien sûr, je conçois qu'il est difficile pour lui de revenir sur des aveux. Je veux pourtant rappeler que les miens avaient effet de soustraire mon père à la potence et de m'y amener à sa place. Le juge nous a mis face à face la veille de son exécution. Sans témoin à citer, tout ce que je pourrais dire de cette rencontre décisive aurait bien peu de poids. Qu'on tâche pourtant de s'en souvenir : j'ai proclamé mon innocence jusque là. En dehors de la présence de mon procureur, je me suis reconnue coupable, et j'en donnais pour explications les brutalités coutumières de mon mari, lui qui tolérait à peine les enfants de mon premier mariage dans la maison où il était venu vivre, au point où ma fille aînée dut chercher refuge chez mon père. Si j'avais espéré que le tribunal, en considération de ces circonstances atténue sa sévérité, je me suis trompée. La déclaration était rédigée de sorte que Marie-Josephte Corriveau se charge entièrement d'un crime dont elle disait savoir qu'il mérite la mort. Tout au plus suppliait-elle qu'on lui laisse quelque délai avant l'exécution, pour faire la paix avec le ciel...

Tenez, c'est la seule fois où l'on m'ait donné la parole. Et le tribunal m'a si bien entendue que non content de m'accorder la peine que je réclamais, le président a ajouté l'aggravation infamante que vous savez.

Je vais donc me taire, et longtemps. Je laisse à ce nouveau tribunal d'établir dans sa sagesse et à la

> lumière des faits consignés aux minutes des précédents procès, si Marie-Josephte Corriveau a mérité le destin qu'on lui a fait[40].

Une fois entendu l'ensemble des témoignages, les deux avocats disposent de quinze minutes pour plaider leur cause. Serge Ménard, qui représente les intérêts de Marie-Josephte Corriveau, utilise la thèse du doute raisonnable, un principe légal bien connu en droit criminel. Stipulant que la preuve contre Marie-Josephte Corriveau est totalement circonstancielle, Me Ménard martèle que les témoignages qui remettent en cause la réputation de la Corriveau devraient être rejetés, «qu'il était évident que Dodier avait de nombreux ennemis» et que plusieurs auraient pu lui en vouloir au point de vouloir le tuer. Philippe Casgrain monte ensuite à la barre pour demander que la condamnation soit maintenue. Dans son plaidoyer, il compare le cas de Marie-Josephte Corriveau à celui du millionnaire Colin Thatcher, ancien ministre de la Saskatchewan, qui fut reconnu coupable du meurtre de son ex-femme, même si l'assassin engagé pour s'en charger n'avait jamais été retrouvé. Si la Corriveau n'a pas elle-même tué son mari, il est possible qu'elle ait poussé quelqu'un d'autre à le faire. N'avait-elle pas incité deux soldats anglais à tabasser Dodier, contre promesse de récompense?

Après une dizaine de minutes de délibération, le verdict des juges tombe. Le résultat est celui qu'avait prédit Luc Lacourcière: l'acte de condamnation est renversé et Marie-Josephte est déclarée non coupable... plus de deux cents ans trop tard. Un travail de reconstruction de la mémoire entourant la Corriveau peut dès lors s'amorcer.

---

40. André Ricard, 2 février 1990. Avec l'aimable autorisation de l'auteur.

CHAPITRE 11

UNE RÉAPPROPRIATION CULTURELLE ET MÉDIATIQUE (1990-2013)

> *Mon père, y aimait ben gros 'a boisson.*
> *Bon là. Je l'sais c'que vous vous dites.*
> *Mais c't'histoire-là est vraie. Vraie comme chus là.*
> *C't'un soir de Noël. Mon père revient d'une veillée, là*
> *Chez une tante de la pointe de Lévis. Je l'sais pu. Ah, c'est pas important là.*
> *C'qui est important, c'est que le temps est ben ben frette.*
> *Pis mon père est ben ben chaud.*
> *Popa avait pris 'a route sul tard.*
> *Tout l'monde avait essayé de l'convaincre de rester à coucher.*
> *En y disant qu'y allait ben vite arriver 'a croisée des chemins. Fin seul.*
> *Pis qu'y allait d'voir passer d'vant 'a cage 'a Corriveau. Fin seul.*
> *Mais mon défunt père, en boisson, y avait pas grand chose que t'arrivais*
> *à y faire pas faire[1].*

DEPUIS L'ÉPISODE HISTORIQUE qui lui a donné naissance en 1763, la légende de la Corriveau a connu bien des cycles. Sans jamais disparaître totalement des mémoires, il arrive qu'elle entre dans des périodes de semi-dormance, éveillant à peine l'intérêt d'une poignée d'érudits,

---

1. Maxime Robin, «La Corriveau – partie I», document de travail en vue de la production théâtrale «Contes à passer le temps» de décembre 2013, communication personnelle par Internet, octobre 2013.

pour soudainement ressurgir dans l'actualité culturelle à la faveur d'un événement, de la parution d'un roman ou de tout autre motif. Et surtout, l'angle choisi pour en parler révèle les préoccupations du moment, l'actualité, voire «l'air du temps». Comme le notait l'ethnologue Pascale Galipeau, la Corriveau se distingue par sa durabilité et sa capacité «de ressurgir ponctuellement, au gré des sursauts du nationalisme, a-t-on dit, occupant une place ambiguë dans notre imaginaire collectif[2]».

Il est en effet remarquable de constater à quel point chaque génération s'est comportée comme une médiatrice, non seulement en relayant la légende, mais en l'aménageant et en y apportant des ajouts ou des remplacements successifs, et aussi en changeant l'axe privilégié pour l'aborder. Si les années 1970 et 1980 ont été fertiles en œuvres revendicatrices, la Corriveau (et son procès) faisant figure d'allégorie de l'émancipation féminine ou des luttes nationalistes, voire des progrès pour les droits individuels, la plus grande part de la «fournée» de productions culturelles depuis les années 1990 propose plutôt un retour à la légende et une interprétation renouvelée de ses diverses composantes.

Tout se passe comme si, après s'être bien réappropriés les dimensions identitaires de l'histoire de la Corriveau, les créateurs s'étaient permis de réinvestir les pans légendaires en les apprêtant à la sauce «nouveau millénaire», propice aux métissages de toutes sortes, les technologies ouvrant des possibilités jusqu'alors inexplorées. La parution de *Il était cent fois la Corriveau* de l'ethnologue Nicole Guilbault en 1995, une anthologie qui rassemble une quinzaine de versions de la légende recueillies dans diverses régions du Québec, des extraits de pièces de théâtre ainsi que quelques contributions scientifiques, contribue sans doute à maintenir bien vive la curiosité du public et incite de jeunes créateurs à explorer les

---

2. Pascale Galipeau, «Préface» dans Guilbault, *Il était cent fois la Corriveau*, p. 9.

possibilités offertes par cette riche légende d'ici[3]. Ajoutons qu'on observe ces dernières années une revitalisation du conte au Québec: ce renouveau s'appuie sur les efforts de conteurs soucieux de préserver et d'enrichir les «histoires» et les légendes d'ici, mais aussi de conférer une dimension actuelle à notre répertoire traditionnel[4]. Pièces de théâtre, nouvelles, chansons, productions télévisuelles et autres éléments culturels inédits apportent donc un vent de fraîcheur à cette légende québécoise, témoignant de son imbrication profonde dans le patrimoine québécois... et répondant à notre irrépressible besoin de merveilleux, même en cette ère technologique et numérique.

Inopinément, la redécouverte de ce qui est très probablement la cage authentique de la Corriveau, juste à temps pour les commémorations de plusieurs événements dont on souligne l'anniversaire en 2013 (les 150 ans du roman *Les Anciens Canadiens*, les 250 ans de la mort de Marie-Josephte Corriveau et les 300 ans de la paroisse de Saint-Vallier), confère une étonnante actualité à notre encagée québécoise, la propulsant presque au rang de personnalité publique. Pour peu, on pourrait dire en termes populaires que la chose semble «arrangée avec le gars des vues», tant la synchronicité est parfaite. Ou alors, comme certains l'ont fait remarquer, la Corriveau elle-même s'est débrouillée pour que l'on retrouve son linceul de fer et que l'on réhabilite enfin sa mémoire pour le 250e anniversaire de sa mort[5].

Les pages qui suivent proposent un florilège de ces manifestations patrimoniales du tournant du millénaire. Dans la

---

3. Guilbault, *Il était cent fois la Corriveau*, 192 p.

4. Cadieux, «Le conte québécois: quelques voyagements», p. 121.

5. Rien de scientifique ici: il s'agit de commentaires faits par plusieurs personnes venues entendre les auteurs en conférence à Saint-Vallier et à Brossard (juillet 2013), à Québec (août et septembre 2013) et à Sherbrooke (octobre 2013) ainsi que de Gaston Deschênes, qui a signé la préface du présent ouvrage. Mais cela témoigne du vif intérêt populaire pour la «réapparition» de la cage ainsi qu'au sens que l'on veut bien lui conférer.

mesure où l'on assiste à un véritablement foisonnement, la production s'avérant aussi accélérée qu'éclectique, une typologie médiatique a été privilégiée plutôt qu'une simple énumération chronologique. Ici encore, la richesse sémantique et symbolique de la Corriveau est au service de l'imaginaire créateur de nombreux artistes et artisans.

La Corriveau dans les arts de la scène et de l'écran

La dramaturgie, on l'a vu, a généreusement contribué au cours du xxᵉ siècle à soutenir la popularité de la Corriveau. Les auteurs de la fin du millénaire ne sont pas moins prolifiques, mais leur approche diffère de celle de leurs prédecésseurs.

Bien qu'il ait lu de Gaspé et Fréchette, l'homme de lettres Guy Cloutier aura recours aux archives du procès pour élaborer sa pièce *La Corriveau* au début des années 1990. Jouant sur l'opposition des plans histoire/légende, Cloutier choisit aussi de dédoubler la Corriveau, comme l'avaient fait plusieurs dramaturges avant lui, afin de rendre pleinement compte de la complexité du personnage. Dans cette pièce, produite par le Théâtre de la commune et présentée au Périscope du 12 au 30 janvier 1993, Marie-Ginette Guay interprète le rôle de Marie-Josephte « la Corriveau vivante », et Marie Gignac, celui de la Corriveau morte, qui commente les scènes du haut de sa cage[6]. Le rôle du père est assuré par Jacques-Henri Gagnon, Pierre Potvin interprète un soldat

---

6. Guy Cloutier est né à Québec en 1949. Connu surtout comme poète, il a publié plus d'une vingtaine d'œuvres littéraires dont un roman, des récits, essais et pièces de théâtre. Il a reçu plusieurs distinctions, devenant notamment boursier du Conseil des arts et des lettres du Québec en 2005 et 2006, Chevalier de l'Ordre des palmes académiques et Chevalier de l'Ordre des arts et des lettres. Depuis 1996, il assume la direction artistique de la série des Poètes de l'Amérique française. Ses écrits révèlent un univers sombre où l'obsession de la mort et du néant domine. Institut canadien de Québec, « L'écrivain et critique littéraire québécois Guy Cloutier en résidence d'écriture à Paris », http://www.maisondelalitterature.qc.ca.

écossais et Yves Amyot incarne le notaire Saillant. Denise Verville signe la mise en scène. Comme le note un journaliste, «Cloutier livre de belles réflexions sur les difficultés parfois mortelles de la dissidence[7]».

> «Y en a qui diront que c'est à cause des Anglais. Y en a qui diront que c'est à cause de la guerre. Y en a qui vont dire c'est à cause de la méchanceté des gens, que c'est à cause que les habitants avaient peur pis qu'y avaient besoin d'un coupable. Y en a qui vont dire que la vie était si difficile que les gens en étaient venus à chercher un peu de réconfort dans le malheur des autres. Mais y va-t-y en avoèr pour dire qu'y restait les autres, les menteurs, les faux témoins, les envieux, les maniganceux, tous ceux qui savaient mais qui avaient intérêt à se taire, ceux qui savaient point pis qui avaient intérêt à parler. Y avaient tellement crié sur tous les toèts que la Corriveau était une malfaisante, qu'elle avait coulé du plomb dans la tête de ses deux maris, tout le monde a fini par le croère. Y en a même qui ont raconté qu'elle en avait tué jusqu'à sept maris.»
> – La Corrivaux[8]

La pièce de Cloutier est ensuite remaniée et adaptée pour la télévision sous le titre *La Corrivaux* (selon la graphie ancienne du nom), avec le concours de l'homme de théâtre Roland Lepage qui signe les dialogues. Des six personnages initiaux, on passe à une vingtaine. Trois axes dominants guident l'intrigue: le grand isolement du personnage principal (symbolisé par la pièce d'Henry Purcell, *Ô Solitude*, interprétée par le haute-contre Daniel Taylor qui incarne un gardien de prison), le rapport père-fille et, enfin, le processus par lequel une histoire personnelle devient un mythe. Pour interpréter la

---

7. Rémy Charest, «Mortelle dissidence», *Le Devoir*, jeudi 21 janvier 1993, B-4; Francine Chevalier, responsable de la base de données du Théâtre Périscope, communication par courriel le 22 mai 2013.

8. Extrait de «La Corriveau», pièce de Guy Cloutier, 1993, dans Guilbault, *Il était cent fois la Corriveau*, p. 121-122.

Corriveau, Anne Dorval s'appuie alors sur les textes, afin d'articuler son jeu sur la vision de l'auteur. Elle est particulièrement intéressée à jouer et même à « défendre » cette femme condamnée à mort, sans doute « née à la mauvaise époque », maltraitée et n'éprouvant pas d'amour pour son mari. Une femme dont la liberté d'esprit, jointe au mauvais caractère de son père, a apparemment suscité le mépris et la médisance des paroissiens de Saint-Vallier[9].

La distribution principale est composée d'Anne Dorval, Raymond Bouchard, Marie-Ginette Guay, Emmanuel Bilodeau, Luc Picard et René-Richard Cyr[10]. Fait intéressant, *La Corrivaux* est l'une des premières dramatiques tournées en numérique pour la télévision française de Radio-Canada : sept caméras sont employées et l'on utilise l'ordinateur pour créer des effets spéciaux et ajouter des décors à des scènes tournées en studio, par exemple l'incrustation d'un envol d'oies sauvages lors d'un dialogue se déroulant sur les berges du Saint-Laurent.

---

9. Anne Dorval, comédienne, conversation téléphonique, 18 mai 2013.

10. « La Corrivaux », Société Radio-Canada, secteur Dramatiques, n° d'émission 33-17187-0001. Auteurs : Guy Cloutier et Roland Lepage ; réalisateur : Jean Salvy, directeur musical : Jean Sauvageau. Résumé : Marie-Josephte Corrivaux a été la première femme à être jugée par une cour martiale britannique au lendemain du traité de Paris, qui cédait définitivement la Nouvelle-France à la Grande-Bretagne. Dans ce contexte, il importait peu aux vainqueurs que La Corrivaux (La Corriveau) soit ou non coupable du meurtre de son deuxième mari. La population en était convaincue. On disait même qu'elle était une sorcière. Pour les Anglais, c'était une occasion rêvée de faire preuve de fermeté. On a donc pendu la jeune femme de trente ans et on l'a exposée dans une cage en fer pour que personne ne puisse l'enterrer. Distribution principale : Anne Dorval (Marie-Josephte Corrivaux), Raymond Bouchard (Joseph Corrivaux, père), Marie-Ginette Guay (Françoise Corrivaux, mère), Emmanuel Bilodeau (Charles Bouchard, premier mari), Luc Picard (Louis-Étienne Dodier, second mari), Roger La Rue (Claude Dion), Pierre Chagnon (notaire Saillant), René Richard Cyr (curé Parent), Bob Harding (major Abercrombie), Julie McClemens (Isabelle Sylvain), René Gagnon (père Glapion). Localisation : SRC Montréal, voûtes, cassettes vidéo V-950122-11A et B. Merci à madame Emmanuelle Dessureault, agente de programmation à la Société Radio-Canada, pour la transmission de ces informations.

Aux *Beaux Dimanches*, à 20h, RC met à l'affiche *La Corrivaux*, dramatique de Guy Cloutier et Roland Lepage, inspirée de l'un des plus célèbres procès de notre histoire. Au lendemain du Traité de Paris, une jeune femme (merveilleusement incarnée par **ANNE DORVAL**) est victime des circonstances, de la méchanceté humaine, de la raison d'État : accusée du meurtre de son deuxième mari, elle est condamnée par une cour martiale britannique, puis pendue et exposée dans une cage de fer. À 21h5C, après la diffusion, débat sur *La Corrivaux, la légende versus la réalité*, entre les interprètes Anne Dorval et Bob Harding (Major Abercrombie), l'historien Jean Provencher, l'écrivain Jean-Claude Germain.

La Presse, 21 janvier 1995, p. 2 et 14. BANQ, collection numérique de journaux et revues.

La dramatique s'ouvre sur un monologue de Marie-Josephte Corriveau qui, enfermée dans une cellule suspendue, maugrée sur le fait que sa pendaison est la faute de ceux qui ont témoigné contre elle au procès, qu'elle appelle des menteurs et des traîtres. Dans sa haute cellule, la Corriveau narre, commente et revoit les événements qui l'ont mené au gibet, depuis son premier mariage avec Charles Bouchard jusqu'au décès de son second mari, Louis Dodier. Les auteurs de la dramatique lui prêtent d'ailleurs un amant, le soldat Alexander MacDonald. Complètement sous le charme du bel Écossais, Marie-Josephte rêve qu'il l'amène loin de Saint-Vallier. Cette liaison fictive entraîne de nombreuses rumeurs qui nuiront à la jeune femme. Clou final, MacDonald témoigne contre Marie-Josephte lors du procès, ce qui brise le cœur de la belle. Abandonnée de tous, même de son père, elle finit par se déclarer coupable du meurtre de Louis Dodier : fatiguée de se battre contre l'adversité, elle en vient à se dire que la mort sera l'issue la plus simple. Rivés à leur écran, les téléspectateurs assistent à la pendaison puis à la mise au gibet de la condamnée. Diffusée pour la première fois le 22 janvier 1995 à l'émission *Les Beaux Dimanches* et rediffusée le 25 juin 2000 lors des *Rendez-vous au théâtre*, la dramatique atteint des cotes d'écoute d'environ 1 030 000 personnes[11]. La Corriveau vient, une fois de plus, de réaffirmer sa marque dans le panorama culturel québécois tout en relançant l'intérêt pour les légendes d'ici.

Au chapitre des influences moins directes de la Corriveau dans notre patrimoine télévisuel, signalons le cas de la populaire télésérie *Marguerite Volant*, réalisée par Charles Binamé et diffusée à Radio-Canada à l'automne 1996. Le scénariste Jacques Jacob, qui est à l'origine de Marguerite Volant, s'est en effet inspiré de la Corriveau pour situer son intrigue et construire ses personnages. Ayant initialement reçu le mandat de lire le scénario du regretté Gilles Carle afin d'estimer s'il était possible de l'adapter pour une minisérie de quatre heures, il ressort de l'exercice avec l'envie de faire plutôt « une fausse histoire vraie sur une héroïne qui gagne son pari avec l'histoire ». Il saisit donc l'occasion pour proposer un personnage fictif, Marguerite Volant : le texte de cinq pages devient une télésérie de onze heures, avec la comédienne Catherine Sénart dans le rôle-titre. Cette télésérie a remporté plusieurs prix en 1997. La seigneurie Volant, construite en Mauricie pour les besoins du tournage, fait dorénavant partie du patrimoine bâti du Québec. Si Jacques Jacob jongle aujourd'hui avec la possibilité de revenir à la Corriveau, ces projets sont encore à l'état embryonnaire[12].

---

11. Presse canadienne, « SRC tourne *La Corriveau* », *Le Devoir*, 18 août 1993, p. C11 ; « Techno, la Corrivaux », *Le Devoir*, 21 janvier 1995, p. C5. Guy Cloutier, rencontre à Québec, 28 mars 2013.

12. Jacques Jacob, échange par courriel, 6 mars 2013. Cette télésérie a donné lieu à une exposition au Musée McCord d'histoire canadienne du 15 novembre 1996 au 19 octobre 1997. Intitulée « Marguerite Volant : passions,

Affichette des *Légendes fantastiques* de Drummondville, 1998.
Notons la représentation de la Corriveau dans le coin gauche.
Une toile de Rémi Clark initialement parue dans Fernand Grenier, *De Ker-Is à Québec. Légendes de France à Nouvelle-France*, Québec, Éditions de La Galerie du Chien d'Or, 1990, p. 101. Collection personnelle des auteurs.

En 1998, côtoyant une quinzaine d'autres légendes québécoises comme la Dame blanche, la Chasse-galerie et le Bonhomme Sept-Heures, la Corriveau monte en scène dans l'événement extérieur à grand déploiement *Légendes fantastiques*. Ce spectacle, qui puise abondamment dans le folklore québécois « remixé » au gré de la fantaisie des créateurs, tiendra l'affiche tous les étés jusqu'en 2007 au Village québécois d'antan, à Drummonville. Au moyen de divers procédés scéniques, pyrotechniques notamment, les sept meurtres perpétrés par la Corriveau sont mis en scène et en musique dans ce spectacle multimédia auquel prennent part plus de cent cinquante artistes, chanteurs, danseurs, musiciens et acrobates, sous la direction artistique de Normand Latourelle. La musique originale est signée Michel Cusson[13].

Au petit écran, la série documentaire télévisée *Y paraît que...*, diffusée en 2004, consacre son premier épisode aux « Femmes au destin tragique », dont la moitié à Marie-Josephte Corriveau[14]. Le format de l'émission prévoit un amalgame de réalité et de fiction. La version de la légende présentée par le conteur québécois Jocelyn Bérubé, très près de celle de Fréchette, véhicule délibérément plusieurs erreurs, par exemple que Marie-Josephte Corriveau n'a eu aucun enfant pendant ses

---

histoire et fiction », cette exposition retraçait la vie quotidienne des Canadiens français à l'époque de la Conquête. « Marguerite Volant : Passions, histoire et fiction. Quand le petit écran entre au musée », communiqué, Montréal, le 14 novembre 1996, http://www.mccord-museum.qc.ca/fr/info/communiques/11947.html.

13. Rémi Tourangeau *Dictionnaire des jeux scéniques du Québec au 20ᵉ siècle*, Québec, Presses de l'Université Laval, 2007, p. 197-200. Les *Légendes fantastiques* font place en 2007 au spectacle « AO, la fantastique légende. » Deux étés très pluvieux, des taux d'assistance à la baisse et le manque de subvention des différents ordres de gouvernements obligent les promoteurs à mettre fin au projet en juillet 2010.

14. « Y paraît que... », Série I. Enregistrement vidéo, DVD A, émission 1. Productions Vic Pelletier, diffusé par TFO en collaboration avec Radio-Canada et ArtTV, 2004. Disponible dans certaines bibliothèques, notamment à la médiathèque de l'Université Laval.

onze ans de mariage avec Charles Bouchard! La personnalité de la Valliéroise est abordée de manière impressionniste en compagnie de la romancière Monique Pariseau et de la comédienne Odette Bouchard-Lampron. L'émission fait brièvement état de la polémique ayant entouré l'inauguration de la Bibliothèque Marie-Josephte-Corrivaux, à Saint-Vallier. Il est aussi question du procès refait en 1990 par le Jeune Barreau de Montréal : l'avocat et homme politique Serge Ménard réaffirme alors que la Corriveau a été condamnée sur la foi d'une «preuve circonstancielle nettement insuffisante». Le site Internet de l'émission propose un résumé de la légende, un album d'images et une bande dessinée interactive inspirée de l'épisode vu à la télé, et enfin le contexte ainsi qu'un court survol du patrimoine[15].

L'histoire de la Corriveau a influencé une importante production cinématographique en 2004, alors que le film *Nouvelle-France* de Jean Beaudin prend l'affiche. Cette production de 30 millions de dollars, tournée dans trois pays, regroupe une imposante distribution. Romantique et graphiquement grandiose, le film est inspiré de l'histoire de la Corriveau. La comédienne québécoise Noémie Godin-Vigneault incarne Marie-Loup Carignan qui, comme Marie-Josephte Corriveau, est accusée puis condamnée à mort pour le meurtre de son deuxième époux et termine pendue dans une cage, alors que la Nouvelle-France vient de passer sous la houlette britannique à l'issue d'une guerre ayant duré sept années[16].

Si elle a fait l'objet de nombreuses expérimentations artistiques dans le dernier tiers du XXe siècle, la légende de la Corriveau n'avait toujours pas pris vie par l'entremise du marionnettisme – à l'exception peut-être du double surdimensionné de Marie-Josephte créé pour la pièce d'André Jean à Québec en 1982. C'est en 2006 que Kyle Craig crée une vidéo de 23 minutes 18 secondes où l'art du marionnettiste s'allie à cette technique

---

15. Ce site était toujours en ligne au www.tfo.org/ypq à la fin d'octobre 2013.

16. Odile Tremblay, «Le curé et la pendue», *Le Devoir*, 4 décembre 2003, en ligne au www.ledevoir.com, page consultée le 30 octobre 2012.

cinématographique particulière qu'est l'animation image par image[17]. Tout commence par les pleurs d'une femme... ceux de la Corriveau. Son mari vient de mourir et les murmures des gens du village l'accusent d'être responsable de ce décès. Narrant les événements, la Corriveau demande aux spectateurs d'être les témoins de son histoire. Elle décrit sa vie comme une prison, étant enfermée dans un mariage arrangé par son père et dans une existence où elle a bien peu de prise, mais elle décide un soir de remédier à son impuissance et tue son mari. Puis son deuxième. Et, bientôt, un troisième. Et ainsi de suite. Un soir, on vient l'arrêter et la jeter en prison. Du fond de sa geôle, elle n'a pour seule compagnie que les spectres de ses défunts maris... L'animation se termine sur une scène où une fillette et sa mère croisent la Corriveau suspendue dans sa cage. La mère raconte alors à l'enfant que la Corriveau était une femme méchante, diabolique, qui n'avait aucun respect pour ses maris, qu'elle avait désobéi à la loi de Dieu et qu'elle a été «bien punie», placée dans sa prison de fer jusqu'à ce qu'elle y meure. L'atmosphère lugubre des scènes qui se succèdent, de la narration (principalement en langue anglaise, sauf quelques brèves interventions en français) et de la musique crée une ambiance lourde qui véhicule très bien la dimension la plus horrifiante de la légende de la Corriveau.

Quatre ans plus tard, en 2010, le Fonds TV5 pour la création numérique soutient la production des animations *Les Sombres Légendes de la terre*, une série de cinq épisodes d'environ cinq minutes chacun qui revisitent des légendes québécoises. Au menu, le Bonhomme Sept-Heures, le cheval noir de L'Islet, le loup-garou, la chasse-galerie et, naturellement, la Corriveau. Présentée comme «la sorcière Corriveau», cette animation toute en noir et blanc met l'accent sur la dimension

---

17. «La Corriveau», scénario: Soo Rae Koelbli; production et direction: Kyle Craig. Présenté par le Théâtre le Somnambule et Stankhouse international, 2006. Cette vidéo peut être visionnée au http://archive.org/details/La_Corriveau_Extended.

« La sorcière Corriveau », *Les Sombres Légendes de la terre*, animation créée par Félix Rocque et Olivier Gagnon, Fond TV5 pour la création numérique, 2010.

surnaturelle de l'encagée, qui détient l'inquiétant pouvoir de s'incarner en fillette que recueillent deux passants bien intentionnés... Le traitement graphique de même que l'angle original par lequel on réinvente la légende livrent un résultat très intéressant. Cet épisode, ainsi que les autres de la même série, peuvent être visionnés en ligne sur YouTube[18].

En 2011, la légende de la Corriveau trouve à nouveau le chemin du théâtre. Écrivain, folkloriste, compositeur et professeur à l'Université Laval, Marc Gagné publie la pièce en deux actes « Madame de La Corriveau » dans *Rideau sur Québec, ville de légendes*[19]. Ancien disciple de Luc Lacourcière, Gagné offre au patrimoine écrit une pièce qui s'inscrit directement dans la légende tout en s'arrimant solidement aux événements entourant le procès et la vie de Marie-Josephte Corriveau. En effet, le texte est riche d'éléments légendaires ; la chasse-galerie, les sorciers de l'île d'Orléans, les loups-garous, les diablotins et, bien sûr, le Diable en personne (essentiel !) viennent tour à tour animer le récit de leur présence. Charles Lenoir, aussi connu sous le nom du Diable, est fou de désir pour Marie-Josephte Corriveau : envoûté par sa beauté et son talent pour la musique, il se jure que la jeune veuve sera bientôt sienne. Par le truche-

---

18. « La sorcière Corriveau », réalisation, scénarisation et dessin : Félix Rocque. Composition musicale et effets sonores : Olivier Gagnon. Durée : 4:18 min. Fonds TV5 pour la création numérique, 2010.

19. Marc Gagné, *Rideau sur Québec, ville de légendes. Quatres opéras sans musique ou courtes pièces de théâtre*, Québec, Éditions GID, 2011, 255 p.

ment d'une chasse-galerie, il emmène alors Marie-Josephte endormie et hypnotisée au sabbat des sorciers de l'île d'Orléans, puis lui accorde trois souhaits : celle-ci ne demande alors qu'un homme. Mécontent d'être évincé de la sorte, Lenoir accepte à contrecœur le souhait de Marie-Josephte, en stipulant bien que la mort de l'homme qu'elle aura choisi la rendra immortelle. C'est Dodier qui sera l'élu. Jaloux, Lenoir jure alors vengeance. Après la mort de Dodier, Marie-Josephte est condamnée à la potence, mais, alors qu'ils prononcent la sentence, les juges anglais prennent l'apparence de loups-garous, quintessence de l'animal noir, malveillant et détestable. Plus tard, ces mêmes juges viennent, saouls, fanfaronner devant la cage où la Corriveau repose et l'invitent, à la blague, à faire appel de sa sentence… une invitation que la condamnée prendra avec beaucoup de sérieux. L'action se transporte alors en 1990, au jour où l'on reprend le procès. Déclarée non coupable par les juges francophones, elle condamne à son tour ses propres juges à la même souffrance qu'elle a endurée : la cage et les flammes de l'enfer. Arrive alors Charles Lenoir (le Diable) qui emporte tous les juges anglophones avec lui en enfer ; Marie-Josephte, elle, est libérée de ses chaînes et de sa cage. Lenoir conclut en élevant en quelque sorte Marie-Josephte à la noblesse en la nommant « Madame de La Corriveau ». Pour l'auteur, il ne fait aucun doute que la Corriveau a été injustement condamnée, d'où son désir d'aller un peu plus loin dans l'histoire et de « boucler la boucle », selon ses propres termes, en permettant à Marie-Josephte de se faire pleinement justice. Gagné émaille son texte de vieilles expressions (qu'il tient de sa mère et de quelques dictionnaires de français québécois), enrichissant ainsi le propos d'une note du terroir. Ce texte dramatique n'a encore jamais été monté devant public[20].

---

20. Marc Gagné, rencontre à l'Université Laval, 5 juin 2013. Des extraits de la pièce ont cependant été utilisés dans une vidéo conçue par Catherine Ferland et Dave Corriveau et diffusée sur la chaîne YouTube de Marie-Josephte Corriveau.

Dans l'émission *Créatures fantastiques* présentée par Bryan Perro, un épisode intitulé « La Corriveau et les femmes damnées » est diffusé à la télévision de Radio-Canada le 3 novembre 2012. Perro reprend essentiellement la légende de la Valliéroise telle qu'elle avait été publiée dans son livre *Créatures fantastiques*, soit la version à sept maris. La légende se trouve tempérée par l'intervention d'experts, Nicole Guilbault, Jean-Marie Lebel et Jean-Pierre Corriveau, qui rétablissent quelque peu les faits entourant toute cette affaire. Le segment sur Marie-Josephte Corriveau et sa légende dure 9 minutes 20 secondes[21].

L'audace prend une nouvelle tournure lors des Fêtes de la Nouvelle-France 2013, sous le thème « Les héroïnes de la Nouvelle-France ». Ayant en tête une diversification de leur clientèle et une augmentation du nombre de festivaliers, l'organisation décide d'innover en incluant dans sa programmation un concert de musique électronique baptisé « La Corriveau : l'électromusicale ». Le projet rassemble deux créateurs, Sami Jalbert aux textes et Pascal Asselin (DJ Millimetrik) à la musique, sous la direction de Guillaume Couture de DX Agency. Dix pièces de musique du XXIe siècle portant sur une légende vieille de 250 ans sont ainsi présentées sur la scène de la Place de Paris, à Québec, le jeudi 8 août 2013. Chacune des pièces évoque une étape de l'histoire et de la légende de la Corriveau, depuis le mariage de Marie-Josephte jusqu'à son entrée dans le folklore québécois en passant par son procès et sa mise au gibet. Le rappeur Bob Bouchard vient clore la soirée en exécutant une prestation sur la dernière pièce intitulée simplement « La Corriveau. » Il en résulte une étonnante fusion entre le thème historique et la musique électronique[22].

---

21. *Créatures fantastiques – présenté par Bryan Perro*, saison 2012-2013, « La Corriveau et les femmes damnées », émission du 3 novembre 2012, http://www.radio-canada.ca/emissions/creatures_fantastiques/2012-2013/document.asp.

22. Josée Guimond, « La Nouvelle-France version techno avec La Corriveau : l'Électromusicale », *Le Soleil*, 6 août 2013, http://www.lapresse.ca/

PROGRAMME
1. Un mariage en Nouvelle-France
2. Feu d'artillerie et feu de bois
3. Du plomb dans l'oreille
4. Petit meurtre dans l'écurie
5. Le procès
6. Le père Glapion
7. Le forgeron et les corbeaux
8. La mort d'une immortelle
9. Les sorciers de l'île d'Orléans
10. La Corriveau

PROGRAM
1. A wedding in New France
2. Artillery fire and wood fire
3. Lead in the ear
4. Murder in the stable
5. The trial
6. Father Glapion
7. The blacksmith and the crows
8. The death of an immortal
9. The sorcerers of île d'Orléans
10. The Corriveau

LES Fêtes DE LA Nouvelle-France
SAQ

LA CORRIVEAU
L'ÉLECTROMUSICALE

PRODUCTEUR: DX AGENCY

Feuillet du spectacle multimédia « La Corriveau : l'électromusicale »
présenté le 8 août 2013 à la Place de Paris à Québec,
lors des Fêtes de la Nouvelle-France.
Conception : Productions DX Agency. Collection des auteurs.

Il y a tout lieu de croire que la Corriveau n'a pas fini de
surgir là où on l'attend le moins. Voilà qu'elle fait même son
entrée dans l'univers burlesque ! La revue coquine *Burlestacular
déshabille la Québécoise*, consacrant son spectacle du
2 novembre 2013 aux figures féminines de l'histoire du

le-soleil/arts-et-spectacles/sur-scene/201308/05/01-4677229-la-nouvelle-
france-version-techno-avec-la-corriveau-lelectromusicale.php.

Québec, redonne vie à la Corriveau avec un souffle inattendu au public de l'Impérial de Québec. Le numéro mettant en scène notre légende locale commence de manière dramatique, voire lugubre, avec une narration qui décrit sa vie, avec projection d'images d'archives et de dessins de sa cage, alors qu'elle git dans sa cage, morte. Incarnée par Lily Monroe, la Corriveau reprend ensuite vie sur une pièce musicale légère et la neige se met à tomber alors qu'elle se réarticule, sort de sa cage et réapprivoise progressivement son corps. Tour à tour, trois hommes arrivent ensuite sur scène : la Corriveau les séduit l'un après l'autre puis les assassine de manière aussi originale que farfelue. Ce segment, plus près de la comédie, voire du dessin animé, donne l'occasion à la Corriveau de se réapproprier sa sensualité. Elle devient alors une prédatrice, effrayante et sensuelle. Le numéro totalise environ six minutes[23].

Dans sa série « Contes à passer le temps », la compagnie de théâtre La Vierge folle choisit aussi de mettre la Corriveau de l'avant en proposant une version revampée de la légende. Le jeune dramaturge Maxime Robin réinterprète à sa manière la célèbre séquence de Philippe Aubert de Gaspé mettant en scène un homme qui doit passer à proximité de la cage de la Corriveau. Invité à l'émission radiophonique *Tu parles d'une histoire !* sur les ondes de CKIA 88,3 FM le samedi 26 octobre 2013, Robin présente un extrait inédit du texte qui doit être livré en décembre à la Maison Chevalier, à Québec[24].

---

23. Cristina Moscini, directrice artistique et conceptrice de Burlestacular, communication personnelle par Internet, 28 octobre 2013 ; Josianne Desloges, « Burlestacular déshabille la Québécoise : effeuiller la fleur de lys », *Le Soleil*, 24 octobre 2013, http://www.lapresse.ca/le-soleil/arts-et-spectacles/sur-scene/201310/23/01-4702933-burlestacular-deshabille-la-quebecoise-effeuiller-la-fleur-de-lys.php.

24. Fondé par Maxime Robin, *La Vierge folle* rassemble aussi Noémie O'Farrell, Sophie Grenier-Héroux et Lucie Girard. Plusieurs comédiens se joignent ponctuellement à l'aventure, au gré des projets. La jeune compagnie a produit la première soirée des « Contes à passer le temps » en 2011. La mouture 2013 est présentée en décembre à la Maison Chevalier, rattachée aux Musées de la civilisation de Québec. Maxime Robin, document de travail pour la

Cabaret Burlestacular Déshabille la Québécoise, numéro « La Corriveau », Impérial de Québec, novembre 2013. Crédit photo : Michel Émond.

Le « Tribunal de l'Histoire »

Madame Corriveaux, si alle a changé d'idée, c'est peut-être à cause de la pression... Vous comprenez ben qu'une fois son père pendu, une fois qu'alle aurait reçu ses soixante coups de fouets, dont vingt dans son village, sa réputation aurait pas été trop trop bonne! Sa vie aurait pas été drôle! Vous imaginez, dans un p'tit village... C'fa'qu'a s'est peut-être dit qu'en avouant êt'e la seule coupable, ça permettait à son père de retourner la tête haute au village, pis d'hériter des biens, pis d'élever les enfants... Peut-êt'e même que c'est son confesseur lui-même qui lui a fait voir ça...[25]

L'exercice réalisé par le Jeune Barreau en 1990, en livrant au public les véritables aspects légaux liés au procès, débouche sur une nouvelle forme de patrimonialisation du cas de Marie-Josephte Corriveau, alliant cette fois la performance artistique à la dimension juridique. Ainsi, le 6 février 2002, dans sa série d'événements «Le Tribunal de l'Histoire», la Commission de la capitale nationale du Québec, en collaboration avec le Musée de la civilisation, présente pour la première fois à la chapelle du Musée de l'Amérique française une interprétation du procès de Marie-Josephte Corriveau. Mettant en scène deux personnages (la Justice, personnifiée par Sophie Martin, et la Corriveau enchaînée, interprétée par Josée LaRoche, sous la direction de Cyrille-Gauvin Francœur), cette prestation scénique permet d'aborder des éléments tirés du véritable procès de 1763, en donnant toutefois la possibilité à l'accusée

---

production théâtrale «Contes à passer le temps», octobre 2013, courtoisie. Pour entendre l'extrait radio de la prestation de Robin en octobre 2013, cliquer sur le fichier audio au http://cferland.wordpress.com/tu-parles-dune-histoire/emission-du-26-octobre-2013-halloween. Pour plus d'informations sur la compagnie théâtrale *La Vierge folle*, voir www.facebook.com/LaViergeFolle.

25. Cyrille-Gauvin Francœur, texte pour le Tribunal de l'Histoire – L'affaire Corriveau, novembre 2009, p. 20. Reproduit avec la permission de l'auteur et de la Commission de la capitale nationale.

LA GAZETTE DE L'HISTOIRE

L'AFFAIRE CORRIVEAU

QUÉBEC, 30 NOVEMBRE 2009

Condamnée à mort par une cour martiale britannique pour le meurtre de son second époux et pendue à Québec en 1763, Marie-Josephte Corriveau entre dans la légende. A-t-elle simplement été victime de son époque ?

Paul Breton
Juge

Annick Fontaine
Marie-Josephte Corriveau

Jean-Nicolas Marquis
Avocat de la défense

Frédérique Bradet
Procureure de la Cour

Josée La Roche
Jurée

Philippe Amyot
Violon

Denis Pouliot
Percussion

Richard Roberto
Piccolo

**Jean Du Berger,
ethnologue**
Témoin expert

Cyrille-Gauvin Francoeur
Direction artistique,
texte original
et mise en scène

Programme du spectacle « Le Tribunal de l'Histoire – L'Affaire Corriveau », Québec, 30 novembre 2009. Avec l'aimable autorisation de la Commission de la capitale nationale du Québec.

ŒUVRES AU PROGRAMME

*Rule Britannia -
À la claire fontaine*

*British Grenadiers -
Dans la prison de Nantes*

*God Save the King -
Plaisir d'amour*

*Lascia ch'io pianga -
Isabeau s'y promène*

*Greensleeves -
Reel du pendu*

*The Roast Beef
of Old England -
Ma Nouvelle-France*

de se défendre. Le public fait office de jury et doit se prononcer sur la question suivante : « Marie-Josephte Corriveau fut-elle une sorcière ou une martyre ? » La professeure Nicole Guilbault, invitée à titre de témoin expert, met en contexte certains éléments historiques, tandis que la musique de l'Ensemble Nouvelle-France vient conférer une touche supplémentaire de distinction à l'événement[26].

Sept ans plus tard, la Commission revient à la charge en présentant une seconde mouture du procès de la Corriveau, encore ici nourrie d'une solide perspective historique. C'est ainsi que, le 30 novembre 2009, accusés et témoins défilent à la barre, recréée pour l'occasion à la salle Raoul-Jobin du Palais Montcalm, afin d'influencer le verdict du public. Annick Fontaine interprète Marie-Josephte Corriveau, tandis que l'ethnologue Jean Du Berger agit à titre d'expert invité. Cette fois encore, le spectacle est agrémenté de musique de circonstance. Douze spectateurs volontaires sont choisis pour constituer le jury qui doit se prononcer en fin de spectacle, tandis que chacun des spectateurs peut aussi donner son avis sur la culpabilité ou l'innocence de la Corriveau par l'entremise du site Internet de la Commission. À la question « Marie-Josephte Corriveau a-t-elle simplement été victime de son époque ? », 81 % des participants à ce tribunal populaire répondent oui[27].

Le 4 octobre 2013 à l'auditorium du cégep de Lévis-Lauzon se tient une édition spéciale du « Tribunal de l'Histoire » portant sur ce que l'on appelle encore « l'affaire Corriveau ». Cette nouvelle présentation fait partie des commémorations

---

26. « Commission de la capitale nationale – Une quatrième soirée-spectacle en dramatique et en musique », communiqué, Canada Newswire, Québec, 31 janvier 2002 ; Cyrille-Gauvin Francœur, directeur artistique, conversation téléphonique, 8 janvier 2013.

27. « Dans le cadre de la série Le Tribunal de l'Histoire – L'affaire Corriveau est arbitrée au Palais Montcalm », communiqué, Canada Newswire, 1er décembre 2009 ; « L'affaire Corriveau », Tribunal de l'Histoire, site de la Commission de la capitale nationale, http://www.capitale.gouv.qc.ca/activites-culturelles/tribunal_2009-2010/corriveau.html ; Cyrille-Gauvin Francœur, conversation téléphonique, 8 janvier 2013.

« Le Tribunal de l'Histoire – L'Affaire Corriveau », 2009.
Au cours de la reconstitution des faits surgit soudainement Marie-Josephte Corriveau (interprétée par la comédienne Annick Fontaine), communément appelée « La Corriveau ».
Photo : Christian Desjardins/CCNQ, 2009. Avec l'aimable autorisation de la Commission de la capitale nationale du Québec.

organisées par la Société d'histoire régionale de Lévis afin de marquer le 250ᵉ anniversaire de la pendaison de la Corriveau. Les comédiens sont les mêmes qu'en 2009, soit Paul Breton, Annick Fontaine, Jean-Nicolas Marquis, Frédérique Bradet et Josée LaRoche, sous la direction artistique de Cyrille-Gauvin Francœur. Campé dans un décor minimaliste avec, en arrière-plan, une réplique grandeur nature du gibet de fer de Marie-Josephte Corriveau, le tribunal s'applique à répondre à la question suivante : « Est-ce que la Corriveau a été victime de son époque ou a-t-elle eu un procès juste et équitable ? » Alors que les avocats s'affairent à présenter le contexte initial ainsi que les faits entourant cette histoire, Marie-Josephte Corriveau fait son entrée sur scène et réclame que justice lui soit enfin rendue. Les musiciens Philippe Amyot, Denis Pouliot et Richard Roberto agrémentent les moments de délibérations de pièces issues des traditions françaises et anglaises. La soirée se poursuit avec la présentation des plaidoyers des deux avocats. Comme à l'accoutumée, un témoin expert, cette fois l'historien Jean-Marie Lebel, éclaire les spectateurs sur des points moins connus de l'affaire. À la fin de la soirée, les douze jurés rendent leur verdict: à 7 contre 5, ils ont jugé que Marie-Josephte Corriveau a été victime de son époque[28].

En ce début de XXIᵉ siècle, dans l'esprit de bien des gens, il est devenu évident que Marie-Josephte Corriveau n'a pas bénéficié d'un procès équitable. Était-elle vraiment coupable? Le cas échéant, n'aurait-elle pas tué son mari parce qu'il la battait, mue par ce que nous désignons aujourd'hui comme de la «légitime défense»? Les rééditions des procédures judiciaires par le Jeune Barreau puis par la Commission de la capitale nationale du Québec inclinent en ce sens et pavent la voie à une nouvelle manière d'envisager la légende mais surtout l'histoire de la Corriveau. C'est ainsi que le collectif La Corriveau, fondé en 2003 par Sylvie Frigon, professeure en criminologie à l'Université d'Ottawa, est baptisé dans cette perspective. Frigon travaille depuis quelques années déjà sur les questions relatives aux homicides conjuguaux, tant les uxoricides (meurtre de la femme par le mari) que les maricides (meurtre du mari par la femme), et le cas de la Corriveau représente l'un de ses fers de lance[29]. Considérant que «le système judiciaire pénalisait les femmes incarcérées en ne prenant pas en compte leur histoire familiale ni leurs besoins», ce regroupement constitué d'une cinquantaine d'intervenantes et de chercheuses francophones voulait défendre les détenues et militait pour une meilleure compréhension de leurs condi-

---

28. «La Corriveau jugée une seconde fois à Lévis – Le Tribunal de l'Histoire marque le 250ᵉ anniversaire de sa pendaison», Québec, 23 septembre 2013, CNW Telbec, http://communiques.gouv.qc.ca/gouvqc/communiques/GPQF/Septembre2013/23/c9581.html. Les auteurs ont eu l'occasion d'assister à cette présentation... et de prendre part au jury.

29. Notamment Sylvie Frigon, «L'homicide conjugal féminin, de Marie-Josephte Corriveau (1763) à Angélique Lyn Lavallé (1990): Meurtre ou légitime défense?», *Criminologie*, vol. 29 n° 2 (1996), p. 11-48.

tions d'emprisonnement. Selon Nathalie Duhamel, si les hommes commettent plutôt des meurtres liés à des règlements de comptes, les femmes accusées de meurtre se sont le plus souvent rendues coupables d'homicides conjugaux découlant de la violence de leur conjoint[30]. L'attribution du nom La Corriveau est donc ici extrêmement significatif de cette « réhabilitation » de la Valliéroise dans l'opinion publique contemporaine.

Du roman historique à la littérature jeunesse

> *« Récemment, j'ai donné une conférence devant des étudiants universitaires. À peu près personne ne savait qui était le personnage de la Corriveau. Je trouve dommage que notre histoire se perde. »* – Aurélien Boivin[31]

Dans l'un de ces mouvements de balancier auxquels la Corriveau nous a accoutumés, après avoir investi surtout les arts de la scène et de l'écran, son histoire et sa légende reviennent au centre de plusieurs écrits littéraires au début du XXIᵉ siècle. Fait intéressant, elle finit par franchir la barre de la littérature jeunesse. Suivant une trajectoire analogue à celle de bien des contes européens traditionnels, qui entamèrent leur existence comme des « histoires à faire peur » destinées aux adultes avant de se transformer en littérature enfantine – songeons seulement au Petit Chaperon rouge –, la légende de la Corriveau commence à s'inviter dans l'imaginaire d'un public plus jeune et y gagne, mine de rien, un souffle nouveau qui ne fait qu'assurer sa pérennité dans la mémoire collective.

---

30. Anne-Marie Lapointe, « La Corriveau pour aider les détenues », *La Gazette des femmes*, 1ᵉʳ mars 2004. En ligne au www.gazettedesfemmes.ca.

31. Renée Larochelle, « Pour la suite du monde. Aurélien Boivin publie une anthologie des contes, récits et légendes de la région de Québec aux Éditions Trois-Pistoles », *Le Fil*, vol. 43, nᵒ 308, mai 2008.

C'est donc en jouant sur la veine fantastique que paraît *La Maudite* en 1999[32]. Destiné à un public adolescent en quête de frissons et d'horreur, ce roman jeunesse de l'écrivain Daniel Mativat raconte l'histoire de Marie-Jo, dix-sept ans et vivant seule. Après avoir été témoin de la découverte d'une cage enfermant un squelette dans le cimetière où elle est embauchée pour l'été, la jeune fille est assaillie de fièvres et de visions du passé. Elle cherche de l'aide auprès de Julien, un jeune médecin, pour tenter de comprendre ce qui lui arrive. Au même moment, d'étranges événements surviennent dans la ville de Lévis. Alors que Julien découvre que la vague de folie, d'hallucinations collectives et de morts par asphyxie qui semble s'emparer de la population est liée à l'exhumation de la cage, l'identité de la femme qui hante les cauchemars et les visions de Marie-Jo se précise : il s'agit bel et bien de Marie-Josephte Corriveau... À travers l'héroïne, le lecteur découvre certains segments de l'histoire personnelle de la Valliéroise, depuis la mort de Dodier jusqu'à sa propre pendaison. L'auteur décrit Marie-Josephte comme une belle femme qui a beaucoup souffert, tant de son vivant que dans la mort, et qui ne souhaite plus qu'une chose : reposer en paix auprès de son premier mari, Charles, et de ses enfants. D'emblée, le roman épouse la thèse qu'elle a réellement tué Louis-Étienne Dodier, son deuxième mari ivrogne et violent. À sa façon, Mativat contribue à entretenir l'histoire et la légende de la Corriveau en initiant les jeunes lecteurs à ce pan de la mémoire collective québécoise. Il en résulte un roman riche en frissons et en intrigues.

Dans un recueil de textes publié en 2000, Douglas Glover signe une nouvelle écrite à la première personne et intitulée simplement « La Corriveau ». Celle-ci relate l'histoire d'une jeune Torontoise en visite de trois jours à Québec et qui

---

32. Daniel Mativat, *La Maudite*, Saint-Laurent, Éditions Pierre Tisseyre, 1999, 135 pages. Voir Jean-Denis Côté, « Quand l'horreur côtoie le fantastique », *Québec français*, nᵒ 117, 2000, p. 105-107.

s'éveille un matin au côté du cadavre d'un homme inconnu. Bien qu'elle n'ait initialement aucune mémoire de ce qui s'est passé, ses souvenirs reviennent à mesure que la journée avance : son défunt amant est un cocher nommé Robert et c'est elle, de toute évidence, qui l'aurait occis. Après avoir fait une déposition à la police au sujet du décès de Robert, l'héroïne se fait courtiser par l'inspecteur de police chargé de l'interroger. Et cet interrogatoire se termine de façon plutôt inattendue. Cette nouvelle fait référence à la légende de la Corriveau en la présentant comme une « sirène qui attire les hommes vers leur mort avec ses lamentations et les massacre par la suite[33] », revenant de temps en temps hanter les berges du Saint-Laurent. La jeune Torontoise possède des traits communs avec cette représentation de la Corriveau, qui la hante d'une certaine façon. En effet, l'héroïne du Glover se lamente sur son sort de poète sans maison d'édition, de maîtresse occasionnelle d'un homme marié qui ne l'épousera pas, ainsi que sur ses histoires d'amour qui ne se terminent pas bien, jusqu'à ce cadavre qui vient bousiller sa fin de semaine de trois jours au Carnaval de Québec. Comme la Corriveau de la légende, la jeune femme attire les hommes vers elle, puis il leur arrive malheur au moment où ils s'y attendent le moins... Fait intéressant, Glover en profite pour faire une métaphore des rapports difficiles qui existent entre Canadiens anglais et Québécois, un antagonisme qu'il situe, comme l'histoire de la Corriveau, aux années 1760[34].

C'est dans une nouvelle à saveur nationaliste publiée en 2001 qu'Andrée Ferretti convoque à son tour la Corriveau, une femme qui dérange parce qu'elle remet en cause le pouvoir. Sans incriminer ou disculper Marie-Josephte des meurtres qui lui sont imputés, l'écrivaine avance plutôt « que la mort des

---

33. Douglas Glover, « La Corriveau », *16 Categories of Desire*, Fredericton, Goose Lane Editions, 2000, repris dans *Bad News of the Heart*, Dalkey Archive Press, 2003, p. 123.

34. « The utterly fictional nature of reality ; Every sentence in Douglas Glover's new collection pulses with energy », *Toronto Star*, 12 novembre 2000, p. C15.

maris laissait ces soldats froids comme leur air, qu'ils s'étaient plutôt vengés sur la jeune femme de la résistance de nombreux habitants à leur occupation du village et des villages voisins». Il est vrai que les relations entre les troupes anglaises et les habitants de la vallée du Saint-Laurent, tout particulièrement ceux de la Côte-du-Sud, sont extrêmement tendues depuis 1759. Ferretti ajoute que, «pour narguer l'ennemi barbare qui avait exposé le cadavre dans une cage, un villageois déroba le corps. Tous les habitants s'empressèrent alors de faire courir la rumeur que la pendue s'était elle-même délivrée et qu'elle entretenait la nuit venue des relations hérétiques avec les sorciers», un point de départ de la «légendarisation» fort attrayant d'un point de vue littéraire, mais que l'on sait bien sûr être faux, puisque Murray lui-même avait ordonné au capitaine de milice de la Pointe-Lévy de retirer la cage et de l'enterrer à la fin de mai 1763[35].

Si la nouvelle de Ferretti recourait à la Corriveau pour illustrer l'oppression des femmes, Monique Pariseau se recentre résolument sur les tensions exercées par le patriarcat et sur les événements historiques réels. Présentant des similitudes avec le roman *La Corriveau* d'Andrée LeBel publié une vingtaine d'années plus tôt, *La Fiancée du vent* de Pariseau, qui paraît en 2003 aux éditions Libre Expression, n'en est pas moins une œuvre entière et originale. Marie-Josephte est décrite comme une victime des conventions sociales qui régissent la vie des femmes de cette époque, aussi l'auteure s'efforce-t-elle de «sortir la Corriveau de sa cage et de lui donner un visage humain[36]», en lui conférant beaucoup de relief, ainsi qu'aux autres personnages qui gravitent autour d'elle. Par exemple, beaucoup de détails sont donnés sur sa vie conjugale avec son premier époux, Charles Bouchard. Alors

35. Andrée Ferretti, «Le plus-que-parfait du subjonctif», nouvelle, *L'Action nationale*, juin 2001, p. 93-100.

36. Louis Cornellier, «La Corrivaux n'était pas coupable. Histoire d'une femme fière et indépendante», *Le Devoir*, 11 octobre 2003, p. F3; Monique Pariseau, communication personnelle par courriel, janvier 2013.

que LeBel décrivait Bouchard comme un mari violent et détestable, Pariseau le présente plutôt comme un homme amoureux mais jaloux et possessif, son épouse lui semblant insaisissable comme le vent. C'est ainsi que, peinte comme une femme au caractère fort et indépendant, Marie-Josephte s'inscrit en porte-à-faux de la réserve dévolue aux femmes et des convenances sociales en général. Montant sa jument le long des berges du Saint-Laurent, aimant danser avec d'autres hommes que son mari dans les veillées, elle alimente les ragots et même l'antipathie des paroissiens de Saint-Vallier, en dépit des efforts du curé Leclair qui tente de la protéger de l'ostracisme grandissant dont elle est l'objet. La Corriveau a de nombreux ennemis dans le roman de Pariseau, dont sa cousine Isabelle Sylvain, qui la jalouse, et l'abbé Parent, dont elle critique vertement le comportement couard et libertin. Elle est une femme déterminée à ne pas se laisser entraver par les cadres restrictifs de la société de son époque. Bref, elle devient, sous la plume de l'auteure, une démonstration de la nécessité du féminisme[37].

En 2003, Martine Latulippe publie *Julie et le serment de la Corriveau*, un roman jeunesse qui relate les péripéties de Julie, une fillette dotée de «beaucoup trop» d'imagination[38]. La jeune héroïne se met en tête que la nouvelle petite amie de son oncle adoré, ethnologue de son état, est nulle autre qu'une célèbre sorcière croqueuse d'homme: la Corriveau! Emportée par son imagination, Julie se lance à la rescousse de son oncle, persuadée qu'il court un grand danger. Destiné aux enfants de six à neuf ans, ce roman de Latulippe a le mérite de piquer la curiosité des jeunes lecteurs pour l'univers des légendes québécoises: outre ce livre consacré à l'encagée de Saint-Vallier, la prolifique auteure a publié plusieurs autres aventures de la

37. Paul-André Proulx, compte rendu de Monique Pariseau, *La Fiancée du vent*, Montréal, Libre Expression, 2003, 396 p., *Littérature québécoise*, http://www.litterature-quebecoise.com/oeuvres/lafianceeduvent.html.

38. Martine Latulippe, *Julie et le serment de la Corriveau*, Montréal, Québec Amérique Jeunesse, coll. «Bilbo», 2003, 70 pages. L'ouvrage sur le site de l'auteure: www.martinelatulippe.net/publications3.htm#julie2.

Martine Latulippe, *Julie et le serment de la Corriveau*, Montréal, Québec Amérique Jeunesse, coll. « Bilbo », 2003, 70 pages.

petite Julie, faisant la part belle aux feux follets, aux revenants, à la Dame blanche, au Bonhomme Sept-Heures... Soulignons par ailleurs le fait que Latulippe, à travers le personnage de Stéphane (l'oncle de Julie), permet aux jeunes de découvrir ce qu'est le métier d'ethnologue.

Axé vers le surnaturel, le recueil *Créatures fantastiques du Québec* de Bryan Perro (2007) donne une version classique de la légende de la Corriveau en y mélangeant des éléments tenant à la fois du folklore et de l'histoire[39]. C'est la version à sept maris qui est déclinée, avec toute l'abondance de détails que requiert l'énumération des malheureux, de leurs métiers respectifs et des moyens employés par la Corriveau pour mettre fin à leurs jours... Sans réinventer la légende, Perro profite habilement de sa propre renommée d'auteur de littérature fantastique – comme en témoigne le succès de ses romans mettant en vedette Amos Daragon, vendus à des millions d'exemplaires – pour faire redécouvrir aux adolescents québécois les racines de leur folklore. Rappelons que le Québec est alors secoué par l'affaire des « accommodements raisonnables » qui, au-delà des tensions religieuses et sociales, trahit surtout une importante crise identitaire. Pour Perro, cette crise s'explique par le grand « ménage » opéré par les artisans de la Révolution tranquille qui, en voulant créer un Québec moderne, ont jeté par-dessus bord un grand

---

39. Bryan Perro, *Créatures fantastiques du Québec*, Montréal, Éditions Trécarré, 2007, p. 19-25.

nombre d'éléments traditionnels, jugés dépassés. Le catholicisme mais aussi le folklore ont ainsi été évacués au nom du progrès, coupant les Québécois de leurs racines… et donnant naissance à une génération entière de jeunes se demandant d'où ils viennent et qui ils sont[40]! Le retour au folklore est l'un des leviers possibles pour retrouver nos origines et comprendre comment nous en sommes la continuité.

La Corriveau selon Bryan Perro

La littérature québécoise compte plusieurs ouvrages où la Corriveau emploie tout une panoplie de méthodes pour tuer ses maris : c'est le cas des *Créatures fantastiques du Québec* de Bryan Perro. Le premier époux fut empoisonné puis, lorsqu'il fut affaibli, se fit étouffer sous son oreiller. Le second, un ivrogne réputé, aurait été pendu alors qu'il cuvait son vin. La Corriveau lui aurait attaché une longue corde autour du cou puis aurait noué l'autre extrémité à son cheval et aurait apeuré l'animal, causant ainsi la mort du pauvre homme. Le troisième époux, un amoureux des chevaux, se fit donner par sa nouvelle épouse un peu de « vert de Paris » – qu'il utilisait comme tonifiant pour ses bêtes – pour faire passer son rhume. Ce « remède » causa sa mort. Le quatrième mari, fondeur de cuillères et coureur de jupons notoire, se fit verser de l'étain fondu dans l'oreille par Marie-Josephte alors qu'il faisait la sieste. Le cinquième époux, un homme fort pieux qui priait Dieu pratiquement à toute heure du jour, fut tué d'un coup de chaise derrière la tête alors qu'il était en train de faire sa prière. Le sixième,

---

40. Ingrid Peritz, « In a troubled time, enter the werewolves », *The Globe and Mail*, 15 déc. 2007, p. F10.

un cordonnier bossu qui suppliait sa nouvelle épouse de lui faire une potion pour le débarrasser de son infirmité, se fit passer son alène dans le ventre. La Corriveau était, semble-t-il, outrée de se faire traiter de sorcière par ce dernier! Le récit de Perro devient ensuite plus romantique, puisque le septième époux fut le seul homme que Marie-Josephte ait réellement aimé et avec lequel elle eut souhaité passer le reste de son existence. Or, le pauvre homme meurt par accident, empalé sur sa fourche... Après avoir été jugée pour les morts violentes de ses sept maris, la Corriveau est pendue. Son corps encagé disparaît de la potence exactement sept jours après y avoir été mis, soit une journée pour chacun de ses maris.

La même année, en 2007, paraît aussi *Il faut tenter le diable!*, un livre-disque édité chez Planète rebelle. Pour cette jeune maison d'édition, qui veut redonner une place de choix à l'oralité et qui publie notamment Fred Pellerin, le renouveau du conte passe par sa reprise pour exprimer des choses nouvelles, selon une voie de transmission qui, bien qu'elle soit publique, se révèle beaucoup plus intime que la radio ou la télévision. L'ouvrage multimédia rassemble donc six légendes du patrimoine oral québécois, revisitées par de jeunes conteurs d'ici: «La Corriveau», narrée par Marc Roberge, y côtoie d'autres classiques d'ici comme «Le cheval noir», «Rose Latulipe» et «La chasse-galerie[41]».

Sans réinventer la légende, d'autres recueils continuent de perpétuer la légende de la Corriveau. Toujours en 2007 paraît l'édition critique des *Anciens Canadiens* par Aurélien Boivin

---

41. Jade Bérubé, «La deuxième vie du conte», *La Presse*, dimanche 2 décembre 2007, p. 7. Voir aussi http://www.planeterebelle.qc.ca/produit/il-faut-tenter-le-diable.

dans la collection « Bibliothèque du Nouveau Monde » des Presses de l'Université de Montréal. Fruit de cinq ans de travail, « un vrai travail de bénédictin » au dire de Boivin, cette édition propose une solide étude des éléments constituant la trame du célèbre roman de Philippe Aubert de Gaspé[42]. Puis, à l'occasion du 400e anniversaire de la ville de Québec en 2008, Victor-Lévy Beaulieu demande au professeur Boivin de préparer une anthologie des meilleurs contes, légendes et récits ayant pour cadre la grande région de Québec. Pour ce professeur de l'Université Laval, auteur de plusieurs ouvrages consacrés à la littérature orale et au roman québécois, l'exercice était stimulant et nécessaire. *Contes, légendes et récits de la région de Québec*, une anthologie de 800 pages publiée aux Éditions Trois-Pistoles, fait honneur à la richesse de l'imaginaire de nos écrivains et conteurs d'ici... et remet en mémoire les éléments « classiques » de la légende de la Corriveau. La version choisie par Boivin pour cette anthologie est celle du jeune conteur Marc Roberge, parue sous forme de livre-disque chez Planète rebelle en 2007[43].

En 2011, l'auteure Claude-Emmanuelle Yance publie un recueil de six nouvelles intitulé *Cages* où figure celle qui est intitulée simplement « La Corriveau ». Tout le recueil s'articule autour du thème des cages, qu'elles soient physiques ou psychologiques. Divisée en dix petits chapitres, la nouvelle « La Corriveau » se déroule dans le Québec moderne et raconte l'histoire de Marie Corriveau, une femme d'un milieu

---

42. Philippe Aubert de Gaspé, *Les Anciens Canadiens*, édition critique par Aurélien Boivin, avec une introduction de Maurice Lemire et avec la collaboration de Jean-Louis Major et Yvan G. Lepage, Montréal, Les Presses de l'Université de Montréal, « Bibliothèque du Nouveau Monde », 2007, 782 p. ; Aurélien Boivin, « L'édition critique des Anciens Canadiens : une histoire (re) corrigée », *Port Acadie : revue interdisciplinaire en études acadiennes*, no 20-21 (2011-2012), p. 15-28.

43. Aurélien Boivin, *Contes, légendes et récits de la région de Québec*, Éditions Trois-Pistoles, 2008, p. 304-309 ; Renée Larochelle, « Pour la suite du monde. Aurélien Boivin publie une anthologie des contes, récits et légendes de la région de Québec aux Éditions Trois-Pistoles », *Le Fil*, vol. 43, no 308, mai 2008.

Sébastien Chartrand,
L'Ensorceleuse de Pointe-Lévy,
Lévis, Alire, 2013, 434 pages.

défavorisé battue par son mari, Louis Dodier-Leclerc. La peur l'emprisonne ainsi que sa dépendance à l'alcool. Après avoir été sauvagement battue une fois de trop, Marie décide de prendre sa vie en main, de se libérer, de redevenir forte et de ne plus jamais se laisser dominer par son époux. Dans ce dessein, elle construit une cage dans laquelle elle enferme son mari afin de lui faire comprendre que la domination qu'il exerce sur elle est terminée et de lui faire vivre la sensation d'être impuissant, d'être prisonnier, physiquement d'abord puis psychologiquement. Le texte de Yance met en scène des éléments de la vie de Marie-Josephte Corriveau : un mari violent et alcoolique (Louis Dodier), une vie difficile, une dépendance à l'alcool... L'auteure laisse entendre qu'au sein de son personnage cohabitent Marie Corriveau, femme contemporaine, et « la vieille Corriveau », celle de 1763. C'est cette dernière qui insuffle à la jeune femme le courage de se regarder en face et de prendre les mesures nécessaires pour se libérer de sa cage de peur et de l'emprise de son mari[44].

Sébastien Chartrand présente un excellent exemple de réappropriation du fonds légendaire québécois : *L'Ensorceleuse de Pointe-Lévy*, dans une formule littéraire qui tient à la fois du roman historique et de la littérature fantastique (sorte de *fantasy* historique), contribue en effet à réaffirmer la pérennité

---

44. Claude-Emmanuelle Yance, « La Corriveau », dans *Cages*, Montréal, Lévesque éditeur, 2011, p. 53-78.

de la Corriveau en 2013[45]. Situé dans le Québec du milieu du XIXe siècle, le protagoniste principal, Faustin Lamare, un jeune bedeau de 22 ans, constate avec impuissance que le monde de la magie et des créatures qui peuplent les traditions orales s'effrite doucement. Pour ce premier opus d'un cycle intitulé « Le Crépuscule des arcanes », Chartrand s'est laissé inspirer et fasciner par le personnage légendaire de la Côte-du-Sud, maniant habilement les principaux éléments de l'histoire personnelle de la Corriveau et le contexte dans lequel elle a vécu la transition vers le régime britannique, tout en y amalgamant certains éléments de sa légende, notamment sa supposée maîtrise de la sorcellerie et sa parenté avec la Voisin. D'autres légendes québécoises et amérindiennes incontournables font partie intégrante de l'intrigue. Sous la plume de Chartrand, Marie-Josephte Corriveau est instruite par le bel étranger pour devenir une sorcière (ou arcaniste, pour reprendre le terme propre à la *fantasy*), puis l'inquiétant personnage entend profiter du don spectaculaire qu'elle démontre pour servir ses propres desseins. La Corriveau est décrite comme une femme talentueuse, instruite, qui affiche des idées audacieuses pour son époque, mais également comme une mère : c'est précisément ce point qui fera, au bout du compte, toute la différence… Marchant à la suite de Louis Fréchette, Philippe Aubert de Gaspé et William Kirby, l'auteur procède donc à une réappropriation originale de la légende de la Corriveau ainsi que d'une partie du folklore et du patrimoine « conté » du Québec.

La Corriveau tous azimuts

Un des signes manifestes de la pénétration de la légende de la Corriveau dans le système culturel québécois est sa présence

---

45. Sébastien Chartrand, *L'Ensorceleuse de Pointe-Lévy*, Lévis, Alire, 2013, 434 pages. Voir aussi http://www.alire.com/Romans/Crepusculearcanes.html.

Clode Tremblay, « Marie Joseph Corrivaux », 1989.
Bibliothèque de Saint-Vallier. Photo : Monique Rochefort.

dans des sphères moins habituelles, voire éclectiques, de la culture populaire. Ces dernières années, la célèbre Valliéroise s'est inscrite dans le patrimoine bâti puis le patrimoine alimentaire, tout en réapparaissant dans le paysage musical du Québec… pour la première fois depuis que Pauline Julien l'avait chantée avec les mots de Gilles Vigneault à la fin des années 1960 !

C'est ainsi que la bibliothèque municipale de Saint-Vallier, dont les locaux se trouvent dans le sous-sol de l'église, porte le nom de Marie-Josephte-Corrivaux, témoignant du fait que les Valliérois ont fini par se réconcilier avec la mémoire de leur plus célèbre concitoyenne. Ladite bibliothèque a ouvert ses portes à la fin des années 1980. Sur l'un des murs figure un tableau représentant Marie-Josephte, peint par une artiste locale, ainsi que le texte de la chanson *La Corriveau*, de la main même de Gilles Vigneault.

La Corriveau compte aussi une autre inscription dans le patrimoine bâti. La petite ville de Sainte-Adèle, de la MRC des

Pays-d'en-Haut, dans la région des Laurentides, a choisi une façon toute spéciale pour commémorer le folklore québécois : en effet, plusieurs rues de l'un des développements immobiliers de la ville portent le nom de légendes du Québec. On y croisera par exemple «le chemin des Feux-Follets», la «rue de la Dame-Blanche», le «chemin du Mont-Loup-Garou» et, bien sûr, la «rue La Corriveau». Celle-ci a été officiellement enregistrée en 1996.

Comment « mousser » une légende

En 1999, la microbrasserie Le Bilboquet, située à Saint-Hyacinthe, a fait entrer la Corriveau dans le patrimoine alimentaire en proposant une bière noire (une *stout*) à l'avoine à 5,5 % d'alcool. Avec sa robe sombre, ses arômes chocolatés et son goût crémeux, La Corriveau semble avoir fait de nombreux amateurs partout au Québec et jouit maintenant d'une belle notoriété. À partir d'une idée originale de Jean-Sébastien Bernier, brasseur au Bilboquet de 1997 à 2000,  l'image est élaborée en collaboration avec un graphiste, un concepteur et le propriétaire de la microbrasserie qui, grâce à un ensemble d'idées et de perceptions, aboutissent à ce résultat. Sur un fond noir qui n'est pas sans évoquer le souvenir lugubre de la légende, l'étiquette représente une jeune femme arborant des yeux de braise et entourée de taches rouges évoquant des éclaboussements de sang. La microbrasserie propose des articles promotionnels à l'effigie de la Corriveau, « moussant » ainsi la renommée du produit et, indirectement bien sûr, le souvenir de celle qui en a inspiré le nom. Au printemps 2013, le Bilboquet a lancé la Corriveau impériale[46].

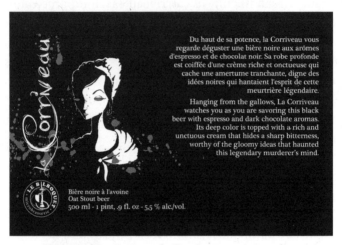

Du haut de sa potence, la Corriveau vous regarde déguster une bière noire aux arômes d'espresso et de chocolat noir. Sa robe profonde est coiffée d'une crème riche et onctueuse qui cache une amertume tranchante, digne des idées noires qui hantaient l'esprit de cette meurtrière légendaire.

Hanging from the gallows, La Corriveau watches you as you are savoring this black beer with espresso and dark chocolate aromas. Its deep color is topped with a rich and unctuous cream that hides a sharp bitterness, worthy of the gloomy ideas that haunted this legendary murderer's mind.

Bière noire à l'avoine
Oat Stout beer
500 ml - 1 pint, .9 fl. oz - 5,5 % alc./vol.

« Du haut de sa potence, la Corriveau vous regarde »…
L'imagerie populaire entourant la célèbre encagée,
taches de sang comprises, vient ici renforcer le caractère
« tranchant » d'une bière noire.
Image : Courtoisie Microbrasserie Le Bilboquet,
Saint-Hyacinthe, Québec.

La Corriveau revit aussi en chanson grâce au groupe de musique néotraditionnelle Mes Aïeux, qui propose une interprétation de la légende avec « La Corrida de la Corriveau » sur l'album *Tire-toi une bûche* (Disques Victoire, 2006). Le quintette québécois a opté pour la version à sept maris. Tous les

---

46. Jean-Sébastien Bernier est aujourd'hui brasseur et propriétaire de la microbrasserie À l'abri de la Tempête aux îles de la Madeleine. François Grisé, propriétaire de Bilboquet Microbrasserie inc., échange de messages par courriel, décembre 2012.

éléments classiques y sont: l'étain fondu dans l'oreille, le mari piétiné par ses chevaux, l'alène dans le ventre, celui qui est tombé sur sa hache, le mari vétérinaire tué « par son remède de cheval », etc. Cette récupération de la légende de la Corriveau, comme tant d'autres manifestations patrimoniales contemporaines, en traduit la grande vitalité. Pour le parolier du groupe, Stéphane Archambault, la Corriveau fascine parce que son histoire s'enracine dans le réel: c'est sans doute ce qui explique pourquoi elle est encore présente dans notre « palmarès » des meilleurs contes et légendes québécois[47]. Depuis ses débuts, le groupe Mes Aïeux a pour but avoué de réactualiser notre folklore et notre culture traditionnelle, en constant danger de sombrer dans l'oubli. Il s'est donc intéressé de près aux circonstances de sa vie ainsi qu'à la symbolique qui entoure la Corriveau: sa condition de femme, la façon dont on l'a traitée, la manière dont l'histoire s'est gonflée au point qu'on lui attribue jusqu'à sept meurtres, etc.

La version à sept maris a été choisie par Mes Aïeux car elle a pris plus de place que l'histoire réelle, mais aussi parce qu'elle est intéressante d'un point de vue théâtral: la nomenclature de chacun des meurtres offre une belle progression dramatique dans la pièce musicale. Sept maris! Archambault est d'avis que la mentalité populaire, n'étant pas en paix avec le châtiment cruel infligé à la Corriveau, en a fait une figure monstrueuse pour se « justifier ». Le groupe a récupéré cet élément fort de la légende et, métissant ce thème québécois avec la musique du monde, a voulu créer une œuvre aux résonances exotiques. Sur scène, lors des tournées, une femme en tenue de flamenco incarne une Corriveau sensuelle et fougueuse, la séduction espagnole venant souligner l'aspect ensorcelant de ce personnage québécois qui, après tout, a su prendre autant de maris dans ses filets.

S'inspirant directement de la légende, le groupe de musique métal La Corriveau, originaire de la région de Québec,

---

47. Stéphane Archambault, entretien téléphonique, 23 janvier 2013.

Le groupe métal *La Corriveau*, 2013.
Dans l'ordre habituel : Tim G. (basse), Xavier Alvarez (batterie)
et Marc Légaré (guitare rythmique).
Photo : Phil Rousseau. Avec l'aimable autorisation des détenteurs des droits.

contribue à sa façon à faire perdurer le souvenir de l'encagée de Saint-Vallier. Le monde du *heavy metal* trouve souvent son inspiration dans des thèmes sombres, voire horrifiants, de certains mythes séculaires ; le groupe Black Sabbath en est un vibrant exemple. Formé afin de faire la première partie d'Anonymus au bar le Monkey de Sainte-Foy le 2 mars 2008, le groupe s'est doté du nom La Corriveau pour rappeler cette effrayante saga québécoise, et les thèmes abordés dans leurs pièces sont directement inspirés de la légende de Marie-Josephte Corriveau. Xavier Alvarez, parolier et batteur du groupe, révèle que la perspective d'aborder ce drame du point de vue féminin donnait l'occasion de laisser la Corriveau s'exprimer, à travers les textes et la musique[48]. Si les prestations scéniques et la présence sur les réseaux sociaux ont permis de faire connaître le groupe, c'est avec leur premier album, *Soul Possession*, lancé en février 2012 et mis en nomination pour l'album métal de l'année au Gala alternatif de la musique indépendante du Québec (GAMIQ) la même année, que La Corriveau a vraiment pris son envol. Les premiers extraits du second album, d'un même qu'un vidéoclip, ont été lancés au printemps 2013.

À quand un resto-bar, un vin, un fromage, voire un mets du terroir baptisé humoristiquement au nom de la Corriveau ? Ou, pourquoi pas, une série de bijoux d'inspiration gothique ? Le fait que Marie-Josephte Corriveau soit remise au premier plan de l'actualité en 2013 suscitera sans doute de nouveaux émoluments dans la culture populaire au cours des prochaines années.

Une redécouverte inopinée

Si la découverte des ferrailles dans le cimetière de la Pointe-Lévy au milieu du XIXe siècle avait causé un grand émoi au sein de la population, suivi d'une forte influence sur la littérature

---

48. Xavier Alvarez, rencontre à Québec le 13 décembre 2012, puis échanges par courriel en mars 2013.

orale et écrite, on a ensuite perdu la trace de la cage de la Corriveau, promenée de cabinet de curiosité en musée. Pendant longtemps, les Québécois ont cru que le gibet avait été détruit dans un incendie : c'est l'information qui était véhiculée depuis la dernière mention de cet artefact dans les années 1930. Il va sans dire que la redécouverte de la cage de la Corriveau en 2011 dans un musée de Salem – à quelques pas, étrange coïncidence, d'un musée dédié à la sorcellerie ! – crée une grande commotion dans le milieu des historiens et des chercheurs en patrimoine. Elle joue un rôle de catalyseur culturel : cette fois, ce n'est pas la légende qui bénéficie d'une « publicité » inespérée, comme cela avait été le cas au XIXᵉ siècle, mais bien la recherche historique et la volonté de rétablir la véritable histoire de Marie-Josephte Corriveau.

Comment est-ce possible ? La cage était-elle véritablement « perdue » pendant toutes ces années ? S'agit-il bel et bien du dispositif ayant enserré le corps de la Corriveau ? En fait, il semble que les informations permettant de retracer la cage étaient connues depuis longtemps dans certains milieux muséaux américains, mais qu'elles soient restées relativement difficiles d'accès pour les chercheurs québécois. En 1927, on trouve une mention très claire du « gibbet from Quebec, 1763, which once held the body of a murderess », photographie à l'appui, dans un guide touristique de Salem publié par l'Essex Institute[49]. Deux hommes affirment d'ailleurs avoir vu l'artefact au Peabody Museum de l'Université Harvard le 30 mai 1930[50].

Quarante ans plus tard, dans un ouvrage américain consacré à la peine de mort paru en 1967, on évoque à nouveau ce « gibbet on display in the Essex Institute at Salem, Massachussetts. [...] The Massachussetts gibbet was used to encase a woman, one Madam Dodier, in 1763 (this did not

---

49. *Visitor's Guide to Salem*, Essex Institute, Salem, Mass., 1927, p. 87. Rapporté dans Evelyne Fortier, « Le rapatriement de la cage de la Corriveau en lien avec le patrimoine et le développement durable à la ville de Lévis », *La Seigneurie de Lauzon*, nᵒ 128, 2012, p. 13-14.

50. Lacourcière, « Le destin posthume », p. 257, note 47.

occur in the country, however, but in St. Valier, Quebec)[51] ». Cela démontre hors de tout doute qu'on connaissait l'existence de cet artefact métallique, l'endroit où il se trouvait ainsi que l'identité de sa « propriétaire » antérieure.

Au printemps 1970, Luc Lacourcière avait pourtant entrepris des démarches afin de retracer la cage : il écrivit à quelques conservateurs de musées de la région de Boston mais aucun n'avait alors été en mesure de répondre affirmativement à sa requête. Anne M. Kern, catalogueur du Peabody Museum of Archaeology and Ethnology à l'Université Harvard, lui rétorquait néanmoins : « There is a possibility that the iron cage might have been owned and exhibited by the old Boston Museum, a 19th century institution which specialized in curiosities of all kinds. In 1899, after a fire had damaged the building, the owners of the museum (the heirs of Moses Kimball) offered to the Peabody Museum a large number of items from their collection. » Elle incitait d'ailleurs le professeur Lacourcière à contacter le Peabody Essex de Salem. Le directeur de cette institution répondit que son musée ne possédait « any example of gibbet irons », précisant que « there is nothing of this kind in our collections[52] ». En 1976, C. Ashley Ellefson, professeur d'histoire à l'Université d'État de New York, collège de Cortland, adressait à son tour une requête au conservateur de l'Essex Institute de Salem afin de retracer l'artefact. Un membre de l'équipe, le conservateur adjoint John Wright, lui répondit alors que la cage « is presently unlocated and probably hasn't surfaced since it was given to us by David

---

51. Negley King Teeters et Jack H. Hedblom, « ... *Hang by the neck...* » : *the legal use of scaffold and noose, gibbet, stake, and firing squad from colonial times to the present*, Springfield, C. C. Thomas, 1967, p. 88.

52. Lettre d'Anne M. Kern, Peabody Museum of Archaeology and Ethnology, Harvard University, Cambridge, 6 mai 1970 ; Lettre de Ernest Stanley Dodge, directeur du Peabody Museum, Salem, Massachusetts, 27 mai 1970. Archives de l'Université Laval, Fonds Luc Lacourcière, P178, C3/2, E/07298, chemise « Correspondance avec les musées ».

P. Kimball in 1899[53]» – ce qui est faux, naturellement, puisqu'on en connaissait l'existence dans les années 1920 et 1930. En 1992, l'Essex Institute fusionne avec le musée Peabody Essex et devient le Peabody Essex Museum. Toutes ses collections et tous les artefacts se retrouvent donc dans la nouvelle institution… y compris la cage de la Corriveau. Mais plus personne ne songe apparemment à l'y retrouver et aucune demande en ce sens n'est adressée au Peabody Essex Museum pendant des décennies. Jusqu'en 2011.

Le 28 avril 2011, la chercheuse Vicky Lapointe publie sur son site Internet *Patrimoine, Histoire et multimédia* un billet intitulé «Banque d'images numérisées de la New York Public Library», où elle informe ses lecteurs que la célèbre bibliothèque new-yorkaise «a numérisé 700 000 pièces de ses collections dont certaines concernent l'histoire du Québec», de la Nouvelle-France jusqu'au XXᵉ siècle. Les internautes ont désormais accès à des cartes géographiques, des cartes postales, des peintures et des photographies dont plusieurs étaient inédites. Parmi quelques exemples choisis pour illustrer son billet, Lapointe présente la photographie de la présumée cage, qu'elle accompagne d'une laconique légende: «Le fameux gibet de la Corriveau?[54]» Sur le site de la New York Public Library, on peut alors lire qu'il s'agit du «Gibbet used in St. Vadier near Quebec in 1763 for the body of Mdme. Dodier hung for murder of her husband. Exhumed in 1850 and sold to the Boston Museum theater and after that was given up-sent to the Essex Institute[55]». La photographie qui l'accompagne est la

53. Correspondance entre C. Ashley Ellefson et John Wright, 3 décembre 1976, 23 janvier, 4 février et 11 mars 1977; Échange de courriels entre Carrie Van Horn, Assistant Registrar for the Permanent Collection Peabody Essex Museum, et Joseph Gagné, historien, 8-9 novembre 2011.

54. *Patrimoine, Histoire et multimédia.* Découvrir l'histoire et le patrimoine du Québec par Vicky Lapointe, http://tolkien2008.wordpress.com/2011/04/28/banque-dimages-numerisees-de-la-new-york-public-library/. Page consultée le 26 octobre 2012.

55. «Gibbet used in St. Vadier near Quebec in 1763 for the body of Mdme. Dodier hung for murder of her husband. Exhumed in 1850 and sold to

même qui illustrait le guide touristique de Salem en 1927 et l'article paru dans le *New York Sun* en 1931.

L'information essaime rapidement dans les réseaux sociaux et pique la curiosité de plusieurs chercheurs québécois. Le jeune historien Joseph Gagné communique avec les conservateurs du Peabody Essex Museum le 3 novembre 2011 afin de s'enquérir des possibilités que la cage s'y trouve effectivement encore. Quelques jours plus tard, Carrie Van Horn, conservateur adjoint à la collection permanente du musée, lui répond par courriel en affirmant que « at the present moment we do not have an updated location for the object, unfortunately ». Or, dès le lendemain, elle lui réécrit pour lui annoncer avec enthousiasme que « We have found the gibbet! It is still in the collection », ajoutant

Gibet qui aurait été utilisé à Saint-Vallier en 1763 pour enfermer le corps de la Corriveau.
Photo : NYPL Digital Gallery, ID 118491, http://digitalgallery. nypl.org, page consultée le 21 octobre 2012.

que Dean Lahikainen, curateur de la collection des arts décoratifs américains, est au même moment en contact avec la

---

the Boston Museum theater and after that was given up-sent to the Essex Institute. » Dimension : 19 x 11 cm. Source : *The Pageant of America. Collection,* v. 12 : « The American spirit in art / (unpublished photographs) / Background material (Colonial artifacts) », localisation : Stephen A. Schwarzman Building / Photography Collection, Miriam and Ira D. Wallach Division of Art, Prints and Photographs. Numéro d'accès (digital ID) : 118491. Publication : 02-03-2004 ; mise à jour 03-25-2011. En ligne au http://digitalgallery.nypl.org.

Société d'histoire régionale de Lévis, dont certains membres prévoient se rendre à Salem pour examiner l'objet[56].

La société a en effet entamé ses propres démarches pour retracer la cage, après avoir abouti sur le catalogue numérique de la New York Public Library lors de recherches pour trouver de l'iconographie de gibets anciens. « Je cherchais des images de la Corriveau pour illustrer un texte poétique de notre revue *La Seigneurie de Lauzon*. De fil en aiguille, je suis tombée sur cette image provenant d'une collection mise en ligne en 2011 par la Bibliothèque publique de New York », raconte Claudia Méndez, guide touristique et bénévole à la Société d'histoire régionale de Lévis, à l'occasion d'une entrevue accordée au journal *Le Devoir*[57]. En décembre 2011, en compagnie d'une autre membre de la société, Claudia Méndez se rend à Salem afin d'examiner l'artefact qui avait si bien su se faire oublier pendant des décennies, entreposé au milieu d'autres objets métalliques. L'assemblage ressemble en tout point à l'artefact photographié au début du siècle. Il est alors possible de l'examiner et de le mesurer, tandis que Manon Pelletier réalise quelques clichés de ce qui semble bel et bien être la cage de la Corriveau. La cage mesure cinq pieds de haut, la cage thoracique fait 14 pouces de large, le poignet gauche (le seul qui ait subsisté) mesure 3 ¼ pouces de diamètre. Dans la partie inférieure, la cuisse fait 7 pouces de diamètre, la cheville 4 pouces, et la jambe complète mesure à peine 35 pouces. Le poids approximatif de l'objet est de vingt livres[58]. Notons que ce type d'artefact est très rare dans les musées: en effet, le métal des

---

56. Échange de courriels entre Carrie Van Horn, Assistant Registrar for the Permanent Collection Peabody Essex Museum, et Joseph Gagné, historien, 8-9 novembre 2011.

57. Raphaël Dallaire Ferland, « La cage de la Corriveau retrouvée ? L'exosquelette de fer ayant contenu le cadavre de Marie-Josephte Corriveau serait au Peabody Essex Museum de Salem », *Le Devoir*, 1er août 2012. http://www.ledevoir.com/culture/actualites-culturelles/355784/la-cage-de-la-corriveau-retrouvee, page consultée le 4 août 2012.

58. « La cage de la Corriveau: photos inédites », *La Seigneurie de Lauzon*, n° 125, 2012, p. 30.

La cage de la Corriveau retrouvée?

L'exosquelette de fer ayant contenu le cadavre de Marie-Josephte Corriveau serait au Peabody Essex Museum de Salem

Raphaël Dallaire Ferland 1 août 2012 Actualités culturelles

Photo : Manon Pelletier pour la SHRL
L'exosquelette de fer sur lequel le corps de Marie-Josephte Corriveau a été cloué serait conservé depuis un siècle, à l'abri des regards, dans un entrepôt du Peabody Essex Museum de Salem, dans le Massachusetts.

Une guide touristique de Lévis a trouvé un artefact qui pourrait s'avérer d'une importance majeure pour le patrimoine québécois: l'exosquelette de fer sur lequel le corps de Marie-Josephte Corriveau a été cloué après sa pendaison serait conservé depuis un siècle, à l'abri des regards, dans un entrepôt du Peabody Essex Museum de Salem, dans le Massachusetts.

En avril 1763, la Corriveau est condamnée à la pendaison par une cour martiale britannique pour le meurtre de son deuxième mari, Louis Dodier, survenu dans la nuit du 26 au 27 janvier. Durant plus d'un mois, son corps est exposé à la vue des habitants de Pointe-Lévis, à l'angle de l'actuel boulevard de l'Entente et de la rue Saint-Joseph. Tantôt sorcière, assassine ou fantôme, la Corriveau est devenue une figure mythique des contes et légendes québécois.

Claudia Méndez, guide touristique et bénévole à la Société d'histoire régionale de Lévis, est tombée sur une photographie de la cage par le plus pur hasard et à sa grande surprise, croyant, à l'instar des cercles d'historiens québécois, que l'objet avait disparu aux États-Unis vers la fin du XIXe siècle. « Je cherchais des images de la Corriveau pour illustrer un texte poétique de notre revue La seigneurie de Lauzon. De fil en aiguille, je suis tombée sur cette image provenant d'une collection mise en ligne en 2011 par la Bibliothèque publique de New York », raconte-t-elle.

L'image porte l'inscription : « Gibet utilisé à St-Vadier [sic] près de Québec en 1763 pour le corps de Mme Dodier pendue pour le meurtre de son mari. Exhumé en 18… » L'orthographie incorrecte de Saint-Vallier et la désignation de Dodier plutôt que Corriveau auraient contribué à garder l'artefact dans l'anonymat depuis son entrée à l'Essex Institute — aujourd'hui le Peabody Essex Museum — en 1899.

Article du journal *Le Devoir* du 1er août 2012 annonçant
la découverte de la présumée cage ayant servi à suspendre
le corps de Marie-Josephte Corriveau.
Raphaël Dallaire Ferland, « La cage de la Corriveau retrouvée ?
L'exosquelette de fer ayant contenu le cadavre de Marie-Josephte Corriveau
serait au Peabody Essex Museum de Salem », *Le Devoir*, 1er août 2012.
Version en ligne au www.ledevoir.com.

gibets était fréquemment fondu pour être récupéré, de sorte que très peu de spécimens ont survécu et que ceux qui sont en exposition sont généralement des reconstitutions[59].

Quoi qu'il en soit, cette trouvaille crée un engouement médiatique certain au cours de l'été et de l'automne 2012.

---

59. Claudia Méndez, « La cage de la Corriveau », *La Seigneurie de Lauzon*, n° 124, 2012, p. 14.

Outre les entrevues accordées par Claudia Méndez dans divers médias, l'historien Joseph Gagné en discute sur les ondes de Radio-Canada le 3 août 2012, d'abord en français lors de l'émission *Retour sur le monde* puis en anglais à *Quebec AM*[60]. Quelques jours plus tard, un segment de l'émission télé *Les Éclektics* (canal VOX, maintenant MATV) du 9 août 2012 est consacré à cette découverte alors que Catherine Ferland explique à l'animatrice Catherine-Ève Gadoury l'importance historique et patrimoniale de cette découverte. La revue *La Seigneurie de Lauzon* lui consacre plusieurs articles en 2011-2012. Le 29 septembre 2012, le Musée de la mémoire vivante de Saint-Jean-Port-Joli présente un souper-conférence sur le thème « Il était cent fois La Corriveau », au cours duquel différentes versions de la légende sont racontées par l'ethnologue Nicole Guilbault, présidente d'honneur de l'événement.

Mais, trouvaille ou pas, il était évident que Marie-Josephte Corriveau se retrouverait dans l'actualité en 2013 : c'est en effet cette année-là qu'est commémoré le 250e anniversaire de sa mort... et de son entrée dans la légende.

Un 250e « anniversaire » à souligner

La Corriveau est une habituée des plaines d'Abraham : depuis quelques années, elle est en effet de tous les événements populaires organisés par la Commission des champs de bataille nationaux de Québec. Dans la mesure où Marie-Josephte Corriveau a été pendue à cet endroit en 1763, cette « récupération » du personnage se justifie aisément. On la retrouve donc

---

60. Radio-Canada. *Retour sur le monde*, « La cage de La Corriveau », diffusé le dimanche 3 août 2012, en ligne : http://www.radio-canada.ca/emissions/Retour_sur_le_monde/2011-2012/chronique.asp?idChronique=236651 ; CBC Radio. *Quebec AM*. « La Corriveau's re-discovered cage to be brought back to Quebec », diffusé le dimanche 3 août 2012, en ligne : http://www.cbc.ca/quebecam/2012/08/05/la-corriveaus-re-discovered-cage-to-be-brought-back-to-quebec/.

L'Halloween au parc Jeanne-d'Arc, à Québec :
la « sépulture » de Marie-Josephte Corriveau côtoie celle d'autres
figures notoires de l'histoire, dont celle du chevalier de Lévis.
Photo : Denyse Béchard, 2010. Avec l'aimable autorisation de l'auteure
© Tous droits réservés Denyse Béchard.

dans les animations scolaires et jusque dans les décorations d'Halloween installées dans le parc Jeanne-d'Arc, non loin de la colline parlementaire. Le personnage de la Corriveau prend part à diverses activités et journées thématiques ; elle a notamment fait partie du défilé de la Saint-Patrick à Québec en mars 2013[61]. Il allait donc de soi que l'on commémore de manière particulière les événements se rapportant directement à son existence.

En 2013, pour le 250ᵉ anniversaire de sa mort, la Commission des champs de bataille nationaux décide donc de souligner de façon originale le procès, la sentence et l'entrée de la légende de

---

61. Commission des champs de bataille nationaux, « Défilé de la Saint-Patrick de Québec. Les Plaines commémorent l'histoire de La Corriveau », communiqué, 28 février 2013.

Marie-Josephte Corriveau. L'événement, que l'on pourrait qualifier de prestation théâtrale interactive, débute le 18 avril 2013 au
couvent des ursulines de Québec, lieu même où fut jugée celle
qui est devenue, dans la mémoire collective, l'une des plus
grandes criminelles du Québec. Après une soigneuse exposition
des «faits» par une équipe de comédiens personnifiant des religieux, des militaires et même une commère de village, un
cortège formé de quelque cent personnes, les comédiens – dont
Marie-Josephte transportée dans une brouette – et l'assistance,
fait route jusqu'aux plaines d'Abraham, au son du tambour et de
la cornemuse du 78e Fraser Highlanders de Québec, Garnison
Fort St. Andrew's, sous le regard médusé des passants de la
Grande Allée! À l'endroit approximatif où la Corriveau a été
pendue le 18 avril 1763, on recrée une solennelle cérémonie de
«pendaison» à la lueur des lanternes, à la suite de quoi quelques-
uns des participants sont invités à porter une reproduction
surdimensionnée de la «cage de la Corriveau» jusqu'à l'intérieur
de la Maison de la découverte des plaines d'Abraham. Dans une
pièce recréant l'intérieur d'une auberge du XIXe siècle, les participants sont ensuite témoins d'un échange entre quelques joyeux
buveurs qui évoquent la mémoire de la Corriveau: les éléments
de son histoire – nombre de maris, plomb fondu, fourche, disparition de la cage, etc. – sont exposés comme étant «arrivés pour
vrai». L'assistance, plongée dans cette atmosphère de contes et
légendes après avoir revécu les événements historiques, ressort
de l'expérience avec l'impression de mieux comprendre à quel
point la tradition orale, avec l'usure du temps, en vient à se
dissocier de la réalité. Remarquablement scénarisé et interprété
par l'équipe d'animateurs costumés personnifiant divers protagonistes de l'histoire, l'événement attire près de quatre-vingt-dix
personnes.

Peu de médias ont rendu compte de cette activité commémorative. L'un des instigateurs, l'historien Luc Nicole-Labrie,
coordonnateur de la médiation historique à la Commission
des champs de bataille nationaux et aussi collaborateur régu-
lier à la radio de Radio-Canada, avait pourtant effectué deux

Affiche du spectacle « Sur les traces de la Corrivaux » présenté par la Commission des champs de bataille nationaux à Saint-Vallier le 24 août 2013. Avec l'aimable autorisation des détenteurs des droits.

interventions radiophoniques la veille de l'événement, le 17 avril 2013 ; dans la première, à l'émission du matin de CKRL, il interprétait Claude Dion, l'engagé des Corriveau, parlant du procès, et dans la seconde, en après-midi sur les ondes de la Première Chaîne de Radio-Canada, avec l'animatrice Catherine Lachaussée, il discutait des fondements historiques de l'événement. Or, à l'exception de la revue de la Société d'histoire régionale de Lévis qui en fait un bref compte rendu, seule Shirley Nadeau du *Quebec Chronicle Telegraph*, dans un article intitulé « The trial and execution of La Corriveau, 250 years later » du 24 avril 2013, rapporte les faits saillants de la soirée commémorative. Curieuse ironie, aucun

Dépliant promotionnel de l'exposition « La Corriveau, au-delà de la légende » réalisée par la Société d'histoire régionale de Lévis et présentée du 21 juin au 29 septembre 2013 au Bureau d'accueil touristique de la Traverse de Lévis.

des journaux francophones de la capitale nationale n'a fait état de cette histoire qui, pourtant, touche directement la mémoire collective québécoise[62]. Le même spectacle, légèrement reformaté, est présenté le 24 août suivant à l'église de Saint-Vallier de Bellechasse. « Sur les traces de La Corrivaux » affiche complet.

62. « Événements et nouvelles », *La Seigneurie de Lauzon*, nᵒ 125, p. 19; Shirley Nadeau, « The trial and execution of La Corriveau, 250 years later », *Quebec Chronicle Telegraph*, 24 avril 2013. Information confirmée par la Commission des champs de bataille nationaux, qui effectue une veille médiatique de ses événements.

La Corriveau sur les plaines.
Crédit : Commission des champs de bataille nationaux à Québec.

D'autres activités sont au menu en 2013, sous l'impulsion de la Société d'histoire régionale de Lévis. Le 5 juin 2013 en soirée, juste avant l'assemblée générale annuelle de la Société, l'historien Jean-Marie Lebel présente une conférence intitulée « Ce que Luc Lacourcière nous a appris de la Corriveau » à la sacristie de l'église Notre-Dame de Lévis. La Société présente également l'exposition « La Corriveau, au-delà de la légende » pendant la haute saison touristique : plusieurs centaines de personnes pourront alors y voir des panneaux d'interprétation, des livres et divers objets exposés dans des vitrines, et surtout une reproduction de la cage de la Corriveau réalisée par un artiste de Lévis, Sébastien Corriveau. Ce dernier a utilisé du bois centenaire pour la potence, ainsi qu'une technique de vieillissement afin de conférer un aspect vieillot au métal de la cage.

Le 26 juillet 2013, à l'occasion des célébrations du 300ᵉ anniversaire de la paroisse de Saint-Vallier, Catherine Ferland et Dave Corriveau sont invités à aller présenter une conférence à la Bibliothèque Marie-Josephte-Corrivaux. Environ quatre-vingt-dix personnes se déplacent alors pour entendre parler de leur célèbre concitoyenne. La même conférence est ensuite présentée au Musée de la civilisation, à Québec, lors des Fêtes de la Nouvelle-France 2013 : la salle de 200 places est remplie à pleine capacité et une quarantaine de personnes doivent rebrousser chemin, témoignant du vif intérêt suscité par cette thématique. Catherine Ferland et Dave

Corriveau sont aussi sollicités par la Commission des champs de bataille nationaux pour réaliser une animation historique en continu lors de la journée thématique « Lois et désordres sur les Plaines d'Abraham » le 8 septembre, où des dizaines de personnes défilent pendant quelques heures afin d'en apprendre davantage sur la Corriveau dans un cadre informel et ludique.

Cette figure légendaire est aussi portée à l'attention de la communauté historienne : c'est ainsi que, près de 60 ans après l'intervention de Luc Lacourcière à l'Institut d'histoire de l'Amérique française en avril 1955, la Corriveau fait à nouveau l'objet d'une communication scientifique, par les auteurs du présent ouvrage, au congrès annuel de l'Institut le 12 octobre 2013.

Un retour remarqué

Le 1er octobre 2013 est un jour à marquer d'une pierre blanche dans la longue saga de la Corriveau. Grâce aux démarches menées par des bénévoles de la Société d'histoire régionale de Lévis, avec la collaboration des Musées de la civilisation de Québec et du Peabody Essex Museum de Salem, le gibet qui aurait servi à exposer le corps sans vie de la Corriveau est de retour au Québec. Le transport de l'artefact depuis Salem jusqu'à Québec a été orchestré par les Musées de la civilisation. Présenté aux médias lors d'une conférence de presse à l'auditorium Roland-Arpin, l'artefact de métal est une pièce unique en son genre, témoin de l'un des moments les plus troublants de notre histoire. Le mot « émotion » est d'ailleurs utilisé à de nombreuses reprises pour définir le sentiment largement partagé par le public qui se trouve dans la salle[63]. Parmi les personnes présentes figurent notamment René Bouchard, directeur général du Centre de conservation du Québec, Vincent Couture et Claudia Méndez, de la Société d'histoire régionale de Lévis, Jean-Marie Lebel, historien, Philippe

---

63. Les auteurs de ce livre inclusivement.

**Dave Corriveau et Catherine Ferland
devant la présumée cage de la Corriveau.**
Musée de la civilisation, Québec, 1er octobre 2013. Photo : Joseph Gagné.

Antoine Hamel, du Service des acquisitions du Musée de la civilisation, Dany Brown, directeur par intérim au Service des collections, des archives historiques et de la bibliothèque des Musées de la civilisation de Québec, et Sylvie Toupin, conservatrice des collections scientifiques pour les Musées de la civilisation de Québec. Après cette présentation de presse, le gibet présumé de la Corriveau est exposé du 2 au 6 octobre 2013 au Centre des congrès et d'expositions de Lévis, puis il prend le chemin du Centre de conservation du Québec où débuteront les analyses d'authentification[64].

---

64. Baptiste Ricard-Châtelain, « La cage de la Corriveau, un artefact "unique" dont l'authenticité fait peu de doutes », *Le Soleil*, 1er octobre 2013, http://www.lapresse.ca/le-soleil/actualites/societe/201310/01/01-4695319-la-cage-de-la-corriveau-un-artefact-unique-dont-lauthenticite-fait-peu-de-doutes.php.

Un doute subsiste pourtant. S'agit-il effectivement de la cage ayant servi à exposer le corps de l'infortunée Marie-Josephte Corriveau pendant cinq semaines, en 1763 ? Est-il possible que l'objet qui a abouti au Peabody Essex Museum ait plutôt été forgé au XIXe siècle, une époque qui, rappelons-le, était friande de curiosités et au cours de laquelle certains individus n'hésitaient pas à fabriquer de faux spécimens pour attirer les foules ? Comme le rappelle Donald Fyson, historien spécialiste d'histoire judiciaire du Québec, nous n'avons pas de preuve ferme pour le moment et il faudra qu'un archéologue spécialiste des métaux anciens établisse « que la structure de fer date bien de 1763 plutôt que de 1849[65] ».

Or, la juxtaposition des divers indices historiques incline à croire que l'artefact est effectivement la trace matérielle concrète de l'une de nos plus célèbres légendes, un avis partagé par la plupart des historiens et des muséologues présents lors de la conférence de presse du 1er octobre 2013. Une certitude de l'ordre de 95 % est avancée par Vincent Couture quant à l'authenticité du gibet[66]. Des documents historiques prouvent qu'une cage a été forgée cette année-là : dans les papiers du gouverneur James Murray se trouve d'abord un compte précisant que le forgeron Richard Dee a reçu cinq livres pour « la fabrication d'un gibet pour la veuve Dodier », puis un ordre adressé au capitaine de milice de la Pointe-Lévy « d'ôter le corps de la veuve Dodier de la potence où elle pend à présent et de l'enterrer où bon vous semblera ». Dans la mesure où il n'y a pas eu d'autres pendus encagés sur la Côte-du-Sud, il y a de très bonnes chances pour que l'assemblage de « ferrailles tordues et enchevêtrées » exhumé du cimetière de Lévis vers 1850, tel que le rapportait Louis Fréchette, soit effectivement la cage de la Corriveau. L'objet est en effet petit, à peine plus

65. Dallaire Ferland, « La cage de la Corriveau retrouvée ? », non paginé.

66. Ricard-Châtelain, « La cage de la Corriveau, un artefact unique », non paginé.

grand que la taille d'un enfant, révélant en « fantôme » la gracilité du corps qu'il a jadis contenu.

Le Peabody Essex Museum a consenti un prêt d'une durée de deux ans, soit un délai suffisant pour vérifier l'authenticité de l'objet. Au moment de mettre le présent ouvrage sous presse, cette expertise restait encore à faire. S'il s'avère être le véritable gibet de fer de Marie-Josephte Corriveau, les instances québécoises veilleront à entamer les procédures pour son rapatriement définitif.

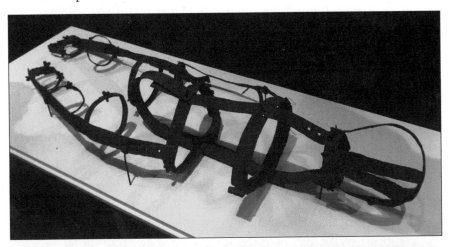

La présumée cage de la Corriveau : quelques vues et détails.
Musée de la civilisation, Québec, 1er octobre 2013. Photos : Joseph Gagné.

CONCLUSION

Ah! Marie-Josephte, la seule évocation de ton nom ranime en moi une pagaille d'émotions contradictoires. Tous les Jos, Joseph, Joséphat, Joséphine, Josephte auraient-ils hérité de cette audace ou de cette folie dont notre littérature t'a gratifiée? Derrière toutes ces caricatures, réelles ou inventées, où se trouve la vérité? J'aimerais te réhabiliter, te sortir de l'ombre. [...] Ton nom dans notre histoire du Canada, jamais ne s'éteindra. Légende... mystère... folklore... Histoire![1]

ALORS QUE PRESQUE toute son existence s'était déroulée sans heurts et qu'elle aurait pu demeurer l'un des milliers d'ancêtres anonymes oubliés des livres d'histoire et dont les généalogistes effleurent à peine le nom, Marie-Josephte Corriveau a vécu des événements tragiques qui l'ont entraînée vers un destin peu commun. D'abord trahie par les médisances des habitants de Saint-Vallier, condamnée par un jury britannique désirant imposer sa loi et sa vision de la justice à ses nouveaux sujets, pendue à Québec, mise en cage et exposée pendant près de cinq semaines à la Pointe-Lévy... tous les éléments étaient réunis pour que la modeste Valliéroise bascule du côté de la légende.

Et la légende de la Corriveau constitue en soi une épopée. Elle se construit progressivement à partir des racontars qui ont persisté à son égard dans la région de la Côte-du-Sud près d'un siècle après son décès, enjolivée à plaisir par les conteurs. Elle connaît une impulsion lors de la découverte de la cage dans un

---

1. Joséphine, «Lettre à la Corriveau», dans *20e siècle, 100 ans d'histoire. Contes, coutumes, légendes, poèmes, poésies et traditions du Québec*, compilés par Lorenzo Proteau, Montréal, Éditions des amitiés franco-québécoises, 1997, p. 453.

cimetière de Saint-Joseph-de-Lévis vers 1850. Les œuvres littéraires qui lui sont consacrées dans les décennies suivantes contribuent encore à enfler les dimensions surnaturelles du personnage de la Corriveau, finissant par occulter totalement la réalité historique de Marie-Josephte. Elle a été qualifiée tour à tour de meurtrière en série, d'empoisonneuse, de sorcière, puis d'encagée aux pouvoirs fantastiques, et c'est à juste titre que l'ethnologue Luc Lacourcière a pu écrire qu'il n'y avait pas de femme dans l'histoire du Canada qui ait eu aussi mauvaise réputation que Marie-Josephte Corriveau.

Rappelons néanmoins que des documents historiques liés au procès (notamment le jugement énonçant la condamnation à mort) montraient, hors de tout doute, qu'une personne véritable, humaine, était à la source des extravagantes aventures que l'on prêtait à la Corriveau, et l'existence de ces documents était connue dès le xixe siècle! En toute connaissance de cause, les auteurs littéraires ont préféré accorder leur attention aux aspects diaboliques et légendaires, évidemment plus «vendeurs». Certains doutes persistaient pourtant quant à la véracité des «faits» énoncés dans la légende. C'est d'ailleurs ce qui a poussé le commandeur J.-Eugène Corriveau à entreprendre les démarches pour rapatrier la totalité des archives du procès de Marie-Josephte, afin de pouvoir séparer définitivement l'histoire de la fiction. Si la mort l'a emporté avant qu'il n'ait pu lui-même mener ses propres recherches, l'ensemble des travaux scientifiques découlant des documents judiciaires qu'il a fait revenir d'Angleterre a permis de lever le voile sur les événements de 1763. Luc Lacourcière, Louis-Philippe Bonneau et les auteurs du présent ouvrage s'y sont employés.

À la lumière des faits, la question se pose : est-il possible de réhabiliter le nom de Marie-Josephte Corriveau? La réhabilitation consiste à innocenter, disculper, laver quelqu'un d'une faute qu'on lui aurait injustement attribuée. Pour tout ce qui touche l'empoisonnement, la sorcellerie et le nombre de maris occis, il est assez facile de démontrer qu'il s'agit d'affabulations qui se sont ajoutées au fil de la transmission orale.

François Dubé rencontre la Corriveau. Peinture de Georges Saint-Pierre, collection Jean-Louis Gagnon, Chicoutimi. Photo : Musée du Québec, 1973.

La présomption de meurtre qui l'a menée à la potence est cependant plus difficile à lever. Bien sûr, d'un point de vue strictement judiciaire, il est clair que Marie-Josephte Corriveau n'a pas été jugée équitablement. Au premier chef, le gouvernement militaire n'avait même pas le droit de traduire des civils devant une cour martiale ! Charles Gould, du War Office de Londres, blâmera d'ailleurs sévèrement James Murray à cet effet. Ensuite, les nombreux vices de procédure qui ont entaché son procès laissent croire qu'elle aurait sans doute été acquittée en d'autres circonstances[2]. L'exercice

2. « Elle ne fut condamnée, en somme, que sur une preuve de circonstances et sur des aveux non écrits qu'un tribunal actuel ne reconnaîtrait vraisemblablement pas. » Lacourcière, « Le triple destin de Marie-Josephte Corriveau », p. 213.

réalisé par le Jeune Barreau de Montréal en 1990 a montré que les preuves indirectes et circonstancielles présentées dans cette cause ne suffisaient pas à incriminer Marie-Josephte Corriveau du meurtre de Louis Dodier.

Or, rien dans les documents ne permet non plus d'affirmer hors de tout doute son innocence car, au-delà de toutes les démonstrations légales, un détail incriminant subsiste : à l'issue du second procès, remarquablement expéditif comme nous l'avons vu, Marie-Josephte Corriveau a admis avoir tué son second mari. Ces aveux ont-ils été faits sinon sous la torture (cette pratique n'étant plus admise – officiellement – dans la procédure criminelle britannique), du moins sous la contrainte ? Au bout de toutes ces semaines qui ont dû lui paraître cauchemardesques, ne jouissant d'aucun appui de parent ou d'ami, en avait-elle tout simplement assez et voulait-elle en finir ? À supposer qu'elle ait réellement tué son mari au moyen d'une petite hache pendant qu'il dormait, le mobile invoqué était que Dodier la battait souvent. Il était d'ailleurs notoire que le mari violentait sa femme. Peu de temps avant la mort de Dodier, Marie-Josephte n'était-elle pas allée voir le major James Abercrombie pour lui demander la permission de quitter le domicile conjugal, ce qui lui avait été refusé ? Pourtant, dès le procès, on ne trouve plus personne pour rappeler la conduite violente de Dodier : tous les torts retombent sur la «méchante épouse» qui l'a tué. Aujourd'hui, nous pourrions plaider la légitime défense ; or, à une époque où le code criminel britannique était particulièrement sévère et où un mari pouvait impunément «corriger» sa femme, demander la clémence de la cour sous prétexte que Dodier la maltraitait n'était même pas une option. Et après la condamnation et l'exécution de Marie-Josephte, puisque le gouverneur a interdit aux villageois d'importuner Joseph Corriveau et d'évoquer ses altercations avec son défunt gendre – blanchi par la cour et revenu vivre à Saint-Vallier, il obtient la tutelle de ses trois petits-enfants –, tous les reproches de la populace se concentrent sur la Corriveau.

Alors, coupable ou non coupable?

En vérité, à moins que de nouveaux documents historiques ne soient mis au jour, il sera impossible de procéder à une véritable réhabilitation de la Corriveau en l'innocentant hors de tout doute du meurtre de son second mari. Certaines questions demeurent sans réponse : le curé Parent a-t-il menti à la cour en changeant volontairement son témoignage pour nuire à Marie-Josephte ? Des efforts ont-ils été faits pour retrouver les trois hommes supposément aperçus sur la route, la nuit de la mort de Dodier ? N'aurait-il pas été opportun d'interroger ces hommes, de les assigner à comparaître ? Pourquoi n'a-t-on pas récupéré l'hypothétique arme du crime qui aurait servi à tuer Louis Dodier ? La «petite hache» supposément utilisée par Marie-Josephte aurait-elle pu causer les quatre blessures espacées bien régulièrement qui avaient été remarquées par le chirurgien du régiment ?

Il n'en demeure pas moins que, perdue par les commérages de ses concitoyens, jugée par un tribunal formé de militaires anglais – qui ne parlaient ni ne comprenaient le français –, Marie-Josephte Corriveau a aussi été condamnée pour servir d'exemple et permettre au nouveau gouvernement de s'affirmer. Et les témoignages des Valliérois n'y auraient peut-être pas changé grand-chose.

Bien sûr, depuis le rapatriement des documents des deux procès, l'image de Marie-Josephte Corriveau s'est considérablement améliorée dans la mémoire collective. De sorcière aux allures de Barbe-Bleue suffisamment habile pour perpétrer et camoufler ses meurtres[3], puis de sinistre encagée allant danser au sabbat, elle a repris une échelle tragiquement humaine de simple femme possiblement victime de son temps, de la rumeur populaire et d'un régime désireux d'implanter son

---

3. Mais, même dans les légendes, cette habileté ne sera pas suffisante pour bluffer la cour. James MacPherson Le Moine, par exemple, raconte que cette Lafarge Canadian «had murdered her two husbands in an extraordinary way; in one instance adopting a process calculated to leave behind, no traces of violence.» Le Moine, «A Canadian Lafarge», p. 69-70.

Il y a environ 30 ans (mars 1983), la célèbre revue féministe *La Vie en rose* publiait un dossier spécial sur la criminalité et l'univers carcéral. Non sans humour, on consacrait un encadré à la Corriveau à la manière des hors-la-loi du Far West. *La Vie en rose*, n° 10 (mars 1983), p. 33. En ligne sur http://www.banq.qc.ca, section «Collection numérique».

autorité. Le rétablissement des faits permet progressivement aux Québécois de se réconcilier avec cette sombre figure de leur passé.

La Corriveau : ici, maintenant et pour l'avenir

> *Nombreux sont les hommes ayant frissonné de frayeur à la simple énonciation de ce nom marqué au fer rouge[4].*

À défaut de réhabiliter juridiquement Marie-Josephte Corriveau, il y a tout de même un travail de mémoire qui peut être accompli: celui de son inscription officielle à titre d'élément du patrimoine culturel du Québec. Après tout, nous nous intéressons aujourd'hui à la Corriveau parce que sa mémoire a été perpétuée par la communauté elle-même, dans la culture populaire, avant même que les littéraires et les artistes ne s'en emparent pour en faire un objet de culture savante.

---

4. Alain G. Boies, «La marque de la sorcière – Poésie historique», *La Seigneurie de Lauzon*, n° 123, 2012, p. 8.

En regard des définitions actuelles, la Marie-Josephte Corriveau historique, en tant que femme ayant véritablement vécu dans la vallée du Saint-Laurent entre 1733 et 1763, ne peut pas être considérée comme un personnage patrimonial du Québec. Même si la sauvegarde, la transmission ou la mise en valeur de son histoire présentent indéniablement beaucoup d'intérêt d'un point de vue culturel, on ne peut démontrer qu'elles présentent «un intérêt public» au sens où l'entend la Loi sur le patrimoine culturel[5]. Il ne s'agit pas d'un personnage ayant œuvré sur la scène politique ou dans le domaine social: après tout, à l'aune de l'histoire du Québec, la courte existence de Marie-Josephte représente bien peu de chose et sa triste fin peut, tout au plus, être considérée comme un fait divers.

En revanche, il est légitime de croire que la légende de la Corriveau peut être comprise dans la définition actuelle du patrimoine immatériel. Parce que le récit de la vie et surtout de la mort de Marie-Josephte Corriveau s'est transmis de génération en génération, de 1763 à nos jours, elle entre directement dans le patrimoine vivant. Les conteurs de la Côte-du-Sud, de la région de Québec, de Bellechasse et de la Beauce ont contribué à perpétuer cette histoire au sein d'une population encline au merveilleux. En nourrissant la tradition orale, ils ont rendu possible l'éclosion de toute une littérature associée à la Corriveau; par la suite, cette littérature a alimenté la tradition orale en diffusant la légende à toutes les régions du Québec et même au-delà, où elle connaîtra une popularité renouvelée dans les veillées canadiennes-françaises, pour finir par être réinterprétée dans pratiquement tous les domaines artistiques! Songeons à la centaine de manifestations répertoriées dans la littérature, la musique, la chanson, la sculpture, les arts de la scène et cinématographiques... Bref, la Corriveau a, peut-être plus que toute autre légende québécoise, nourri notre littérature, notre théâtre, plus largement, notre vie culturelle depuis

---

5. Loi sur le patrimoine culturel, chapitre I, point 2.

La Corriveau comme avatar de La Muerte par E (Eveline DesRosiers).
Acrylique sur toile, 2013. Collection privée.

le milieu du XIXe siècle: pour toutes ces raisons, elle fait indubitablement partie du patrimoine culturel du Québec.

... et la cage ?

Si le mystère sur la culpabilité ou l'innocence de Marie-Josephte Corriveau demeure entier, il est un élément qui trouvera bientôt réponse: l'authenticité de la cage retrouvée au Peabody Essex Museum en 2011. Lorsque les examens adéquats auront été réalisés par des experts en métaux anciens, il sera possible de déterminer s'il s'agit bien de l'assemblage forgé par Richard Dee pour la veuve Dodier en 1763.

Dans la mesure où la Corriveau et sa cage sont interreliées de manière si complexe qu'il est difficile de les envisager l'une sans l'autre, l'objet lui-même est appelé à devenir un important élément de la culture matérielle québécoise. La cage doit en effet sa renommée à la condamnée qu'elle enserra et, inversement, la Corriveau a vu son aura s'accentuer singulièrement grâce à cet artifice de fer. Elles sont liées à la vie, à la mort, pourrait-on dire. Après plus d'un siècle et demi d'exil en sol américain, l'artefact pourrait possiblement être rapatrié pour de bon afin d'être mis en valeur dans une institution muséale québécoise, scellant le «retour» symbolique de la Corriveau.

La Société d'histoire régionale de Lévis espère évidemment faire revenir la cage pour de bon, puisque l'artefact «appartient à la rive sud et fait encore beaucoup de sens dans cette communauté». On aimerait même en faire l'attrait principal d'un éventuel musée d'histoire régionale; une telle institution pourrait générer de belles retombées dans le secteur du tourisme culturel patrimonial de la rive sud, en plus de contribuer à renforcer la fierté et l'identité lévisienne[6]. Les Musées de la

---

6. Selon les propos de Claudia Méndez rapportés par Evelyne Fortier, «Le rapatriement de la cage de la Corriveau en lien avec le patrimoine et le développement durable à la ville de Lévis», *La Seigneurie de Lauzon*, n° 128, 2012, p. 13.

civilisation pourraient aussi être intéressés à mettre l'objet en valeur puisque la Corriveau a connu un rayonnement partout au Québec et même au-delà. La façon dont on choisira de patrimonialiser le gibet – ainsi, du coup, que l'histoire et la légende – sera vraisemblablement déterminée en 2014. Une histoire à suivre !

*

En définitive, si l'importance historique de Marie-Josephte Corriveau en tant que personne n'est pas suffisante pour justifier une inscription patrimoniale, la transmission et la forte adaptabilité de la légende de la Corriveau témoignent en revanche de son ancrage dans la culture et dans la mémoire collective du Québec. Le texte de la Loi sur le patrimoine culturel n'inclut pas les légendes dans ses définitions ; or, tout indique que nous sommes en face d'une éclatante manifestation de patrimoine immatériel. Ironiquement, il aura fallu que la mort vienne la prendre pour faire d'elle une figure hors du commun du patrimoine vivant. La cage elle-même est appelée à devenir un important objet de culture matérielle, témoin émouvant d'un destin exceptionnel dans l'histoire québécoise.

Parions que, tant qu'il y aura des gens pour raconter son histoire et sa légende, la mémoire de la Corriveau n'est pas près de trépasser !

LES DERNIÈRES NOUVELLES

Depuis la sortie de ce livre au printemps 2014, de nouveaux éléments importants ont fait surface. Ces nouveautés concernent essentiellement la cage de la Corriveau ainsi que la patrimonialisation de ce fascinant personnage de l'histoire québécoise. À la faveur d'une réimpression, nos éditeurs nous ont donné l'occasion d'apporter ces ajouts afin d'en informer le public... mais, au lieu d'être amalgamé aux diverses sections du livre initial, ce nouveau matériel est plutôt présenté sous forme de « cahier spécial », conservant l'esprit d'enquête qui a prévalu jusqu'ici.

À L'AUTOMNE 2013, APRÈS DES ANNÉES passées dans les entrepôts du Peabody Essex Museum, le gibet de fer qui aurait enfermé le corps inanimé de Marie-Josephte Corriveau au printemps 1763 est apporté à Québec. La cage fait l'objet d'un dévoilement public à Québec le 1er octobre 2013, puis d'une exposition de quelques jours, du 2 au 6 octobre 2013, au Centre des congrès et d'exposition de Lévis. C'est finalement à l'été 2014 que sont menées les expertises scientifiques, coordonnées par les Musées de la civilisation.

L'équipe chargée de cette délicate tâche dispose de deux ans pour effectuer les analyses requises afin de répondre à la question qui hante tout un chacun : ce gibet de fer est-il bien celui qui a donné à La Corriveau son immortalité dans notre histoire et nos légendes ? La besogne est très sérieuse et lourde de conséquences puisque, dans l'affirmative, cela pourrait signifier le retour définitif d'un artéfact unique du patrimoine québécois que beaucoup croyaient perdu à jamais. À quoi aboutiront les analyses chimiques, métallurgiques et, bien sûr, historiques et archivistiques ?

Voici les conclusions des experts.

Premier volet de l'expertise : aspects historiques et archivistiques

Le rapport historique visait à établir la chronologie des événements qui auraient pu mener cet objet du Québec jusqu'aux États-Unis. En s'appuyant sur des documents d'archives et des articles de journaux anciens, Claudia Méndez et l'historienne Catherine Ferland ont approfondi les recherches afin de suivre les déplacements successifs de la cage. Mise en terre en 1763, exhumée puis exhibée dans diverses expositions à Québec, Montréal et New York en 1851, la cage se retrouve à Boston dans la décennie suivante... et elle aboutit finalement à Salem, au Massachusetts, en 1899. Que de pérégrinations ! Ce rapport voulait apporter le meilleur éclairage historique possible afin d'aider à déterminer si l'objet retrouvé au Peabody Essex Museum est effectivement ce que la tradition québécoise a fini par appeler « la cage de la Corriveau ».

Les auteurs ont déjà retracé l'itinéraire probable de la cage en ces pages... du moins dans sa quasi-totalité. En effet, plusieurs éléments essentiels manquaient pour avoir le tableau complet.

Rappelons que la structure métallique est retrouvée par hasard en 1851 dans le cimetière de Saint-Joseph-de-Lévis, apparemment au début de mai, comme le rapportait le bulletin *Mélanges religieux, politiques, commerciaux et littéraires* dans son édition du 16 mai 1851. La cage est exposée dans quelques villes du Québec pendant l'été qui suit (voir *supra*, pages 166-167).

À la mi-août 1851, la cage de la « femme Dodier » est exposée à Québec.
« La cage de fer!! » *Le Canadien*, 15 août 1851, p. 3.

Évoquant cet événement, James MacPherson Le Moine écrira quelques années plus tard : « There are few in Quebec who do not recollect having heard of, or seen, in 1850, when it was exhibited in this city, a rusty iron cage, very antique in appearance it somewhat resembled in shape a human form [...]. This cage came in the possession of the man who exhibited it after having been clandestinely abstracted from the Pointe Levy graveyard[1].»

Si ces informations complémentaires sont intéressantes, la pièce maîtresse du casse-tête est sans doute le témoignage de l'abbé Léon Provancher, ce scientifique et naturaliste de renom du XIXe siècle. Dans un compte rendu paru dans la revue *Le Naturaliste canadien*, Provancher explique avoir vu la cage de la Corriveau au Boston Museum, à l'occasion d'un congrès scientifique. Fait très intéressant, il mentionne avoir eu l'occasion d'examiner la même cage jadis, à Saint-Joseph-de-Lévis. L'abbé précise textuellement que, «parmi les divers objets de curiosité, nous avons reconnu une vieille relique Canadienne, que nous avions déjà examinée dans la cave de la sacristie de St. Joseph de Lévis; c'est la cage en fer qui a servi à l'exposition de la Corriveau[2]». Son témoignage vient consolider les dires de Louis Fréchette, qui affirmait lui aussi avoir vu cette cage dans ce musée de la côte Est américaine.

L'abbé Léon Provancher, docteur ès sciences, membre de la Société royale du Canada et de plusieurs autres sociétés savantes. Gravure parue dans *Le Monde illustré*, vol. 8, nᵒ 414 (9 avril 1892), p. 794. Domaine public.

1. James McPherson Le Moine, «Marie Josephte Corriveau, a Canadian Lafarge», *Maple Leaves: A budget of legendary, historical, critical and sporting intelligence*, Québec, 1863, p. 68-74.

2. Léon Provancher, «Le dixhuitième Congrès annuel de l'Association Américaine pour l'avancement de la Science», *Le Naturaliste Canadien, bulletin de recherches, observations et découvertes se rapportant à l'Histoire Naturelle du Canada*, tome second (1870), p. 21-22. Merci à la Société d'histoire régionale de Lévis de nous avoir signalé l'existence de cette source déterminante ainsi, d'ailleurs, que de plusieurs autres pièces fort intéressantes se trouvant dans la présente section.

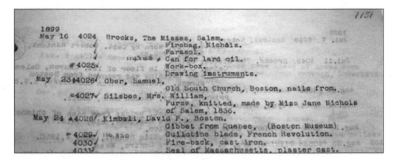

```
      1899
      May 16  4024   Brooks, The Misses, Salem.
                              Firebag, Nichols.
                              Parasol.
                              Can for lard oil.
             #4025          Work-box.
                              Drawing instruments.
      May 23 4026  Ober, Samuel,
                              Old South Church, Boston, nails from.
           #4027  Silsbee, Mrs. William,
                              Purse, knitted, made by Miss Jane Nichols
                                of Salem, 1836.
      May 24  4028  Kimball, David P., Boston.
                              Gibbet from Quebec, (Boston Museum).
           4029  Ke.s.o          Guillotine blade, French Revolution.
           4030          Fire-back, cast iron.
           4031          Seal of Massachusetts, plaster cast.
```

Fiche d'enregistrement n° 4028 : « gibbet from Quebec »
provenant du Boston Museum, acquis par l'entremise
de David P. Kimball le 24 mai 1899.
Registre appartenant au Peabody Essex Museum,
photo de la Société d'histoire régionale de Lévis, 2011.

```
ibbet   neg. no. 5704 .           4,028
used in St.Vadier, near Quebec in 1763
for body of Mdme. Dodier, hung for mur
der of husband. Body suspended near Le
Church and later buried.  Exhumed in
1850 and sold to Boston Musuem where i
remained until that was given up when
came to Essex Institute           NOTE: per
                                  inscry
ag. shows metal    + hanged       bottom of
total frame which                 in photo
formed the shape of human body.   say: "01
59A                               Rushford
                                  40
```

Fiche descriptive
de l'objet n° 4028 de
l'Essex Institute,
tel que photographié
dans les années 1920.
Peabody Essex
Museum, photo
de la Société
d'histoire régionale
de Lévis, 2011.

Nous savions déjà que la cage n'était restée au Musée de Boston que quelques décennies (voir *supra*, p. 179), étant offerte au Essex Institute de Salem par David P. Kimball en 1899. Lors de leur visite exploratoire à Salem en décembre 2011, Claudia Méndez et Manon Pelletier, de la Société d'histoire régionale de Lévis, ont pu consulter et photographier la fiche d'acquisition ainsi que la fiche descriptive de l'objet... où l'on voit clairement la faute de frappe (dans le toponyme « Saint-Vallier ») ayant semé la confusion et brouillé les pistes !

Si les chercheurs canadiens ont ensuite perdu toute trace menant à cet objet hors du commun, ce n'est pas le cas des

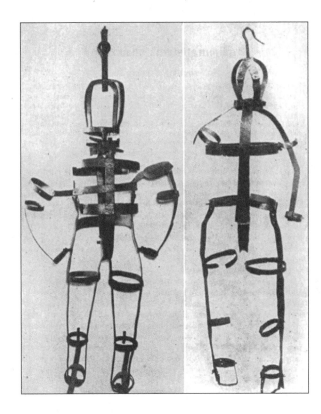

Thorsten Sellin, « The Philadelphia Gibbet Iron », *Journal of Criminal Law and Criminology*, vol. 46, n° 1 (1955), p. 11-25.

chercheurs américains. Dans son article « The Philadelphia Gibbet Iron » paru dans le *Journal of Criminal Law and Criminology* en 1955, Thorsten Sellin précise qu'il y aurait deux cages authentiques aux États-Unis et qu'elles sont en assez bon état de conservation : celle de Philadelphie et celle de Salem, dite gibet canadien. Pour ce sociologue spécialisé en criminologie, la provenance québécoise et l'authenticité de l'objet montré en figure 2 (où l'on reconnaît la photographie prise dans les années 1920) ne semblent faire aucun doute.

Une douzaine d'années plus tard, dans un ouvrage américain consacré à la peine de mort, on évoque à nouveau ce « gibbet on display in the Essex Institute at Salem, Massachusetts. [...] The Massachusetts gibbet was used to encase a woman, one Madam Dodier, in 1763 (this did not

occur in the country, however, but in St. Valier, Quebec)[3].»
Cela démontre hors de tout doute qu'on connaissait l'existence
de cet artéfact métallique, son emplacement ainsi que l'identité
de sa «propriétaire» antérieure.

À la lumière des articles de journaux et des écrits qui
s'échelonnent entre 1851 et 1955, il appert que la cage a suivi
un parcours assez clair, certes complexe, mais cohérent. Même
les «silences» archivistiques et les carences documentaires
pour certaines années ne suffisent pas à rompre le fil des
événements. Le rapport historique conclut qu'il s'agit très vraisemblablement de la trace matérielle concrète de cette exceptionnelle histoire judiciaire aux suites légendaires.

Deuxième volet de l'expertise : aspects techniques

Pour documenter la fabrication de la cage afin de déterminer si
celle-ci présentait la facture et les techniques d'assemblage
propres aux années 1760, le Musée de la civilisation a fait appel
à deux spécialistes des techniques de forge traditionnelles,
Youri Harvey, professeur en arts visuels, sculpteur et forgeron,
et Martin Dauphinais, collectionneur d'objets forgés du
XVIIIe siècle[4].

En l'absence d'autres pièces attribuées à Richard Dee, le
forgeron qui a fabriqué la cage de la Corriveau sur la
commande du gouverneur James Murray, aucune comparaison
stylistique n'a pu être établie. C'est d'autant plus dommage que
la forme des vis papillon présentes sur le gibet aurait pu fournir
des indices précieux, sinon la marque du forgeron, du moins
une manière de faire typique d'une région ou d'une période.

---

3. Negley King Teeters et Jack H. Hedblom, «*[...] Hang by the neck [...]*»:
*the legal use of scaffold and noose, gibbet, stake, and firing squad from colonial
times to the present*, Springfield, C. C. Thomas, 1967, p. 88.

4. Les informations qui suivent sont tirées du rapport inédit réalisé à la
demande du Musée de la civilisation en 2014.

L'examen de la facture du gibet a révélé qu'aucune matière liante n'avait été utilisée pour réaliser les soudures. La technique utilisée, très répandue au XVIIIe siècle, est celle de la soudure à chaud. Il s'agissait de chauffer à blanc les pièces de métal, puis de les marteler pour les joindre l'une à l'autre. Une fois refroidies, elles présentaient un assemblage solide.

Attendu que le métal n'est pas une matière dont on dispose en abondance à cette époque – surtout en contexte de régime militaire –, il fallait l'utiliser judicieusement. On pouvait donc s'attendre à ce que le forgeron ait utilisé du métal de moins bonne qualité, et même du métal récupéré pour réaliser son « œuvre », celui de meilleure qualité devant servir à fabriquer ou à réparer des armes. De surcroît, dans la mesure où la cage a été commandée et réalisée dans un délai très court, deux ou trois jours tout au plus, l'utilisation de morceaux de métal récupérés semblait hautement probable.

Dans leur rapport, les deux experts avancent que les bandes métalliques les plus larges pourraient provenir de pièces utilisées pour cintrer les roues des charrettes ou des carrioles. Seules les deux bandes ayant servi à encercler les cuisses ont apparemment été confectionnées de métal non recyclé, comme en témoigne la présence d'arêtes bien définies. Et l'on remarque bien sûr quelques éléments ajoutés ultérieurement et qui semblent être des réparations visant à préserver la structure du gibet ou à consolider certaines sections plus fragiles.

La cage examinée présente un dispositif permettant d'ajuster étroitement les bandes métalliques au corps. Composé de trous perforés à même le métal et de vis auto-perforantes, ce dispositif permet de maintenir le cadavre bien enserré sans avoir à le manipuler trop directement. La soudure à chaud, les vis papillon et l'utilisation de rivets sont toutes des méthodes de forge utilisées traditionnellement au XVIIIe siècle.

Les experts estiment que le forgeron était sinon expérimenté, du moins familier avec la fabrication de gibet. D'abord, on dénote la présence d'un renfort entre les jambes pour soutenir le poids du cadavre. Ensuite, force est de reconnaître

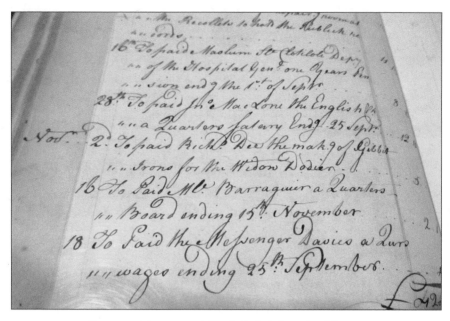

Dans ce registre comptable de l'administration Murray,
l'inscription du 2 novembre 1763 précise que la commande faite à
Richard Dee de « gibbet irons for Widow Dodier » s'établit à 5 livres.
Musée de la civilisation, collection du séminaire de Québec,
fonds Viger-Verreau (P32), 040a2. Photo : Joseph Gagné.

l'étonnant état de conservation du gibet. Le forgeron qui l'a
fabriqué a manifestement employé des techniques connues à
son époque pour ralentir l'oxydation du métal, notamment
l'utilisation d'enduits et d'acides à chaud. Il est aussi possible
que celui-ci ait utilisé une technique de forge qui alterne avec
célérité la chaleur extrême du feu et le froid mordant de l'eau,
sans laisser au métal le temps de refroidir complètement. Ce
procédé a pour effet de faire durcir davantage le métal en lui
apportant du même coup une meilleure résistance à l'oxydation... et aux intempéries, puisque l'objet en question était
destiné à être suspendu pendant un temps indéterminé à la
croisée des chemins ! Forgé par une personne moins
chevronnée, l'artéfact aurait sans doute été dans un état beaucoup plus lamentable.

Pour toutes ces raisons, les experts en forge ancienne en viennent à la conclusion que l'artéfact est très probablement authentique.

Troisième volet de l'expertise : aspects physiques et chimiques

C'est Jérôme R. Morissette, consultant en conservation des métaux, qui a réalisé les analyses physicochimiques sur la cage empruntée au Peabody Essex Museum[5]. Son mandat consistait à dénicher des indices et des données qui permettraient de dater l'objet et d'en établir la provenance.

Plusieurs personnes avaient soulevé la possibilité d'analyser l'ADN qui pourrait être récupéré sur le gibet en faisant la corrélation avec l'ADN des descendants de Marie-Josephte Corriveau. Or, aucune trace de matière organique n'a pu être retrouvée. Ce qui subsistait d'éventuelles traces de sang, de chair, de cheveux, d'ossements ou de dents, après un siècle d'enfouissement, a totalement disparu. Les témoignages de l'époque, rappelons-le, affirmaient que seul un os blanchi avait été retrouvé dans la cage lorsqu'elle fut exhumée en 1851. Et l'objet a certainement été nettoyé avant d'être présenté au public dans les divers cabinets de curiosité et musées !

Une analyse comparative des résidus de terre avait aussi été envisagée : il s'agissait de voir si des scories subsistant dans les interstices de l'objet pouvaient être mises en parallèle avec des échantillons provenant du lieu où la cage fut exhumée au milieu du XIXe siècle, soit le cimetière de Saint-Joseph-de-Lévis. Pour les raisons déjà évoquées, les nettoyages et les déplacements successifs de l'objet ont, selon toute vraisemblance, éliminé les résidus terreux, puisque rien de probant n'a

---

5. Tout comme pour la section précédente, les informations qui suivent sont tirées du rapport inédit réalisé à la demande du Musée de la civilisation en 2014.

pu être recueilli à la surface ou dans les replis du gibet de fer. Cette piste a donc été laissée de côté.

L'expert en conservation des métaux a cependant découvert que le type particulier de corrosion présent sur l'ensemble du gibet résultait de plusieurs décennies d'enfouissement, ce qui pourrait correspondre à une inhumation dans la seconde moitié du XVIIIe siècle. Il n'aurait pas été possible de créer artificiellement une corrosion d'une telle densité et d'une telle adhérence sur l'ensemble de l'objet. Même en émettant l'hypothèse que le gibet ait pu être fabriqué à partir de pièces métalliques déjà rouillées, des traces d'intervention auraient été relevées, ainsi que des fissures ou de l'écaillement, ce qui n'a pas été le cas. Surtout, ce spécialiste a observé la présence de vivianite, un produit de corrosion qui se développe dans des conditions très particulières. Le fer doit en effet cohabiter de manière étroite et prolongée avec des phosphates, comme ceux qui sont libérés par la dégradation de restes humains, dans un milieu pauvre en oxygène, par exemple dans un sol argileux.

Selon cet expert, bien que ni ADN ni terre n'aient pu mener à une identification formelle, la cage retrouvée au Peabody Essex Museum présente le type de corrosion attendu d'un objet ayant contenu un corps humain et ayant été inhumé pendant de nombreuses décennies.

*

Les conclusions des experts du comité scientifique constitué par le Musée de la civilisation convergent toutes dans le même sens. L'analyse croisée des données historiques, archivistiques, techniques, physiques et chimiques mène à une conclusion très claire: cette cage fut bel et bien le « singulier cercueil » – dixit Louis Fréchette – de Marie-Josephte Corriveau.

Une révélation très attendue

Dans un communiqué émis le 26 octobre 2015, coiffé du titre accrocheur «La cage de la Corriveau. De la noirceur à la lumière», les Musées de la civilisation et la Société d'histoire régionale de Lévis convient les médias à venir entendre les résultats de l'expertise dans une conférence de presse. Le doute est enfin levé: la cage, annonce-t-on enfin, est celle de la Corriveau.

Invitation à la presse - La cage de la Corriveau. De la noirceur à la lumière

QUÉBEC, le 26 oct. 2015 /CNW Telbec/ - Un peu plus de deux ans après avoir emprunté, à des fins d'expertise, ce qui pouvait être la légendaire cage de la Corriveau, les Musées de la civilisation et la Société d'histoire régionale de Lévis confirment que les résultats de ce long et rigoureux processus de recherche convergent tous vers la même conclusion : l'objet en question serait bien celui ayant servi à exhiber le corps de Marie-Josephte Corriveau, en 1763.

Le directeur général des Musées de la civilisation, M. Stéphan La Roche, et le président de la Société d'histoire régionale de Lévis, M. Vincent Couture, en présence du maire de Lévis, M. Gilles Lehouillier, présenteront les grandes étapes qui ont mené à cette conclusion **le lundi 9 novembre, à 11 heures, dans les voûtes de la Maison historique Chevalier, située au 50, rue du Marché-Champlain, à Québec.** Les historiens et les experts-scientifiques faisant partie du comité scientifique en charge de ce délicat dossier seront sur place pour répondre aux questions des médias. Veuillez prendre note que, jusqu'au 9 novembre, l'objet demeurera inaccessible en raison de son acclimatation aux voûtes de la Maison historique Chevalier.

Quant au grand public, il sera invité à assister à l'événement La Corriveau. De la noirceur à la lumière, présenté du 11 au 15 novembre, de 10 h à 17 h dans les voûtes de la Maison historique Chevalier. Entourée de documents inédits d'archives provenant des collections des Musées de la civilisation, la cage de la Corriveau se révélera au grand jour lors de cette visite animée. Le réel enfin départagé de la légende!

SOURCE Musée de la Civilisation

C'est en présence d'un public fébrile d'environ 80 personnes que Geneviève de Blois, directrice de la Direction des communications des Musées de la civilisation, présente les principaux intervenants. Vincent Couture, président du conseil d'administration de la Société d'histoire régionale de Lévis, Stephan La Roche, directeur général des Musées de la civilisation, et Gilles Lehouillier, maire de Lévis, décrivent tour à tour les détails de la collaboration établie entre les institutions de Québec et de Lévis. Par la suite, Katy Tari, directrice de la Direction des collections et des relations avec les musées québécois, explique les grandes lignes de l'expertise réalisée par le comité scientifique et la convergence des conclusions, puis invite les gens présents à «rencontrer» la cage. De nombreux représentants des médias se sont déplacés à la Maison Chevalier pour

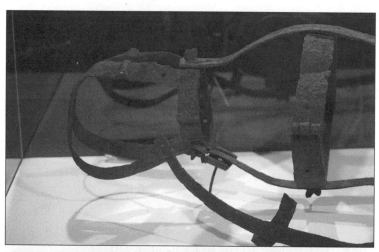

Photos: Sophie Imbeault.

couvrir l'événement, signe de l'engouement toujours renouvelé pour cette fascinante histoire[6].

Cette conférence de presse est aussi l'occasion pour l'institution muséale d'annoncer le retour définitif de la cage au Québec. La demande de transfert ayant été entérinée par le conseil d'administration du Peabody Essex Museum, le directeur général des Musées de la civilisation précise que le gibet de Marie-Josephte Corriveau fera désormais partie de la collection nationale. Après plus de 160 ans d'exil aux États-Unis, le troublant artefact demeurera donc ici pour de bon.

De nouvelles expressions patrimoniales

Tandis que l'analyse de la cage suivait son cours, un bon nombre de manifestations patrimoniales ont attiré l'attention des auteurs depuis la première édition de cet ouvrage, en mars 2014. Toute prétention d'exhaustivité étant vaine, nous nous contenterons de signaler les éléments les plus porteurs et significatifs.

Si nous avions déjà tenté de retracer toutes les œuvres musicales en lien avec la Corriveau, nous avions pourtant omis la *Suite québécoise opus n° 40* pour piano seul ou orchestre du compositeur québécois Jean Chatillon. Créée entre 1964 et 1997, cette œuvre est un hommage aux figures féminines présentes dans les légendes et la littérature du Québec, telles que la Dame Blanche, Rose Latulipe, Maria Chapdelaine et, bien sûr, la Corriveau. Le 6e mouvement de cette suite, aux accents lancinants et tragiques, s'intitule tout simplement « La Corriveau[7] ».

---

6. Mentionnons entre autres le mini-reportage réalisé par *La Fabrique culturelle* (Télé-Québec), disponible en ligne depuis le 9 novembre 2015 au http://www.lafabriqueculturelle.tv/capsules/6120/la-cage-de-la-corriveau-retour-a-la-lumiere.

7. Jean Châtillon, communication par courrier électronique, mai 2014. Nous remercions M. Châtillon de nous avoir envoyé une copie de sa *Suite québécoise*, une œuvre qui demeure difficile à trouver.

Une des nouvelles les plus réjouissantes est que Marie-Josephte Corriveau figure maintenant au Répertoire du patrimoine culturel du Québec en tant que personnage historique. Cette entrée, effectuée à la suite de la demande d'identification patrimoniale déposée par la municipalité de Saint-Vallier, a été officialisée le 9 avril 2014. Fait cocasse, il fut momentanément inscrit sur le site Web du Répertoire que Marie-Josephte Corriveau était une criminelle notoire... La chose fut heureusement rectifiée avec célérité, la gênante mention ayant été effacée dans les semaines suivantes.

En septembre 2014, l'équipe de «L'Étrange Province», réalisée par Rémi Fréchette, s'est arrêtée à Québec afin de consacrer un épisode à la Corriveau. Cette websérie est ce que l'on pourrait appeler un «documenteur», c'est-à-dire une production suivant les codes télévisuels du documentaire, mais où tout est scénarisé avec un brin de folie. On y suit les aventures de deux «chercheurs» en cryptozoologie[8], interprétés par les comédiens Mathieu Handfield et Simon Lacroix, à la poursuite des créatures fantastiques et spectres iconiques du folklore québécois. Pensons au fantôme de l'auberge Saint-Gabriel, au monstre du lac Memphrémagog ou encore au Wendigo des légendes algonquines. Malgré le côté ludique de l'entreprise, l'équipe de tournage fait appel à de vrais spécialistes pour donner la réplique aux faux chasseurs de fantômes... Et, dans le cas de la Corriveau, devinez quels spécialistes furent appelés en renfort? La websérie «L'Étrange Province» a été diffusée à TVA au printemps 2015[9].

Le spectre de la Corriveau dépasse les seules frontières québécoises: il est maintenant appelé à voyager «d'un océan à l'autre» puisque Postes Canada a récemment dévoilé un timbre

---

8. Cryptozoologie (du grec *kryptós* signifiant caché): étude d'animaux dont l'existence est mise en doute. À noter qu'aucune formation ou institut scientifique officiel ne «mérite» le titre de cryptozoologue!

9. L'émission était toujours accessible à l'adresse http://tva.canoe.ca/webseries/l-etrange-province/videos/3-la-corriveau-quebec-1172761 à la fin d'octobre 2015.

Les comédiens Mathieu Handfield et Simon Lacroix en compagnie des historiens Catherine Ferland et Dave Corriveau, octobre 2014.
Photo: Maxime Cormier.

à son effigie dans la série philatélique intitulée *Le Canada hanté*. C'est ainsi que, depuis le 14 septembre 2015, la Valliéroise figure auprès d'autres fantômes légendaires du Canada illustrés par Sam Weber, parmi lesquels on compte le revenant de l'Hôtel Caribou au Yukon, le spectre de Cassie Allan cherchant en vain son jeune promis ou encore les histoires d'horreur des chemins de la Rivière-Rouge au Manitoba[10]. Marie-Josephte Corriveau est représentée en fantôme vaporeux d'une jolie femme s'aventurant dans une lugubre forêt... hors de sa célèbre cage.

Mentionnons enfin le tournage d'un documentaire consacré à la Corriveau et à sa célèbre cage. En proposant une

10. Postes Canada, série *Le Canada hanté*. http://www.canadapost.ca/web/fr.

« Marie-Josephte Corriveau, Lévis, QC », série philatélique *Le Canada hanté*, Postes Canada, 2015.

vision à la fois rigoureuse historiquement et riche artistiquement, ce nouvel opus veut refléter la dualité qui a toujours caractérisé la mémoire liée à Marie-Josephte Corriveau. Les auteurs du présent livre ont eu le plaisir d'y prendre part à titre de spécialistes. Produit par Merlin Films et réalisé par Alain Vézina, le documentaire devrait sortir en 2016 puis être distribué par l'ONF.

Nouvelle conclusion (enfin, pour le moment)

La Corriveau fascine encore et encore. Nous avons personnellement été en mesure de constater à quel point cet intérêt

LA CAGE

la réalisation JEAN KAVANAGH musique RÉJEAN DOYON
caméra JEAN-LUC POTVIN montage MARC PLANA
réalisé par ALAIN VÉZINA

Tournage du documentaire d'Alain Vézina sur la Corriveau, août 2015.
Photos : François Gamache et Mathieu Gauvin.

est bien présent chez la population, lors des nombreuses conférences données un peu partout au Québec depuis la parution de la première édition du livre. La tournée réalisée dans le Réseau des bibliothèques de la ville de Québec à l'automne 2014 ainsi que toutes celles faites dans les sociétés d'histoire et de généalogie nous ont permis de mesurer l'attraction exercée par Marie-Josephte Corriveau. À ce jour, près d'un millier de personnes se sont déplacées pour s'entendre raconter l'histoire et la légende de cette inclassable figure québécoise !

Les retombées du livre ont été au-delà de nos espérances. Notre ouvrage, après avoir été finaliste aux Prix littéraires du Gouverneur général dans la catégorie « Essai » en 2014, a remporté le Prix littéraire 2015 du Salon du livre du Saguenay–Lac-Saint-Jean, dans la catégorie « Intérêt général[11] ». Il a aussi été en nomination pour le prix Jean-Éthier-Blais 2015 de la Fondation Lionel-Groulx. Toutes ces belles reconnaissances nous ont confirmé l'intérêt que portent les Québécois à leur histoire. Nous saisissons d'ailleurs l'occasion pour remercier encore une fois les éditions du Septentrion et, surtout, tous nos lecteurs ainsi que toutes les personnes venues nous voir en conférence. Continuez de vous intéresser à notre passé et à notre patrimoine : c'est ce qui permet à notre culture de demeurer bien vivante.

Et la Corriveau ? Sa mémoire trouvera-t-elle enfin la paix, à présent que l'instrument de sa sinistre postérité a été retracé ? Nul ne saurait l'affirmer avec certitude. Parions que les choses ne s'arrêteront pas là...

Québec,
novembre 2015

---

11. Voir le petit clip réalisé par *La Fabrique culturelle* (Télé-Québec) pour l'occasion : http://www.lafabriqueculturelle.tv/capsules/5900/prix-litteraire-interet-general-catherine-ferland-et-dave-corriveau, toujours en ligne à la fin d'octobre 2015.

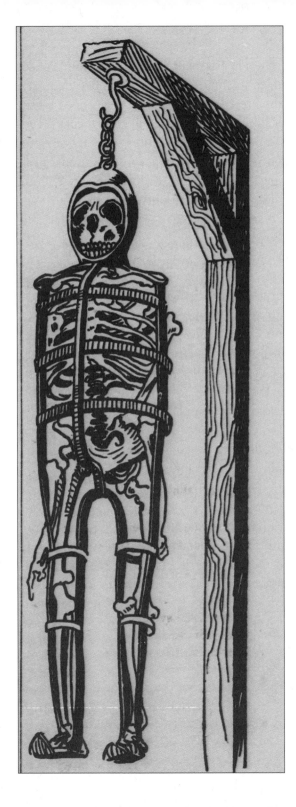

Un gibet des temps anciens.
The Globe-Republican, vol. XXII, n° 24 (23 mars 1899), p. 3.

La Corriveau, œuvre de Marie-Noël Bouillé, 2014.
Photo : Catherine Ferland.

ANNEXES

Après avoir intensément côtoyé Marie-Josephte Corriveau durant tous ces mois, nous n'avons pu résister à la tentation de contribuer bien humblement, nous aussi, à sa patrimonialisation. Sont donc présentées à votre appréciation ces œuvres de notre cru, d'abord une nouvelle, ensuite un poème inédit dans lequel la Corriveau se pare de ses atours légendaires, tous deux écrits spécialement pour ce livre.

LA PROMISE

C'est étrange comme les souvenirs d'une existence peuvent être marquants pour certaines personnes. Tellement marquants qu'ils en portent les stigmates tout au long de leur vie. Comme une marque qui ne s'efface pas.

C'est mon cas.

Je me souviens précisément de cette glaciale journée de printemps où une pluie froide et lourde tombait sur la ville. Le son des gouttelettes sur les toits et les pavés résonnait de toutes parts. L'humidité s'infiltrait même sous les plus chauds manteaux. Entremêlées de flaques d'eau éparses, les rues de la cité n'étaient que boue et gravier. Qu'est-ce qu'il pouvait faire froid et humide ! Comme si le printemps n'arrivait pas encore à s'installer pour de bon.

Je me souviens aussi d'une odeur de bois qui brûle, du son d'un soufflet qui attise des flammes rougeoyantes. Sous son abri de fortune, mon père était là, près de moi, à mettre la dernière main à la commande de Son Excellence. Le bruit du marteau sur le fer de l'enclume rythmait son travail et le son du métal brûlant trempé dans l'eau glacée marquait la pause.

Bing !
Bing !
Bing !
Fissssh !

Précision et force, telle était sa devise. Mon père était arrivé dans cette ville avec les forces de Son Excellence. Comme ce dernier aimait à le répéter : « Les armes ne s'aiguisent pas toutes seules et le jour où les chevaux pourront se ferrer sans aide n'est pas encore arrivé. » Son expertise était donc appréciée par Son Excellence, raison pour laquelle il avait reçu cinq livres pour cette commande « spéciale ». Une bonne somme d'argent, étant donné le travail.

Soudain, au loin, on entendit un rythme de tambour battant, une cadence de marche. Mon père se redressa soudainement, alerté par la clameur, puis reprit son travail. L'écho du tambour s'approchait et, après un long moment, un grincement lugubre d'une roue se fit entendre à quelques pieds de nous. Une brouette venait de s'arrêter devant la structure de bois qui nous surplombait.

C'est alors que je l'ai vue pour la première fois.

Petite, menue, cheveux bouclés brun foncé, presque noirs, en bataille, elle était assise dans la brouette. Elle avait les yeux mi-clos que je devinais pers, un visage ovale légèrement pâle qui semblait à la fois triste et résigné. Un petit nez fin triomphait au milieu de ce faciès, entouré qu'il était de pommettes saillantes, d'un front fier et d'une bouche charnue. Des paumes un peu calleuses mais délicates témoignaient que cette femme avait l'habitude de travailler de ses mains. À ajouter à ce ravissant portrait, des courbes avenantes qui séduisaient au premier regard.

Une vraie beauté !

Au moment où j'admirais la splendeur féminine qui me faisait face, un homme grand et svelte en habits rouges s'approcha de mon père et moi. Sabre à la ceinture et hausse-col, c'était à n'en point douter un officier. Ses yeux bleus perçants trahissaient une glaciale arrogance. Une longue balafre, vestige d'une blessure de guerre sans doute, sillonnait sa joue gauche. Son regard hautain se fixa sur mon père dont la sueur coulait sur le front.

— Good morning, Major Hill, balbutia-t-il en tentant d'être poli. De toute évidence, la présence de l'officier le rendait très mal à l'aise. Était-ce en raison du fait qu'ils s'étaient croisés la veille au cabaret de la veuve Sanschagrin et qu'un différend au sujet d'un pichet de vin non payé entre un certain MacDonald et lui avait obligé l'officier à intervenir sévèrement ?

— Good morning, Mr. Dee. Le ton de sa voix était plus froid encore que son regard. « Est-ce que la commande de Son Excellence est prête ? »

— Almost…, répondit mon créateur, mal assuré.

— Hurry, then ! Nous n'avons pas toute la journée !, s'énerva soudainement l'officier.

— Il ne reste qu'à la fixer, mais c'est un travail de précision. Elle sera prête aussitôt… » Mon paternel se tut un instant, cherchant visiblement les mots exacts. « …aussitôt que Gable aura fait son office. » Du menton, mon père pointa au major un homme qui se dirigeait vers ma beauté, toujours assise dans sa brouette. Cheveux et yeux noirs, une barbe de trois jours, le dénommé Gable affichait un air plutôt sévère. Mais, lorsqu'il fut près du petit chariot, il s'adressa à la femme avec politesse et déférence, sans la brusquer. Elle le suivit sans broncher sur la plateforme de bois.

À ce moment, deux choses devinrent pour moi très claires. D'abord, que la commande que Son Excellence avait placée auprès de mon père était en fait pour « elle ». Ensuite, que cette femme était ma promise. J'en étais sûr et certain. Mon père en avait longuement parlé depuis trois jours aux quelques notables et soldats qui passaient le voir ; mon temps auprès de lui tirait à sa fin.

J'ignorais encore à ce moment à quel point cette femme allait m'habiter et me marquer à jamais.

Un premier roulement de tambour. Le major déclara quelque chose que je ne compris pas bien.

Un autre roulement de tambour.

Un silence long et pesant. Chaque seconde semblait une éternité.

Soudain, un bruit sec, comme un claquement. Des murmures d'une foule, que j'entendais pour la première fois et qui me paraissait nombreuse, s'élevèrent soudainement dans une sourde cacophonie.

Ma douce me fut amenée et se lova doucement contre moi dans un total abandon. Nous étions faits l'un pour l'autre. Nos deux corps s'épousaient à la perfection. Mon père avait été bien inspiré en me destinant à elle !

Ma promise a quitté les lieux au creux de mes bras…

Nous avons habité un long moment, ma compagne et moi, près d'un carrefour achalandé de l'autre côté du fleuve. Des soldats vêtus de jupes nous y avaient escortés après avoir traversé le grand cours d'eau en chaloupe. Avec le vent qu'il y avait dessus, c'était un miracle que nous n'ayons pas basculé par-dessus bord. Ma promise et moi passions nos journées à danser, d'un seul mouvement, parmi les brises qui soufflent entre ciel et terre. Je me souviens de l'odeur du fleuve non loin de nous, du claquement des sabots sur la route, de la lumière du soleil à travers les branches des arbres. Je me souviens surtout des regards. Ces regards effrayés, horrifiés par notre présence. À quelques reprises, des pierres nous ont été jetées par des gamins en quête de prouver leur courage. Petits garnements ! Quel courage y a-t-il à tourmenter un couple nouvellement uni ?

Le plus souvent, ce sont des prières que nous avons reçues ; «Du fond de l'abîme, je t'invoque, ô Éternel!» par des passants qui exécutaient un signe de croix. Je percevais tristesse et parfois compassion dans leurs voix. Toutefois, la visite la plus inusitée vint d'un vieil homme dont les yeux rougis de chagrin semblaient porter toute la misère du monde.

— Ma fille! Ma fille! Pardonne-moi!» Les sanglots étouffaient la suite dans sa gorge.

Ma compagne, pour sa part, restait immobile auprès de moi, sans bouger. Il n'y eut qu'un corbeau qui vint se poser sur mon épaule et picorer sa gorge.

Par une chaude journée de la fin de mai, des hommes sont venus nous chercher, ma douce aimée et moi-même, afin de nous amener nous reposer. Le spectacle de notre danse quotidienne avait assez duré. Couchés l'un contre l'autre, l'obscurité nous a envahis. J'ai eu l'impression de dormir pendant des décennies, ma compagne toujours au creux de mes bras.

Au matin, je sentis une pièce de métal frapper l'un de mes membres. Rapidement, des voix s'élevèrent autour de moi. On s'activa à me libérer de mon linceul de terre. Le bruit des truelles et des pelles était presque assourdissant. C'est à ce moment-là que je compris qu'elle n'était plus là...

— Joseph! Qu'est-ce que c'est que tu viens de déterrer là?, demanda une voix.

— Je ne sais ben pas, Charles! Va avertir le curé qu'on a trouvé quelque chose de ben étrange..., répondit une autre voix.

Après un temps, l'aumônier du village arriva sur les lieux. Il devait avoir la quarantaine bien sonnée, avec des cheveux qui commençaient à devenir poivre et sel. Il prit le temps de m'observer d'un air grave. À la suite d'un moment de profonde interrogation, je vis ses yeux s'illuminer de compréhension.

Il pâlit.

Aussitôt, sur un ton qui n'invitait pas à la réplique, il ordonna qu'on m'emmène au sous-sol de l'église.

— Mais qu'est-ce que c'est, mon père?, demanda l'un des ouvriers à l'abbé.

— Ceci, mon fils, est un gibet: en l'occurrence, celui de Marie-Josephte Corriveau, déclara-t-il d'un trait.

— Vous… voulez dire!?!, s'étrangla le jeune homme.

— Oui, «LA» Corriveau.

Je croyais être né parce que ma promise était morte. Je me trompais.

Je suis né pour la rendre immortelle.

Dave Corriveau
Octobre 2013

JE SUIS MARIE-JOSEPHTE CORRIVEAU

Entravée, armurée en ma cage
Fourbe succube aux grinçants rivets
Craignez mes foudres, redoutez ma rage
Froide et impassible Camarde
Des écheveaux de vos peurs je me vêts
De votre épouvante je me farde
Loups-garous et feux follets, mes rivaux
Les soirs de lune, les nuits oragées
Terrorisant gens et chevaux
Ma vue vous hâtera au caveau
Dans mon écrin de fer forgé
Je suis Marie-Josephte Corriveau

Catherine Ferland
Mars 2013

BIBLIOGRAPHIE

Sources archivistiques et manuscrites

Archives Canada, « Anne-Claire Poirier », dossier Femmes à l'honneur : leurs réalisations (archives), Bibliothèque, www.collectionscanada.gc.ca ; « De la fille du roy à Valérie, ou l'histoire de la femme du Québec au petit écran, ce soir », *Le Soleil*, mercredi 13 mars 1974, p. 86. Le film peut être visionné gratuitement sur le site de l'ONF : Anne-Claire Poirier, *Les Filles du Roy*, 1974, 56 min. 11 s., www.onf.ca/film/filles_du_roy.

Archives de folklore de l'Université Laval, « *Le Voleur déguisé en femme* », collection Jean-Claude Marquis, enregistrement 386.

Archives de l'Université Laval, « Copie du scénario "La Corriveau" », *Les Beaux Dimanches*, 1-1320-0154, fonds Luc Lacourcière, P178, C3/2, E/07297, chemise « Scénarios ».

Archives de l'Université Laval, Fonds Luc Lacourcière, P178, C3/2, E3/2, E/07297, chemise « Carnaval » et E/07298, chemises « Spectacles de théâtre », « Correspondance avec les musées » et « Conférences ».

Archives publiques du Canada, Actes de foy et hommage, vol. II, p. 336.

BANQ, Document concernant la Corriveau – 1763-28 février 1939, P1000,S3,P435.

BANQ, *Instruments de recherche en ligne*, « Enquête des coroners : présentation de la source », préparé en collaboration avec Stéphanie Tésio et Vincent Hardy, non daté, http://www.banq.qc.ca/collections/genealogie/inst_recherche_ligne/instr_coroners/coroner/index.html.

BANQ, Registre criminel de la prévôté de Québec, 15 mai 1730; Conseil supérieur de Québec, 7 mai 1732; Registre criminel, Conseil supérieur, 21 mai 1735.

Fonds Cour supérieure. District judiciaire de Québec. Insinuations. «Donation passée devant Pierre Rousselot, notaire royal de la côte du Sud». BANQ, CR301,P2791 (document insinué le 17 octobre 1747).

Ordre du gouverneur James Murray de retirer le gibet de la Corriveau, 25 mai 1763. Cahier des «Ordonnances, ordres, reglemens et proclamations durant le gouvernement militaire en Canada, du 28ᵉ oct. 1760 au 28ᵉ juillet 1764», Calypso – collection d'objets numériques, Université de Montréal. Page consultée le 3 octobre 2012.

Statistique Canada. Cda Tableau I – Ménages, Population, Sexes, État de Mariage, 1765 – Canada (tableau), 1765 – Recensement du Canada (base de données), E-STAT (distributeur). http://estat2.statcan.gc.ca/ (site consulté le 10 septembre 2012).

Statistique Canada. *NF – État de la population, 1754 – Nouvelle-Fance* (tableau), 1754 – Recensement de la Nouvelle-France (base de données), E-STAT (distributeur). http://estat2.statcan.gc.ca/ (site consulté le 10 septembre 2012).

Statistique Canada. *NF Tableau II – Agriculture, 1734 – Nouvelle-France – Total* (tableau), 1734 – Recensement de la Nouvelle-France (base de données), E-STAT (distributeur). http://estat2.statcan.gc.ca/ (site consulté le 10 septembre 2012).

War Office Judge Advocate General Dept. Courts Martial Proceedings (W.O. 71), vol. 49, p. 213-214 et vol. 137, p. 60.

Sources imprimées et numérisées

«Vigneault... sur pointes. Notre folklore a inspiré ces ballets», *Dimanche-Matin*, 27 novembre 1966, p. 56.

AUBERT DE GASPÉ, Philippe, *Les Anciens Canadiens*, Montréal, Bibliothèque québécoise, 1994, 427 p.

AUBERT DE GASPÉ, Philippe, *Les Anciens Canadiens*, édition critique par Aurélien Boivin, avec une introduction de Maurice Lemire et avec la collaboration de Jean-Louis Major et Yvan G. Lepage, Montréal, Les Presses de l'Université de Montréal, « Bibliothèque du Nouveau Monde », 2007, 782 p.

AUGER, R.-J., « Saillant, Jean-Antoine », *Dictionnaire biographique du Canada*, www.biographi.ca.

BARBEAU, Marius, « *Préface aux Veillées du bon vieux temps* », texte paru dans le programme des Veillées du bon vieux temps, présentées à la Bibliothèque Saint-Sulpice, à Montréal, les 18 mars et 24 avril 1919.

BARNUM, Phineas T., *Mémoires de Barnum. Mes exhibitions*, Mane, Futur Luxe nocturne, 2004, 235 p.

BEAULIEU, Victor-Lévy, *Ma Corriveau*, Montréal, VLB Éditeur, 1976, 117 p.

BECHTEL, Guy, *La sorcière et l'Occident*, Paris, Plon, 1997, 733 p.

BERGERON, Bertrand, *Au royaume de la légende*, Chicoutimi, Éditions JCL, 1988, 389 p.

BERNARD, Andrès, « Moi, la Corriveau, j'vas r'virer le Kébec à l'envers », *Voix et Images*, vol. 2, n° 2, 1976, p. 293-295.

BERNATCHEZ, Raymond, « La Corriveau ressuscite le monde magique québécois », *Montréal-Matin*, mercredi 1er septembre 1976, p. 26.

BERNIER, Conrad, « Un nouveau procès pour Marie-Josephte Corriveau, pendue en 1763 », *La Presse*, 3 janvier 1990, p. A4.

BERTIN, Johanna, *Strange Events and More: Canadian Giants, Witches, Wizards and Other Tales*, Toronto, James Lorimer & Company Ltd., 2004 (2011 pour la version numérique), 144 p.

BÉRUBÉ, Jade, « La deuxième vie du conte », *La Presse*, dimanche 2 décembre 2007, p. 7.

BLAIS, Jacques «Louis Fréchette», *Dictionnaire biographique du Canada*, vol. XIII. http://www.biographi.ca/009004-119.01-f.php. Page consultée le 20 janvier 2013.

BLANCHARD, Colette, et Pierre LAPOINTE (prod.), «La Corriveau», réalisé par André Théberge, Office national du film du Canada, série Veillée de contes, 1991, 10 min. 42 s. www.onf-nfb.gc.ca, ID 32070, page consultée le 13 août 2012.

BOIVIN, Aurélien, «L'édition critique des *Anciens Canadiens*: une histoire (re)corrigée», *Port Acadie: revue interdisciplinaire en études acadiennes*, n°s 20-21 (2011-2012), p. 15-28.

BOIVIN, Aurélien, *Contes, légendes et récits de la région de Québec*, Éditions Trois-Pistoles, 2008, 759 p.

BONNEAU, Louis-Philippe, *Josephte Corriveau-Dodier, La Corriveau, 1733-1763: une énigme non résolue*, Québec, Société de conservation du patrimoine de St-François de la Rivière-du-Sud, 1988, 462 p.

BOSWELL, Hazel, *French Canada: Pictures and Stories*, New York, The Vicking Press, 1938, p. 31-32 et 81-82.

BOUCHARD, Léonard, *Morts tragiques et violentes au Canada, 17e et 18e siècles*, Québec, Les Publications audio-visuelles, 1982, 617 p.

BOUCHER d'Argis, «Droit anglais», *Encyclopédie de Diderot et d'Alembert*, ARTFL Encyclopédie Project, http://artflx.uchicago.edu.

BROWN, Craig (dir.), *Histoire générale du Canada*, Montréal, Boréal, 1995, 964 p.

BROWNE, G.P., «MURRAY, James», *Dictionnaire biographique du Canada*, http://www.biographi.ca/fr/bio/murray_james_4F.html.

BRUN, Josette, *Vie et mort du couple en Nouvelle-France*, Montréal, McGill-Queen's Press, 2006, 200 p.

BURFOOT, Annette, et Susan LORD (dir.), *Killing Women: The Visual Culture of Gender and Violence*, Waterloo, Wilfrid Laurier University Press, 2006, 328 p.

CADIEUX, Alexandre, « Le conte québécois : quelques voyagements », *Jeu : revue de théâtre*, n° 131, vol. 2 (2009), p. 114-115.

CAMBRON, Micheline, « "La cage", suivi de "L'île de la demoiselle" », *Jeu : revue de théâtre*, n° 60, 1991, p. 201-203.

CARPENTIER, André, « Le coffret de la Corriveau », *Rue Saint-Denis, contes fantastiques*, Montréal, HMH, 1978, 144 p.

CARPENTIER, Paul, *La légende dans l'art québécois, telle que représentée dans les collections du Musée du Québec*, Québec, Éditeur officiel du Québec, 1979, 216 p.

CASTEX, Jean-Claude, *La ballade des pendues : la tragique histoire de trois Québécoises pendues pour crime*, PUQ, 2011, 97 p.

CBC Radio, *Quebec AM*, « La Corriveau's re-discovered cage to be brought back to Quebec », diffusé le dimanche 3 août 2012, en ligne : http://www.cbc.ca/quebecam/2012/08/05/la-corriveaus-re-discovered-cage-to-be-brought-back-to-quebec/.

CHARBONNEAU, André, « Québec, ville assiégée », dans Serge Bernier et autres, *Québec, ville militaire (1608-2008)*, Montréal, Art Global, 2008, 350 p.

CHAREST, Rémy, « Mortelle dissidence », *Le Devoir*, jeudi 21 janvier 1993, B-4.

CHARTIER, Roger, « Les pratiques de l'écrit », dans Georges Duby (dir.), *Histoire de la vie privée*, t. III : *De la Renaissance aux Lumières*, Paris, Seuil, 1986, p. 113.

CHARTRAND, Sébastien Chartrand, *L'Ensorceleuse de Pointe-Lévy*, Lévis, Alire, 2013, 434 p.

CHARTRAND, René, « La gouvernance militaire en Nouvelle-France », *Bulletin d'histoire politique*, vol. 18, n° 1, www.bulletinhistoirepolitique.org.

Commission de la capitale nationale, « L'affaire Corriveau », Tribunal de l'Histoire, http://www.capitale.gouv.qc.ca/activites-culturelles/tribunal_2009-2010/corriveau.html.

Commission de toponymie, gouvernement du Québec, « Pierre-Clément Parent », http://www.toponymie.gouv. qc.ca/ct/ToposWeb/fiche.aspx?no_seq=50173.

Commission des champs de bataille nationaux, « Siège de Québec », http://bataille.ccbn-nbc.gc.ca/fr/siege-de-quebec.php.

CORNELLIER, Louis, « La Corrivaux n'était pas coupable. Histoire d'une femme fière et indépendante », *Le Devoir*, 11 octobre 2003, p. F3.

CORRIVAULT, Martine, « Pour sa cinquième saison, le Trident affirme son orientation québécoise », *Le Soleil*, samedi 14 juin 1975, cahier C, p. 10.

CÔTÉ, Jean-Denis, « Quand l'horreur côtoie le fantastique », *Québec français*, n° 117 (2000), p. 105-107.

DALLAIRE FERLAND, Raphaël, « La cage de la Corriveau retrouvée ? L'exosquelette de fer ayant contenu le cadavre de Marie-Josephte Corriveau serait au Peabody Essex Museum de Salem », *Le Devoir*, 1er août 2012, http://www. ledevoir.com/culture/actualites-culturelles/355784/ la-cage-de-la-corriveau-retrouvee, page consultée le 4 août 2012.

DELISLE, Steve, *The equipment of New France Militia 1740-1760*, Bel Air, Kebeca Liber Ata Co., 1999, 56 p.

DEMERS, Jeanne, *Le Conte. Du mythe à la légende urbaine*, Montréal, Québec Amérique, 2005, 142 p.

DESCHÊNES, Gaston, et Pierrette MAURAIS, *Contes et légendes de la Côte-du-Sud*, Québec, Septentrion, 2013, 323 p.

DESCHÊNES, Gaston, *L'année des Anglais : la Côte-du-Sud à l'heure de la Conquête*, Québec, Septentrion, 2009, 159 p.

DIEZI, Jacques, « L'arsenic : poison d'hier, toxique d'aujourd'hui », *Le Fait médical*, n° 77, août 2011, www.lefait-medical.ch.

DOWNIE, Mary Alice, *The witch of the North : folk tales of French Canada*, Ottawa, Oberon Press, 1975, 54 p.

DUBÉ, Philippe, et Raymond MONTPETIT, « Savoir et exotisme : naissance de nos premiers musées », *Cap-aux-Diamants*, n° 25 (printemps 1991), p. 13.

DU BERGER, Jean, « Dernier voyage au Pays de l'imaginaire de l'Amérique française », *Humanities Research Group Working Papers*, vol. 11 (2003), p. 193-215.

DU BERGER, Jean, « Imaginaire traditionnel, imaginaire institutionnel », dans Gérard Bouchard (dir.), *La construction d'une culture. Le Québec et l'Amérique française*, Québec, Les Presses de l'Université Laval, 1993, 445 p.

DUCHESNE, Raymond, et Paul CARLE, « L'ordre des choses : cabinets et musées d'histoire naturelle au Québec (1824-1900) », *Revue d'histoire de l'Amérique française*, vol. 44, n° 1, 1990, p. 3-30.

DUCHESNE, Raymond, « Magasin de curiosités ou musée scientifique ? Le musée d'histoire naturelle de Pierre Chasseur à Québec (1824-1854) », *HSTC Bulletin : revue d'histoire des sciences, des techniques et de la médecine au Canada*, vol. 7, n° 2 (24) 1983, p. 59-79.

DUPONT, Jean-Claude, *Coutumes et superstitions*, Québec, Éditions Dupont, 1993, 63 p.

EDWARDS, Mary Jans, « KIRBY, William », *Dictionnaire biographique du Canada*, http://www.biographi.ca/fr/bio/kirby_william_13F.html.

Fédération des Québécois de souche – Histoire et culture – contes et légendes – Les Feux Follets, http://quebecoisdesouche.info/index.php ?les-feux-follets.

FERRETTI, Andrée, « Le-plus-que-parfait du subjonctif », nouvelle, *L'Action nationale*, juin 2001, p. 93-100.

FITTERMAN, Lisa, « La Corriveau ; More than 200 years after she was hanged, A Quebec legend gets a new day in court », *The Gazette* (Montréal), 4 février 1990, A4.

FRÉCHETTE, Louis, « La Cage de la Corriveau » dans Gaston Deschênes et Pierrette Maurais, *Contes et légendes de la Côte-du-Sud*, Québec, Septentrion, 2013, p. 59-69.

FRÉCHETTE, Louis, « La cage de la Corriveau », extrait de *La Patrie* du 24 janvier 1885 repris dans *La Lyre d'or: revue mensuelle*, vol. 1-2, [s.l.], Bureau de la Lyre d'or, 1888, p. 398 et 401.

_____, « Une relique – La Corriveau », *Almanach du peuple Beauchemin*, Montréal, Beauchemin, 1913, p. 302-307.

_____, « Une relique » dans *Masques et fantômes et les autres contes épars*, Montréal, Fides, 1976, 370 p.

_____, « Une touffe de cheveux blancs », *L'Opinion publique*, vol. 3, n° 17, jeudi 25 avril 1872, p. 303.

_____, *Originaux et détraqués*, Montréal, Patenaude Éd., 1892, 360 p.

FRENIÈRE, André, « PANET, Jean-Claude », *Dictionnaire biographique du Canada*. http://www.biographi.ca/009004-119.01-f.php?&id_nbr=2104.

FRIGON, Sylvie, « L'homicide conjugal féminin, de Marie-Josephte Corriveau (1763) à Angélique Lyn Lavallé (1990): Meurtre ou légitime défense? », *Criminologie*, vol. 29, n° 2 (1996), p. 11-48.

FYSON, Donald, « La violence judiciaire incarnée: bourreaux et artisans du châtiment au Québec, 1760-1871 », communication prononcée lors du 65e congrès de l'Institut d'histoire de l'Amérique française à Sherbrooke le vendredi 19 octobre 2012.

FYSON, Donald, « The Canadiens and the Bloody Code: criminal defence strategies in Quebec after the British Conquest, 1760-1841 », *Quaderni Storici*, 141, n° 3 (décembre 2012), p. 771-795.

GAGNÉ, Marc, « Madame de La Corriveau », pièce en deux actes dans *Rideau sur Québec, ville de légendes. Quatre opéras sans musique, ou courtes pièces de théâtre*, Québec, GID, 2011, p. 21-81.

GAGNÉ, Marc, *Gilles Vigneault: bibliographie descriptive et critique, discographie, filmographie, iconographie, chronologie*, Québec, Presses de l'Université Laval, 1977, 1008 p.

GAGNON, Hervé, « Du cabinet de curiosités au musée scientifique. Le musée italien et la genèse des musées à Montréal dans la première moitié du XIXᵉ siècle », *Revue d'histoire de l'Amérique française*, vol. 45, nᵒ 3, 1992, p. 416-420.

GAGNON, Hervé, « Des animaux, des hommes et des choses. Les expositions au Bas-Canada dans la première moitié du XIXᵉ siècle », *Histoire sociale-Social History*, vol. XXVI, nᵒ 52 (nov. 1993), p. 291-327.

GALIPEAU, Pascale, « Préface », dans Nicole Guilbault, *Il était cent fois la Corriveau*, p. 9.

GALIPEAU, Silvia, « Nous sommes toutes des sorcières », *La Presse*, mercredi 27 octobre 2010, p. 6.

GARANT, André, « Luc Lacourcière », *Patrimoine Beaucevillois*, http://www.ccpb.ca/luc-lacourcire-1.

GAUVREAU, Danielle, *Québec, une ville et sa population au temps de la Nouvelle-France*, Québec, Presses de l'Université du Québec, 1991, p. 141.

GIGUÈRE, Georges-Émile, s.j., « Augustin-Louis de Glapion », *Dictionnaire biographique du Canada en ligne*, www.biographi.ca.

GLOVER, Douglas, « La Corriveau », *Bad News of the Heart*, Dalkey Archive Press, 2003, 212 p.

GREENWOOD, Beverley, et F. Murray BOISSERY, *Uncertain Justice: Canadian Women and Capital Punishment, 1754-1953*, « Chapter Two – The Many Trials of Marie-Josephte Corriveau », Toronto, Dundurn, 2000, p. 39-59.

GRUDA, Agnès, « L'histoire et la légende de la Corriveau au théâtre », *Le Soleil*, samedi 10 juillet 1982, p. C-8.

GUILBAULT, Nicole, *Il était cent fois La Corriveau*, anthologie, Québec, Nuit blanche, 1995, 193 p.

HARGER-GRINLING, Virginia, et A.R. CHADWICK, « Sorcières, sorciers, et le personnage féminin dans l'œuvre d'Anne Hébert », *Études canadiennes/Canadian Studies : Revue interdisciplinaire des études canadiennes en France*, nᵒ 36 (1994), p. 7-12.

HARRAN, Nathalie, « Sous l'empire de la crinoline 1852-1870 », site Web Les Ateliers de Nicouline, http://nicouline.free.fr/Expo-galliera-crinoline.html.

HÉBERT, Anne, *La Cage*, suivi de *L'Île de la Demoiselle*, Montréal, Boréal et Seuil, 1990, 246 p.

HORTON, Donald J., « Hocquart, Gilles », *Dictionnaire biographique du Canada*, http://biographi.ca/009004-119.01-f.php?id_nbr=1951.

HUOT, Édouard, « Causerie », *L'Opinion publique*, vol. 3, n° 12 (21 mars 1872), p. 135.

Institut canadien de Québec, « L'écrivain et critique littéraire québécois Guy Cloutier en résidence d'écriture à Paris », http://www.maisondelalitterature.qc.ca.

JAUCOURT, D., « Synoque putride », dans Diderot et d'Alembert, *Encyclopédie*, vol. 15, p. 760. « Fièvre », dans Diderot et d'Alembert, *Encyclopédie*, vol. 6, p. 722. En ligne au http://artflx.uchicago.edu.

JOLY, Diane, « Processions de la Saint-Jean-Baptiste à Montréal », *Encyclopédie du patrimoine culturel de l'Amérique française*, www.ameriquefrancaise.org.

Joséphine, « Lettre à la Corriveau », dans *20ᵉ siècle, 100 ans d'histoire. Contes, coutumes, légendes, poèmes, poésies et traditions du Québec*, compilés par Lorenzo Proteau, Montréal, Éditions des amitiés franco-québécoises, 1997, p. 453.

KIRBY, William, *Le Chien d'or*, tome 1, Bibliothèque électronique du Québec, coll. « Littérature québécoise », vol. 85, version 1, 2, p. 741.

LACHANCE, André, *Juger et punir en Nouvelle-France. Chroniques de la vie quotidienne au XVIIIᵉ siècle*, Montréal, Libre Expression, 2000, 181 p.

LACHANCE, André, *La justice criminelle du roi au Canada au XVIIIᵉ siècle : tribunaux et officiers*, Québec, Presses de l'Université Laval, 1978, 187 p.

LACOURCIÈRE, Luc, « Aubert de Gaspé, Philippe », *Dictionnaire biographique du Canada*, http://www.biographi.ca/fr/bio/aubert_de_gaspe_philippe_joseph_10F.html.

LACOURCIÈRE, Luc, « La présence de la Corriveau », *Cahiers des Dix*, n° 38 (1973), p. 229-265.

_____, « Le destin posthume de la Corriveau », *Cahiers des Dix*, n° 34 (1969), p. 229-271.

_____, « Le triple destin de Marie-Josephte Corriveau 1733-1763 », *Cahiers des Dix*, n° 33 (1968), p. 213-289.

LANGLOIS, Roméo, « Une Barbe-Bleue canadienne : la Corriveau », *Le Magazine de Québec*, samedi 7 janvier 1939, p. 3.

LAPOINTE, Anne-Marie, « La Corriveau pour aider les détenues », *La Gazette des femmes*, 1er mars 2004. En ligne au www.gazettedesfemmes.ca.

LAPOINTE, Vicky, *Patrimoine, Histoire et multimédia. Découvrir l'histoire et le patrimoine du Québec.* http://tolkien2008.wordpress.com/2011/04/28/banque-dimages-numerisees-de-la-new-york-public-library/. Page consultée le 26 octobre 2012.

LAROCHELLE, Renée, « Pour la suite du monde. Aurélien Boivin publie une anthologie des contes, récits et légendes de la région de Québec aux Éditions Trois-Pistoles », *Le Fil*, vol. 43, n° 308, mai 2008.

LATULIPPE, Martine, *Julie et le serment de la Corriveau*, Montréal, Québec Amérique Jeunesse, coll. « Bilbo », 2003, 70 p.

LE BLANC, Charles, « La Corriveau », dans *Contes et légendes du Québec*, Montréal, Nathan, 1999, 225 p.

LE MOINE, James MacPherson, *Monographies et esquisses*, Québec, Imprimerie de Jos.-G. Gingras & Cie, 1885.

LE MOINE, James MacPherson, *Picturesque Quebec*, 1881, version numérique : Projet Gutenberg, eBook #7033, gutenberg.org, 2004.

LE MOINE, James MacPherson, « Marie Josephte Corriveau, a Canadian Lafarge », *Maple Leaves: A budget of legendary, historical, critical and sporting intelligence*, Québec, s.e., 1863, p. 68-74.

LEBEL, Andrée, *La Corriveau*, Montréal, VLB Éditeur, 1990, 206 p.

LECLAIRE, Armand, «Les sorciers de l'Île d'Orléans ou La Corriveau», *Le Passe-temps*, vol. 23, nº 572 (24 février 1917), p. 63-64.

LEMELIN, Roger, et Gilles CARLE, «La Corriveau», scénario, nᵒˢ d'accession 1987.0199.27.SC, 1993.0236.17.SC, 1994.0121.16.SC, 1998.0272.47.SC; «La Corriveau ou le triple destin de Marie-Josephte Corriveau», scénario, nº d'accession 1993.0207.12.SC. Artefacts Canada, http://www.pro.rcip-chin.gc.ca.

LEMIRE, Maurice, «Introduction», dans Philippe Aubert de Gaspé, *Les Anciens Canadiens*, édition critique par Aurélien Boivin, avec la collaboration de Jean-Louis Major et Yvan G. Lepage, Montréal, Les Presses de l'Université de Montréal, 2007, p. 52.

LE MOINE, Roger, «Le Moine, sir James MacPherson», *Dictionnaire biographique du Canada*, http://www.biographi.ca/fr/bio/le_moine_james_macpherson_14F.html.

LÉPINE, Luc, «Organisation militaire de la Nouvelle-France», par Luc Lépine http://www3.sympatico.ca/dis.general/nfrance.htm.

LESSARD, Michel, «Le dixième Fauteuil: Montarville Boucher de la Bruère, Maréchal Nantel, Léon Trépanier, Sylvio LeBlond», *Les Cahiers des Dix*, nº 51, 1996, p. 198.

LIZOTTE, Léopold, «La Corriveau...: une pendue toujours "vivante" après 224 ans», *Justice*, vol. 10, nº 1, janvier 1988, p. 7.

MAILLARD, Charles, «Préface», dans Alfred Laliberté, *Légendes, coutumes, métiers de la Nouvelle-France*, Montréal, Librairie Beauchemin, 1934, page liminaire non paginée.

MARCHESE, Elena, «Le projet de réécriture historique dans *La Cage* et *L'Île de la Demoiselle* d'Anne Hébert», *Les Cahiers Anne Hébert*, nº 4 (2003), p. 91-101.

MASSICOTTE, Édouard-Zotique, « Les pendus encagés », *Bulletin de recherches historiques*, vol. XXXVII, n° 7 (1931), p. 427-432.

_____, « Une nuit chez les sorciers », *Conteurs canadiens-français du 19ᵉ siècle, avec notices biographiques*, Montréal, Librairie Beauchemin, 1913, p. 47-65 ; openlibrary.org.

MATHIEU, Jacques, et Sophie IMBEAULT, *La Guerre des Canadiens (1756-1763)*, Québec, Septentrion, 2013, 270 p.

MATIVAT, Daniel, *La maudite*, Montréal, Pierre Tisseyre, coll. « Chacal », 1999, 135 p.

McBRIDE, Jessica « From Vilified to Victorious : Reconceiving La Corriveau in Anne Hébert's La Cage », *Studies in Canadian Literature / Études en littérature canadienne*, vol. 36, n° 2 (2011), non paginé.

MCDONALD, Herbert L., « L'unique sorcière du Canada », *Le Soleil*, 24 août 1957.

MÉNARD, Denise, « Luc Lacourcière », *L'Encyclopédie canadienne*, http://www.thecanadianencyclopedia.com/articles/fr/emc/luc-lacourciere.

MORGAN, Clara Morgan, « *Sheffield's Horrible History* », blogue du Museums Sheffield, www.museums-sheffield.org.uk, page consultée le 19 octobre 2012.

PALLISTER, Janis L., et Janet PATERSON (dir.), *The Art and Genius of Anne Hébert : Essays on Her Works : Night and Day are One*, Madison, Farleigh Dickinson University Press, 2001.

PAPINEAU, Amédée, « Caroline. Une légende canadienne », 1837, dans *Légendes canadiennes*, recueillies par J. Huston, Paris, Jannet, 1853, p. 61-67 ; http://openlibrary.org.

PARISEAU, Monique, *La Fiancée du vent*, Montréal, Libre Expression, 2003, 389 p.

PERRO, Bryan, *Créatures fantastiques du Québec*, Montréal, Éditions Trécarré, 2007, p. 19-25.

POIRIER, Judith, « Le métier de conteur : un art de la relation », *Québec français*, n° 148, 2008, p. 73-75

PROVENCHER, Jean, «L'enterrement des morts de l'hiver», blogue *Les Quatre Saisons*, 18 mai 2011, jeanprovencher.com.

PURKHARDT, Brigitte, «Des souris et des contes: autour du Festival interculturel du conte du Québec», *Jeu: revue de théâtre*, n° 102 (1), 2002, p. 122-130.

QUESNEL, Albert, *La légende de la cage de fer de Marie-Josephte Corriveau: la Cour martiale de Joseph Corriveau et de sa fille Marie-Josephte pour le meurtre de Louis Hélène Dodier de Lévis, en 1763*, Vanier (Ontario), Éditions Quesnel de Fomblanche, 1976, 117 p.

ROBERGE, Marc, «Légende de la Corriveau», dans *Il faut tenter le diable!*, Montréal, Planète rebelle, 2007, p. 23.

ROBERGE, Martine, et Nicolas GODBOUT, «De l'oralité à la littérature», recueil de texte, Université Laval, automne 2011.

ROBERT, Alain, «La Corriveau», *Le Samedi*, Montréal, 18 février 1956, p. 15.

ROUSSEAU, Georges, «La Corriveau», *La Patrie*, 41e année, n° 109 (samedi 5 juillet 1919), p. 23.

ROY, Edmond, *Histoire de la seigneurie de Lauzon*, troisième volume, Lévis, chez l'auteur, 1900, p. 8.

ROY, Pierre-Georges, *À travers les* Anciens Canadiens *de Philippe Aubert de Gaspé*, Montréal, G. Ducharme, 1943, 279 p.

_____, *Les avocats de la région de Québec*, Lévis, 1936, 487 p.

_____, *Toutes petites choses du régime français*, volume 2, Québec, Éditions Garneau, 1944, p. 211, 254-255.

ROY, Yvan-M., «Le 18 avril 1763, Marie-Josephte Corriveau entre dans la légende», *La Seigneurie de Lauzon*, n° 128 (2012), p. 5-12.

SAINT-PIERRE, Serge, «Philippe-Aubert de Gaspé, des *Anciens Canadiens* au Musée de la mémoire vivante», *Encyclopédie du patrimoine culturel de l'Amérique française*, 2009, www.ameriquefrancaise.org.

SCHNURMACHER, Thomas, « Murderous tale set for Montreal filming », *The Gazette*, 17 juillet 1987, C4.

SCOTT, Gail, « A woman wronged or evil? New Corriveau offers both », *The Gazette*, 17 sept. 1976, p. 31.

ST-ARNAUD, Paul, *Histoire de Saint-Michel et de Saint-Vallier, seigneurie, paroisse et village, du 17ᵉ au 20ᵉ siècle*, Société historique de Bellechasse, 2008, www.shbelle-chasse.com, page consultée le 23 octobre 2012.

TEETERS, Negley King, et Jack H. HEDBLOM, « ... *Hang by the neck...* »: *the legal use of scaffold and noose, gibbet, stake, and firing squad from colonial times to the present*, Springfield, C. C. Thomas, 1967, p. 88.

TÉSIO, Stéphanie, « Santé et médecine », dans *Musée virtuel de la Nouvelle-France*, produit par le Musée canadien des civilisations, http://www.civilisations.ca/musee-virtuel-de-la-nouvelle-france/vie-quotidienne/sante-et-medecine.

Théâtre du Trident, « Théâtrographie », www.letrident.com.

THÉRIAULT, Jacques, « Pour la première fois à l'OSM, Pauline Julien témoigne et triomphe », *Le Devoir*, jeudi 10 août 1972, p. 10.

THIBAUD, Louis-Claude, « La Corriveau », scénario, Cinémathèque québécoise, nᵒ d'accession 1984.0073.05.SC, Artefacts Canada, http://www.pro.rcip-chin.gc.ca.

THOMPSON, Stith, *Motif-Index of Folk-Litterature: A Classification of Narrative Elements in Folktales, Ballads, Myths, Fables, Medieval Romance, Exempla, Fabliaux, Jest-Books and Local Legends*, Bloomington Indiana University Press, 6 vol., 1957. Voir aussi http://www.ruthenia.ru/folk-lore/thompson/.

THORNTON, Joan B., « La Corriveau & the Blond », *La Corriveau & the Blond, and other poems*, Montréal, Bonsecours Éditions et Ottawa, Valley Editions, 1975, 104 p.

TOURAGEAU, Rémi, *Dictionnaire des jeux scéniques du Québec au 20ᵉ siècle*, Québec, Presses de l'Université Laval, 2007, p. 197-200.

TOUSIGNANT, Pierre, et Madeleine DIONNE-TOUSIGNANT, « Cramahé, Hector Théophilus », *Dictionnaire biographique du Canada*, http://www. biographi.ca/fr/bio/cramahe_hector_theophilus_4F.html.

TREMBLAY, Odile, « Le curé et la pendue », *Le Devoir*, 4 décembre 2003, en ligne au www.ledevoir.com, page consultée le 30 octobre 2012.

TRÉPANIER, Léon, *On veut savoir*, Montréal, Imprimerie La Patrie, 1960, vol. 1, 192 p. et vol. 2, 224 p., et Imprimerie Saint-Joseph, 1962, vol. 3, 224 p. et vol. 4, 224 p.

TRUDEL, Marcel, *Histoire de la Nouvelle-France*, t. 10, *Le régime militaire et la disparition de la Nouvelle-France 1759-1764*, Montréal, Fides, 1999, 612 p.

TURCOTTE, Louis-Philippe, *Histoire de l'Île d'Orléans*, Québec, 1867, 164 p.

VALLÉE, Anne-Élisabeth, « Alfred Laliberté (1878-1953) : la sculpture au service de l'histoire et de l'ethnologie », *Encyclopédie du patrimoine culturel de l'Amérique française*, 2010, www.ameriquefrancaise.org.

WELLS, Paul, « Judicial Panel finds La Corriveau innocent ; But acquittal comes two centuries too late for executed pioneer », *The Gazette* (Montréal), 10 février 1990, p. A5.

WENZEL, Eric, *La justice criminelle en Nouvelle-France (1670-1760). Le grand arrangement*, Dijon, 2012, 168 p.

WHITELEY, William H., « Sir Charles Saunders », *Dictionnaire biographique du Canada*, http://www.biographi.ca.

WOLFE, James, « Manifeste adressé aux Canadiens », http://www. tlfq.ulaval.ca/axl/francophonie/Wolfe-Manifeste-1759.htm.

Communications personnelles

ALVAREZ, Xavier, rencontre à Québec le 13 décembre 2012, puis échanges par courriel en mars 2013.

ARCHAMBAULT, Stéphane, entretien téléphonique, 23 janvier 2013.

CHARTRAND, Sébastien, entretien téléphonique, 28 mai 2013.

CHEVALIER, Francine, responsable de la base de données du Théâtre Périscope, communication par courriel le 22 mai 2013.

CLOUTIER, Guy, rencontre à Québec, 28 mars 2013.

CORRIVEAU, Michel, courrier électronique, 9 janvier 2013.

CORRIVEAU, Serge, entretiens par courriels entre octobre 2012 et juin 2013

DORVAL, Anne, entretien téléphonique, 18 mai 2013.

FRANCŒUR, Cyrille-Gauvin, directeur artistique, conversation téléphonique, 8 janvier 2013.

GAGNÉ, Marc, rencontre le 5 juin 2013 et échanges de courriels entre le 31 mai et le 6 juin 2013.

GRISÉ, François, propriétaire de Bilboquet Microbrasserie inc., échange de courriels, décembre 2012.

JACOB, Jacques, échange par courriel, 6 mars 2013.

JEAN, André, entretien téléphonique, 4 juin 2013.

PARISEAU, Monique, communications par courriel, janvier-mars 2013.

RICARD, André, communication personnelle par courriel, 15 mars 2013.

ROBERGE, Martine, professeure d'ethnologie à l'Université Laval, entretien téléphonique, 16 avril 2013.

VAN HORN, Carrie (Assistant Registrar for the Permanent Collection Peabody Essex Museum) et Joseph GAGNÉ (historien), échanges de courriels, 8-9 novembre 2011.

INDEX ONOMASTIQUE ET THÉMATIQUE

TABLE DES MATIÈRES

CETTE ÉDITION RÉVISÉE EST COMPOSÉE EN WARNOCK PRO CORPS 11.5
SELON UNE MAQUETTE DE PIERRE-LOUIS CAUCHON
ET ACHEVÉE D'IMPRIMER EN DÉCEMBRE 2015
SUR LES PRESSES DE L'IMPRIMERIE MARQUIS
À MONTMAGNY
POUR LE COMPTE DE GILLES HERMAN
ÉDITEUR À L'ENSEIGNE DU SEPTENTRION